C000020147

F

TRAITÉ

DES

FAILLITES ET BANQUEROUTES.

AIX, IMPRIMERIE DE VITALIS, PONT MOREAU, 2.

TRAITÉ

DES

FAILLITES ET BANQUEROUTES,

OU

COMMENTAIRE

DE LA LOI DU 28 MAI 1838.

Par J. BÉDARRIDE,

AVOCAT A LA COUR ROYALE D'AIX.

TOME PREMIER.

PARIS,

GUILBERT, LIBRAIRE, | **THOREL, LIBRAIRE,**
RUE J.-J.-ROUSSEAU, 3. | PLACE DU PANTHÉON, 4.

AIX,

Makaire et Deleuil, libraires.

1844.
1843

A MONSIEUR

BORÉLY,

PROCUREUR GÉNÉRAL A LA COUR ROYALE D'AIX.

Monsieur le Procureur Général,

Dans une circonstance difficile, j'ai rencontré le plus loyal appui dans vos sentimens si élevés d'impartialité et de justice. J'ai bien souvent regretté de ne pouvoir vous exprimer publiquement combien était vive et profonde la gratitude que j'en avais éprouvée. Enfin l'occasion de le faire se présente, et c'est avec bonheur que je la saisis, en vous offrant l'hommage d'un travail qui trouvera dans l'accomplissement de ce devoir son meilleur titre à la faveur et à l'indulgence.

Veuillez, je vous prie, ne pas mesurer l'étendue de ma reconnaissance à la faiblesse de mon œuvre. Quel que soit le sort que l'avenir réserve à celle-ci, l'autre sera éternelle.

J'ai l'honneur d'être, avec la plus respectueuse considération,

Monsieur le Procureur Général,

Votre très humble et très obéissant serviteur,

J. BÉDARRIDE.

PRÉFACE.

Les faillites sont des événemens inévitables dans le commerce. Il est peu de maisons, même dans les plus honorables, qui soient d'une manière absolue à l'abri des chances fâcheuses que des revers nombreux et successifs, qu'une navigation malheureuse, qu'une baisse subite, que des troubles politiques, qu'une guerre imminente ou déclarée déterminent dans les transactions auxquelles elles se livrent.

Sans doute, dans les nombreuses catastrophes que les grandes crises commerciales entraînent, il est des faillites dans lesquelles une odieuse spéculation a plus de part que le malheur. C'est à les reconnaître et à les punir, que doivent tendre incessamment les efforts du législateur.

Mais, à côté de cette juste et nécessaire répression, une large part doit être faite à la bonne foi. L'entraînement des circonstances doit être soigneusement distingué du calcul. Les ranger l'un et l'autre sous la même loi, c'est empêcher la punition de la fraude, par crainte d'atteindre le malheur.

Le Code de 1807 avait entrevu ces principes ; mais les scandales inouïs qui s'agitaient, à cette époque, sous les yeux du législateur, l'avaient, malgré lui, entraîné. La sévérité de ses dispositions en avait rendu l'efficacité fort contestable.

Aussi, et depuis longtemps, des réclamations sortaient de toutes les bouches. On se plaignait de l'impunité des faillis, de la longueur des liquidations, des frais énormes qu'elles occasionnaient. Une triple réforme était donc devenue indispensable.

L'attention du législateur, ainsi sollicitée, s'est enfin portée sur cette tâche. De là, la loi du 28 mai 1838.

Cette loi a été fortement élaborée par plusieurs commissions de la chambre des pairs et des députés. Présentée d'abord en 1834, elle n'a été adoptée qu'après une période de quatre ans, pendant lesquels elle subit de savantes discussions dans l'une et l'autre chambre.

Cependant, telle qu'elle est sortie des débats, cette loi n'a pas, il faut le dire, répondu à l'attente générale; mais il faut aussi reconnaître, pour être juste, qu'elle renferme des améliorations importantes. Profitant des enseignemens de la jurisprudence, elle a suppléé sur plusieurs points au silence du Code, qui avait fait naître de graves difficultés. C'est ainsi qu'elle a réglé la déclaration de faillite après décès, l'annulation et la résolution du concordat, la faillite sur faillite, etc. De plus, ses dispositions sur la suppression de l'agence, sur la mission du juge-commissaire, sur le privilége du vendeur d'objets mobiliers, sur la revendication, sur les banqueroutes constituent de véritables progrès; enfin, deux innovations utiles méritent d'être applaudies : l'avance par le trésor des premiers frais, et la clôture de la faillite pour insuffisance de l'actif.

La jurisprudence et la doctrine ont chacune leur part à revendiquer dans ces améliorations. Ce qui doit cependant être remarqué, c'est que bien longtemps cette matière a été en quelque sorte délaissée par les jurisconsultes, et que pendant que toutes les parties de notre législation subissaient de si nombreuses, de si fortes investigations, on ne trouvait sur les faillites que quelques traités, remarquables sans doute sous plus d'un rapport, mais sous plusieurs autres fort incomplets. C'était là, au reste, une nécessité de position. Les études théoriques, quelque brillantes qu'on les suppose, ne suffiront jamais pour pouvoir apprécier la législation sur les faillites. C'est pour elle surtout que semble écrit l'adage : que *la pratique est la pierre de touche des lois*. Ce n'est, en effet, qu'en se livrant à son application matérielle qu'on peut être conduit à en apprécier les avantages et les défauts.

Au reste, la loi de 1838 semble avoir donné l'essor à cette étude spéciale. Indépendamment des ouvrages que sa présentation avait fait naître, d'autres ont suivi sa promulgation. Déjà des magistrats éminens, des juris-consultes distingués l'ont traitée et commentée, préparant ainsi les documens et les voies pour une réforme à venir, plus efficace et plus complète.

Comment suis-je moi-même descendu dans cette lice déjà occupée avec tant d'éclat? Le voici.

J'avais été plusieurs fois, sous l'empire du Code de commerce, appelé à diriger des faillites, qui avaient été pour moi des occasions forcées d'étudier la législation qui les régissaient. Le 12 septembre 1838, un sinistre inattendu vint désoler notre cité : la faillite du plus important de nos banquiers fut déclarée. J'eus l'honneur d'être appelé par le tribunal de commerce à en conduire la liquidation.

Des questions nombreuses et graves surgirent de cette liquidation. Or, à cette époque la loi du 28 mai fonctionnait à peine depuis quelques mois. Je ne pouvais consulter encore ni le Commentaire élevé de M. Raynouard, ni l'excellent Traité que le Dictionnaire de M. A. Dalloz a offert depuis, ni l'ouvrage remarquable de M. Gadrat, que je m'honore de compter au nombre de mes amis. Il fallait cependant pour asseoir ma pratique avec quelque certitude, fouiller dans les secrets de la loi, en connaître les motifs, et interroger les débats législatifs qu'elle avait soulevés. J'eus donc recours au *Moniteur*.

C'est en revoyant les notes que j'avais recueillies que je conçus l'idée de rédiger le travail que je me suis ensuite décidé à livrer au public. C'est un véritable compte-rendu de ma pratique dans la faillite qui m'était confiée : pratique que j'ai, autant que possible, étayée des principes de la législation ancienne, de l'autorité de la doctrine, et des arrêts des Cours royales et de la Cour de cassation.

A défaut de titres plus réels, il en est un qui me conciliera peut-être l'indulgence du public : c'est que dans la pensée qui m'a dirigé, il n'y a eu qu'un seul but : celui de pouvoir faciliter la connaissance de la loi par un travail aussi consciencieusement exécuté que loyalement entrepris. Aurais-je atteint ce but ? C'est ce que l'avenir est chargé de résoudre.

TRAITÉ

DES

FAILLITES ET BANQUEROUTES.

LOI

SUR LES FAILLITES ET BANQUEROUTES.

AU PALAIS DES TUILERIES, LE 28 MAI 1838.

Le livre III du Code de commerce, sur les faillites
et banqueroutes, ainsi que les articles 69 et 635 du
même Code, seront remplacés par les dispositions suivantes.

Néanmoins, les faillites déclarées antérieurement à
la promulgation de la présente loi continueront à être
régies par les anciennes dispositions du Code de commerce, sauf en ce qui concerne la réhabilitation et l'application des articles 527 et 528.

PRÉAMBULE.

SOMMAIRE.

1. Objet et motifs du préambule. Questions qu'il fait naitre.
2. Modification à l'article 69 du Code de commerce.
3. Modification à l'article 635.
4. Critique de cette modification, sous le rapport des procédures qu'elle nécessite.
5. Critique sous le rapport de la compétence. Opinion que tout ce qui concerne les faillites aurait dû être confié aux tribunaux ordinaires. Motifs de cette opinion.
6. Quelle législation faut-il appliquer aux faillites nées sous le Code, mais déclarées après la promulgation de la loi actuelle ?
7. Distinction entre les formes de la liquidation et le fond du droit.

1

1 Les lois relatives aux formalités de la procédure s'appliquent aux faits anciens, comme à ceux qui se réalisent depuis leur promulgation. A ce titre, la loi actuelle, en ce qui concerne le mode de la liquidation, pouvait et devait régir les faillites déclarées sous le Code de commerce.

Mais, comme le faisait remarquer M. Tripier (1), les dispositions nouvelles forment un corps de prescriptions qu'il est difficile d'isoler dans l'exécution. Celles qui sont relatives à la procédure sont souvent en rapport avec celles qui règlent les droits, soit des tiers, soit des créanciers, soit du failli lui-même; scinder la loi dans son exécution, ce serait s'exposer à l'inconvénient de rompre l'harmonie qu'elle a établie.

C'est pour éviter cet inconvénient, c'est pour prévenir les difficultés que pourrait créer une distinction entre les dispositions susceptibles d'une application actuelle aux faillites déclarées avant la promulgation de la loi, et celles qui n'auraient d'effet que dans les faillites ouvertes postérieurement, que l'on a laissé à la législation qui a vu naître la faillite le droit exclusif de la régir.

Cette disposition. consacrée par le préambule de la

(1) Session de 1836. Rapport à la Chambre des Pairs.

loi, a donné naissance à quelques questions qui ne manquent pas d'intérêt. Avant de nous en occuper, examinons deux modifications que ce préambule introduit
dans notre législation commerciale.

2 L'article 69 du Code de commerce prescrivait à
l'époux séparé de biens ou marié sous le régime dotal,
qui embrassait la profession de commerçant postérieurement à son mariage, de remettre, dans le mois du jour
où il avait ouvert son commerce, l'extrait de son contrat de mariage aux greffes et chambres désignées par
l'article 872 du Code de procédure civile, à peine, en
cas de faillite, d'être puni comme banqueroutier frauduleux.

Cette sévère disposition avait été dictée au législateur de 1807 par les abus scandaleux que la soustraction des stipulations matrimoniales faisait surgir au détriment des créanciers, abus que les discussions au Conseil d'État signalèrent et flétrirent en des termes si
énergiques. Mais il arriva, dans cette circonstance, ce
qui se réalise dans beaucoup d'autres. On dépassa le
but que l'on voulait atteindre. La sévérité que l'on
déploya rendit la loi d'une application à peu près impossible. On aurait peut-être de la peine à citer un seul
cas où elle ait été réellement appliquée. N'est-il pas,
en effet, par trop rigoureux d'assigner la fraude pour
cause unique, à un fait qu'une négligence, qu'un oubli,
que l'ignorance, peuvent, sinon excuser, du moins singulièrement atténuer?

La loi de 1838, qui s'est appliquée, ainsi que l'a dit
M. le Ministre de la justice, à être moins sévère, mais
plus juste, que le Code, tout en respectant l'obligation
dans son principe, a amoindri les conséquences de

son inexécution. Celle-ci ne sera plus à l'avenir qu'un
fait pouvant constituer une banqueroute simple, selon
qu'il sera le résultat d'une faute.

Cette sanction pénale, beaucoup plus en rapport avec
la nature du fait, sera en même temps beaucoup plus
efficace que ne l'était celle du Code. Les juges ordinaires auront à apprécier les excuses derrière lesquelles
on se retranchera ; leur pouvoir de graduer la peine
leur permettra, dans son application, d'avoir égard, non
seulement à l'admissibilité de ces excuses, mais encore
aux résultats que l'omission de la remise du contrat
a pu avoir pour les créanciers. Ainsi l'impunité n'exis-
tera que si le fait qui motive la poursuite est réellement produit par des circonstances exclusives de toute
fraude, et non plus, comme autrefois, par la sévérité
de la peine qui était prononcée.

3 La seconde modification résulte du remplacement
de l'article 455, et de l'attribution exclusive aux tribunaux de commerce de tout ce qui concerne les faillites, et notamment des oppositions au concordat. On
sait que la connaissance de ces oppositions était déférée
par le Code de commerce aux tribunaux civils, lorsque
les moyens de l'opposant étaient fondés sur des actes ou
opérations dont l'appréciation sortait des limites de
la compétence consulaire.

À l'avenir, le tribunal de commerce est seul juge de
l'opposition. Et si les motifs de celle-ci échappent à sa
juridiction, il surseoira, jusqu'après la décision des tribunaux civils, à prononcer sur cette opposition.

4 Le motif de cette disposition est facile à saisir. On
a voulu investir du mérite des oppositions au concordat
le juge qui, connaissant parfaitement la faillite, son

caractère et ses circonstances, est le mieux à même de prononcer sur l'issue qu'elle doit avoir. Mais, on s'est un peu écarté de l'intention avouée du législateur. La résolution consacrée n'est pas de nature à économiser le temps et les frais.

En effet, quelque court que soit le délai pendant lequel le demandeur sera obligé d'intenter son action, et de justifier de ses diligences (1), on sait que la marche d'un procès ne dépend pas, bien souvent, des parties, et que des circonstances étrangères à celles-ci peuvent retarder son expédition. D'ailleurs après le premier degré, viendra le second qui exigera encore une perte de temps assez considérable.

Ce n'est pas tout encore : après avoir plaidé sur les causes de l'opposition, il faudra plaider sur l'opposition elle-même, devant les deux degrés, et cette double instance sera un retard forcé pour la solution de la question la plus importante de la faillite.

Ainsi la disposition nouvelle emporte une perte de temps considérable. Là où un seul jugement suffirait, il en faudra trois : un qui prononce le sursis ; un qui statue sur les causes de l'opposition ; un autre enfin qui juge l'opposition. Ces deux derniers peuvent être frappés d'appel. Qu'on juge des frais auxquels donneront lieu ces instances nombreuses !

Le motif que nous avons indiqué ne nous paraît pas de nature à justifier un pareil résultat. La disposition du Code de commerce devait donc être maintenue. Elle allait plus directement à ce qui constitue l'essence même de toute loi de faillites, c'est-à-dire, à la promptitude dans les opérations, et à l'économie dans les frais.

(1) Vid. art. 512.

5 Ce n'est pas seulement sous ce rapport que l'on pourrait critiquer la disposition nouvelle. Il est une proposition dont beaucoup de gens reconnaissent la vérité, mais que bien peu osent encore soutenir : c'est que tout ce qui concerne les faillites aurait dû depuis longtemps être rangé sous la juridiction des tribunaux ordinaires.

Les faillites intéressent de trop près l'ordre public, pour qu'on puisse, sans péril pour celui-ci, en abandonner la régie à des juges qui n'ont aucun pouvoir de répression. Il est vrai que cet état de choses date de loin, qu'il est fondé sur d'anciens usages ; mais, quelque respectables, quelque légitimes qu'aient pu être ceux-ci dans l'origine, nous ne croyons pas qu'on dût les suivre encore, lorsque la nécessité de les abandonner est imposée par les circonstances, et par les progrès toujours croissants dans les faillites.

Dans l'enfance du commerce, alors que les élémens qui en sont l'essence étaient complètement inconnus de la classe en possession exclusive de la magistrature, on a dû nécessairement, pour juger ses opérations, s'en remettre à ceux qui en faisaient leurs habitudes, leurs occupations de tous les jours.

Mais aujourd'hui, le commerce est familier à toutes les classes de la société. Chacun peut en apprécier les élémens, en sonder les arcanes. On n'a donc plus à craindre les erreurs de l'ignorance ; et ce qui a pu être autrefois un motif d'exclusion ne saurait être même allégué.

D'un autre côté, nous sommes bien loin des habitudes modestes et timides de nos anciens et si honorables négociants. Ce titre n'est plus la récompense d'un apprentissage laborieux et pénible. Une foule d'esprits aventureux se précipitent à toutes les issues, et ont introduit dans toutes les branches du commerce cet industrialisme avide sans pudeur et sans frein, qui signale chaque jour si fatalement son passage.

La société est donc plus que jamais intéressée à une prompte et sévère répression de toute fraude. Elle a un besoin plus immédiat d'une énergique protection. Or, c'est précisément ce que les tribunaux de commerce ne peuvent lui donner.

Non pas, certes, que nous voulions insinuer que les commerçants qui les composent aient en rien démérité de la confiance et de l'estime qui leur furent de tout temps si justement acquises. Leur impuissance tient à la nature de leur institution.

Les tribunaux de commerce ne peuvent juger les faits qui leur sont déférés que sous le rapport commercial. Reconnaîtraient-ils la fraude, qu'ils ne pourraient la réprimer que relativement aux intérêts de la partie lésée. La société n'a auprès d'eux aucun représentant spécialement chargé de la défendre. Les juges étaient euxmêmes hier les égaux, et souvent les amis de ceux qu'ils sont appelés à juger aujourd'hui, et, malgré eux, cette amitié égarera leur justice, et leur fera facilement prendre le change sur la nature et le caractère des actes qu'ils ont à apprécier.

Les tribunaux civils, au contraire, se composent de magistrats rompus à l'étude des lois, habitués à chercher et à saisir la vérité à travers les détours dont les plaideurs aiment à s'entourer. Ils sauraient, avec sagacité, dépouiller la fraude de tous les oripeaux dont elle se couvre, la surveiller dans toutes ses phases,

l'atteindre dans ses derniers retranchemens, et en faire
bonne et exemplaire justice.

La présence du ministère public ajoute une garantie
puissante à celle que les tribunaux ordinaires présentent. L'on a bien souvent remarqué que des contestations qui sont portées au tribunal de commerce ne seraient certainement ni soutenues, ni intentées, si on avait
a le faire sous le contrôle actif de la partie publique.

Si cela est vrai pour certains cas, en matière ordinaire, combien à plus forte raison ne doit-on pas l'admettre pour ce qui concerne les faillites ? Il en existe,
sans doute qui ne sont que le résultat de malheurs im-
mérités et imprévus, dans lesquelles la spéculation et
la mauvaise foi n'ont pas la moindre part. Ce sont là
d'honorables, mais, il faut le dire, d'assez rares exceptions. Il est souvent difficile, même à l'honnête homme,
de braver de sang froid l'avenir de privations et de mi-
sères, qu'une faillite laisse entrevoir. La probité qui a
résisté jusque-là peut se laisser vaincre par une prévision de ce genre, et sacrifier ses scrupules au désir
de se ménager quelques ressources. D'autres faillites
sont plus coupables encore. Nous en avons vu qui,
préparées de longue main, n'éclatent qu'après que toutes les précautions ont été prises pour en assurer le résultat ; et comment veut-on que des négociants honorables, qu'on distrait un moment de leurs occupations,
pour leur conférer le pouvoir de juger, puissent saisir
les nuances souvent imperceptibles qui séparent la bonne
foi de la fraude ?

Les inconvénients que nous signalons ont de tout
temps frappé les esprits graves qui, comme législateurs
ou jurisconsultes, ont eu à traiter de la matière. Tous

ont cherché à y remédier. Ainsi les auteurs du projet du
Code de commerce avaient demandé, ce qui, dans ces
derniers temps, avait préoccupé M. Teste, ministre de la
justice, à savoir : l'admission auprès de chaque tribunal de commerce d'un magistrat du parquet. M. Roul-
lion, auteur d'un travail estimé sur les faillites, avait,
exprimant le même vœu, proposé l'adjonction d'un of-
cier du ministère public qui, sous le nom de substitut
aux faillites, surveillerait l'administration, et demande-
rait la répression immédiate des fraudes qu'il décou-
vrirait.

On a repoussé toutes ces idées par la crainte peut-
être fondée de l'influence que ce magistrat exerce-
rait sur les décisions des juges consulaires, qui, dans
les petites localités surtout, sont peu familiers avec la
connaissance et l'étude des lois. On a donc pu croire
qu'ils s'en rapporteraient facilement à l'opinion du magistrat plus versé dans cette connaissance. Mais toutes
ces vues diverses indiquent, à notre avis, que l'organi-
sation des tribunaux de commerce laisse quelque chose
à désirer, quant aux garanties qu'on doit exiger contre
les faillites.

Telle nous paraît avoir été la pensée du Garde des
Sceaux en 1838. C'est ce qui se révèle dans la circulaire qui appelle les procureurs du Roi à une intervention active dans les principales opérations de la
faillite.

« Le pouvoir d'examen et d'investigation de ce magistrat, dit M. le Ministre, est aussi étendu que les circonstances le demanderont. L'inventaire peut amener
la découverte de faits par lesquels la conduite du failli
sera jugée avec plus de certitude. Il ne tiendra qu'au

procureur du Roi d'assister à cet acte important, de recueillir les preuves qui s'offriront à lui, de s'emparer des pièces de conviction. Son droit de recherche ne serait pas complet, s'il n'allait, ainsi que l'autorisent les articles 483 et 602, jusqu'à exiger, à toute époque, communication des actes, papiers et livres relatifs à la faillite, et à réclamer des syndics tous les renseignemens qui seront jugés nécessaires. »

Où tendent toutes ces précautions, si ce n'est à remédier aux inconvéniens de laisser la faillite se dérouler loin des regards du ministère public ? Malheureusement, ce n'est là qu'un palliatif insuffisant ; car, c'est quelquefois partout ailleurs que dans l'inventaire qu'on pourra saisir les faits les plus importants. Telle contestation qui paraissait indifférente, en révèlera de bien plus décisifs, et ceux-ci ne frapperont jamais l'oreille du magistrat chargé d'en poursuivre la répression. D'ailleurs, l'attention du ministère public, éveillée par l'éclat d'une faillite considérable, ne le sera pas également par une foule d'autres, et l'on sait que les faillites préparées sont celles qui se présentent sous l'aspect le plus innocent. Dans ce cas, le procureur du Roi attendra le rapport que les syndics sont obligés de rédiger dans la quinzaine. Mais, quelque consciencieux qu'on le suppose, ce rapport n'apprendra pas grand chose, puisque ce ne sera que plus tard, et par la liquidation, qu'on connaîtra le véritable caractère de la faillite, et l'existence de la fraude, qu'il sera alors difficile de punir.

Ainsi la législation qui rendra, en matière de faillite, le concours du ministère public indispensable pour toutes les opérations, sera la plus utile au commerce, la plus efficace pour la société. Ce n'est qu'alors que les dispositions pénales sanctionnées par la loi produiront une répression assurée de tous les abus. L'idée seule de comparaître devant des magistrats qui n'étaient pas hier leurs égaux rendra les commerçants plus circonspects. La certitude de la vigilance du ministère public, de l'impartiale sévérité des juges ordinaires, effrayera la fraude, et préviendra les scandaleuses spéculations qui n'ont que trop fait, des faillites, un moyen de s'enrichir des dépouilles que l'on a extorquées au public.

Nous ne saurions donc approuver que l'on ait étendu la compétence des tribunaux de commerce. Il eut mieux valu, à notre avis, distraire de leur juridiction tout ce qui concerne les faillites.

Vainement objecterait-on la célérité et l'économie. On obtiendra l'une et l'autre, en laissant la procédure devant les tribunaux civils, ce qu'elle est pour les tribunaux de commerce. On s'assurerait ainsi les avantages qu'elle présente, en évitant les inconvéniens que nous venons de signaler. Ajoutons encore que la surveillance d'un juge ordinaire, exécutant avec exactitude le mandat qu'il aurait reçu de la loi, ferait plus pour empêcher les malversations ou la négligence des syndics, que tout le bon vouloir d'un juge négociant qui, après tout, a le droit de s'occuper un peu de ses propres affaires, et qui, peu familier avec la loi, est obligé de s'en rapporter souvent aux syndics eux-mêmes.

6 La première question que le deuxième paragraphe du préambule de la loi a fait naître est celle de savoir quelle législation il faut appliquer aux faillites nées sous le code, mais déclarées après la promulgation de la loi actuelle.

7 Cette question nous paraît peu susceptible de difficultés. L'on doit distinguer les formes de la liquidation du droit lui-même.

8 Les premières sont exclusivement régies par la loi
nouvelle; non seulement en vertu du principe que les
lois sur la procédure saisissent le passé comme le présent, mais encore en vertu de la disposition du préambule. Il n'y a d'exceptées de l'application de la loi que les
faillites déclarées sous l'empire du Code de commerce.

Mais il en est autrement quant au fond du droit. En
principe, la loi n'a pas d'effets rétroactifs. D'où la conséquence : que chacun a le droit d'être régi par la loi
sous l'empire de laquelle il a contracté, de jouir des
avantages qui lui ont été acquis au moment de la convention.

Or, le jugement qui déclare la faillite ne constate
qu'un fait préexistant. Ce qui constitue celle-ci, c'est
la cessation de paiemens ; et si cette cessation remonte
à une époque antérieure à la loi nouvelle, les conséquences foncières de la déclaration échappent à celle-
ci. C'est au moment de la cessation que les droits des
intéressés ont été acquis définitivement, que leur exercice s'est ouvert. Il y aurait donc injustice à les modifier au gré d'une législation postérieure. Ce serait donner à celle-ci une rétroactivité que la raison, que le
bon sens, que la loi elle-même repoussent.

Ainsi quelle que soit l'époque de la cessation de paiemens, si la faillite est déclarée sous la loi nouvelle, les
formes ordonnées par celle-ci en régiront la liquidation. Mais là se borneront tous ses effets, si la faillite
s'est réalisée avant sa promulgation, en d'autres termes, si la cessation de paiemens a été complète pen-

dant que l'ancienne législation était en vigueur, ou si le jugement déclaratif fait remonter la date de l'ouverture jusqu'à cette époque.

Si le jour de cette ouverture est postérieur à la promulgation de la loi nouvelle, celle-ci régira sans contredit la forme et le fond, non pas cependant d'une manière tellement absolue, qu'il ne fallût pas excepter de ses dispositions les droits acquis sous la législation précédente. Le respect de ces droits est écrit dans le principe de la non rétroactivité. Ceux qui auraient à les revendiquer seraient bien fondés à le faire, alors même que la loi nouvelle en eût proscrit l'exercice pour l'avenir. C'est, par exemple, ce qui se réalise pour le privilége et la revendication établis par l'article 2102 du Code civil en faveur du vendeur d'effets mobiliers non payés, et que l'article 550 de la loi nouvelle a abolis. Or, il n'est pas douteux que, malgré cette suppression, le vendeur non payé d'un effet mobilier, livré sous l'empire du Code, pourrait exercer, soit le privilége, soit la revendication, car l'un et l'autre lui ont été acquis, au moment de la vente, par la seule force de la loi alors en vigueur (1).

10 Une autre question est née du préambule de la loi, celle de savoir si après la liquidation de l'union d'une faillite ouverte avant la loi de 1838, les créanciers du failli déclaré excusable par le tribunal de commerce, pourront agir individuellement contre lui par voie de contrainte par corps, pour l'obliger à solder le montant de leurs créances ?

La solution de cette question réside toute entière

(1 Arrêt de la Cour royale de Paris du 1er décembre 1841. *Journal du Palais,* 1841, tom. 1, pag 422. Vid. infrà art. 550, 557.

dans celle que doit recevoir cette autre question : l'article 539 actuel est-il applicable à l'ancien failli? On sait, en effet, que c'est cet article qui a attaché la libération de la contrainte par corps, à la déclaration d'excusabilité. Sous le Code, cette déclaration n'avait aucun effet semblable; le failli sous le poids du contrat d'union ne pouvait s'affranchir de la contrainte par corps, que par la cession de biens.

Or, la loi de 1838 déclare d'une manière formelle que les faillites ouvertes sous l'empire du Code resteront soumises aux dispositions de celui-ci, qui en régiront exclusivement la liquidation. Il suit de là que l'article 539 ne peut être invoqué par le failli ancien, et que les créanciers ne seront nullement consultés sur son excusabilité.

Il devient dès lors évident que les effets de l'excusabilité, par rapport à la contrainte, ne seront acquis qu'en faveur de ceux dont la faillite a été déclarée depuis la loi de 1838. Pour les faillites antérieures, l'exercice de la contrainte par corps n'aura d'autres règles que celles tracées par le Code de commerce.

11 M. Badin , qui a traité ex professo la question qui nous occupe, est d'une opinion contraire (1); mais il n'arrive à se décider en faveur du failli qu'en soutenant que la contrainte par corps en principe n'est qu'une voie de procédure, et qu'en mettant de côté le second paragraphe du préambule qui laisse celle-ci à la forme tracée par le Code de commerce, lorsque la faillite a été déclarée sous l'empire des dispositions de celui-ci.

Sur un point, comme sur l'autre, l'opinion de M. Badin est inadmissible. L'inapplicabilité de l'article 539

(1) *Revue de législation et de jurisprudence*, t. 8, p, 308.

aux faillites anciennes est, nous venons de le voir, commandée par le texte de la loi.

Serait-il vrai, d'ailleurs, qu'en principe la contrainte par corps ne soit qu'un simple acte de procédure ? On ne peut, ce nous semble, émettre une opinion affirmative, qu'en méconnaissant le véritable caractère de cette garantie énergique que la loi donne aux créanciers.

Sans doute la contrainte par corps n'est qu'une voie d'exécution. Mais les voies d'exécution ne sont pas quant au fond du droit, de pures formalités. Ainsi le droit d'exécuter les meubles ou les immeubles du débiteur existe en faveur des créanciers, quelque modique que soit la somme due. Supposez qu'une loi subséquente fît dépendre ce droit de la quotité de la créance et ne l'accordât, par exemple, que lorsque la somme due excèderait 300 fr., est-ce que le créancier d'une somme moindre, dont le titre serait antérieur à la loi, pourrait être empêché de saisir les meubles ou les immeubles de son débiteur ? Évidemment non, car il ne ferait qu'user du pouvoir qu'il a reçu de la loi en vigueur à l'époque du contrat. Or, cette loi ne régit pas seulement l'obligation, mais encore tout ce qui en est la conséquence, tout ce qui est entré dans les prévisions des parties contractantes; et sous ce second rapport y a-t-il quelque chose de plus important que les voies autorisées pour assurer l'exécution de la convention ?

Le droit acquis quant au principal se réalise donc pour tout ce qui s'y lie accessoirement. La faculté d'exiger l'accomplissement de l'obligation résidant toute entière sur le pouvoir de contraindre le débiteur, les voies d'exécution autorisées par la loi en vigueur au moment du contrat ne sauraient être refusées, sans porter

atteinte à ce même droit acquis, sans donner à la loi
nouvelle un caractère de rétroactivité qu'elle ne saurait avoir.

Or, de toutes les voies d'exécution, la contrainte
par corps est sans contredit la plus énergique. Elle est
bien autrement efficace, comme garantie, que l'hypothèque; il suffit de rappeler que son exercice légitime
l'aliénation du fonds dotal, ce que celle-ci ne peut jamais faire.

En matière commerciale, la contrainte par corps a
toujours été de droit commun ; ainsi l'a exigé l'intérêt
du commerce lui-même (1). N'est-elle pas en effet le
contrepoids le plus grave à cette confiance aveugle et
illimitée, qui fait la base de tout commerce? Sans la
garantie qu'elle présente, on en viendrait bientôt à exiger des sûretés hypothécaires ou au moins des nantissemens, et comment concilierait-on les lenteurs de ce
mode de procéder avec la célérité qu'exigent les opérations commerciales ?

Aussi, lorsque la loi du 9 mars 1793 eut prononcé
l'abolition de la contrainte, les capitaux cessèrent d'être
versés dans le commerce, dont les opérations devinrent
presque nulles. Les réclamations réitérées, les plaintes
des commerçants eux-mêmes déterminèrent, comme
unique remède à ce mal, le rétablissement de la contrainte par corps. qui fut prononcé par la loi du 24
ventôse an V.

Il n'y a rien d'étonnant que cette loi ait excepté de
cette voie rigoureuse, les dettes qui ne l'entraînaient
pas, avant la loi abolitive du 9 mars 1793. Le législateur
de l'an V ne venait pas créer un droit nouveau, mais

(1) La contrainte par corps en matière commerciale a toujours
paru d'une indispensable nécessité.— Montesquieu, liv. 20, chap. 15.

rétablir les choses sur le même pied qu'avant le 9 mars 1793. Quoi qu'il en soit, les obligations commerciales n'étaient pas de celles que les lois anciennes avaient affranchies de la contrainte par corps.

La loi qui a véritablement organisé cette contrainte est celle du 15 germinal an VI ; loin de favoriser le système de M. Badin, cette loi le repousse d'une manière explicite, par la division qu'elle trace entre le principe de la contrainte et son mode d'exécution. La loi les constitue tour à tour et séparément ; elle nous amène par là à cette inévitable distinction que M. Badin qualifie de spécieuse : s'agit-il du droit de contrainte ? La loi postérieure qui le modifierait ne saurait atteindre les obligations existantes au moment de sa promulgation. S'agit-il au contraire de l'exercice de ce droit, de la procédure à suivre, les formes ordonnées par la loi nouvelle seront exécutoires. Il est aisé de se convaincre, en parcourant la loi du 17 avril 1832, que le législateur de cette époque a parfaitement suivi cette distinction.

La prétention de M. Badin, de ne voir dans la contrainte par corps qu'un simple acte de procédure, est donc inadmissible. Son système serait désastreux pour le commerce. Qui oserait désormais lui confier des capitaux importants, si la garantie la plus énergique d'un remboursement, sous la foi de laquelle on a traité, pouvait dépendre d'une loi nouvelle ? si elle pouvait être arrachée au mépris des droits acquis ?

« Mais, dit M. Badin, il n'y a pas droit acquis, car la contrainte est un simple attribut de la loi, qui ne peut même être réduit en acte qu'à la condition que telle chose tacitement prévue (le non paiement) arrivera.

2

Son existence ne commence donc qu'au moment même
où on veut en faire usage. La loi en vigueur peut conséquemment seule la régir, sans qu'on puisse l'accuser
de violer le principe de la non rétroactivité, uniquement
ment applicable aux choses acquises, aux choses pas-
sées, et non aux choses en expectative, aux choses en
suspens au moment de l'apparition de la loi nouvelle. »

Cette argumentation confond évidemment deux choses que nous venons de voir la loi elle-même expressément distinguer, à savoir : le droit, sa mise en activité.
Il n'est pas exact de dire que le premier ne commence
qu'au moment où il faut l'exécuter. L'exécution n'est que
la conséquence du droit lui-même, droit qui réside dans le
titre, qui tire son origine de l'obligation elle-même et qui,
partant, est acquis dès que cette obligation est parfaite.

Le droit acquis ne s'ouvre que lorsque l'exécution de
l'obligation étant refusée, il faut recourir aux moyens
coercitifs; que l'emploi de ceux-ci soit réglé par la loi
nouvelle, cela se comprend; mais là doit se borner l'effet
de celle-ci. Il y aurait une véritable rétroactivité à vouloir soumettre à son empire le droit en lui-même.

Pour juger l'étendue de ce droit, il faut recourir à la
législation sous laquelle il a été conféré. Peu importe
que son exercice soit suspendu pendant le terme accordé au débiteur, qu'il soit subordonné à la condition
de non paiement. Le droit, quoique non ouvert, n'en
est pas moins acquis, et cela suffit pour qu'il ne puisse
être modifié par la loi nouvelle.

C'est ce qu'enseignent des auteurs graves, en tête
desquels il faut placer le savant Merlin. C'est ce que la
jurisprudence a de tout temps consacré.

« Les droits qui résultent des contrats, dit M. Merlin,
« n'importe qu'ils soient actuellement ouverts, ou

« qu'ils ne soient qu'éventuels ou expectatifs, sont hors
« de l'atteinte de la loi nouvelle. »

« Cette règle ne s'applique pas seulement aux con-
« ventions qui sont expresses, elle s'applique égale-
« ment aux conditions qui sont sous-entendues dans
« un contrat, par l'autorité de la loi sous laquelle il
« est passé. » (1).

Nous ne citerons qu'un des arrêts nombreux qui ont
adopté ce système. Il est d'autant plus décisif qu'il a
été rendu sur la question même qui nous occupe, celle
de savoir d'après quelle loi il fallait régir l'application
de la contrainte par corps. Voici l'espèce sur laquelle
il est intervenu.

Deux personnes s'étaient associées en 1784, sous l'empire de l'ordonnance de 1673, qui déclarait la contrainte par corps facultative entre associés.

Cette société s'étant dissoute sous l'empire du Code,
l'associé reliquataire fut poursuivi en paiement, avec
contrainte par corps, conformément aux dispositions
du Code.

Le tribunal de commerce, et, sur l'appel, la Cour
royale de Paris, décident que la contestation ne pouvant être régie par ces dispositions, il n'y a pas lieu
d'accorder la contrainte par corps.

Pourvoi en cassation, et le 1er avril 1817, arrêt de
rejet : *attendu que l'ordonnance de 1673 devait seule,
en se reportant à la date de l'obligation, servir de
règle, pour accorder ou dénier la voie de la contrainte
par corps.*

Nul doute cependant que si, comme le soutient M.
Badin, la contrainte par corps n'était qu'un acte de pro-

(1) Rep. Cinq. Edit. V. effet rétroactif, sect. 5, § 1.
Vid. Dalloz. A. V° hypot. chap. 2, sect. 2, art. 1, n° 6.

cédure, il eût fallu décider autrement. puisque dans l'hypothèse, la poursuite s'ouvrait sous une loi qui consacrait la contrainte par corps entre associés. La Cour régulatrice a donc proscrit cette opinion à l'aide de laquelle M. Badin résout la question que nous nous sommes posée. Concluons donc que le failli, dont l'union a été liquidée sous l'empire du Code, n'est nullement affranchi de la contrainte par corps, par la déclaration d'excusabilité prononcée par le tribunal de commerce.

Mais, objecte M. Badin, c'est là créer deux classes de faillis, qui, tous également malheureux et de bonne foi, auront un sort bien différent ; les uns étant affranchis de la contrainte par corps, tandis que les autres pourront à chaque instant la subir.

Ce n'est là qu'une erreur nouvelle dans laquelle tombe ce jurisconsulte, en voulant appliquer aux faillites déclarées sous le Code les dispositions de la loi nouvelle, malgré que cette loi ait formellement déclaré le contraire.

12 L'abolition de la cession des biens prononcée par l'article 541 n'atteint que les faillis soumis à sa disposition. Or, les mêmes motifs qui doivent faire exclure les anciens faillis du bénéfice de l'article 539 doivent les excepter de la peine consacrée par l'article 541. Le préambule est d'ailleurs formel.

Remarquons en outre que cet article 541 n'est en quelque sorte que le corollaire de l'article 539. Celui-ci produit d'une manière plus naturelle et plus prompte les effets que le Code de commerce attachait à la cession. Celle-ci est donc désormais inutile ; voilà pourquoi elle a été supprimée. Mais celui qui ne peut user de la disposition qui la remplace, ne saurait à son tour être privé d'y recourir.

La loi, qui donnait au créancier la contrainte par corps, assurait au débiteur le moyen de s'en libérer, en abandonnant tous ses biens. Et puisque c'est cette loi seule qui doit régler le sort de l'un et de l'autre, chacun d'eux reste dans les termes où il en était, soit au moment de l'obligation, soit au moment de la déclaration de la faillite. Pour tous les deux, la loi nouvelle est censée ne pas exister. Il est dès lors impossible de les soumettre à aucune de ses dispositions.

Nous pensons donc encore que sur ce point, comme sur le précédent, l'opinion de M. Badin, qui consiste à soutenir que l'article 541 de la loi est applicable aux anciens faillis, est inadmissible, qu'elle viole ouvertement la disposition précise du préambule. Ainsi le failli ancien trouve dans la cession le moyen de se soustraire à la contrainte par corps. Cette cession est pour lui ce qu'est pour le failli nouveau la déclaration d'excusabilité.

LIVRE III.
DES FAILLITES ET BANQUEROUTES.

TITRE PREMIER.

DE LA FAILLITE.

Dispositions générales.

ARTICLE 437.

Tout commerçant qui cesse ses paiemens est en état de faillite.

La faillite d'un commerçant peut être déclarée après son décès, lorsqu'il est mort en état de cessation de paiemens.

La déclaration de la faillite ne pourra être, soit prononcée d'office, soit demandée par les créanciers, que dans l'année qui suivra le décès.

SOMMAIRE.

13 Le commerce vit de ponctualité et d'exactitude. Le négociant qui ne peut solder ses obligations à leur échéance manque aux engagemens que sa qualité lui impose et se constitue lui-même en état d'impuissance de gérer plus longtemps ses affaires.

14 L'instant où commence la cessation de paiemens est celui qui marque le point de départ de la faillite. Il

est donc important de le préciser d'une manière exacte, car les conséquences de l'administration qui reste, de fait, au failli, jusqu'au jugement déclaratif, peuvent être graves pour ceux qui, pendant cet intervalle, ont contracté avec lui.

15 C'est dans ce but que l'article 441 du Code de commerce avait déterminé les caractères constitutifs de cette cessation. C'était la retraite du débiteur, la clôture de ses magasins, le refus de payer. Mais l'inconvénient de cette classification était de faire supposer que le législateur n'admettait aucune autre circonstance comme indice de la faillite ; de telle sorte que les tribunaux hésitaient à faire résulter la cessation de paiemens, de faits qui, quoique graves, n'avaient aucune identité avec ceux textuellement prévus par le législateur.

16 La loi de 1838 a voulu établir en principe ce qui ne résultait avant elle que de la doctrine et de la jurisprudence, à savoir : que les tribunaux sont appréciateurs souverains, de ce qui constitue la cessation réelle de paiemens. C'est donc au juge à examiner les faits dont on veut la faire résulter, à en mesurer l'importance commerciale et à rechercher si son existence est incompatible avec les exigences de la profession et les devoirs qui sont imposés au commerçant.

On comprend dès lors que cet arbitrage n'a d'autres règles que la conscience du magistrat, et qu'il ne saurait dans aucun cas, être astreint, dans l'application, à des prescriptions fixes et déterminées. Aussi n'est-ce pas dans l'intention de le règlementer qu'on peut rechercher quels sont les caractères de la cessation de paiemens. Mais cette recherche peut cependant faciliter les investigations de la justice, en l'éclairant sur l'esprit de la loi, en lui signalant le plus ou moins de gravité des circonstances sur lesquelles elle est appelée à prononcer. C'est dans ce but que nous allons exposer les conditions qui peuvent être exigées pour que la cessation de paiemens constitue la faillite.

17 1° Il n'est pas indispensable que cette cessation soit absolue. Il est évident que, si on l'exigeait ainsi, le commerçant pourrait se perpétuer dans l'administration de ses biens. Il y parviendrait au moyen de quelques paiemens réalisés au détriment de l'actif, et dans l'intention unique de se soustraire à une déclaration actuelle de faillite.

Le commerçant doit à présentation payer tous ses engagemens: l'impuissance dans laquelle il serait vis-à-vis de certains d'entr'eux démontrerait son insolvabilité et le constituerait en état de faillite.

18 2° Le défaut de quelques paiemens, quelques protêts, ne sauraient constituer la cessation légale de paiemens, si depuis, le commerçant s'est acquitté et a continué de remplir ses obligations. Le refus de ces paiemens peut n'être qu'une juste résistance à des prétentions exagérées, ou le résultat d'un embarras momentané bientôt vaincu.

Mais si depuis les protêts, le commerçant n'avait pas repris ses paiemens, ou ne les avait repris que partiellement, il y aurait nécessité de le déclarer en état de faillite, alors même qu'un seul protêt serait venu le mettre en demeure. Il y aurait en effet, dans ce cas, gène, profonde, insolvabilité certaine. Les paiemens partiels ne seraient qu'un motif de plus de hâter la déclaration pour conserver à la masse un actif sur lequel chaque créancier a un droit égal, et sur lequel nul ne doit obtenir une préférence quelconque.

19 3° Il faut que le défaut de paiemens se réalise à l'égard d'engagemens commerciaux. La loi n'attache de l'importance qu'aux actes qui affectent le crédit commercial. Or, un négociant poursuivi pour une dette civile conserve son crédit intact, si à la même époque il fait honneur à ses engagemens commerciaux. C'est ainsi qu'il a été jugé, qu'un commerçant poursuivi en expropriation par un créancier civil ne pouvait être déclaré en état de faillite (1).

Il suit de ce principe que le propriétaire des lieux loués qui n'est pas payé à l'échéance des termes, ne saurait poursuivre la faillite de son locataire. Il ne le peut à un double titre : d'abord parce qu'il n'est pas créancier commercial ; ensuite parce qu'il a un privilége qu'il peut exercer sur les meubles et marchandises, dès l'instant que le refus de paiement se réalise. Il n'a donc aucun intérêt à la faillite et dès lors il ne saurait être recevable à la provoquer.

C'est ce que le tribunal de commerce de Marseille a formellement consacré le 13 août 1842, dans l'affaire Bloc contre Guerrero. Sur la requête de celui-ci, créancier pour loyers de magasin, Bloc avait été déclaré en état de faillite ; mais sur son opposition ce jugement a été rétracté, et Guerrero condamné à tous les frais à titre de dommages-intérêts ; il n'y a pas même eu appel contre cette décision, malgré que la créance n'eût pas été encore éteinte.

20 4° Une insolvabilité réelle et démontrée ne suffirait pas pour constituer la faillite, s'il n'y a pas eu cessation de paiemens. En effet, il n'y a pas dans le

_____

(1) Dalloz jeune, *Dict. gén.* V° faillite, n° 43 , 44.

commerce d'insolvabilité absolue, en ce sens, que quoique le passif excède l'actif, il n'y a pas impossibilité de continuer le commerce. On peut trouver dans ses moyens personnels, ou dans son crédit, des ressources pour vaincre ce déficit et revenir au niveau de ses affaires. La loi ne reconnaît d'autre insolvabilité que celle qui s'annonce publiquement par une cessation de paiemens, elle n'a pas voulu pour établir celle-ci, qu'on pût aller fouiller dans les secrets de la position réelle de celui qui a toujours continué les siens.

21 5° Enfin, de ce que la loi nouvelle n'a pas reproduit l'article 441 du Code, il ne faut pas conclure qu'elle a méconnu la valeur des caractères qui y étaient tracés comme indices de déconfiture. La retraite du débiteur, la clôture de ses magasins sont des signes non équivoques de l'impuissance de continuer le commerce ; elles suffiraient donc pour motiver la déclaration de faillite si elles ne sont dues qu'à l'état d'insolvabilité du commerçant.

Nous le répétons, l'abrogation de l'article 441 n'est due qu'au désir de laisser aux tribunaux appelés à déclarer la faillite, une plus grande latitude dans l'appréciation des faits dont on veut faire ressortir la cessation de paiemens ; c'est donc au tribunal investi à examiner mûrement ces faits, à calculer leur portée réelle, et les causes qui ont pu les déterminer. Des juges commerçans sont facilement pénétrés de l'importance d'une déclaration de faillite; il n'est donc pas à craindre qu'ils abusent du pouvoir que la loi leur confie ; ils ne se décideront pour l'affirmative que lorsqu'ils seront convaincus que la faillite existe réellement, et qu'il y a dès lors urgence à faire usage du remède prescrit par la loi (1).

22 Le Code de commerce était muet sur le sort du négociant mort en état de cessation de paiemens. La jurisprudence avait cependant admis qu'on pouvait le déclarer en état de faillite, à condition néanmoins que la cessation de paiemens se fût réalisée avant la mort.

La loi actuelle a consacré ce principe : elle s'est conformée aussi à la jurisprudence quant à la condition dont l'admission a cependant soulevé un long débat.

Plusieurs députés en demandaient le retranchement, et voulaient par conséquent que la faillite fût déclarée alors même que la cessation de paiemens n'eût pas eu lieu avant le décès. L'un d'eux, que le barreau d'Aix s'honore d'avoir compté dans ses rangs, l'honorable M. Pascalis, faisait remarquer qu'en admettant le contraire on arrivait à ce résultat : que la succession d'un négociant mort en état d'insolvabilité réelle, mais sans avoir cessé ses paiemens, se trouverait régie non plus par la loi exceptionnelle des faillites, mais par le droit commun, ce qui aurait de graves inconvéniens pour les créanciers, qui se verraient obligés de surseoir à toutes poursuites pendant les délais acordés pour faire inventaire et délibérer.

M. Teste attaquait la moralité de la disposition combattue par M. Pascalis. Exiger , disait-il, pour que la faillite soit déclarée, que la cessation de paiemens ait précédé la mort, c'est vouloir accorder une prime au suicide.

Néanmoins, la rédaction proposée et soutenue par le

(1) Vid. infrà art. 441-442.

gouvernement et par la commission a été maintenue.
On a dit que pour infliger à un homme mort une déclaration de faillite déshonorante pour sa mémoire, il
fallait être on ne peut pas plus circonspect ; que c'était
là un droit exorbitant dont l'exercice ne pouvait être
provoqué que par des actes personnels à celui contre
qui il était dirigé.

Que l'insolvabilité n'était pas un motif suffisant pour
amener l'état de faillite, lorsque la cessation de paiemens n'avait pas eu lieu. Que peut-être cette insolvabilité eût été vaincue par le négociant lui-même, s'il
n'avait pas été arrêté par la mort. Qu'il suffit, dans le
commerce, d'une chance heureuse pour atteindre le niveau de son passif, pour le surpasser même. Que le
crédit, à défaut de ressources plus réelles, pouvait déterminer cette chance. Qu'il n'y avait donc aucune justice à rendre un homme qui avait honorablement vécu,
victime de la fatalité qui l'avait vu succomber à la
peine, et à ajouter le déshonneur à la perte qu'éprouvait une famille malheureuse.

Restait la prévision du suicide. Sans doute un négociant, pressé par une éminente déconfiture, peut,
comme l'indiquait M. Teste, concevoir la pensée d'é-
chapper par une mort volontaire à une déclaration de
faillite, sauvant ainsi, à son nom, la tache qui en rejail-
lit ; à ses enfans, les inconvéniens qui en résultent. Mais,
indépendamment des considérations qui précèdent, con-
venait-il, assimilant le suicide à la cessation de paiemens, d'autoriser la recherche des motifs qui avaient
pu déterminer un acte aussi déplorable ?

Nous ne le pensons pas. Selon nous, la loi n'avait
pas à se purger de la tendance signalée par M. Teste :

le suicide même, en l'état d'une insolvabilité certaine, pouvait n'être que le résultat d'un malheur, d'une pensée toute autre que celle que l'insolvabilité faisait concevoir. On aurait donc pu discuter cette pensée , et appeler l'appréciation du juge sur un fait qu'il ne lui était pas permis de connaître, sur des causes qui pouvaient subir diverses interprétations, et sur lesquelles on pouvait en définitive consacrer le contraire de la vérité, Dieu seul pouvant posséder avec certitude la solution de ce problème impénétrable.

On a donc dû négliger des considérations qu'une éventualité rare et exceptionnelle faisait naître, pour s'arrêter à un principe certain dont l'application pourra avoir lieu dans les circonstances les plus fréquentes. Or, c'est là surtout un des caractères des lois en général. Elles ne doivent avoir en vue que ce qui se réalise le plus souvent, et dans le plus grand nombre des cas : elles négligent les exceptions pour ne s'occuper que *de eo quod plerumque fit*. L'état de faillite confère aux créanciers des droits qu'il ne fallait pas leur enlever. Ces droits naissent avec le moment qui voit se réaliser la cessation de paiemens. S'il n'était pas juste d'en subordonner le bénéfice à un événement postérieur au décès du débiteur, il n'était pas juste non plus d'aller en puiser l'origine dans le fait du décès lui-même. L'immunité terrible de la mort eût été violée , sans que la justice pût décider avec certitude si la mort elle-même n'avait pas été l'unique cause de la cessation ultérieure de paiemens.

Il faut donc de toute nécessité, pour qu'on puisse déclarer la faillite après décès, que la cessation de paiemens se soit réalisée pendant la vie. Ce caractère est

le seul qui constitue essentiellement la faillite. Celui-là
donc qui a payé régulièrement pendant sa vie, n'a
jamais failli; il meurt dans l'intégrité de ses droits. La
liquidation de sa succession a lieu dans les formes ordinaires; il ne peut plus être atteint par la loi des faillites.

23 Le principe ainsi réglé, on se demanda si la cessation de paiemens s'étant réalisée pendant la vie, le
droit des créanciers de provoquer la faillite pouvait être
limité quant à son exercice?

M. Persil soutint qu'il fallait abandonner cet exercice à la prescription ordinaire, ajoutant que toute fixation plus courte serait une injustice. Les créanciers,
disait-il, ne poursuivent pas la faillite d'un commerçant
décédé, pour le seul plaisir de la faire prononcer, mais
uniquement pour protéger leurs intérêts. Ceux-ci peuvent être lésés par des actes susceptibles d'être annulés par la déclaration de faillite. Or, si la connaissance
de ces actes n'est acquise qu'après le délai fixé, faudra-t-il que les créanciers soient obligés de les exécuter?
N'est-ce pas préparer le triomphe de la fraude? Ceux
qui auront contracté avec le failli pourront assurer le
bénéfice de leurs actes, en ne les divulguant qu'après
l'expiration du terme fixé aux créanciers.

On répondit à ces considérations qu'à côté des créanciers étaient les héritiers, les tiers; qu'il n'y avait pas
de pire position pour les héritiers que celle de détenir
une succession qui, entre leurs mains, n'est pas seulement un bien à conserver, mais qui peut les exposer
à des poursuites judiciaires longues, chagrinantes, et
même leur imposer le devoir de défendre l'honneur de
celui dont ils détiennent les biens; qu'il importait de ne

pas laisser trop longtemps la propriété incertaine; que donner aux créanciers un temps indéterminé, c'était condamner l'héritier à une impuissance absolue.

D'autre part, les tiers qui auraient traité de bonne foi avec cet héritier, seraient victimes d'un fait qu'ils n'auraient pas même connu, si dix ans, vingt ans après le décès de son auteur, ils venaient à perdre leurs droits par le résultat d'une déclaration de faillite, dont l'effet remonterait de plein droit à l'époque du décès au plus tard. On sacrifiait ainsi l'intérêt des tiers à celui de créanciers qui auraient mis dans leurs démarches une inconcevable lenteur, une négligence impardonnable.

Ces raisons prévalurent, et devaient effectivement prévaloir ; l'intérêt même des créanciers l'exigeait ainsi. Il importe surtout à ceux-ci que l'héritier puisse, par une bonne administration, acquérir des ressources, développer celles qui existent dans la succession, pour libérer le plus possible la mémoire de son auteur. Or, frapper la succession d'une menace éternelle de déclaration de faillite, c'était immobiliser cette succession entre les mains de son détenteur ; c'était le forcer à la répudier, et par conséquent tarir à tout jamais l'espérance de rétablir des affaires déjà compromises, et punir les créanciers en voulant les favoriser.

24 Tout faisait donc un devoir de limiter l'exercice du droit que la nouvelle loi consacrait. Mais, quel devait être le délai qu'il convenait de fixer ? La commission de la chambre des députés avait proposé celui de trois mois à dater du décès. Mais le Ministre de la justice reconnut lui-même qu'il était insuffisant. Il pouvait, en effet, arriver que les créanciers les plus éloignés n'apprissent le décès qu'après l'expiration des trois

mois, et qu'ils fussent ainsi privés du pouvoir de provoquer la déclaration de la faillite. Après une longue et
savante discussion, la Chambre adopta un amendement
de M. Gillon, et, sur sa proposition, fixa à un an la
durée du terme accordé aux créanciers.

Ce délai nous paraît concilier et au delà toutes les
exigences. Les créanciers pourront, pendant sa durée,
prendre une connaissance entière et suffisante des affaires de leur débiteur, apprécier les aliénations qu'il
aura consenties, les libéralités qu'il pourra avoir faites.
L'inventaire auquel ils pourront prendre part leur ga-
rantira l'actif délaissé. Ils pourront traiter avec l'héritier, et si sa fidélité est suspecte, ou si les circonstances l'exigent, ils auront la faculté de l'écarter, en
faisant déclarer la faillite.

25 L'article 437 semble exclure les héritiers du droit
de provoquer la déclaration de faillite. En réalité cependant, leur démarche à cet égard ne pourrait être
écartée. Il faudrait l'apprécier d'après les principes généraux qui admettent cette faculté en faveur du failli
lui-même. En thèse ordinaire, les héritiers n'auront
aucun intérêt à poursuivre cette déclaration. Ils peuvent en effet renoncer à la succession, ou ne l'accepter
que sous bénéfice d'inventaire, et dans l'un et l'autre
cas, ils sont complètement libérés envers les créanciers
en leur abandonnant l'entière succession, ou en leur
en rendant compte. Cependant, il peut se faire qu'il soit
utile à l'héritier de faire déclarer la faillite pour liquider la succession d'une manière plus prompte, et surtout pour obtenir un concordat judiciaire. Dans ce cas,
on ne pourrait lui objecter le silence de l'article 437.
Il est évident que si les héritiers ne sont pas nommés

au nombre de ceux qui peuvent provoquer la mise en faillite, c'est qu'ils sont virtuellement compris dans les expressions générales du paragraphe 2.

26. La faculté que l'article laisse au tribunal de déclarer d'office la faillite, ne nous paraît répondre à aucun besoin. Nous comprenons cette faculté dans les cas ordinaires : il y a alors un double intérêt : celui des créanciers qui exige le désinvestissement immédiat du failli, celui de l'ordre public pour la répression des fraudes que le failli peut avoir commises. Après le décès, le détournement n'est plus à craindre ; la mort a opéré le désinvestissement, l'apposition des scellés, que chaque créancier peut requérir, est une garantie suffisante contre les héritiers. D'autre part, l'action publique est éteinte et sous ce rapport il est fort indifférent que la faillite soit ou non déclarée.

Il est dès lors évident que la faculté de faire déclarer la faillite après la mort, est exclusivement dans l'intérêt des créanciers. Son exercice devait donc leur être exclusivement confié. Eux seuls sont juges compétens des moyens à prendre pour sauvegarder leurs droits, qu'une démarche d'office par le tribunal peut compromettre, on s'expose ainsi à faire tourner contre les créanciers une arme qui n'a été créée que pour les protéger.

Sans doute les tribunaux de commerce n'abuseront pas de cette initiative. Ils ne se départiront jamais de cette prudente réserve qui les caractérise. Nous admettons même qu'ils ne feront jamais usage de cette disposition; mais cette conviction nous porte à regretter qu'elle ait été inscrite dans le Code. La loi ne doit pas être une lettre morte; elle ne doit rien contenir d'inutile. Or, telle serait cette disposition, si les tribunaux s'abs-

tiennent d'en user, et ils s'en abstiendront, car leur intervention pourrait porter un coup funeste aux intérêts
qu'une faillite met en présence.

27. La disposition absolue de l'article 437 a pour but
de mettre un terme à un abus véritable qui s'était glis-
sé dans le commerce : nous voulons parler de la suspension de paiemens, état mixte qui n'était ni la solvabilité ni l'insolvabilité.

La différence qui existe entre la suspension et la cessation de paiemens, c'est, au dire de M. Pardessus,
que dans la première le débiteur qui a des ressources
peut attermoyer avec ses créanciers et empêcher que
ceux dont les créances ne sont pas échues, et qui sont
étrangers à l'arrangement, ne le fassent déclarer en état
de faillite.

C'est surtout par ce motif qu'on devait supprimer un
pareil état de choses. Trop de dangers menaçaient les
créanciers de la seconde catégorie. Le débiteur avait trop
d'intérêt à obtenir un attermoyement des créances exigibles, ce qui lui permettait de ne pas faillir, pour reculer devant les sacrifices qu'on lui imposait. Or, le poids
de ces sacrifices tombait sur ceux qui, n'ayant aucuns
droits échus, restaient forcément étrangers à l'arrangement, et qui voyaient souvent empirer la position de
leur débiteur et diminuer à leur détriment le gage
commun.

D'ailleurs il n'existe aucune différence entre la suspension et la cessation de paiemens. Le commerce vit
d'exactitude et de ponctualité. Le commerçant qui, au
terme échu, ne fait pas honneur à ses engagemens,
manque à ses devoirs commerciaux. Vainement allégue-
rait-il que son actif est bien supérieur à son passif :

nous avons vu bien souvent ce que valent de pareilles
assertions que l'événement vient démentir de la manière
la plus cruelle. Si le fait est vrai, les créanciers se ré-
signeront facilement à rester dans l'inaction la plus complète, mais c'est bien le moins qu'ils soient tous également
à même de l'apprécier. Si donc le débiteur veut
traiter, il doit s'adresser à tous, sans distinction des dettes échues ou non. Un traité particulier ne lierait que
ceux qui l'auraient consenti, sans empêcher qu'il ne devînt lui-même un motif pour les créanciers, dont les
créances ne seraient même pas échues, de faire prononcer la déclaration de faillite.

Admettre la suspension de paiemens, c'était rétro-
grader jusqu'à l'ordonnance de 1673; c'était créer un
état de faillite sans désinvestir le failli de l'administration
de ses biens; c'était donner ouverture à toutes les fraudes
et s'exposer à des détournemens considérables. Ne sait-
on pas d'ailleurs que l'actif que présentent les débiteurs
disparaît le plus souvent dans la liquidation, parce qu'il
consiste en créances anciennes ou verreuses, dont le recouvrement est impossible? Quel est le commerçant qui
ne pourrait, sous un prétexte de ce genre, se constituer
en état de suspension seulement, et combien d'entr'eux
n'useraient du répit qu'ils obtiendraient ainsi, que pour
faire disparaître ce qui reste de plus clair dans leur actif?

La loi ne se préoccupe que d'un fait : elle ne demande pas au commerçant s'il est ou non solvable, mais
s'il paye ou non ses engagemens. S'il y a cessation, il y
a faillite, quels qu'en soient les motifs, gène, embarras
ou insolvabilité. C'est aux créanciers à se fixer sur la position réelle de leur débiteur et à accorder toutes les facilités dont cette position est susceptible. Mais si un seul

d'entre eux poursuit la déclaration de faillite, sa demande doit être accueillie, s'il l'appuie sur un défaut de paiemens d'engagemens commerciaux, quand bien même sa créance personnelle ne serait pas encore exigible.

28. Les dispositions de la loi relatives aux faillites sont d'ordre public (1). Elles ne peuvent donc recevoir d'application que dans les circonstances qu'elles prévoient et aux individus pour qui elles sont faites. Ainsi un non commerçant ne peut dans aucun cas être déclaré en état de faillite.

29. Sont réputés commerçans, ceux qui se livrent à des actes de commerce et qui en font leur profession habituelle. Telle est la définition que le législateur lui-même nous a donnée (2). Remarquons bien ces termes: *leur profession habituelle* et non pas *leur profession exclusive*; ils indiquent toute la pensée de la loi , ils nous amènent à cette conséquence que des individus, ayant une profession déterminée , peuvent cependant être considérés comme commerçants , si , nonobstant cette profession, ils se livrent habituellement à des actes de commerce.

30. Ce principe a , depuis longtemps, été consacré par la jurisprudence. Ainsi ont été déclarés susceptibles de tomber en état de faillite des receveurs d'enregistrement (3), des percepteurs de contributions (4), malgré leur qualité de fonctionnaires.

Un arrêt de la Cour de cassation du **28 mai 1828** (5).

(1) Cour de cassation, 20 avril 1842. Dalloz, p. 42, 1, 227.
(2) V. art. 1er, cod. de com.
(3) Bruxelles, 25 janvier 1809. D. A. tom. 8, pag. 26.
(4) Paris, 25 juillet 1811. Id. tom. 2. pag. 693.
(5) D. P. 28, 1, 302.

a appliqué le même principe à un notaire, et depuis, les désastres inouïs qui ont frappé le notariat ont présenté de fréquentes occasions de renouveler cette application (1).

La Cour royale d'Aix a été appelée à consacrer ce principe dans l'affaire du faussaire Arnaud de Fabre, notaire à Marseille. Il est vrai que l'état de faillite n'a pas été prononcé, mais ce n'est pas parce que la Cour aurait pensé que sa qualité de notaire excluait toute déclaration de ce genre, mais seulement parce que les actes de commerce auxquels ce notaire s'était livré, ne constituaient pas une habitude. Cet arrêt a fait une juste application de la loi. En pareille matière, le fait domine nécessairement le droit. Quelques actes isolés ou répétés ne confèrent pas la qualité de commerçant. Ils doivent être assez nombreux, assez rapprochés pour constituer l'habitude commerciale, et c'est celle-ci seulement que la loi des faillites peut atteindre.

C'est au reste à ces termes que M. Carré a depuis longtemps réduit la question, et son opinion est généralement admise.

Ainsi tout individu peut être déclaré en état de faillite, quelle que soit sa profession, si, indépendamment de celle-ci, il s'est livré habituellement à des actes de commerce. Cette habitude lui confère la qualité de commerçant, et le soumet, en cas de cessation de paiemens, aux prescriptions du livre 3 du Code de commerce. Quant aux faits qui caractérisent l'habitude, la loi les abandonne à l'appréciation souveraine des magistrats

---

(6) C'est ainsi que dans nos contrées et après la loi de 1858, le sieur *** notaire à Pertuis, a été déclaré en faillite.

CHAPITRE PREMIER.

De la déclaration de faillite et de ses effets.

ARTICLE 458.

Tout failli sera tenu, dans les trois jours de la cessation de ses paiemens, d'en faire la déclaration au greffe du tribunal de commerce de son domicile. Le jour de la cessation de paiemens sera compris dans les trois jours.

En cas de faillite d'une société en nom collectif, la déclaration contiendra le nom et l'indication du domicile de chacun des associés solidaires. Elle sera faite au greffe du tribunal dans le ressort duquel se trouve le siége du principal établissement de la société.

ARTICLE 459.

La déclaration du failli devra être accompagnée du dépôt du bilan, ou contenir l'indication des motifs qui empêcheraient le failli de le déposer. Le bilan contiendra l'énumération et l'évaluation de tous les biens mobiliers et immobiliers du débiteur, l'état des dettes actives et passives, le tableau des profits et pertes, le tableau des dépenses ; il devra être certifié véritable, daté et signé par le débiteur.

SOMMAIRE.

50 bis. Devoirs que la cessation impose aux commerçants.
51. Déclaration dans les trois jours.
52. Intérêt des créanciers à ce qu'elle ait lieu.
53. Intérêt des tiers.
54. Cette déclaration ne lie ni les créanciers, ni la justice, quant à la date de la faillite.
55. Obligation du gérant d'une société en nom collectif.

30 *bis*. La cessation de paiemens constituant la faillite, il importe, dans l'intérêt des créanciers, que les mesures commandées par celle-ci soient promptement exécutées. Le failli pourrait abuser de l'administration qu'il conserve , soit pour enlever pour son compte tout ce qu'il pourrait distraire de son actif , soit pour payer ceux des créanciers qu'il voudrait avantager en les plaçant en dehors des atteintes de la faillite.

Si la cessation de paiemens et ses causes peuvent être douteuses pour les tiers , elles n'ont rien d'incertain pour le négociant lui-même. Lui au moins ne peut ignorer sa position , et dès ce moment naissent pour lui des devoirs qu'il doit immédiatement remplir.

31. Il doit, dans les trois jours de la cessation, en faire la déclaration au greffe du tribunal de commerce. Cette déclaration met la justice en demeure d'agir dans l'intérêt de la masse qui est , dès ce moment , substituée aux droits du failli.

32. Nous venons de le dire , l'intérêt des créanciers pourrait se trouver gravement compromis, si le failli n'était pas le plus tôt possible désinvesti de l'administration de ses biens. La déclaration du failli hâtera ce désinvestissement , en amenant l'ouverture de la faillite, et partant, l'apposition des scellés sur toutes les facultés restant au failli.

L'efficacité de cette main-mise judiciaire sera d'autant plus réelle, qu'elle se sera effectuée avec plus de promptitude. Il est impossible que la faillite se réalise sans qu'il en transpire quelque chose, surtout dans la localité habitée par le failli. Les créanciers présens pourraient être tentés de profiter de leur position pour parvenir à arracher quelques débris de ce qui reste. Seuls les créanciers éloignés auraient à souffrir de ces dilapidations qui rendraient illusoire pour eux le principe, que l'égalité la plus complète doit régner entre tous les intéressés à une même faillite. Aussi est-ce pour les protéger efficacement que la loi oblige le débiteur à déclarer lui-même sa cessation de paiemens.

D'ailleurs, c'est dans l'intervalle de la cessation au jugement déclaratif que s'organisent les fraudes les plus nombreuses. En le rendant le plus court possible, le législateur a agi avec prudence. Vainement objecterait-on que la déclaration volontaire de cessation est une preuve de bonne foi. Elle n'est supposée telle que lorsqu'elle se réalise dans le délai légal, à une époque où la réflexion n'a pas encore fait entrevoir toute la profondeur du désastre. On le disait dans la discussion du Code, la bonne foi elle-même peut être effrayée de l'avenir de misère et de malheur que la faillite permet d'envisager. Elle pourrait donc, dans cette prévision, chaque jour plus urgente, être tentée de profiter des retards qu'on lui ménage pour se créer des ressources au préjudice des créanciers.

33. D'autre part, les tiers qui traitent avec le failli ne sont pas moins intéressés à ce que la position de celui-ci soit promptement fixée. La cessation de paiemens, en l'état de laquelle ils auraient contracté, rend leurs droits

fort contestables. Il y a donc un véritable danger pour eux. Ce danger est surtout bien plus sensible pour ceux qui, par l'éloignement de leur domicile, ignorant son état de détresse, lui auraient fait confiance alors qu'il ne pouvait plus en mériter aucune.

Tout se réunissait donc pour faire un devoir au failli de déclarer au greffe la cessation de paiemens dans le plus court délai. Nous verrons plus tard que le législateur n'a rien omis de ce qui pouvait l'encourager à le remplir.

34. Au reste cette déclaration ne lie ni les créanciers, ni la justice quant à la date de la cessation de paiemens. Quelle que soit l'époque assignée par le failli à cette cessation, il est loisible au tribunal, soit d'office, soit sur la demande des créanciers de la faire remonter à une date plus reculée.

35. Si le failli a des associés en nom collectif, la déclaration doit contenir le nom et le domicile de chacun d'eux. Tous les membres de la société sont en faillite, des mesures sont à prendre contre la personne et les biens de chacun d'eux, il faut donc que la justice trouve sous sa main toutes les indications qui peuvent guider ses démarches et leur assurer cette efficacité qui git dans leur exécution immédiate

36. Dans la discussion à la chambre des députés, un membre demandait que quelle que fût la société, on fût tenu de déclarer le nom des associés solidaires. Cet amendement fut repoussé avec raison. La solidarité n'est de droit commun que dans les sociétés en nom collectif, et s'il est vrai, comme l'auteur de l'amendement le faisait observer, que le commanditaire qui s'est immiscé devient solidaire, il est certain que cette solidarité est

une exception aux règles ordinaires à ces sociétés: qu'elle
n'est qu'une peine attachée par la loi au fait d'immixtion.
Il faut donc tout d'abord prouver ce fait avant d'en déduire les conséquences, et comme, même dans ce cas, la
solidarité n'est que dans l'intérêt des créanciers, il convenait de leur laisser le soin d'en provoquer le bénéfice.

37. Si la société a plusieurs établissemens, c'est au
greffe du tribunal, dans le ressort duquel se trouve le
principal, que la déclaration doit être faite.

Il est souvent fort difficile de se fixer sur ce qui constitue le principal établissement. Une société peut en
avoir plusieurs également importants, et l'intérêt des
créanciers peut exiger que la faillite soit poursuivie dans
tel lieu plutôt que dans tel autre. C'est ce qui s'est présenté dans la faillite Mérentier frères, dont étaient saisis
les tribunaux de Paris et de Marseille.

Dans un tel cas, il est impossible de résoudre la question autrement que par les faits et circonstances de la
cause. Le tribunal appelé à prononcer doit remonter
à l'origine de la société, la suivre dans ses progrès, rechercher s'il n'a existé d'abord qu'une seule maison,
quel est le tribunal au greffe duquel le dépôt de l'acte
social a été effectué. La nature du commerce peut aussi
fournir des indications : s'il est tout maritime, par exemple, la maison située dans un port de mer pourra être
considérée comme la principale.

38. Les motifs qui ont fait prescrire la déclaration
dans les trois jours, ont fait aussi admettre la nécessité
de faire en même temps le dépôt du bilan.

Cette nécessité a été fortement combattue dans la
discussion de la loi. Le dépôt du bilan dans les trois
jours est, disait-on, impossible ; ce délai peut ne pas

suffire à sa rédaction. Un négociant peut avoir plusieurs
établissemens, et, si sa faillite est imprévue, comment
pourrait-il dans un si court délai remplir cette obligation ? Or, l'effet de ce dépôt étant d'affranchir le failli
de l'arrestation et de la garde de sa personne, il arrivera qu'on récompensera exclusivement celui qui ne le
mérite pas. Les faillites où l'on est le plus en mesure
au moment où on les déclare sont les plus susceptibles
de reproches. Un homme déloyal prend d'avance ses
précautions et est préparé à tout. Aussi est-il très rare
qu'un négociant de mauvaise foi ne s'empresse pas de
déposer son bilan, en faisant sa déclaration de faillite.

On répondait que le Code de commerce, en tolé-
rant que le dépôt du bilan ne fût que facultatif, avait
donné naissance à de graves abus. C'est au moment
de sa rédaction que naissent souvent ces énonciations
mensongères à l'aide desquelles certains créanciers de
complaisance figurent comme sérieux dans la faillite.
Qu'il convenait donc, dans les faillites imprévues, d'imposer la rédaction du bilan au moment où ces fraudes
n'ayant pu être encore préparées, on pourra espérer
d'en empêcher toute réalisation ultérieure.

On a donc consacré l'obligation du dépôt du bilan
conjointement avec la déclaration de cessation. Cependant, comme dans certains cas il pouvait y avoir réellement impossibilité à le réaliser, on a autorisé le failli à
soumettre au tribunal les motifs qui l'ont empêché de
remplir cette obligation. Si ces motifs sont légitimes,
le tribunal, après les avoir jugés tels, pourra appliquer
le bénéfice de l'article 456.

39. Le bilan est destiné à faire connaître, non seulement l'état actuel de la fortune du failli, mais encore

les causes de sa déconfiture. Il doit donc contenir l'é-
numération et l'évaluation de tous les biens , meubles
et immeubles : l'état des dettes actives et passives ; le
tableau des profits et pertes, la nature de celles–ci ;
l'indication des dépenses personnelles de la maison du
failli. Toutes ces énonciations sont importantes et exigent chez le failli la plus entière bonne foi ; car s'il
dissimule son actif ou s'il exagère son passif, il se rend
coupable de banqueroute frauduleuse. Si ses dépenses
sont excessives et si ses pertes ne sont pas justifiées ,
si elles ne consistent qu'en opérations de hasard , il
est puni comme banqueroutier simple.

Des énonciations générales et vagues ne suffiraient
donc pas. C'est le tableau fidèle de sa position que la
loi exige du débiteur ; c'est sur cette pièce, qui servira
plus tard de contrôle utile, que se basent les premières
opérations de la faillite. Il importe donc d'autant plus
au failli de convaincre les juges de sa bonne foi, que les
mesures à ordonner contre sa personne se ressentiront
nécessairement de l'opinion qu'ils s'en seront faite sur
l'aspect du bilan.

40. Le bilan doit être le fait du failli : il ne peut
en récuser l'authenticité ; c'est même pour éviter toute
équivoque que la loi lui fait un devoir de le signer,
après l'avoir certifié conforme. Toutefois cette disposition ne déroge en rien au droit que l'on a de se faire
représenter. En conséquence , le failli qui ne pourrait
par lui-même déclarer sa faillite, déposer et signer son
bilan, pourrait accomplir ces formalités par le ministère d'un fondé de pouvoirs. On connaît la maxime *qui
mandat, ipse fecisse videtur.*

41. Le failli pourrait-il, après la faillite, rectifier son

bilan ? En thèse ordinaire, on comprend facilement des erreurs dans la rédaction de cet acte ; aussi doit-on admettre la possibilité de les réparer. Il est toutefois une partie sur laquelle toute rectification est inutile : nous voulons parler de l'état des dettes. L'omission du nom d'un ou de plusieurs créanciers ne leur préjudicie en rien et n'établit contre eux aucun préjugé : ils peuvent donc se présenter à la vérification. La justification de leurs droits les ferait admettre sans aucune difficulté. D'ailleurs, les syndics peuvent rédiger un bilan supplémentaire, si le dépouillement des écritures l'exige. On évite de cette manière la possibilité pour le failli d'introduire après coup des créanciers de complaisance.

42. Le législateur sentant l'importance des formalités prescrites par les articles 438 et 439, en a ordonné l'accomplissement, en accordant à leur exécution une récompense, et en frappant leur violation d'une peine. Cette double sanction fait la matière de la disposition des articles 456 et 586 que nous examinerons plus bas.

ARTICLE 440.

La faillite est déclarée par jugement du tribunal de commerce, rendu, soit sur la déclaration du failli, soit à la requête d'un ou de plusieurs créanciers, soit d'office. Ce jugement sera exécutoire provisoirement.

SOMMAIRE.

43. La faillite est déclarée par le tribunal, sur la requête du failli, des créanciers, ou d'office.

44. Les associés du failli peuvent-ils provoquer la déclaration de faillite ? Oui, pour les associés solidaires.

45. Les associés commanditaires ne le peuvent.

46. Il en serait de même d'un actionnaire d'une société anonyme.

43. Le soin de déclarer les faillites appartient au tribunal de commerce ; cette déclaration peut être provoquée par le failli, par les créanciers, elle peut émaner d'office du tribunal.

Le failli provoque le jugement déclaratif en exécutant les formalités prescrites par les articles précédens. En effet, la déclaration de cessation de paiemens et le dépôt du bilan effectués, le tribunal doit immédiatement prononcer l'ouverture de la faillite.

44. Les associés du failli peuvent-ils provoquer la déclaration de la faillite ? Aucun doute ne peut s'élever pour les associés en nom colectif. Ils sont eux-mêmes faillis dès que la société cesse ses paiemens. C'est donc leur propre faillite qu'ils font prononcer. Or, non seulement l'article 440 leur permet de la provoquer, mais encore les articles 438 et 439 leur en font un devoir.

45. Mais il n'en est pas ainsi des commanditaires. Le commanditaire n'est pas un associé ordinaire : il n'engage dans le commerce qu'une part déterminée au delà de laquelle il n'est jamais tenu. Il reste étranger à la faillite par l'abandon de la mise qu'il a versée ou qu'il est obligé de verser entre les mains des syndics.

La loi lui interdit de plus de s'immiscer dans l'administration ; il ne peut par conséquent l'apprécier sûrement : mais il doit veiller sur la conservation de sa mise.

S'il la croit en péril, il peut poursuivre la dissolution et la liquidation de ses droits ; mais il n'a aucun intérêt réel à provoquer la faillite. Ce défaut d'intérêt le rendrait non recevable à la faire déclarer.

Vainement objecterait-il que la société est en déficit : le déficit ne constitue pas l'état de faillite ; il peut être comblé par les conséquences d'une opération heureuse, il peut être annulé par le crédit dont le gérant dispose. Quant aux craintes qu'il pourrait causer au commanditaire, il peut les faire cesser en usant du droit de provoquer la dissolution.

Il est vrai que le commanditaire peut être en même temps créancier, et avoir intérêt, en cette qualité, à faire déclarer la faillite. Mais, dans ce cas, il ne serait admis à le faire, que s'il y avait cessation de paiemens. Ce n'est qu'alors, en effet, que la faillite se décèle, et que s'ouvrent les droits des créanciers.

La Cour royale de Colmar a consacré ces principes par arrêt du 17 mars 1810. Dans l'espèce de cet arrêt, le commanditaire, ayant appris par l'inventaire dressé avec le gérant, que le passif excédait de beaucoup l'actif, avait fait prononcer la faillite. Le gérant

ayant formé opposition, le tribunal de commerce, sans
s'y arrêter, avait maintenu le jugement déclaratif.

Mais la cour faisant droit à l'appel annulle ce jugement et condamne le commanditaire à des dommages-
intérêts : « attendu que ce qui caractérise la faillite d'un
« négociant est la cessation de paiemens ;

« Attendu qu'au cas particulier, il n'est nullement
« constaté que l'appelant ait cessé ses paiemens ; qu'il
« n'a point fait de déclaration ;

« Que c'est donc à tort que l'intimé a provoqué la
« faillite, et c'est subrepticement qu'il en a obtenu ju-
« gement, même en agissant comme créancier ; car,
« comme associé, il ne pouvait avoir qualité ni être
« recevable à provoquer la faillite ;

« Qu'à la vérité il résulte de l'inventaire qu'il y
« avait déficit d'une somme considérable , mais cette
« détresse pouvait n'être que momentanée , un vire-
« ment des parties, ou les ressources que l'appelant
« pouvait trouver dans sa fortune ou ailleurs eussent
« pu le relever » (1).

Les principes qui servent de bases à cet arrêt nous
paraissent incontestables. On doit sans difficulté les
appliquer à toutes les hypothèses semblables.

46. Ainsi l'associé commanditaire ne serait pas recevable à provoquer la faillite ; son droit, même en cas
de déficit avoué, se borne à la faculté de faire dissou-
dre la société. Ces mêmes motifs amèneraient une décision identique pour l'actionnaire d'une société anonyme.

47. Comme créanciers, les uns et les autres ne pour-

(1) D. A., tom. 8, pag. 29.

raient avoir plus de droits que les créanciers ordinaires, c'est-à-dire que , participant avec ceux-ci au droit de provoquer la mise en état de faillite, ils ne pourraient le faire que s'il y a cessation de paiemens. Ce n'est en effet qu'à cette condition que l'article 440 admet les créanciers à agir.

48. L'action de ceux-ci est une conséquence nécessaire de l'intérêt qu'ils ont à la conservation du gage commun. Le commerçant qui cesse ses paiemens perd tous droits à l'administration de son actif. Il y a péril à le laisser en ses mains, à le livrer à sa disposition. Le jugement déclaratif emporte de plein droit dessaisissement. Les créanciers, en le provoquant, agissent donc dans un intérêt réel, incontestable. Le législateur ne pouvait le méconnaître ; il ne l'a pas méconnu en effet, puisque l'article 440 autorise nommément l'action des créanciers.

49. Le créancier porteur d'une obligation civile pourra-t-il provoquer la déclaration de faillite ? Nous avons vu que pour constituer l'état de faillite , la cessation de paiemens doit se réaliser à l'encontre des dettes commerciales. Il résulte de ce principe que tant que celles-ci sont régulièrement payées, le porteur d'un engagement civil non payé ne pourrait que se livrer aux exécutions autorisées par son titre. Mais si la cessation de paiemens légale se réalise , il y a faillite. L'effet de celle-ci est de confondre les dettes sans distinction des causes de l'engagement ; leur liquidation est identique. Dès lors toutes ont le même droit à provoquer la déclaration.

50. Ce droit appartient au porteur d'un titre non encore échu. La cessation de paiemens est une preuve

qu'à l'échéance la dette ne sera pas soldée. Il convient donc au porteur de prendre des mesures pour rendre ses droits actuellement exigibles. Or, cette exigibilité résulte du jugement déclaratif : il y a donc un intérêt réel à ce qu'il soit rendu.

Ainsi quelle que soit la nature de la créance, son exigibilité, il suffit qu'un droit existe pour qu'il soit mis en mouvement par la faillite. Ce qui constitue essentiellement celle-ci, c'est la cessation de paiemens ; avec cette cessation s'ouvre pour tous les intéressés la faculté immédiate d'agir.

51. Enfin le tribunal de commerce peut d'office prononcer la faillite; il le doit même, dans l'intérêt des créanciers éloignés qui ne sont pas à même de la provoquer, ignorant encore la cessation de paiemens. Ils ont par cela même un besoin plus urgent de protection, non seulement contre le failli, mais encore contre les créanciers plus rapprochés, qui, sur le premier bruit de déconfiture, peuvent traiter avec le failli ou s'indemniser aux dépens de l'actif.

52. Le tribunal compétent pour statuer sur la mise en faillite est celui du domicile dans lequel le commerçant a exercé le commerce, alors même que ce domicile eût été abandonné après la cessation de paiemens. Le commerçant est de droit failli par cela seul qu'il ne paye plus. Le jugement déclaratif ne fait que constater le fait préexistant ; d'où la conséquence que ce que le failli ne pourrait faire après ce jugement, il ne peut l'accomplir avant. C'est au juge dans l'arrondissement duquel s'est réalisée la cessation de paiemens que la loi défère le jugement de la faillite, parce que seul, il a une connaissance suffisante des circonstances qui ont

pu motiver cette cessation et du caractère de l'administration du failli. Celui-ci aurait trop d'avantage, si,
abandonnant le commerce, après avoir cessé ses paiemens, il pouvait, par la déclaration de changement de
domicile, investir un tribunal éloigné des lieux où il a
exploité son industrie, et par conséquent étranger à
tout ce qui le concerne ; il éviterait ainsi cette notoriété publique qui dans bien des circonstances est indispensable pour la découverte de la vérité et la saine appréciation des actes querellés par les créanciers.

53. Si la faillite est poursuivie par les créanciers,
c'est par voie de requête qu'il y est procédé : on n'a
nul besoin d'assigner le débiteur : la loi n'accorde à
celui-ci que le droit de former opposition au jugement
déclaratif.

Il paraît d'abord bien rigoureux d'exclure le débiteur
d'une instance qui a pour lui un si vif intérêt. Mais
l'urgence de cette mesure, l'importance de sa réalisation soudaine et imprévue ont fait consacrer cette forme de procéder. Le créancier qui poursuit reste d'ailleurs personnellement garant des conséquences que
cette poursuite pourrait entraîner, si elle était injuste
et mal fondée.

C'est au tribunal à examiner avec maturité et prudence si les faits qui lui sont déférés constituent la
cessation de paiemens. Des juges commerçans appré-
cient les dangers graves qui pourraient naître d'une
erreur dans leur décision. Ils consulteront donc avec
soin toutes les circonstances ; ils pèseront les motifs qui
dirigent le demandeur, sa position, sa solvabilité, et
ce n'est qu'avec une entière connaissance de cause
qu'ils doivent prononcer.

Au reste, une méprise est d'autant moins à craindre
en pareille matière, que la cessation de paiemens s'annonce par des faits extérieurs facilement appréciables,
surtout par des négociants au milieu desquels ces faits
se seront réalisés. Déjà sans doute des poursuites précédentes auront frappé leurs oreilles et occupé leur justice. Ils auront donc tous les élémens pour apprécier
s'ils doivent ou non faire droit à la requête.

54. Si la demande est rejetée, le créancier poursuivant pourra se pourvoir par appel de la sentence. La
forme de procéder sur cet appel est la même que celle
adoptée devant le premier degré. La cour saisie par une
requête délibère sur le vu du jugement, s'il y a lieu de
le maintenir ou de le réformer (1).

55. La décision qui repousserait la demande pourrait
donner lieu, de la part du débiteur contre le poursuivant, à une demande en dommages-intérêts. On sait
combien des bruits d'insolvabilité, de déconfiture, de
faillite, peuvent altérer le crédit d'une maison de commerce. La poursuite en déclaration de faillite serait une
atteinte immense à la considération, à l'existence même
d'un commerçant ; celui-ci aurait donc un droit incontestable à obtenir une réparation éclatante du préjudice
matériel et moral qui lui aurait été occasionné.

56. Le jugement ou l'arrêt qui déclarerait la faillite
est toujours exécuté provisoirement. Il était impossible
que les mesures qu'un pareil état de choses sollicite,
fussent suspendues pendant les délais de l'opposition et
de l'appel. Agir autrement, c'était livrer le gage des
créanciers à la discrétion du failli et s'exposer à le voir
disparaître.

(1) Besançon, 13 mai 1808. Riom, 4 juillet 1809. D. A. tom. 8,
pag. 26 et 27. Rouen, 10 mai 1813, Sirey, 14, 2, 175.

L'exécution provisoire était donc une nécessité absolue. Elle peut, il est vrai, avoir de déplorables résultats pour le commerçant injustement poursuivi et mal à propos condamné. Heureusement que l'erreur est on ne peut pas plus rare. D'ailleurs, la responsabilité en pèserait tout entière sur le poursuivant, si la prudence des juges pouvait se laisser surprendre.

57. Le commerçant qui a fait sa déclaration de cessation de paiemens, peut la rétracter tant que le jugement déclaratif n'a pas été rendu. Des ressources inattendues peuvent être recueillies et fournir les moyens de faire face à tous les engagemens jusque-là en souffrance. Le commerçant reprenant ses paiemens, il n'existerait plus de cessation. Celle qui avait été déclarée n'aurait été que passagère, accidentelle et complètement vaincue : il n'y aurait aucun motif plausible pour s'opposer à ce que cette déclaration fût rétractée (1).

58. Peut-on déclarer en faillite le commerçant qui n'a qu'un seul créancier ?

Il semble que la négative devait être adoptée: car les motifs de la loi, les précautions qu'elle prend sont sans application plausible, lorsqu'un seul intérêt est en jeu.

En effet, le désinvestissement absolu peut résulter suffisamment d'une saisie qui place les facultés mobilières et immobilières du débiteur sous la main de la justice. A quoi bon dès lors les formalités nombreuses que le désinvestissement résultant du jugement déclaratif occasionne ?

Il y a plus : une foule d'entre elles deviennent impraticables. Ainsi les assemblées des créanciers, le vote sur le maintien ou le remplacement des syndics, les vérifications des créances, le vote sur le concordat, l'union.

_____

(1) Vide infrà, art. 580.

le compte rendu chaque année aux créanciers, sont réellement d'une exécution impossible autant que dérisoire.

La loi nouvelle a favorisé le concordat, et tout concordat serait inadmissible si le créancier unique ne le consentait pas. Privé de ce bénéfice, le débiteur pourrait, de plus, n'être jamais libéré de la contrainte par corps ; la déclaration d'excusabilité pourrait éprouver de sérieuses difficultés. En thèse ordinaire, si les créanciers repoussaient à l'unanimité l'avis favorable au failli, il est permis de croire que le tribunal qui doit prononcer sur l'excusabilité ne croirait pas devoir l'admettre. Que fera-t-il lorsqu'il n'y a qu'un seul créancier et que celui-ci aura voté contre le failli ? Or, cela se réalisera presque toujours en pareil cas, car il est peu probable que le créancier consente lui-même à se priver du levier puissant de la contrainte par corps.

Il pourrait donc arriver, si le tribunal croyait devoir se conformer à l'opinion du créancier, que le débiteur n'aurait aucune chance de se soustraire à cette voie rigoureuse, ce qui rendrait sa position pire que celle du failli qui aurait fait de nombreuses victimes.

Toutes ces considérations paraissent décisives. Le meilleur moyen, en effet, de démontrer l'inapplicabilité d'une loi, est de prouver que son application est impossible.

Mais l'opinion contraire se justifie mieux en droit. La qualité de commerçant exclut, pour celui qui en est revêtu, l'état de déconfiture. Pour lui, être dans l'insolvabilité, cesser ses paiemens, c'est être en faillite.

L'existence de celle-ci confère à tout ayant-droit la faculté de la faire judiciairement constater. Or, dès le premier moment, et lorsqu'il requiert cette constatation,

il est impossible de savoir s'il est ou non seul créancier.
Aurait-on la preuve qu'il n'en existe aucun autre, qu'on
ne pourrait pas plus repousser sa demande, que rétracter le jugement déclaratif, si cette preuve n'est acquise
que plus tard.

En effet, le créancier a un véritable intérêt à la déclaration de faillite. Celle-ci crée un droit spécial pour
les actes faits depuis l'ouverture de la cessation de paiemens et dans les dix jours qui l'ont précédée. Or, il peut
n'y avoir qu'un seul créancier, parce que dans cet intervalle le failli a désintéressé les autres. Celui qui ne
l'a pas été pourra faire rapporter à la masse les paiemens faits contrairement aux prescriptions de la loi,
annuler ceux qui ont été reçus de mauvaise foi, révoquer les aliénations proscrites par les articles 446 et
suivants. Ces droits sont assez importants pour que le
créancier veuille se mettre en mesure de les exercer.

Il est une autre circonstance qui autoriserait à elle
seule la demande du créancier. La faillite enlève à la
femme la position que lui fait la loi ordinaire, quant à
la reprise de ses dot et droits. Sous ce rapport encore
on ne saurait contester l'intérêt que trouve le créancier
dans la poursuite en déclaration de faillite.

Repousser cette poursuite serait donc un véritable
déni de justice. On dépouillerait un négociant qui a
traité avec un autre négociant, de l'avantage que la
faillite lui assure contre la femme du débiteur, contre
tous ceux qui ont traité avec ce débiteur en temps suspect, avantage dont l'expectative a peut-être été pour
beaucoup dans les relations qu'il a lui-même consenti
à nouer avec celui-ci.

C'est dans ce sens que s'est prononcée la Cour de

cassation par deux arrêts : l'un de la chambre des re-
quêtes, du 7 juillet 1841, l'autre de la chambre civile.
du 6 décembre suivant. dont voici le texte.

« Vu l'article 437 du Code de commerce.

« Attendu que la cessation de paiemens, dans le sens
« de la loi fixé par le rapprochement des articles 437.
« 441, 449 du Code de commerce, ne résulte pas du
« nombre des créanciers, mais bien de la situation réelle
« du commerçant débiteur ; que si au refus de paie-
« ment, même envers un créancier unique, se joignent
« toutes les circonstances qui , comme dans l'espèce .
« démontrent la ruine entière des affaires et l'impossi-
« bilité de payer, non pas temporaire et accidentelle .
« mais absolue et complète, on ne peut pas ne pas y
« voir une cessation de paiemens; et le créancier, quoi-
« que unique, sans s'enquérir s'il en existe ou non d'au-
« tres, est en droit de provoquer la déclaration de fail-
« lite de son débiteur, et les tribunaux sont dans le de-
« voir de la prononcer ; que si par cette déclaration.
« le débiteur perd civilement son état, cette perte est
« la conséquence nécessaire, d'une part, de sa qualité
« de commerçant, et, d'autre part. du droit acquis au
« créancier qui a contracté avec lui en cette qualité :
« qu'enfin, si, dans le cas de déclaration de faillite ,
« sur la demande d'un seul créancier. plusieurs dispo-
« sitions que la loi prescrit pour l'ouverture, la marche
« et la clôture de la faillite demeurent sans effet. les
« procédures, devenues ainsi plus expéditives et plus
« simples, ne sont pas inconciliables avec la nature de
« l'affaire, les obligations du débiteur et les droits du
« créancier (1). »

(1) *Gazette des tribunaux* des 18 juillet et 19 décembre 1841.

ARTICLE 441.

Par le jugement déclaratif de la faillite, ou par jugement ultérieur rendu sur le rapport du juge-commissaire, le tribunal déterminera, soit d'office, soit sur la poursuite de toute partie intéressée, l'époque à laquelle a eu lieu la cessation de paiemens. A défaut de détermination spéciale, la cessation de paiemens sera réputée avoir eu lieu à partir du jugement déclaratif de la faillite.

ARTICLE 442.

Les jugemens rendus en vertu des deux articles précédens seront affichés et insérés par extrait dans les journaux, tant du lieu où la faillite aura été déclarée, que de tous les lieux où le failli aura des établissemens commerciaux, suivant le mode établi par l'article 42 du présent Code.

SOMMAIRE.

69. A défaut de recours en temps utile, le jour de l'ouverture est définitivement fixé au jour du jugement.

70. Exception à cette proposition pour la faillite déclarée après décès.

71. Nécessité et formes de la publicité que doivent recevoir les jugemens qui déclarent la faillite, et ceux qui en modifient la date.

59. La faculté laissée au tribunal de faire remonter la faillite soit d'office, soit sur la demande d'un créancier, est d'une exécution importante autant que difficile. Le droit est ici fort voisin de l'abus ; et s'il est à désirer que toutes les fraudes soient atteintes, il est aussi d'une bonne justice, que de vaines tracasseries ne viennent pas compromettre des droits acquis de bonne foi, à une époque où, quelle que fût au fond la position du failli, son état était, en apparence, au-dessus de tout soupçon.

Remarquons que cette faculté est illimitée. L'ouverture de la faillite peut être reportée à une ou plusieurs années du jugement déclaratif. Une infinité de transactions peuvent tout-à-coup être menacées. On comprend dès lors avec quelle prudence doivent agir les tribunaux.

60. Le Code de commerce semblait, dans l'art. 441. prendre pour point de départ de la faillite l'époque où, par des actes significatifs, le débiteur avait manifesté son impuissance de faire face à ses engagemens. C'était là une conséquence de la disposition de l'art. 442, qui faisait remonter le dessaisissement du failli au jour même de la cessation. Cette incapacité de droit devant avoir une fâcheuse influence contre les tiers qui avaient traité avec le failli, on devait être extrêmement réservé dans l'exercice de la faculté de faire remonter le jour de l'ouverture (1).

(1) Vide infrà, art. 446, 447.

61. La loi actuelle a abandonné le système du Code
par les motifs que nous développerons sous l'article suivant. Les conséquences du report de la date de la faillite ont perdu de leur gravité; et comme, en définitive,
ce sera aux créanciers qui attaqueront un acte quelconque, à fournir la preuve de la mauvaise foi de celui en
faveur de qui il a été souscrit, le report a été considéré
comme un moyen d'atteindre la fraude, sans exposer à
aucun danger les transactions sérieuses et sincères.

Cependant cette faculté a été vivement combattue.
Le projet présenté en 1835 ne reconnaissait pour point
de départ de la faillite, que le jour où la notoriété publique de la cessation était acquise. Mais il admettait la
présomption de fraude pour tous les actes postérieurs à
cette époque. Ce principe et ses conséquences furent
repoussés par la chambre des députés. L'on dit avec
raison que de tous les systèmes, celui fondé sur la notoriété était le plus contraire à l'équité, au crédit commercial, à la vérité ; qu'il n'existe jamais de notoriété
générale, universelle, absolue, indépendante des lieux,
des circonstances ; que ce qui est vrai à Paris, peut ne
pas l'être à Lyon, à Marseille, et réciproquement; que
cependant les actes faits dans tous ces pays seraient
soumis au même sort, puisque la conséquence qui devait résulter de la notoriété, en matière de faillite, était
la nullité de toutes les opérations postérieures au moment fixé par le jugement, comme étant celui où la
notoriété a été acquise, ce qui pourrait n'être, bien
souvent, qu'un mensonge inséré dans un jugement.

Cette opinion de la chambre des députés, en 1835,
fut sanctionnée par le gouvernement; le système d'abord
présenté fut abandonné dans les projets soumis ultéri-

eurement aux chambres. Mais en 1838, il fut reproduit par M. de Golbéry, dont l'amendement, chaleureusement appuyé par M. Teste, amena de nouveau la discussion sur ce terrain. Une seconde fois la chambre rejeta ce système. Ce qui parut surtout la décider, c'est qu'en limitant, sur ce point, l'action des tribunaux, c'était s'exposer à ne pas atteindre toutes le fraudes, en créant en faveur de quelques-unes des prescriptions que la mauvaise foi saurait bien faire naître.

L'article sortit de la discussion tel que nous le trouvons aujourd'hui dans la loi. Nous avons dû retracer l'historique qui précède, parce qu'à notre avis, il n'est pas inutile, pour fixer l'esprit du législateur et la portée qu'il a voulu donner à sa disposition. La prudence que nous recommandions tout à l'heure, doit se concilier avec les exigences que comporte la répression de tout ce qui tendrait à blesser l'intérêt des créanciers, ou le principe d'égalité que la loi a entendu leur garantir.

62. Nous avons déjà recherché quels étaient les caractères de la cessation de paiemens ; il nous faut maintenant entrer dans quelques développemens. Le tribunal peut après le jugement déclaratif en reporter la date, par un jugement postérieur : les élémens de ce second jugement varient essentiellement de ceux qu'exige le premier.

63. Quelques protèts, disions nous (1), ne suffiraient pas pour constituer la cessation de paiemens. Au premier abord, en effet, il est difficile d'apprécier si ces protèts tiennent à une gêne momentanée, passagère,

(1) Art. 457.

plutôt qu'à une déconfiture complète. Plus tard, cependant, l'inspection des écritures peut amener à une
certitude sur ce point en faisant ressortir les causes qui
leur ont donné naissance.

S'il résulte des livres qu'au lieu de payer, le débiteur
a renouvelé ses obligations en souffrance ; si pour faire
face à quelques paiemens réels, il s'est créé des ressources factices, soit en vendant au dessous du cours,
soit en se livrant à des emprunts onéreux ou en donnant
ses marchandises en nantissement, on prendra ces protêts pour point de départ de la cessation de paiemens.
Il est alors certain qu'ils n'étaient que le résultat d'une
impuissance réelle et profonde. Ne pouvant plus faire
honneur à ses engagemens, le débiteur devait s'arrêter
et se constituer en état de faillite. On s'exposerait, par la
décision contraire, à encourager un abus que la loi a
voulu proscrire, celui de prolonger, au détriment de l'actif, une existence commerciale trop gravement compromise pour qu'elle puisse se relever.

Il est vrai, et nous le disions tout à l'heure, qu'une
chance heureuse peut quelquefois remettre au niveau un
commerçant depuis longtemps en déficit; mais cela ne
peut se réaliser que pour celui qui n'emprunte qu'à ses
ressources, ou à son crédit, les moyens de courir cette
chance. Celui au contraire qui ne peut opérer qu'en alié-
nant son capital, qui pour emprunter mille francs est
obligé de vendre ou engager pour deux mille francs de
marchandises, celui-là ne fait que creuser plus profondément le gouffre du déficit, que courir à une ruine assurée. C'est à ce degré que l'intérêt public veut qu'on
s'arrête ; c'est aussi à ce moment que la faillite doit
être fixée.

64. On s'est demandé plusieurs fois, et notamment dans la faillite Farrenc, de Marseille, s'il ne convenait pas de faire remonter la date de la faillite, jusqu'à celle des hypothèques consenties par le débiteur.

L'on peut dire à l'appui de l'affirmative que l'hypothèque n'est en réalité qu'un défaut de paiemens, qu'un atermoyement véritable, obtenu par le débiteur dont elle décèle l'impuissance. En effet, un pareil mode de satisfaire à ses engagemens est trop contraire aux habitudes commerciales, pour qu'il ne suppose pas une insolvabilité réelle chez celui qui le consent, et la conviction de cette insolvabilité chez celui qui l'accepte. Lorsque ce dernier a fait crédit, c'était dans la certitude d'être remboursé à l'échéance, avec d'autant plus de raison, qu'il a lui-même des paiemens à opérer, pour lesquels il a dû compter sur les rentrées de ses fonds.

L'hypothèque est donc une véritable cessation de paiemens, et nous ne doutons pas qu'il fallût le décider ainsi, si la question pouvait être résolue abstractivement de toutes circonstances de fait. Mais on comprend qu'elle ne se présentera jamais ainsi devant les tribunaux, et que toujours on appellera l'attention des magistrats sur les faits qui ont précédé, accompagné et suivi la constitution d'hypothèque.

Or, les faits seront sans contredit d'une haute influence sur l'appréciation de la cessation de paiemens, et cela, dans tous les cas. Ainsi un protêt non suivi de poursuites, ou éteint par un paiement régulier ne constituerait pas la faillite. Pourquoi n'en serait-il pas de même pour l'hypothèque, en admettant qu'elle soit un refus de paiement ?

Il faudra donc avoir égard, pour trancher notre question, au nombre des hypothèques consenties, aux circonstances qui ont pu les déterminer et surtout à la position ultérieure du débiteur.

S'il est resté longtemps encore à la tête de son commerce, s'il en a continué les opérations, s'il a constamment payé ses autres engagemens, si enfin les hypothèques consenties n'ont été suivies d'aucune poursuite, d'aucun protêt, d'aucune condamnation, il n'y a pas eu cessation de paiemens, et ce n'est pas à leur date qu'il faut placer l'ouverture de la faillite.

C'est ainsi que, dans l'affaire Farrenc, l'a décidé la Cour royale d'Aix (1). C'est ainsi qu'antérieurement l'avait consacré la jurisprudence (2).

Mais il n'en serait pas de même si des constitutions d'hypothèques nombreuses avaient été suivies de quelques paiemens peu importans, opérés à l'aide des moyens que nous indiquions tout à l'heure, et aux dépens de l'actif. Il n'y aurait dans ces faits que l'intention de prolonger une existence essentiellement atteinte, que le dessein de gagner du temps pour assurer la validité des hypothèques et avantager ainsi ceux qui les ont obtenues. Ce calcul ne saurait être trop énergiquement déjoué, et la date de la première de ces hypothèques devrait signaler le départ de la faillite.

65. La cessation de paiemens peut être fixée à la date de la circulaire, par laquelle un commerçant demande à ses créanciers soit une remise, soit un attermoyement. Une démarche pareille est un aveu d'impuissance, une déclaration formelle de cessation de paiemens, qui ap-

(1) 30 mars 1840. Recueil de Tavernier et Castellan, t. 1, p. 181.
(2) Bruxelles, 22 août 1812, Sirey, 16, 2, 120. Grenoble 1er juin 1831, D. P. 32, 2, 40.

pelle l'application des mesures prescrites par la loi pour la conservation de l'actif dans l'intérêt des créanciers.

Si cependant ceux-ci, au lieu de provoquer la faillite, consentent le traité proposé par le débiteur, ils ne peuvent plus la faire ultérieurement déclarer, si le traité est fidèlement exécuté. En cas d'inexécution de la part du débiteur, les créanciers rentrent dans tous leurs droits et la faillite remonte à la date de la circulaire ou à celle du traité lui-même, quel que soit le temps qui s'est écoulé depuis. Il est certain, en effet, que les paiemens postérieurs à l'une et à l'autre ne sont que la conséquence de l'abandon consenti par les créanciers et non le résultat des ressources personnelles du débiteur.

66 Au reste la pratique peut présenter une foule de cas sur lesquels il est difficile d'établir une théorie certaine. C'est aux magistrats à les apprécier sous l'inspiration des principes que nous venons d'exposer et qui se résument dans ces simples propositions: pour qu'il y ait faillite, il faut qu'il y ait cessation de paiemens par un commerçant; pour que la cessation de paiemens constitue la faillite, il faut qu'elle se réalise à l'égard d'engagemens commerciaux et qu'elle provienne d'une insolvabilité réelle.

La réunion de ces caractères suffit pour que la faillite soit déclarée. Son ouverture remontant à l'origine de la cessation, et celle-ci se manifestant par un refus de paiemens, il suit : que tout acte constatant ce refus peut être pris pour point de départ. C'est ainsi qu'on l'a admis en jurisprudence : c'est ce qui ressort notamment d'un arrêt de la Cour royale d'Aix, du 20 décembre 1820 (1).

(1) D. A. tom. 8, pag. 76.

68. La fixation du jour de l'ouverture de la faillite est d'une importance incontestable par rapport aux actes que le failli peut avoir consentis. Cette fixation doit être faite par le jugement déclaratif, et, en cas d'omission, par un second jugement.

L'initiative du tribunal n'est pas d'ailleurs limitée à ce cas ; elle peut s'exercer alors même que le jugement déclaratif eût déterminé cette ouverture. Il est difficile à cette époque d'être suffisamment fixé sur un fait de ce genre, que la liquidation de la faillite peut seule, quelquefois, établir d'une manière bien précise. Le tribunal peut donc, en tout état de cause, sur des renseignemens nouveaux, et sur le rapport du juge-commissaire, revenir d'office sur la fixation qu'il avait déjà faite ou suppléer à l'omission que renfermerait le jugement déclaratif.

Il est de l'essence de tout jugement sur la fixation du jour de l'ouverture, d'être toujours provisoire et révocable. Ainsi, les tiers qui ont traité avec le failli, les créanciers, en un mot tous ceux dont les intérêts auraient à souffrir de celle qui aurait été admise, peuvent former opposition au jugement et demander une fixation plus éloignée ou plus rapprochée. Il n'existe à cet égard d'autre fin de non recevoir contre leur action, que celle consacrée par la disposition des art. 580 et 581 de la loi.

Le jugement, sur cette opposition, est poursuivi contre les syndics ; il est susceptible d'appel conformément à l'art. 582.

69. A défaut de recours dans le délai légal, la fixation du jour de l'ouverture de la faillite est définitivement maintenue telle qu'elle a été déterminée par le

jugement déclaratif ou tout autre subséquent. Si dans
le premier il a été omis de statuer, et que cette omission n'ait pas été réparée, l'ouverture de la faillite reste
fixée au jour du jugement déclaratif.

70. La loi actuelle crée une hypothèse où il est forcément dérogé à ce principe : c'est celle de la faillite
déclarée après décès. Il n'y a dans ce cas de faillite possible, qu'autant que la cessation de paiemens s'est réalisée pendant la vie. Il serait dès lors impossible de
prendre pour point de départ de cette cessation le jugement déclaratif qui est postérieur au décès ; ce serait ouvrir la faillite dans un moment où il ne peut plus
en exister.

Il faut donc pour la régularité des opérations ultérieures, que le tribunal répare d'office l'omission qui aurait été commise dans le jugement déclaratif. A défaut
par le tribunal d'y procéder, les syndics seraient tenus,
avant toute immixtion dans leurs fonctions, de le requérir. Jusque-là le jugement est entaché d'un vice
radical qui en motiverait la rétractation.

71. L'état de faillite modifiant d'une manière décisive
la position sociale du commerçant, et lui enlevant toute
capacité, le public doit être mis en demeure de connaître la déclaration qui en a été prononcée. D'autre
part, les droits existants doivent être mis en mouvement, et les créanciers dont les noms ayant été omis
dans le bilan, ne pourraient en conséquence être nominativement convoqués, appelés à se présenter et
à faire valoir leurs titres. C'est pour atteindre à ce triple
résultat que la loi prescrit l'affiche et l'insertion dans
les journaux, du jugement déclaratif.

Nous verrons plus tard (1) que la date de l'affiche

(1) Art. 480.

peut devenir très importante à fixer. Elle sert en effet
à déterminer la recevabilité de l'opposition du failli et
des parties intéressées envers le jugement de déclaration ou de fixation d'ouverture. Cette date doit donc
être exigée dans une forme invariable et authentique.
En conséquence, l'accomplissement de cette formalité
doit être constaté par un procès-verbal régulier d'apposition conformément aux dispositions du Code de
procédure. Un simple certificat émané de celui qui a
affiché les placards, ou du maire de la commune, ne
produirait aucun résultat.

L'insertion dans les journaux est prouvée par la représentation d'un numéro du journal revêtu de la signature du gérant dûment légalisée. Le journal dans lequel cette insertion doit se faire, est celui désigné par
le tribunal de commerce, conformément au nouvel art.
42 du Code de commerce.

S'il n'existe aucun journal dans le lieu où siége le
tribunal, l'insertion est faite dans celui de la ville la
plus voisine et même dans celui du chef-lieu du dépar-
tement. Le but de la loi étant de donner à la faillite la
plus grande publicité, ce serait se conformer à sa véritable intention que de faire, dans tous les cas, l'insertion au chef-lieu, bien entendu que celle-ci serait sans
préjudice de celle à réaliser dans le journal qui existerait dans la localité où la faillite a été déclarée.

Cette double formalité s'applique non-seulement au
jugement déclaratif, mais encore à tous les jugemens
postérieurs qui auraient statué sur le report de l'époque
de la cessation de paiemens. On ne peut toucher à celle-
ci sans compromettre plus ou moins les droits contractés
postérieurement, et sans être obligés de donner ainsi

aux parties intéressées la faculté de s'opposer à ce qui pourrait leur préjudicier. Or, la signification aux tiers est remplacée par la publicité que le jugement reçoit. Cette publicité est donc indispensable pour faire courir les délais de l'opposition.

ARTICLE 443.

Le jugement déclaratif de la faillite emporte de plein droit, à partir de sa date, dessaisissement pour le failli de l'administration de tous ses biens, même de ceux qui peuvent lui échoir tant qu'il est en état de faillite.

SOMMAIRE.

72. L'art. 443 a apporté à la législation précédente une importante modification. Le dessaisissement que la cessation de paiemens opérait de plein droit, n'est plus aujourd'hui que la conséquence du jugement déclaratif, et n'existe que du jour où ce jugement a été rendu.

Avant d'examiner quels sont les effets de cette modification, il n'est peut-être pas sans utilité de jeter un coup d'œil sur le principe en lui-même et sur les législations qui l'avaient régi jusqu'à ce jour.

73. Le dessaisissement du commerçant qui cesse de remplir ses obligations était indispensable, soit parce que l'administration qu'il avait eue de ses affaires étant jugée par ses résultats, ne pouvait utilement être continuée, soit parce que les biens devenant le gage commun des créanciers, il convenait de laisser aux véritables intéressés le soin de leur liquidation.

On parvenait, par ce moyen, à assurer l'égalité dans les répartitions. On prévenait aussi la fraude. Or, cette fraude est surtout à redouter au moment où la faillite éclate, au moment où, convaincu de sa ruine, le débiteur peut tenter, par tous les moyens en son pouvoir, de sauver quelques parties de sa fortune du naufrage.

74. La législation antérieure au Code de commerce avait entrevu ces conséquences. Elle avait aussi consacré le dessaisissement, mais d'une manière bien insuffisante, car elle ne le faisait résulter que de la déclaration de faillite que le débiteur était toujours maître de retarder.

75. En effet, l'ordonnance de 1673 disposait que la faillite ne serait réputée ouverte que du jour que le failli se serait retiré, ou que les scellés auraient été apposés sur ses biens (1).

Or, dans l'usage, l'application de cette faculté n'avait lieu que lorsque le failli avait pris la fuite, ou qu'il s'était volontairement constitué en état de faillite. De telle sorte qu'il n'existait jamais de faillite, et partant de désinvestissement, que lorsqu'il convenait au failli qu'il en fût ainsi.

C'est ce que M. Merlin enseigne formellement en discutant l'opinion contraire de Ferrière et de Jousse (2).

La conséquence d'un pareil état des choses était qu'un commerçant ne pouvait jamais être, malgré lui, déclaré en état de faillite. Le débiteur, même après la suspension ou la cessation de ses paiemens, se perpétuait dans l'administration de ses biens, dont il ne devait remettre l'état à ses créanciers qu'après la déclaration de faillite (3).

Si le débiteur consentait à faillir, il convoquait lui-même ses créanciers, et ce n'était qu'après la réunion que ceux-ci pouvaient prendre des mesures pour la conservation de l'actif.

Mais le débiteur avait mis le temps à profit. Il avait si bien dissimulé son actif, que dans l'impuissance de parvenir à voir clair dans des affaires embrouillées à dessein, les créanciers consentaient à un abandon presque complet de leurs droits.

Les faillites étaient donc devenues un moyen de s'enrichir. Toutes les fraudes étaient impunément tentées; aucune mesure conservatoire ne les prévenait. Aussi,

(1) Titre II, art. 1.
(2) Répert. 5ᵉ edit. vᵒ faillite, sect. 1. § 1. nᵒ 4.
(3) Ord. de 1673, tit. 2. art. 3.

ce moyen était-il exploité jusqu'au scandale au moment
où s'ouvrirent les discussions sur le Code de commerce.

76. Le dessaisissement tardif autorisé par l'ordonnance était donc insuffisant. *Il permettait d'en imposer
aux créanciers et de parvenir ainsi à se revêtir de
leurs dépouilles* (1). Le législateur de 1807, qui signalait ainsi la cause du mal, s'efforça de l'extirper en
adoptant d'abord l'art. 437, en votant ensuite l'art. 442.

Dans le projet soumis à la discussion, l'article 442
était conçu dans des termes plus énergiques encore.
La commission proposait de dire que les créanciers seraient saisis, de plein droit, du jour de la faillite, de
tous les biens mobiliers, droits et actions du failli, ouverts avant la faillite ou pendant sa durée ; du pouvoir
de vendre les immeubles et d'en toucher la valeur. On
voulait rendre les biens tellement indépendants du failli,
qu'on n'eût à craindre de sa part aucune disposition.
On espérait aussi, par cette prompte expropriation, réduire de beaucoup les frais.

Tout le monde reconnaissait la nécessité de se pré-
munir fortement, dès le début de la faillite, contre les
manœuvres du failli. Chacun s'accordait sur l'avantage
de soustraire l'actif aux fraudes que l'imminence du
péril fait naître.

Mais accorder la saisine des biens aux créanciers,
c'était, disait-on, violer le droit sacré de la propriété.
La règle fondamentale de celle-ci est qu'elle ne puisse
être transférée sans le consentement du propriétaire :
l'intervention de la justice peut seule remplacer ce consentement, lorsque les créanciers veulent obtenir cette
aliénation.

(1) Discussion au Conseil d'État. Locré, tom. 19, pag. 78.

On résumait donc tous les effets que la faillite puisse produire à ces deux points : 1° le failli perd l'administration de ses biens, afin qu'il ne puisse rien faire en fraude de ses créanciers. 2° Aucun créancier n'a le droit de se venger individuellement sur les biens du failli. Aller au delà serait autoriser un état de choses injuste, nuisible au failli, aux créanciers eux-mêmes.

De cette discussion, naquit la disposition de l'article 442, telle qu'elle était inscrite dans le Code de commerce.

La loi de 1838 s'est approprié cette même disposition qu'elle a modifiée quant au moment où se réalise le dessaisissement légal. Le Code de commerce le faisait résulter de plein droit de l'état de faillite. Celle-ci étant constituée par la cessation de paiemens, c'était donc à l'époque à laquelle celle-ci était née que remontait le dessaisissement, quelle que fût la date du jugement déclaratif. Les conséquences de cette disposition étaient de frapper de nullité radicale tous les actes faits par le failli dans l'intervalle de la cessation au jugement.

77. La rigueur de cette disposition avait été blâmée par les uns (1), hautement approuvée par les autres (2). Dans bien des cas, l'autorité judiciaire s'était refusée à la sanctionner à l'endroit des actes consentis par le failli à titre onéreux. Elle exigeait, pour en prononcer la nullité, la preuve que ceux qui avaient traité avec le commerçant avaient agi de mauvaise foi.

Cette jurisprudence, évidemment contraire au texte de la loi, signalait un vice qui devait préoccuper le nou-

(1) Pardessus, 4me édition, n° 1118, 1119.
(2) Boulay-Paty, n° 90, 91.

veau législateur. Il fallait se prononcer sur le parti qu'il convenait d'adopter, et faire cesser pour l'avenir cette contradiction, en optant entre les deux systèmes. Nous venons de voir les bases de celui consacré par l'article 442. Celui adopté par la jurisprudence reposait sur l'administration de fait que le failli avait conservée jusqu'au jugement déclaratif. Ses actes pouvaient être entachés de fraude, et comme tels, ils devaient être annulés. Mais il pouvait se faire qu'ils eussent été acceptés, ou consentis avec la plus entière bonne foi. Dans cette occurrence, les envelopper tous dans une même proscription, c'était punir l'innocent dans l'intention d'atteindre le coupable, c'était autoriser l'injustice pour arriver à la répression de la fraude.

On ne pouvait se dissimuler la force de ces considérations, et c'est sous leur inspiration que le nouveau législateur a tenté de concilier tous les droits.

78. Désormais le dessaisissement ne résulte que du jugement déclaratif de la faillite. On accepte ainsi en droit ce qui est irrévocablement accompli en fait, la faculté de reporter la faillite, la disposition des articles 446 et suivants, celle de l'article 585 § 4, garantissent d'ailleurs l'intérêt le plus urgent de la masse.

79. Mais il ne faudrait pas donner à cette disposition une importance plus grande qu'elle ne comporte. Il ne faudrait pas surtout en induire que des créanciers chirographaires pussent être payés contrairement aux droits des autres créanciers, et au mépris des prescriptions de l'article 446.

Ce que la loi entend par dessaisissement, c'est la privation des actions actives et passives. C'est elle-même qui s'en explique formellement dans les deux derniers paragraphes de l'article 443. La capacité conservée au failli jusqu'au jugement déclaratif est donc uniquement relative à l'exercice de ces actions et aux poursuites qui peuvent en naître contre les meubles et les immeubles.

Si les poursuites dirigées contre celui-ci ont été parachevées avant la déclaration de faillite, elles sont valables, quand bien même elles seraient postérieures à la cessation réelle de paiemens. Si le créancier poursuivant a été payé en espèces par leur résultat, ce paiement n'est pas nul de plein droit, mais il peut être déclaré tel sur la poursuite de la masse à laquelle il doit être rapporté, si celui qui l'a reçu connaissait à cette époque la cessation de paiemens.

On comprend à cet égard que la poursuite même peut fournir la preuve de cette connaissance, surtout à l'encontre des créances commerciales. Il est de l'essence de celles-ci d'être soldées à présentation. Or, le porteur qui, pour obtenir ce paiement, est obligé de se livrer à des exécutions, doit puiser dans ce mode, tout à fait exceptionnel, la certitude de la déconfiture de son débiteur. Au reste, cela n'est pas exactement vrai dans tous les cas. La loi s'en rapporte, sur ce point, à l'arbitrage du juge (1).

Si les poursuites n'étaient que commencées lors du jugement déclaratif, elles pourraient être continuées, mais contre les syndics ; elles profiteraient dès lors à la masse entière. Ainsi, les sommes saisies-arrêtées, le produit de la vente des meubles saisis entreraient dans la caisse de la faillite, pour être ensuite répartis entre tous les créanciers.

80. Toute la différence entre l'article 443 actuel et

(1) Vid. infrà, art. 446-447.

l'article 442 du Code de 1807 consiste donc dans la validité des poursuites faites dans l'intervalle de la cessation au jugement déclaratif, que ce dernier annulait
de plein droit, et que le premier maintient. Quant aux
conséquences de ces poursuites, telles que paiemens,
obligations, constitutions d'hypothèques, elles restent
exclusivement régies par les articles 446 et suivants.
La seule innovation, en ce qui les concerne, est la substitution de la présomption de bonne foi à celle de
fraude que le Code de commerce avait consacrée.

81. Le Code de commerce avait soulevé une difficulté
que la jurisprudence avait résolue en sens inverse, à savoir, si le dessaisissement prononcé par l'article 442
s'appliquait non seulement à l'administration des biens
possédés au moment de la faillite, mais encore à celle
des biens acquis plus tard par successions, donations
ou testamens. Le doute ne saurait exister aujourd'hui
en présence de l'article 443. Le dessaisissement ne pouvant résulter que du jugement déclaratif, est général et
absolu.

82. On doit cependant admettre une exception à ce
principe. Le failli conserverait l'administration et la
jouissance des choses qui lui auraient été léguées ou
données à titre d'alimens. L'article 581 du Code de
procédure civile qui prononce l'insaisissabilité des dons
de cette nature, régit le failli. La position de celui-ci
ne peut être pire que celle de tout débiteur insolvable. Comme ceux-ci, il doit vivre ; et la loi a si peu entendu lui arracher les moyens de pourvoir à ses besoins et à ceux de sa famille, qu'en l'absence de tous
autres, elle fait d'abord aux créanciers un devoir de
lui en fournir sur la masse. A plus forte raison, elle a dû

vouloir lui conserver ceux qui pourraient lui arriver par une autre voie.

Dans tous les cas, le dessaisissement n'est relatif qu'à l'administration des biens. Leur propriété réside tout entière sur la tête du failli, contre lequel la vente doit en être ultérieurement poursuivie.

83. Nous venons de dire que, par le dessaisissement, le failli perd, pendant toute la durée de la faillite, l'exercice de toutes ses actions. Cet exercice est transféré aux syndics qui seuls peuvent intenter ou défendre en son nom toute instance judiciaire. En conséquence, le failli est incapable d'ester en justice, pour ce qui concerne ses biens.

84. Pourra-t-il intervenir dans les procès pendants entre les syndics et les créanciers ou débiteurs ? Le silence du Code laissait sur ce point le failli sous l'empire du droit commun. La loi actuelle a conféré aux tribunaux le pouvoir souverain d'admettre ou de rejeter l'intervention, selon qu'ils la jugeront utile ou non.

Pour bien saisir la portée et le sens de cette disposition, il faut consulter la discussion législative dont elle naquit. C'est en appréciant ainsi son esprit que les magistrats pourront user sainement de la faculté qu'elle leur abandonne.

L'intervention du failli dans tous les procès qu'une faillite crée pourrait, disait-on, devenir aussi dangereuse pour les syndics que ruineuse pour les créanciers. Il y aurait un grave inconvénient à admettre le failli à entraver, sans cesse la marche des syndics dont il approuverait d'autant moins l'administration que celle-ci tendrait davantage à réprimer et à découvrir les fraudes qu'il a pu commettre. Il arriverait bientôt que dès qu'une

difficulté surgirait, il faudrait avant tout prononcer sur
le mérite de l'intervention. Le temps se passerait ainsi
à plaider contre le failli, ce qui rendrait le syndicat encore plus pénible et dégoûtant.

D'autre part, le failli débouté de ses prétentions en
première instance, se pourvoirait par appel et plus tard
en cassation ; et comme la condamnation aux dépens
serait illusoire, ce sont les créanciers qui supporteraient
les frais de la guerre injuste qu'on aurait faite à leurs
mandataires.

De plus, pour s'adresser aux tribunaux, il faut jouir
de ses droits, et être capable d'ester en justice. Or, le
failli n'a plus cette jouissance ni cette capacité ; il est
en quelque sorte un véritable interdit, et celui-ci n'a
pas le droit d'intervenir.

Il est vrai qu'il peut se présenter dans les faillites
telles instances dans lesquelles le failli devient partie
nécessaire. Telle serait, par exemple, la demande en
séparation de corps poursuivie par la femme ; mais on
pourrait tout concilier, en admettant le droit d'intervention pour tout ce qui concernerait la personne du
failli, tout en le proscrivant d'une manière absolue pour
tout ce qui ne serait relatif qu'aux biens.

A ces argumens invoqués par ceux qui demandaient
la suppression du droit d'intervention, les adversaires
de cette suppression répondaient : que l'intérêt est la
mesure des actions. Or, le failli reste propriétaire de ses
biens ; il n'est dépouillé que de leur administration.
Mais celle-ci doit se faire dans son plus grand intérêt ;
plus elle sera productive pour les créanciers, plus elle
libèrera le failli qui aura moins à payer, lorsqu'il pour-
suivra sa réhabilitation.

Le failli doit donc avoir le droit d'intervenir pour signaler les vices de cette administration. Il le doit encore, s'il craint d'être mal défendu, ou de ne l'être pas du tout. Il le doit enfin, s'il a juste motif de croire ses intérêts compromis, soit par des malversations commises à son préjudice, soit par la collusion qui pourrait exister entre le créancier poursuivant et les syndics.

La légitimité de ces motifs a fait maintenir le droit d'intervention, et c'est pour remédier aux inconvéniens réels que signalait l'opinion contraire, qu'on a laissé aux tribunaux l'appréciation de l'opportunité de son exercice. Les notions qui précèdent doivent guider cette appréciation ; et si la conduite des syndics est dirigée dans un sens irréprochable , si elle ne présente rien de suspect ou de contraire aux intérêts du failli, on n'hésitera pas à repousser l'intervention qu'il voudrait réaliser , à moins que, par la nature de la contestation, sa présence ne soit indispensable.

85. Une autre conséquence du transfert des actions du failli aux syndics, est d'empêcher les créanciers, tant que durent les opérations de la faillite, de poursuivre isolément le paiement de leurs créances , d'exercer aucune exécution sur les biens, et de réaliser spécialement la contrainte par corps. Cette prohibition était commandée par la position du failli, par l'intérêt de la masse. Dans la position du failli , les exécutions sont inutiles. Du jour de la cessation, il est dans l'incapacité de payer (1), le jugement déclaratif le dépouille de toutes ses ressources. Il serait donc absurde de permettre qu'on le contraignît à faire ce qu'il est dans l'impossibilité absolue de faire, malgré toute sa bonne volonté.

(1) V. art. 585 , § 4.

Dans l'intérêt des créanciers, il convient de ne pas grever la masse des frais frustratoires que chaque créancier exposerait personnellement. Les droits de tous sur l'actif sont déterminés par l'affirmation des créances. Toute démarche au delà de cette formalité ne ferait qu'accroître le chiffre de la créance et par conséquent celui de la perte à supporter.

La loi a donc dû confier aux syndics seuls les exécutions indispensables pour réaliser l'actif délaissé par le failli. Il le fallait d'ailleurs pour créer l'unité dans l'administration qui, pour être utile, doit être concentrée entre quelques mains et non éparpillée sur plusieurs têtes.

L'humanité a aussi sa part dans la prohibition de toute contrainte par corps individuelle. Il n'était pas juste que le failli, dépouillé par le jugement déclaratif de tous moyens de paiement, fût livré à la discrétion de créanciers que la faillite irrite et qui auraient pu le tenir en prison sans autre motif que celui de satisfaire à cette irritation. D'ailleurs les droits des créanciers ne sont que suspendus. Si la faillite n'a été que le résultat de la mauvaise foi et de la fraude, il y aura union, et, après le réglement de celle-ci, l'exercice de la contrainte sera rendu à chacun d'eux, la certitude de la fraude excluant toute idée de déclaration d'excusabilité. Dans le cas contraire, il eut été trop rigoureux d'obliger le failli à attendre dans les prisons la constatation de sa bonne foi (1).

86. On a plusieurs fois agité la question de savoir si des exécutions mobilières commencées avant le jugement déclaratif pouvaient être continuées contre les syndics après que ce jugement a été rendu? L'affirmative a été consacrée par la Cour royale d'Aix, le 21

(1) Vid. infra, art. 455.

juillet 1840 . dans l'affaire Aumassip contre les syndics Bonnet.

87. M. Dalloz. qui rapporte cet arrêt (1), émet une doctrine contraire ; il se fonde 1° sur ce que le créancier saisissant ne peut plus agir pour son profit particulier et qu'il n'est pas non plus le représentant légal de la masse , l'administrateur des intérêts de la faillite: 2° sur ce qu'il n'y a point d'intérêt pour la faillite , ni même pour le créancier poursuivant, à ce que ces poursuites individuelles soient mises à exécution , qu'au contraire il arrivera souvent que l'exécution de ces poursuites préjudiciera aux intérêts de la masse , en contrariant les mesures d'ensemble de la gestion de la faillite: 3° sur ce que, en supposant qu'il y eût lieu de réaliser l'actif du failli , les syndics sont à même de le faire avec opportunité, et qu'ils ont de plus le choix dans les moyens d'effectuer la vente. M. Dalloz rappelle de plus que sous le code de 1808 la jurisprudence était en général contraire à la décision de la cour d'Aix.

Nous ne pensons pas d'abord qu'il faille se préoccuper beaucoup de cette jurisprudence. On peut l'expliquer par le principe relatif au dessaisissement que consacrait l'article 442. Le refus de paiement qui motivait la poursuite pouvait constituer la cessation légale et dès ce jour. le failli étant dessaisi de l'administration, aucune poursuite ne pouvait régulièrement être dirigée contre lui.

Il est vrai que l'article 494 du code de 1808 semblait supposer le contraire , en désignant ceux qui avaient qualité pour défendre aux actions intentées soit avant soit après la déclaration de la faillite. Mais. comme

(1) 1842 , 2 , 58.

l'observe M. Dalloz lui-même , « il résulte des explications données au conseil d'état sur cet article, que son
effet est borné aux *actions* et ne s'étend pas aux *poursuites*, ce qui montre que par *action civile intentée contre la personne*, l'article 494 a simplement entendu les
demandes à porter devant les tribunaux , et qu'on connaît dans le droit sous le nom *d'actions personnelles*:
et par *action civile intentée contre les biens mobiliers*,
les demandes qu'on désigne sous le nom *d'actions réelles mobilières*, telles que la réclamation d'un dépôt, ou
une revendication de marchandises (1). »

Il résulte de là que les exécutions sur les facultés du
débiteur restaient régies par le principe du dessaisissement. Il suffisait donc que le jour de la cessation fût
antérieur ou contemporain de celui de la saisie, pour
qu'elles fussent annulées , cette saisie ne pouvant dès-
lors produire aucun effet.

Aujourd'hui, au contraire , l'article 443 met sur la
même ligne les actions et les voies d'exécution. Le débiteur n'est dessaisi des unes et affranchi des autres que
du jour du jugement déclaratif. Cette différence, que
M. Dalloz n'a pas assez appréciée, justifierait à elle seule
la décision qu'il critique. Il est en effet évident que
puisque, dans tous les cas, la saisie a été régulièrement
et valablement pratiquée, on ne saurait sous aucun prétexte lui refuser tous ses effets ordinaires.

C'est ce qu'indiquent les termes de l'article 443 : toute
voie d'exécution pourra être *intentée* ou *suivie*. Il est
certain que ce dernier mot ne peut s'entendre que d'une
procédure commencée, et comment comprendre que
la loi n'ait voulu accorder cette faculté qu'aux syndics

(1) Dictionnaire général, n° 811.

eux-mêmes, lorsque c'est contre eux qu'elle autorise cette continuation ?

Au reste, ce qui vient à l'appui du sens naturel que nous donnons à ces expressions, c'est précisément l'état de la jurisprudence, signalé par M. Dalloz avant la promulgation de la loi. Le législateur savait en 1838 le doute que l'article 494 avait fait naître ; l'interprétation diverse qui en avait été faite ; et lorsqu'au lieu de s'expliquer nettement sur sa résolution de refuser la continuation des poursuites, il permet au contraire de les suivre contre les syndics, on ne saurait, sans s'exposer à méconnaître sa volonté, hésiter à consacrer ce droit.

Mais, dit M. Dalloz, à partir du jugement déclaratif, le créancier ne peut plus agir pour son profit particulier ! Mais n'est-ce pas précisément ce qui se réalise lorsque d'autres créanciers saisissent de leur côté ce qui a déjà été saisi par un autre, ou forment opposition à la délivrance des deniers ? Or, c'est cette opposition que le jugement déclaratif opère dans l'intérêt de tous les créanciers. Dans l'un comme dans l'autre cas, le mode de distribution du produit de la saisie doit donc rester sans influence sur ses conséquences légales. Faut-il, parce qu'il y aura faillite, condamner le saisissant à subir une peine qu'il n'a pas méritée ? Car il n'a usé que d'un droit que la loi lui conférait, qu'il a acquis et exercé en temps utile, et qu'il serait par conséquent injuste de lui ravir.

La décision de M. Dalloz conduit cependant à ce résulat. En effet, si la saisie est annulée, les frais restent à la charge du poursuivant, ils viennent simplement s'ajouter à sa créance et augmenter d'autant la perte qu'il

aura à subir dans la répartition de l'actif. Il n'est donc
pas exact de soutenir qu'il est sans intérêt à ce que les
poursuites qu'il a commencées sortent à exécution, car.
si la saisie est suivie de la vente, les frais seront payés par
privilége sur le produit de celle-ci.

La masse éprouvera-t-elle un préjudice de l'exercice
de ce privilége? Évidemment non. La poursuite aura
tourné à son avantage en amenant la réalisation de l'actif que les syndics ne peuvent jamais faire sans frais. La
masse ne payera donc que ce qu'elle aurait payé plus
tard, si par suite des opérations il y avait lieu de
vendre les meubles et effets mobiliers qui existent dans
la faillite.

D'autre part, la vente du mobilier déterminera cette
conséquence que le produit, remis aux syndics, sera déposé à la caisse des consignations. Ainsi, au lieu de
meubles sujets à dépérissement, les créanciers auront
une somme productive d'intérêts. Ils connaîtront, de
plus, d'une manière précise, les forces réelles de l'actif
et pourront ainsi fixer les bases sur lesquelles ils auront ultérieurement à traiter avec le failli. Il y a donc
sous ce double rapport un avantage incontestable à la
réalisation de la vente; celle-ci, loin de contrarier les
mesures d'ensemble, rendra la gestion des syndics plus
facile et plus simple, en substituant une somme d'argent
à un mobilier plus ou moins important.

Reste la question d'opportunité. Sans doute les syndics sont mieux à même d'apprécier et de saisir le moment favorable pour la vente du mobilier. Mais, comme
ils doivent être appelés, et que le créancier poursuivant est aussi intéressé que qui que ce soit à ce que la
vente produise les meilleurs résultats possibles, il y a

lieu de croire qu'un concert facile entr'eux ne manquera pas de s'établir dans ce but.

Nous croyons donc que l'opinion de M. Dalloz ne saurait être suivie. Celle adoptée par la Cour dans l'arrêt que nous venons de rappeler nous paraît plus conforme à la volonté du législateur.

ART. 444.

Le jugement déclaratif de faillite rend exigibles, à l'égard du failli, les dettes passives non échues.

En cas de faillite du souscripteur d'un billet à ordre, de l'accepteur d'une lettre de change ou du tireur à défaut d'acceptation, les autres obligés seront tenus de donner caution pour le paiement à l'échéance, s'ils n'aiment mieux payer immédiatement.

ART. 445.

Le jugement déclaratif de faillite arrête, à l'égard de la masse seulement, le cours des intérêts de toute créance non garantie par un privilége, par un nantissement ou par une hypothèque.

Les intérêts des créances garanties ne pourront être réclamés que sur les sommes provenant des biens affectés au privilége, à l'hypothèque ou au nantissement.

SOMMAIRE.

88. L'ouverture de la faillite donne la certitude que les sommes dues par le failli et non encore échues ne seront pas payées à leur échéance. Les conséquences de cette certitude, déjà écrites dans l'art. 1188 du Code civil, enlèvent au débiteur le bénéfice du terme et rendent quant à lui les dettes exigibles.

89. L'exigibilité par rapport à la masse est fondée sur un autre principe. Les biens d'un débiteur sont le gage commun de ses créanciers. La faillite investit ceux-ci des biens du premier, qui doivent être également répartis entre tous. On ne pouvait donc diviser les ayants-droit en plusieurs catégories, ni surtout suspendre la liquidation jusqu'aux diverses échéances, dont quelques-unes pouvaient être fort éloignées encore.

Mais par rapport à la masse l'effet de l'exigibilité se restreint dans le droit qu'a chaque créancier de se présenter à la faillite et de concourir dans les répartitions qui seront ultérieurement ordonnancées. Il ne saurait jamais accorder à aucun d'eux le pouvoir de se faire payer intégralement.

90. Il suit de là qu'un créancier, débiteur de la faillite d'une somme échue, ne saurait opposer la compensation entre cette dette et sa créance. D'abord, il ne serait pas exact de dire dans ce cas qu'il y aurait deux dettes également échues. A l'époque où la créance devient exigible par la faillite, elle cesse d'être certaine et déterminée. Elle ne se compose plus que des dividendes que l'actif offrira. Les conditions auxquelles la compensation est soumise manquent donc complètement.

A l'incertitude de la créance se joint l'incapacité du débiteur qui a failli. Cette incapacité précède l'exigibilité. Elle en est la cause déterminante. Or, dès l'ouverture de la faillite, le débiteur ne peut plus payer ni recevoir, et par conséquent compenser, la compensation étant un véritable paiement. Si elle avait été volontairement consentie par le failli avant le jugement déclaratif et depuis la cessation, elle serait nulle comme constituant un paiement anticipé ; comment pourrait-elle être validée si le jugement avait irrévocablement désinvesti le failli ?

Au moment de ce jugement la masse est substituée au failli. Celle-ci a droit au paiement intégral de ce qui est dû à la faillite ; elle n'est tenue que jusqu'à concurrence et en proportion de l'actif à répartir ; ce n'est donc que pour le dividende afférant au créancier que la compensation se réaliserait, si ce dividende pouvait être connu au moment où les syndics poursuivent la rentrée de la dette.

Par parité de raisons, le créancier dont la créance est échue avant la faillite, et qui était en même temps débiteur du failli d'une dette à terme, ne pourrait renoncer au bénéfice de celui-ci et opposer la compensation. Chacun, il est vrai, peut répudier un avantage stipulé à son profit personnel ; mais cette répudiation ne saurait préjudicier aux tiers. C'est en pré-

sence des créanciers que la faillite place les débiteurs,
et toute compensation qui leur nuirait serait inadmissible. Dans ce cas, comme dans le précédent, l'incapacité du failli, le droit des créanciers à la totalité de
la dette, l'obligation de ne payer qu'une part proportionnelle de la créance, se réalisent et nécessitent une
solution identique.

Mais si la dette et la créance étaient également échues
avant la faillite, la compensation les aurait respectivement éteintes. Elle se serait opérée de plein droit, par
la seule force de la loi; le bénéfice en serait irrévocablement acquis.

91. Cependant, comme on peut renoncer à la compensation, il ne faudrait pas que le créancier qui serait
dans le cas de l'invoquer se présentât à la vérification
des créances et soumît ses titres à cette opération.
L'affirmation de la créance, sa vérification seraient incompatibles avec les effets produits par la compensation,
dont le principal est d'anéantir les deux dettes. Faire
revivre l'une d'elles en s'en prévalant, serait donc renoncer au bénéfice de l'extinction prononcée par la
loi (1). Il est évident, en effet, qu'un droit ne peut en
même temps être et n'être pas.

Il importe donc à celui qui aurait une compensation
valable à opposer, de ne point se présenter aux vérification et affirmation. Que si la dette compensée n'é-
tait pas égale au chiffre de la créance, c'est le surplus
de celle-ci qui devrait être affirmé, ce qu'on aurait
soin de faire sur un bordereau établissant, par un
réglement de compte, la compensation jusqu'à concurrence de la dette.

(1) Grenoble, 18 mars 1840.

92. Un associé commanditaire, porteur d'une créance échue, pourrait-il la compenser avec ce qu'il doit encore de sa mise? Nous avons, dans la faillite Loubon, soutenu la négative, en appliquant à la créance les considérations qui précèdent, et en outre par les motifs suivants :

Il est de principe, pour que la compensation s'opère, que la créance et la dette soient de même nature, et qu'une même personne soit réciproquement débitrice et créancière. Dans notre hypothèse, il y a bien une créance et une dette, mais elles sont d'une nature différente et soumises à des conditions distinctes. Si d'un côté la dette est due à la société, ce n'est pas exclusivement à cette société que la créance appartient.

En effet, la mise du commanditaire fait partie du fonds capital. Or, ce fonds n'est pas seulement le patrimoine des associés ; il est aussi le gage spécial de tous les créanciers qui ont un droit égal à sa répartition. L'engagement de le verser n'est donc pas exclusivement en faveur de la société. Ce versement, on le doit au public, dont la confiance est déterminée par la publication de l'engagement (1).

Le commanditaire en retard de verser sa mise a violé les obligations qu'il s'était imposées. Il est détenteur injuste du fonds commun, et cette détention ne saurait lui conférer un privilège contre les créanciers.

Si la mise sociale était dans la caisse, elle serait partagée entre tous, et parce que le commanditaire ne l'aura pas versée, qu'il aura ainsi inexécuté son contrat, cette mise lui sera acquise par préférence !

L'affirmative serait une prime donnée à la mauvaise

(1) Cour de cass. 14 juillet 1838. Recueil de Tavernier et Castellan tom. 1. pag. 586. Pardessus, n. 1034.

foi, une récompense d'une fraude contre le public. Désormais les commanditaires ne manqueraient pas de retenir par devers eux le montant de leur mise. Ce serait
là un moyen facile de braver les chances d'une faillite ,
en se couvrant d'avance des sommes dont les relations
commerciales avec le gérant pourraient les constituer
créanciers. Les tiers qui ont traité sous la foi du capital
social perdraient la garantie sur laquelle ils ont dû spécialement compter, et qu'ils n'auraient jamais eue, le fonds
capital n'ayant jamais été réalisé.

L'anomalie d'un résultat semblable suffit pour faire
proscrire tout ce qui tendrait à le déterminer. Le commanditaire, comme associé, sera obligé de verser intégralement sa mise ; comme créancier, il participera aux
répartitions qui en seront faites. Aucune compensation
entre sa créance et sa dette n'est possible au delà de ce
qui lui reviendra dans ces répartitions.

C'est ainsi que sur ma plaidoirie l'a décidé la Cour
de Grenoble, en consacrant les motifs que nous venons
d'exposer par son arrêt du 18 mars 1840.

93. L'exigibilité produite par la faillite s'étend à toutes les dettes du failli de quelque nature qu'elles soient.
Ainsi , les dettes purement civiles, comme les dettes
commerciales, sont admises, après vérification, à concourir à la répartition de l'actif, qu'elles soient ou non
échues réellement à l'époque de celle-ci (1).

Peu importerait même que la créance ne fût que con-
ditionnelle. Tout ce qu'on pourrait exiger dans ce cas.
c'est que le créancier fournît caution pour la restitution
de ce qu'il recevrait, si par l'événement de la condition
cette restitution devenait nécessaire.

(1) Vid. pour ce qui concerne le créancier gagiste, infrà art. 546.

94. En principe, lorsque la dette non échue est solidaire entre plusieurs débiteurs, la faillite de l'un d'eux ne prive pas les autres du bénéfice du terme. C'est ce que décide implicitement l'art. 444, qui ne déclare les dettes exigibles qu'à l'égard du failli.

95. Mais la nature des obligations commerciales telles que les lettres de change ou billets à ordre, exigeait une exception à cette règle. Ces titres, comme l'observent tous les auteurs, sont la monnaie courante du commerce, et ne doivent par conséquent souffrir aucune altération dans leur crédit. L'art. 448 du Code de commerce ancien, voyait cette altération dans la faillite d'un seul signataire, qu'il fût tireur, accepteur ou simplement endosseur. Il obligeait en conséquence tous les autres à donner immédiatement caution, et à défaut à payer la traite au porteur.

96. Les inconvéniens de cette disposition étaient fort graves. Les conséquences en étaient dangereuses surtout pour le petit commerce. Celui qui souscrit un effet commercial, en inscrit le paiement à l'échéance dans ses prévisions; mais celui qui négocie cet effet, déjà peut-être revêtu de nombreuses signatures, ne prévoit et ne peut prévoir la possibilité de la faillite d'un négociant dont la signature précède la sienne, bien moins encore de celui dont la signature suivra plus tard. Tout ce qu'il sait, c'est qu'il ne doit pas payer, selon toute probabilité, une négociation dont il a fait lui-même les fonds, avant d'en être remboursé, par une transmission qui lui est personnelle. Il pouvait donc se faire qu'il fût tout-à-coup, comme le tireur lui-même, obligé de payer une somme pour laquelle il n'est nullement en mesure, ou de donner caution pour le paiement à l'échéance.

Or. une caution n'est pas, dans bien des circonstances, facile à trouver, et surtout dans des momens
de crise. Elle ne l'est pas spécialement pour les maisons
d'un ordre inférieur, que le crédit soutient, que les
ventes de tous les jours font prospérer, et qui ne payent
avec exactitude que parce qu'elles ont des échéances
fixes sur lesquelles elles comptent et pour lesquelles
elles ont soin de se préparer.

Briser pour elles cet ordre qui les fait vivre, exiger
qu'elles satisfissent à des paiemens en dehors de toutes
leurs prévisions, c'était les placer dans le plus grand
danger et même déterminer leur ruine.

Ce danger était tellement réel, tellement prévu, que
tout le commerce avait, par un accord tacite, renoncé
à l'exécution de l'article 448. Ce fait est résulté de la
discussion de la loi à la chambre des députés. La Banque de France seule avait pendant quelque temps exigé
l'accomplissement de cette disposition devant lequel
elle recula bientôt.

97. Il ne faut donc pas s'étonner de la modification
que la loi nouvelle a introduite dans cette matière. Le
législateur n'a été que l'écho de l'opinion publique ;
il s'est conformé aux véritables besoins du commerce,
en restreignant l'obligation de payer ou de donner caution au cas de faillite, du souscripteur, de l'accepteur
ou du tireur, à défaut d'acceptation.

Il est certain que ce sont là les véritables débiteurs
du billet à ordre ou de la lettre de change. C'est le souscripteur du premier qui est en définitive chargé de le
payer. Le tireur de la lettre de change est censé avoir
fait provision dès que celle-ci est acceptée : dans le
cas contraire, il est obligé de la réaliser. Si en cet état

la faillite éclate avant l'échéance, il y a certitude que le paiement ne sera pas fait, et dès lors il est vrai de dire que le crédit du titre est profondément altéré.

La faillite d'un endosseur laisse debout les débiteurs principaux ; elle laisse subsister par là toutes les chances de paiement : cette différence en fait devait amener en droit des effets analogues.

Sans doute les endosseurs sont solidairement tenus au paiement de la dette, avec cette différence cependant que les droits du porteur contr'eux ne s'exercent que lorsqu'il y a certitude que les obligés principaux ne veulent ou ne peuvent payer. C'est ce qui résulte des articles 120 et 163 du Code de commerce, qui subordonnent l'action contre les endosseurs à la préexistence d'un protêt contre celui qui doit payer. La disposition de notre article ne fait qu'adopter le même ordre, en restreignant l'extension que l'article 448 avait donnée aux droits du porteur, extension reconnue dangereuse et impraticable.

Aujourd'hui la faillite du souscripteur du billet à ordre, de l'accepteur, et, à défaut d'acceptation, du tireur de la lettre de change, est considérée comme un protêt et en produit les effets contre les endosseurs, qui doivent donner caution ou payer immédiatement. Si l'un des endosseurs seulement fait faillite, le porteur n'a aucuns droits à exercer contre les autres souscripteurs de la lettre de change ou du billet à ordre. Mais il peut se présenter à la faillite de cet endosseur, au passif de laquelle il doit être éventuellement admis.

Si la lettre de change a été acceptée, le porteur ne peut exiger ni garantie ni paiement des autres signataires, même dans le cas de faillite du tireur. L'acceptation

suppose provision ; dès lors celui qui l'a consentie est
aussi le véritable débiteur. Le tireur lui-même n'est
plus considéré que comme un garant, sauf les droits de
l'accepteur à son égard. Sa faillite serait donc assimilée
à celle de l'un des endosseurs et ne donnerait pas plus
de droits que celle-ci.

98. Les intérêts que la dette produit ou qu'elle peut
produire ne courent plus à partir du jugement déclaratif. La faillite transporte tout l'actif aux mains des
créanciers, qui ont tous dès ce moment un droit égal
aux répartitions dans les proportions de leurs créances :
et, comme celles-ci sont déjà plus importantes que l'actif lui-même, il serait inutile d'ajouter à leur capital
des intérêts qui, courant en faveur de tous, grèveraient
la masse d'une manière indéterminée en faveur des
plus forts créanciers.

La seule exception à cette règle est pour les créances hypothécaires ou privilégiées. A leur égard le
droit commun, quant aux intérêts, continue à les régir.
Mais comme c'est là une conséquence de la nature du
titre, les intérêts ne peuvent être pris en dehors de
l'affectation particulière à celui-ci. C'est donc uniquement sur le produit des choses hypothéquées, grevées du
privilége ou données en nantissement que le paiement
de ces intérêts peut être prélevé. Si ce produit est insuffisant pour faire face aux créances qui existent, celles non
payées deviennent simples chirographaires et ne produisent aucun intérêt depuis le jugement déclaratif.

Au reste la cessation des intérêts n'a lieu qu'en ce
qui concerne la masse. Ainsi les codébiteurs solidaires
continuent à les supporter. Le failli lui-même n'en est
pas libéré. Il ne peut obtenir sa réhabilitation qu'après
leur paiement intégral.

ART. 446.

Sont nuls et sans effet, relativement à la masse lorsqu'ils auront été faits par le débiteur depuis l'époque déterminée par le tribunal comme étant celle de la cessation de ses paiemens, ou dans les dix jours qui auront précédé cette époque:

Tous actes translatifs de propriétés mobilières ou immobilières à titre gratuit;

Tous paiemens, soit en espèces, soit par transport, vente, compensation ou autrement, pour dettes non échues, et pour dettes échues, tous paiemens faits autrement qu'en espèces ou effets de commerce;

Toute hypothèque conventionnelle ou judiciaire, et tous droits d'antichrèse ou de nantissement constitués sur les biens du débiteur pour dettes antérieurement contractées.

ART. 447.

Tous autres paiemens faits par le débiteur pour dettes échues, et tous autres actes à titre onéreux par lui passés après la cessation de ces paiemens et avant le jugement déclaratif de faillite, pourront être annulés si, de la part de ceux qui ont reçu du débiteur ou qui ont traité avec lui, ils ont eu lieu avec connaissance de la cessation de ses paiemens.

ART. 448.

Les droits d'hypothèque et de privilége valablement acquis pourront être inscrits jusqu'au jour du jugement déclaratif de la faillite.

Néanmoins les inscriptions prises après l'époque de la cessation de paiemens, ou dans les dix jours qui précèdent, pourront être déclarées nulles, s'il s'est écoulé plus de quinze jours entre la date de l'acte constitutif de l'hypothèque ou du privilége et celle de l'inscription.

Ce délai sera augmenté d'un jour à raison de cinq myriamètres de distance entre le lieu où le droit d'hypothèque aura été acquis et le lieu où l'inscription sera prise.

SOMMAIRE.

99. La disposition de ces articles est des plus importantes. Une multitude de transactions dépendent de son application.

Les fraudes que le failli peut commettre dans les derniers jours de son existence commerciale ont de tout temps préoccupé le législateur. L'édit de 1609, du bon roi Henri, prévoit l'existence d'actes qui pourraient avoir été consentis *sous le nom et prétexte de banqueroute au préjudice des pauvres veuves , orphelins et autres, nos bons sujets.* Et c'est la présomption de fraude qui est admise pour ceux faits en faveur de certaines personnes.

100. *Sont déclarés nuls et de nul effet tous transports, cessions, venditions et donations de biens meubles ou immeubles faits aux enfants, héritiers ou autres leurs amis ; voulons les cessionnaires , donataires et acquéreurs estre punis comme complices desdites fraude et banqueroute* (1).

101. L'ordonnance de 1673 adopta la présomption contraire. Elle exigea pour que les transports, cessions, vente ou donation de biens meubles ou immeubles pussent être annulés, qu'ils fussent faits en fraude des créanciers (2). C'était donc à ceux-ci à justifier l'existence de cette fraude, dont la preuve pouvait seule amener la réparation du préjudice qu'ils pouvaient avoir éprouvé.

Or , *il est malaisé de donner des règles certaines pour découvrir la fraude qui peut être intervenue* (3). et la difficulté, à ce qu'il paraît, était telle que l'or—

(1) **Collection des lois anciennes.** Isambert, tom. 15, p. 549.
(2) Titre xi, art. 4.
(3) Bornier, tom. 2, p. 6

donnance ne produisit aucun des effets qu'elle s'était
proposés.

102. Dès 1667. un règlement pour la ville de Lyon
avait décidé que *toutes cessions et transports sur les
effets du failli seront nuls s'ils ne sont faits dix jours
au moins avant la faillite publiquement connue* (1).
Cette disposition, qui créait la présomption de fraude
pour les actes faits pendant les dix jours qui précédaient
la faillite, fut étendue à toute la France par une déclaration du 18 novembre 1702, nécessitée par l'insuffisance de l'ordonnance de 1673.

Telle était la législation qui a régi les faillites jusques
en 1807. Mais la sévérité des peines portées contre la
banqueroute frauduleuse, n'empêchait pas la fraude que
l'absence de toutes règles sur la déclaration de la faillite
favorisait outre mesure. Le scandale des spéculations
ne s'arrêtait pas même devant la peine capitale qui pouvait en atteindre les auteurs.

103. Les rédacteurs du Code de commerce voulurent
réprimer énergiquement ce désordre et en rendre le
retour impossible. On sait le système qu'ils adoptèrent
pour les actes faits aux approches de la faillite : on
peut le résumer dans ces quelques mots :

Nullité complète pour tous les actes et paiemens faits
depuis le jour de la cessation de paiemens, ou après le
jugement déclaratif. La même présomption de fraude
atteignait tous les actes translatifs de propriété à titre
gratuit, tous priviléges ou hypothèques, tous paiemens
pour dettes non échues, consentis dans les dix jours
qui précédaient la cessation.

Tous les autres actes faits dans la même période de

(3) Id. ibid. p. 658.

temps étaient présumés frauduleux à l'égard du failli. mais non contre les tiers qui avaient traité avec lui. Ces actes toutefois pouvaient être annulés s'ils avaient été faits en fraude des créanciers. C'était à ceux-ci à prouver la connivence des tiers et l'existence de la fraude.

104. Le projet du Code actuel présenté aux chambres en 1835 avait adopté ce système avec quelques modifications. Ainsi les actes faits dans les dix jours avant la cessation étaient présumés de bonne foi : ceux faits après le jugement déclaratif étaient nuls de plein droit : enfin ceux faits dans l'intervalle de la cessation au jugement, étaient présumés frauduleux sauf la preuve contraire.

Les créanciers pouvaient faire annuler les premiers en prouvant la fraude ; les parties intéressées faire maintenir les derniers en justifiant leur bonne foi. Mais, dans ce cas, la bonne foi ne devait pas consister seulement en une absence de manœuvres frauduleuses, elle devait aller jusqu'au plus scrupuleux respect du principe de l'égalité entre tous les créanciers, c'est-à-dire, jusqu'à la preuve que l'on avait ignoré le mauvais état des affaires du failli (1).

Dans ce système, la cessation de paiemens ne remontait qu'au jour où elle avait été *notoire*. Les présomptions qu'il admettait n'étant que la conséquence de la connaissance prétendue de cette cessation, l'on devait fixer le moment où l'on pouvait sans témérité supposer cette connaissance.

Mais nous avons déjà vu (2) comment et par quels motifs le système de notoriété avait été repoussé. La

(1) Voir le rapport de M. Raynouard, session de 1835.
(2) Vid. suprà, art. 445.

conséquence de ce rejet amenait celui des présomptions qui en découlaient ; on leur substitua donc celles sous l'empire desquelles nous sommes par l'adoption définitive de la loi en 1838.

105. Le législateur a maintenu la distinction que le Code avait admise dans les diverses périodes de la faillite. La classification des actes en est plus facile et plus claire. On doit donc les considérer suivant qu'ils ont été faits dans les dix jours qui précèdent la cessation ; depuis cette cessation jusqu'au jour du jugement déclaratif ; après ce jugement. Dans cette dernière période. tout ce qui a été fait est radicalement nul.

Dans les deux premières il y a présomption de bonne foi pour ceux qui ont traité avec le failli ; mais cette présomption s'efface devant la preuve du contraire. Or, ce qu'il importe surtout de remarquer, c'est que cette preuve, pour être acquise, n'a à constater qu'un seul fait, la connaissance du mauvais état des affaires du failli. Cette connaissance suffit pour annihiler l'acte et le faire considérer comme fait en fraude des créanciers. Il est évident dès lors que la nature de l'acte qu'il s'agit d'apprécier influera nécessairement sur le sort qu'il doit avoir. Dans bien des cas, même, la présomption qu'il convient d'admettre sera subordonnée au caractère de la disposition.

106. On comprend en effet qu'un tiers puisse traiter de bonne foi avec le failli, lorsqu'il s'agit d'un acte de commerce, du paiement d'une dette légitime , même d'une acquisition de meubles ou d'immeubles. Le failli avait toute capacité pour les consentir, et leur existence n'est pas inconciliable avec l'absence d'une volonté de frauder. Mais ce qu'on ne concevrait pas, c'est qu'un

débiteur pût, aux approches de sa faillite, disposer à
titre gratuit de tout ou de partie de sa fortune, et enlever ainsi à ses créanciers le gage qui doit leur appartenir.

Cette double inspiration a dicté les dispositions de
la loi ; ainsi les aliénations mobilières ou immobilières
faites depuis la cessation de paiemens ou dans les dix
jours qui précèdent, sont frappées de nullité absolue si
elles l'ont été à titre gratuit. Leur caractère de libéralité leur imprime un tel cachet de fraude, qu'il est
impossible de leur accorder le moindre effet.

107. Les termes de l'art. 446 tranchent une question que l'art. 444 du Code ancien avait fait naître, à
savoir si la constitution dotale faite dans les dix jours
avant la faillite, en faveur de l'enfant du failli, devait
être maintenue ?

On s'était prononcé pour l'affirmative, sauf la preuve
qu'elle avait été faite en fraude des créanciers, sur le
motif que l'art. 444 ne proscrivait que les libéralités
immobilières. On concluait de ces termes que les dispositions d'objets mobiliers étaient sur la même ligne
que tous les autres actes du failli dans la même période,
et qu'elles étaient dès lors protégées par la présomption de bonne foi qui couvraient ceux-ci.

Cette solution est impossible à l'avenir en présence
du texte de la loi qui frappe les aliénations à titre gratuit, mobilières et immobilières. La constitution dotale
étant une véritable donation, serait donc annulée de
plein droit.

108. Il en serait de même pour toute donation faite
avant la période de dix jours, si elle n'avait été acceptée que pendant ou après ce délai. L'acceptation

est indispensable pour la validité de la donation. Celle-ci ne produit, effet que du jour que cette acceptation a été régulièrement faite. Jusque-là elle n'est qu'une offre non acceptée, qui peut être rétractée et que la faillite rétracte *ipso facto*. Il n'y a réellement donation que lorsque le donataire a manifesté sa volonté; il faut donc qu'au moment de cette manifestation le donateur soit capable d'aliéner. Or, cette capacité manque à celui qui tombe en faillite.

109. Mais si le fait accompli dans les dix jours, ou après, n'avait aucune influence sur la validité de l'acte, s'il n'était que l'accomplissement d'une formalité extrinsèque, la donation faite à une date antérieure serait maintenue. C'est ce qui a été jugé spécialement pour la transcription (1). La donation étant parfaite par l'acceptation, le bénéfice en est irrévocablement acquis au donataire. La transcription n'ajoute rien à sa validité; elle n'est ordonnée que dans l'intérêt du donataire lui-même et pour empêcher que des créanciers antérieurs n'acquièrent des droits hypothécaires sur les immeubles donnés. Le défaut de cette formalité ne peut donc avoir d'autre résultat que de soumettre ce donataire à payer les créanciers qui auraient fait inscrire leurs créances.

110. Les paiemens opérés depuis la cessation, ou dans les dix jours qui précèdent, se rapportent à des dettes échues, ou qui ne l'étaient pas.

111. Si la dette n'était pas échue, le paiement est nul et doit être rapporté à la masse, quel qu'ait été le mode par lequel il a été fait. Le créancier qui l'a accepté a prouvé, par cela seul, qu'il savait qu'il y avait

(1) Grenoble, 17 juin 1822. Sirey, 25, 2, 275.

danger à attendre l'échéance du terme. Cette connaissance le constitue en mauvaise foi. On ne saurait accorder une récompense à celui qui a ainsi pris d'avance
les moyens de se soustraire à une faillite imminente.
L'immunité du péril qui atteint tous les créanciers ne
saurait être le prix de la course.

De son côté le failli se serait convaincu de fraude
par ce paiement anticipé. Qui a terme ne doit rien :
quels motifs pouvait-il donc avoir pour renoncer à celui
qui était stipulé en sa faveur? Son état de gêne rendrait même cet abandon sans explication possible, si ce
n'est par la volonté d'avantager le créancier payé. En
effet, celui qui est en déconfiture, à tel point qu'il ne
peut faire face à des engagemens échus, peut-il être
censé de bonne foi lorsqu'il solde ceux qui ne l'étaient
pas encore ?

Ainsi le paiement anticipé doit être annulé, qu'il ait
eu lieu en espèces, en effets de commerce ou par cessions, transports de créances, ou de marchandises. Il
suppose entre le débiteur et le créancier un concert frauduleux, dont le but est d'affranchir celui-ci des chances
que la faillite présentera à tous les autres créanciers :
de plus il cause à ces derniers un véritable préjudice,
en faisant disparaître de l'actif une somme à la répartition de laquelle ils avaient le droit de concourir.

112. Faudrait-il considérer comme paiement anticipé l'envoi d'une somme d'argent ou de marchandises
en compte courant ? Les motifs qui font proscrire ces
paiemens nous paraissent devoir faire résoudre néga-
tivement cette question. Il est vrai que tant que le
compte courant n'est pas balancé, il n'y a pas dette
échue, mais l'envoi d'argent ou de marchandises entre
deux correspondants, dans l'habitude depuis longtemps

d'agir ainsi, ne caractérise pas un véritable paiement. C'est là une opération commerciale dont la répétition et la fréquence alimentent et constituent le compte. Elle n'a donc rien de suspect ni de contraire aux habitudes commerciales. Celui qui a reçu ce dernier envoi s'est conformé à des précédens dès longtemps établis et qu'il pouvait de très bonne foi croire devoir durer longtemps encore. Il n'y a en conséquence dans ce fait ni déloyauté ni fraude ; et comme c'est l'une ou l'autre que la loi a voulu seulement proscrire, il faudrait, pour l'obliger à restitution, prouver qu'il n'a reçu qu'après avoir connu la déconfiture de son correspondant.

113. Si la dette était échue, le paiement serait valable, s'il a été réalisé conformément aux usages commerciaux. Ce fait en lui même n'a rien que de très naturel. Un créancier porteur d'un titre se présente à l'échéance chez son débiteur qui le paie. C'est là l'histoire de tout le commerce. La nullité d'un pareil paiement pouvait donc consacrer bien souvent une injustice.

Mais si ce paiement s'est exécuté d'une manière inusitée, si, au lieu d'espèces ou d'effets de commerce, le créancier recevait une cession, une partie du mobilier, s'il acceptait des marchandises jusqu'à concurrence de ce qui lui est dû ou à titre de nantissement, s'il se faisait consentir des sûretés hypothécaires, la présomption de fraude acquiert autant de force que celle de la bonne foi dans le premier cas.

La fidélité dans l'engagement est ce qu'il y a de plus indispensable dans le commerce. Le commerçant qui met son argent en circulation ne le fait qu'à la condition que les rentrées s'effectueront à l'échéance. C'est sur leur certitude qu'il base toutes ses prévisions et le paiement de ses propres obligations. Il y a donc pour lui un préjudice grave si ces rentrées n'ont pas lieu. Lorsqu'on lui offre, au lieu d'espèces ou d'effets, un mobilier, des marchandises, une hypothèque ou tout autre garantie, il y a pour lui conviction qu'une faillite va éclater. Si malgré cette conviction il accepte, il est de mauvaise foi et conséquemment on doit l'obliger à recombler.

Autoriser le paiement même des dettes échues au moyen de marchandises, de mobiliers ; par transports, vente ou cession, en un mot autrement qu'en espèces ou effets de commerce, c'était accorder au failli le droit de disposer de son actif et créer un privilége en faveur de quelques créanciers, au détriment des autres. Tous les intéressés à un naufrage doivent éprouver un sort commun, et la loi a sagement fait de proscrire tout ce qui tendrait de près ou de loin à blesser l'égalité entre les créanciers. Dans l'hypothèse, si ce paiement en lui-même n'a rien d'extraordinaire, le mode employé pour l'opérer l'est au contraire beaucoup, il rentre dans la classe des faits qui, par eux seuls, font preuve que celui qui en a accepté le bénéfice a eu connaissance de l'état de cessation de paiemens actuel ou prochain.

114. L'incapacité du failli de payer autrement qu'en espèces les dettes échues est-elle absolue, en ce sens qu'elle ne puisse être levée, en ce qui concerne les créanciers, par des décisions de justice ? Spécialement les créanciers chirographaires, colloqués sur les sommes restant libres sur le prix des immeubles d'un négociant en état de cessation de paiemens, doivent-ils profiter

de cette collocation, alors que depuis la délivrance des
bordereaux, mais avant leur paiement réel par les adjudicataires, la faillite a été déclarée, et l'époque de
son ouverture fixée à un jour antérieur à toutes les
procédures ?

115. La Cour royale d'Aix a eu à juger cette question dans l'espèce que voici :

Le sieur Beuf, négociant à Arles, après plusieurs
protêts, avait suspendu ses paiemens en octobre 1840.
Dans l'espérance que ses immeubles fairaient face à
toutes ses dettes, il avait, par une circulaire, demandé
un attermoyement à ses créanciers, afin de procéder
à la vente amiable de ces immeubles.

Ce projet ne se réalisant pas, une expropriation avait
été pratiquée. Un ordre s'étant ouvert après l'adjudica-
tion, les créanciers hypothécaires furent intégralement
payés. Une partie du prix restant libre entre les mains
des adjudicataires, quelques créanciers chirographaires
demandèrent et obtinrent leur collocation.

Les bordereaux délivrés avaient été signifiés aux adjudicataires avec commandement de payer, lorsque, le
18 mars 1842, la faillite du sieur Beuf fut déclarée, et
le jour de son ouverture fixé au 1er octobre 1840.

Les syndics s'opposent alors au paiement des bordereaux dont ils demandent la nullité; mais leur prétention
est repoussée par jugement du tribunal civil de Taras-
con, du 27 novembre 1842, sur le motif que l'ordonnance de clôture de la distribution ayant acquis l'autorité de la chose jugée avant la déclaration de faillite,
rien ne pouvait en suspendre ou en empêcher l'exécution.

Appel par les syndics, et le 9 février 1843, arrêt confirmatif en ces termes :

« Considérant que des dispositions de l'article 443 de la loi du 28 mai 1838, il résulte que le failli n'est dessaisi de l'administration de ses biens qu'à partir de la date du jugement déclaratif de la faillite et qu'avant ce jugement toute action mobilière ou immobilière, ainsi que toute voie d'exécution tant sur les meubles que sur les immeubles, ont été valablement intentées contre lui.

« Qu'il suit de là que les décisions judiciaires antérieures à l'époque de l'ouverture de la faillite fixée par le tribunal, ne peuvent, après avoir acquis l'autorité de la chose jugée, être attaquées à la requête des syndics par la voie de la tierce-opposition ; qu'en effet, le débiteur dont la faillite n'était pas déclarée au moment où les décisions ont été rendues, étant, d'après l'article précité, le contradicteur légitime de ceux qui ont intenté ou suivi contre lui, soit une action mobilière ou immobilière, soit toutes voies d'exécution sur les meubles ou sur les immeubles, le même débiteur a été le représentant légal de ses créanciers dans les instances à la suite desquelles les décisions dont il s'agit sont intervenues, et que dès lors, elles doivent être exécutées, à moins qu'il ne soit établi, et judiciairement reconnu, qu'elles n'ont été rendues que par suite d'un concert frauduleux pratiqué entre ceux qui les ont obtenues, et le failli.

« Considérant en fait. . . . que les circonstances de la cause sont telles, qu'il n'est pas permis de supposer que les décisions attaquées ont été rendues par suite d'un concert frauduleux pratiqué entre les intimés et le débiteur failli, que, dès lors, elles sont inattaquables. »

116. A notre avis, cet arrêt repose sur deux erreurs qui ont fait illusion aux lumières ordinaires de la Cour. La première réside dans les effets qu'elle donne à la disposition de l'article 443. Que l'absence de dessaisissement jusqu'au jugement déclaratif fit considérer comme régulières les instances d'ordre qui étaient attaquées, c'est ce qui était incontestable. Que, par suite de cette régularité, elles fussent considérées comme définitivement acquises contre le failli, c'est ce qui ne pouvait non plus faire l'objet d'un doute. Mais, pour ce qui regarde la masse, leur validité était subordonnée à la question de savoir si elles ne constituaient pas un mode de paiement proscrit, en ce qui la concerne, par l'article 446.

Il est certain que cet article déroge à la disposition de l'article 443, en en réglant les effets vis-à-vis des créanciers. Si le failli était réellement *integri status* tant que le jugement déclaratif n'est pas rendu, il pourrait sans contredit payer par des ventes, cessions, transports d'effets mobiliers ou immobiliers, ou compenser dans tous les cas avec ses créanciers. Dès-lors la prohibition de paiemens de cette nature ne peut être dans l'intention de la loi que la conséquence d'une incapacité formelle, relativement à la disposition de l'actif, dès que la cessation de paiemens se réalise. Comment donc le failli, qui ne peut expressément faire cette disposition, aurait-il capacité de s'y livrer tacitement par un consentement donné ou obtenu en justice.

Les tribunaux ne peuvent suppléer à la partie elle-même, que lorsque l'acte qu'il s'agit d'accomplir n'est pas formellement prohibé par la loi. Un jugement qui

violerait ce principe resterait sans effets contre les parties en faveur desquelles la prohibition a été créée, et
c'est précisément ce qui se réalise pour l'hypothèque.
Les jugemens de condamnation confèrent à celui qui les
a obtenus un droit hypothécaire sur tous les biens du
débiteur. Mais l'inscription de ce droit, lorsque le débiteur est en état de cessation de paiemens, n'empêche
pas que l'hypothèque ne doive être annulée et que le
créancier ne soit que simple chirographaire ; et cependant le jugement a été obtenu contre une partie qui
avait l'exercice de ses actions ! Pourrait-on, dès-lors,
admettre que la loi qui a prohibé l'hypothèque, qui
n'est après tout qu'un gage souvent insuffisant, ait
voulu autoriser la disposition des fonds, le paiement
effectif, lorsqu'il s'agit d'un transport judiciaire résultant de la délivrance d'un bordereau dans une distribution ? L'ordonnance de clôture aurait-elle plus d'autorité qu'un jugement de condamnation ?

Le plus grand effet qu'on puisse accorder à cette délivrance, c'est de l'assimiler à un transport de créance.
Or, qu'arriverait-il si le débiteur en état de cessation
de paiemens avait consenti une cession sur un de ses
débiteurs ? La cession, eût-elle été dûment signifiée au
tiers cédé, avant le jugement déclaratif, serait frappée
d'une nullité radicale. Ce qui se réaliserait dans ce cas
doit se réaliser dans celui où le transport a été ordonné
par la justice. Le jugement ne saurait avoir plus d'effet
que le consentement spontané et libre du débiteur :
celui-ci ne pouvant en accorder aucun, les tribunaux ne
pouvaient valablement le suppléer.

L'arrêt devait donc combiner les termes de l'article
443 avec ceux de l'article 446. Ceux-ci sont le correctif

de ce que les premiers peuvent avoir de trop absolu.
Oui, le failli conserve l'exercice de ses actions, mais il
ne peut rien faire directement ni indirectement de contraire aux intérêts de la masse : il s'engage personnellement, mais il ne peut engager celle-ci. La procédure
suivie contre lui est régulière, mais elle reste sans effets
contre les créanciers; c'est ce qu'impliquent nécessairement les expressions de l'article 446 : *sont nuls et sans
effets relativement à la masse,* etc.....

Aussi n'hésitons-nous pas à croire que les syndics
Beuf avaient mal procédé en formant tierce-opposition.
Toutes les décisions judiciaires rendues contre un commerçant qui a cessé ses paiemens ne le sont que sauf le
droit de la masse. La tierce-opposition n'était pas plus
nécessaire dans ce cas que dans celui où il s'agit de la
nullité de l'hypothèque. Ils devaient donc accepter toutes
les décisions intervenues, en reconnaître la régularité,
mais en contester l'autorité en vertu de l'article 446.

La seconde erreur que l'on peut reprocher à l'arrêt,
est celle d'admettre que, pour annuler dans tous les cas
la décision attaquée, il fallût la preuve d'un concert
frauduleux. La fraude en matière de faillite n'a pas la
signification qu'elle reçoit dans les matières ordinaires;
pour ce qui concerne les paiemens faits en état de cessation, la fraude consiste, pour le failli, dans le paiement lui-même (1) ; pour ceux qui l'ont reçu, dans la
connaissance de cet état de cessation. C'est ce qui résulte des discussions législatives, c'est ce qui est textuellement écrit dans la loi elle-même. Ainsi les seuls paiemens validés par l'article 446 pour dettes échues sont
ceux faits en argent ou en effets de commerce. Or, l'ar-

(1) Vid. art. 585, § 4.

ticle 447 déclare que ces mêmes paiemens pourront être annulés, si de la part de ceux qui les ont reçus du débiteur, ils ont eu lieu avec connaissance de la cessation de ses paiemens. Cette connaissance équivaut donc à la fraude, puisqu'elle en produit tous les effets. Dans l'espèce de la faillite Beuf, les créanciers pouvaient d'autant moins ignorer la déconfiture de leur débiteur, qu'indépendamment de la notoriété publique , de la cessation réelle depuis plus d'un an , ils avaient tous reçu une circulaire qui la leur apprenait officiellement.

Il y avait donc lieu , sans se préoccuper beaucoup du mérite de la tierce-opposition, d'accueillir la demande des syndics et d'annuler un paiement fait contrairement à l'article 446 , et dans tous les cas reçu de mauvaise foi.

117. Nous disions tout à l'heure que l'envoi de marchandises en compte courant ne constituait pas un paiement anticipé soumis à la disposition prohibitive de l'article 446. Mais la règle à observer pour le paiement des dettes échues doit s'appliquer à celui du solde , que la balance du compte présente. En effet, le réglement du compte rend le solde exigible. Aucune difficulté ne saurait naître, si ce solde inscrit à nouveau , un compte était ouvert immédiatement. L'envoi des marchandises serait considéré comme l'aliment de ce nouveau compte, plutôt que comme un paiement réel. Mais si le créancier rompant toutes relations exigeait le remboursement du solde du compte , il ne pourrait valablement l'obtenir qu'en espèces ou en effets de commerce. Tout autre mode amènerait la présomption de fraude et l'obligerait à recombler ce qu'il aurait reçu.

118. Les actes à titre onéreux et les paiemens même

pour dettes échues, peuvent être annulés, mais seulement dans les circonstances suivantes : 1° s'ils ont été faits après la cessation de paiemens ; 2° si ceux qui ont traité avec le failli avaient connaissance de cette cessation.

Il résulte de cette restriction que si les uns et les autres sont antérieurs à la cessation, ils sont définitivement acquis, alors même qu'ils auraient été réalisés dans les dix jours qui l'ont précédée.

Le motif de cette disposition est facile à saisir. C'est la connaissance de la cessation de paiemens qui constitue la fraude. La loi a basé ses prévisions sur le plus ou le moins de probabilité de cette connaissance. Or, tant que cette cessation ne s'est pas effectuée, il est impossible d'admettre que ceux qui ont traité avec le failli l'aient connue ; et partant, les actes à titre onéreux, les paiemens pour dettes échues reçus en espèces ou effets de commerce, ne peuvent exciter le moindre soupçon. Elle ne permet donc pas de les attaquer.

Après la cessation effective, la probabilité qu'on a pu la connaître acquiert plus de vraisemblance. Cette cessation s'annonce ordinairement par des caractères ostensibles, par des actes qui doivent frapper le commerce. Alors le public est en quelque sorte mis dans la confidence par les rumeurs précursives de l'éclat qui va suivre. Cela ne suffit pas pour annuler les actes à titre onéreux et les paiemens réguliers, mais cela suffit pour faire admettre la possibilité de la mauvaise foi. Ils continuent donc à être protégés par la présomption de bonne foi, mais cette présomption cèdera à la preuve du contraire, que dès-lors les créanciers sont admis à fournir.

119. Les termes de l'article 447 : *pourront être an-*

nulés doivent recevoir une acception différente suivant
qu'il s'agit d'un paiement ou d'un acte à titre onéreux.
Pour les premiers, la preuve de la connaissance impose
non pas la simple faculté, mais l'obligation de les frapper
de nullité. En effet, ils emportent avec eux-mêmes la
certitude d'un préjudice pour les créanciers, qui sont
privés de la part contributive qui leur était dévolue, sur
les sommes qui ont servi à les réaliser.

Pour les actes à titre onéreux au contraire, leur existence n'est pas toujours inconciliable avec l'absence complète de tout préjudice. Supposez, par exemple, une
vente consentie par le failli, dont le prix, équivalent sérieux et sincère de la valeur de l'objet, serait encore en
totalité entre les mains de l'acquéreur. Il est évident
dans ce cas que les créanciers n'éprouveraient aucun
grief de cet acte qui, s'il était querellé de fraude, pourrait être maintenu alors même que l'acquéreur aurait
eu connaissance de la cessation de paiemens. Ce qui
doit déterminer l'annulation, c'est le préjudice que les
créanciers souffrent ; là ou il n'en existe aucun, il serait
par trop rigoureux de ne pouvoir maintenir l'acte.

C'est ce que voulait le Code de 1807 qui frappait
d'une égale proscription tout ce qui avait été fait dans
l'intervalle de la cessation au jugement. Cette disposition par son excès de sévérité avait dépassé le but qu'elle
s'était proposé. Elle confondait l'innocent avec le coupable, aussi n'était-elle sanctionnée qu'avec regret par
les cours souveraines, dont un grand nombre avaient
même admis la nécessité de la preuve, contrairement
à la loi. La législation actuelle est moins sévère, mais
sans contredit plus juste dans l'appréciation des actes
accomplis dans cette période intermédiaire. Toutes les

fraudes seront atteintes, et les égards dus à la bonne foi
garantis. C'est là une importante modification que la
justice doit applaudir, et dont la jurisprudence peut.
à juste titre, revendiquer la première idée.

120. L'article 445 du même Code, ayant restreint
la présomption de fraude aux actes et engagemens pour
faits de commerce, on en avait conclu que les actes
civils ne pouvaient être annulés que si, à la preuve
de la connaissance de la cessation , se joignait celle
qu'ils avaient été faits en fraude des créanciers. Les
termes généraux de la loi actuelle ne permettent plus
de distinction dans les causes de l'engagement. Les
actes sont tous placés sur la même ligne , et soumis
par conséquent à un sort commun. Leur annulation
est une conséquence nécessaire de la connaissance de
l'état de cessation chez ceux qui les ont contractés.

Telle est la théorie de la loi nouvelle sur les aliénations , actes à titre onéreux ou gratuit, et paiemens
opérés à une époque voisine ou postérieure à la faillite.

Nous avons maintenant à nous occuper des nantissemens mobiliers ou immobiliers accordés pendant la
même période. Nous examinerons d'abord ce qui se
rapporte à leur constitution. Nous traiterons ensuite
de l'inscription de l'hypothèque.

121. L'hypothèque conventionnelle ou judiciaire ,
tous droits d'antichrèse ou de nantissement, constitués
sur les biens du débiteur, depuis l'époque déterminée
par le tribunal, comme étant celle de la cessation de
ses paiemens, ou dans les dix jours qui auront précédé cette époque, sont nuls et sans effet relativement
à la masse.

Cette disposition ne concerne que les hypothèques.

les nantissemens et les gages conférés pour dettes antérieures à leur réalisation, et obtenus après coup par
les créanciers. Les dettes contractées sans garantie ne
peuvent en recevoir aucune aux approches de la faillite, et à plus forte raison, après qu'elle s'est divulguée
par la cessation de paiemens. L'intérêt général des
créanciers déterminait la nécessité de cette prohibition
qui empêche que le failli n'améliore le sort des uns aux
détriment des autres. La loi qui a proscrit les donations
devait proscrire les droits de préférence conférés gra-
tuitement, sans rien recevoir en échange, et obtenus
souvent par l'obsession et la violence morale.

Le prêteur qui a suivi dans l'origine la foi de son
débiteur, qui s'est contenté d'une simple obligation.
ne peut plus changer le caractère de son titre. S'il
exige plus tard des sûretés, il force le failli à commettre une fraude. Il fait lui-même un acte peu loyal
en voulant s'avantager au préjudice des autres créanciers. C'est donc avec raison que le législateur le ramène
à l'égalité qu'il a tenté de violer.

D'ailleurs, les principes que nous avons développés
sur ce qui concerne les paiemens rendent parfaitement
raison de la disposition de la loi sur les hypotèques et
nantissemens pour dettes antérieures. Les unes et les
autres peuvent être considérées comme un véritable
paiement. Or, de deux choses l'une, ou la dette n'est
pas échue lorsque le nantissement est accordé, et dans
ce cas, il doit être invalidé comme paiement anticipé;
ou la dette est échue, et la loi n'autorisant que le paiement en espèces ou en effets de commerce, le nantissement. n'étant ni l'un ni l'autre, ne saurait échapper
à la disposition de l'article 446.

122. L'article 443 du Code de commerce ancien allait plus loin encore. Il frappait de nullité les hypothèques prises en vertu d'un titre nouveau et pour sommes actuellement prêtées. La loi de 1838 a avec raison suivi une marche contraire.

Sans doute un emprunt par hypothèque est un acte insolite chez un négociant. Il est donc jusqu'à un certain point l'indice d'une gêne actuelle. Mais cette gêne peut cesser par l'effet de cet emprunt ; il fallait donc le rendre possible sous peine de condamner le commerçant à l'impuissance de rétablir ses affaires, et d'éviter ainsi une faillite si onéreuse pour tous, si fâcheuse pour le failli lui-même.

Or, proscrire l'hypothèque, c'était rendre le prêt impossible. Quel est celui qui consentirait à livrer ses fonds, avec la prévision de se voir arracher les garanties sous la foi desquelles il a traité? Consacrer cette proscription, c'était donc frapper les ressources du débiteur d'une stérilité funeste ; c'était lui en ravir la disposition au moment le plus critique, c'était en un mot, en vue de prévenir les fraudes qui peuvent accompagner une faillite, rendre la faillite inévitable.

D'ailleurs, si, aux approches de la faillite, un commerçant ne peut pas valablement payer, si ce n'est dans le mode établi par l'article 446, il peut aliéner à titre onéreux. La bonne foi qui ferait maintenir la vente doit faire sortir à effet l'obligation ; et si celle-ci est valable en principe, comment pourrait-on annuler l'hypothèque qui en a été la condition ?

Sans doute la fraude peut tenter de profiter de cette disposition. Ainsi, on pourra simuler une quittance pour une dette antérieure et en contracter une autre

qui sera censée s'être actuellement réalisée , à l'effet
d'obtenir une hypothèque valable. Cette hypothèse peut
se présenter ; le législateur s'en est même préoccupé
en délaissant aux parties lésées le soin d'en obtenir
justice. Or, la preuve de cette simulation entraînerait
non-seulement la nullité de l'hypothèque, mais encore
celle de l'obligation ; et cette preuve sera même plus
facile que beaucoup d'autres. Un paiement, un emprunt
laissent des traces dans les écritures de celui qui les reçoit ou les contracte. Ce dernier a à rendre compte de
l'emploi des fonds en provenant ; et il n'est pas douteux que si ces fonds avaient servi à désintéresser le
prêteur lui-même , on dût ne voir dans l'obligation
nouvelle, qu'une véritable fraude, dans le but d'éluder
les dispositions de l'art. 446. On n'hésiterait donc pas à
la frapper de la peine portée par ce même article.

Ainsi , la répression de la fraude étant dans tous
les cas garantie par une sanction pénale , il ne fallait pas, pour l'atteindre, s'exposer à punir la bonne
foi.

L'hypothèque , consentie pour prêt nouveau, avant
le jugement déclaratif , doit donc être maintenue ,
pourvu que la somme pour laquelle elle est constituée,
ait été réellement comptée au moment même de l'acte.

123. Qu'arriverait-il si le créancier chirographaire
ajoutant quelque chose à sa créance antérieure se faisait consentir une hypothèque pour le tout? Nous
croyons que dans ce cas on devrait appliquer l'art. 446
dans toute sa rigueur, et que l'hypothèque entière devrait être annulée.

Il est difficile, en effet, d'admettre qu'à un moment
voisin de la faillite il n'ait rien transpiré de l'état des

affaires du débiteur. La loi suppose le contraire, puisqu'elle établit la nullité absolue de toutes les hypothèques
pour dettes antérieures. Elle admet donc par cela seul,
que ces hypothèques n'ont été recherchées, que parce
que le créancier a lui-même apprécié le péril qu'éprouvait son titre chirographaire. Autoriser, dans un cas
semblable, la validité de l'hypothèque, ce serait encourager à éluder la loi et annuler la garantie qu'elle
présente pour la masse, au moment même où la présomption de fraude acquiert une plus grande gravité.

Ainsi, celui qui aurait purement accepté l'hypothèque
serait privé de cette garantie qui lui a été peut-être
spontanément et volontairement offerte, et celui qui
était tellement persuadé de l'imminence de la faillite,
qu'il a recherché cette hypothèque à prix d'argent,
pourrait en recueillir le fruit !

Nous l'avons déjà dit, il est des actes qui par eux-
mêmes sont en quelque sorte démonstratifs de la fraude. Or, est-il naturel qu'un commerçant qui juge sa
créance tellement compromise, que contrairement aux
usages commerciaux il exige un nantissement immobi-
lier, aille ajouter une somme nouvelle à celle qui lui
est déjà due ? Une pareille conduite n'est pas susceptible d'une double interprétation. Elle ne peut être
expliquée que par la volonté d'échapper à la disposition finale de l'art. 446. C'est donc à l'autorité de cette
disposition qu'il convient de ramener et de soumettre
le créancier.

Cependant si la somme nouvellement et réellement
prêtée était importante, et qu'il apparût des circonstances que ce prêt n'a pas eu pour objet de contre-
venir à l'art. 446, on pourrait seulement réduire l'hy-

pothèque à concurrence du montant du prêt dont le débiteur aurait réellement profité.

124. Le banquier ou capitaliste qui, par suite d'un crédit ouvert au moyen d'une hypothèque, aurait payé à l'acquit du crédité pendant les dix jours qui précèdent la faillite, et dans l'intervalle de la cessation au jugement déclaratif, aura-t-il pour ces paiemens une hypothèque à la date du contrat ?

L'affirmative ne nous paraît plus contestable sous l'empire de la loi nouvelle, si l'on admet la validité du contrat en vertu duquel l'hypothèque a été consentie au créditant.

125. Or, cette validité est aujourd'hui reconnue par tous. On ne discute plus que sur la date de l'hypothèque, que les uns soutiennent exister légalement du jour de l'acte, et que les autres subordonnent à la réalisation du paiement.

126. Malgré tout le respect que mérite l'immense savoir de M. Troplong, nous ne saurions adopter cette dernière opinion qui est la sienne (1), ni admettre que le contrat de crédit repose sur une condition potestative.

Il est de principe que la condition potestative ne crée aucun lien de droit entre les parties ; qu'elle vicie la convention d'une nullité radicale qui peut être invoquée autant par le créancier que par le débiteur.

Cet effet peut-il se réaliser dans le contrat de crédit? Le créditant est-il maître de ne pas livrer les sommes qu'il s'est engagé à fournir? Nous sommes certain de la réponse que ferait M. Troplong lui-même. Il faudrait

(1) Des hypoth. tom. 2, n° 478.

cependant admettre la négative si la condition était simplement potestative.

Le banquier qui a crédité est donc obligé, dès le moment même qu'il a consenti : mais il ne l'est qu'à condition de l'hypothèque ; il n'a voulu engager une partie de sa fortune, que sous une garantie immobilière : cette garantie n'est que le corrélatif de l'obligation. La validité de celle-ci entraîne donc celle de la condition.

Ainsi le contrat est parfait par la promesse et par l'acceptation réciproque. Dès cet instant existe un lien de droit qui ne se résume pas dans cette proposition : j'hypothèque si je prends ; mais bien dans cette autre : je donne hypothèque pour les sommes que vous me compterez jusqu'à concurrence d'un chiffre déterminé. Il y a là un véritable engagement conditionnel qui exige le concours de deux volontés, et dont l'événement est réglé par l'article 1179 du Code civil, pour le principe et par l'article 2132, pour l'inscription.

L'opinion de M. Troplong, tout en reconnaissant la validité du contrat, lui refuserait toute exécution. En effet si l'hypothèque ne naît qu'au fur et à mesure des paiemens, il faudra, comme l'observe M. Dalloz (1), pour qu'elle existe à cette date, constater la délivrance des deniers par de nouveaux actes notariés, et requérir chaque fois de nouvelles inscriptions, qui seront rayées ou renouvelées autant de fois qu'il y aurait des rentrées ou des sorties de caisse. ce qui serait impraticable.

Il ne faut pas d'ailleurs perdre de vue que le crédit constitue, commercialement parlant, une valeur réelle qui est fournie au moment de l'acte. Ce n'est pas la

_____
(1) Dict. Gén. V° hyp. convent. n. 136,

promesse d'un prêt à venir ; c'est un prêt véritable, actuellement exigible, qui est contracté. Le crédité peut s'en servir immédiatement, sans même avoir besoin de s'entendre ultérieurement avec le créditant. L'hypothèque qui en résulte doit donc être maintenue à la date de son inscription, si celle-ci est elle-même régulière.

A ces raisons de droit consacrées par une jurisprudence imposante (1), professées par des auteurs graves (2), on pourrait joindre des considérations puissantes.

L'intérêt du commerce est directement engagé à l'issue de ces questions. L'ouverture des crédits par hypothèque est un moyen d'attirer dans la circulation des capitaux importans qui viennent ainsi au secours de l'industrie et font face à ses besoins. Un prêt ordinaire, s'il dépasse les exigences du moment, devient ruineux par l'intérêt qu'il impose et par le défaut d'emploi de l'excédant. D'ailleurs pourra-t-on toujours le contracter d'une manière opportune ? L'occasion qui en a inspiré la pensée ou créé le besoin ne sera-t-elle pas cent fois écoulée avant que les obstacles que l'on rencontre en pareille matière soient tous levés ? On ne doit donc pas priver le commerce d'une ressource aussi précieuse que celle des crédits, dont la disposition reste à la convenance de celui qui l'a obtenue. Or, ce serait l'anéantir que de porter la moindre atteinte à l'hypothèque sous la foi de laquelle elle a été émise.

---

(1) Outre l'arrêt de Caen, confirmé par la Cour de cassation le 6 janvier 1814, Voy. arrêt de la C. de cass. du 10 août 1831; de Bourges du 11 juin 1839. Dalloz, P. 31, 1, 303, 40, 2, 199.

(2) Grenier, tom. 1, pag. 26. Pardessus, tom. 4, pag. 314. Favart, V° hyp. sect. 2, § 3, n. 2.

D'autre part, la publicité de l'hypothèque prévient tout danger de fraude vis-à-vis des tiers. Chacun sera averti de la position réelle du débiteur, avec lequel on pourra refuser de traiter, si son avoir, indépendant de l'hypothèque, ne présente pas de garanties suffisantes.

Il résulte de ce qui précède que toutes les sommes payées par suite d'un crédit seront garanties par l'hypothèque à la date de l'inscription, y compris celles qui l'auraient été depuis la cessation de paiemens jusqu'au jugement déclaratif, et dans les dix jours qui ont précédé cette cessation. Le seul droit qu'aurait la masse serait de contester la bonne foi de ces paiemens et de faire annuler ceux qu'elle prouverait avoir été faits malgré la connaissance de la déconfiture du crédité.

127. La dérogation à la législation précédente sur la constitution de l'hypothèque, consacrée par la loi actuelle, en nécessitait une pour ce qui concerne l'inscription. L'acquisition du droit étant licite, les conséquences du droit précédemment acquis ne pouvaient être proscrites sans blesser le bon sens et la logique.

L'art. 443, Code de commerce ancien, n'était que la reproduction du principe consacré par la disposition de l'article 2146 du Code civil, fondé lui-même sur l'article 5 de la loi du 11 brumaire an VII, qui fixait à dix jours le délai dans lequel, en cas de faillite, les inscriptions ne conféraient point d'hypothèque. De l'ensemble de ces dispositions, on avait conclu que le créancier dont le titre était antérieur à ces dix jours avant la faillite, mais qui n'avait inscrit que pendant leur cours, n'était qu'un simple créancier chirographaire.

Quelque logique que paraisse cette déduction, elle n'avait pas empêché la controverse de s'établir. Mais la jurisprudence s'était prononcée pour le principe qu'elle admettait et qui était enseigné par de savants juris-consultes (1).

Quant aux priviléges, on avait généralement admis une distinction : ou ils dérivaient uniquement de la loi, ou ils résultaient de la convention des parties. On ne validait l'inscription que pour les premiers. Il en était de même pour les hypothèques légales.

Aujourd'hui toutes ces controverses et distinctions sont tombées devant la disposition précise du Code nouveau. Tous priviléges, toutes hypothèques, valablement acquis, soit avant, soit après la cessation de paiemens, pourront être inscrits jusqu'au jugement déclaratif. La seule condition imposée par le législateur, c'est qu'entre l'acquisition du droit et son inscription, il ne se soit pas écoulé plus de quinze jours.

128. Pour se bien pénétrer du motif qui a fait admettre cette restriction, il faut consulter la discussion à la suite de laquelle elle fut adoptée. On appréciera ainsi avec certitude la volonté du législateur.

Le principal caractère de l'hypothèque est la publicité. C'est par elle que les tiers sont avertis de la position de fortune de celui qui vient solliciter leur confiance, et leur proposer des relations d'intérêt. Il importe donc que celui qui, pour des relations pareilles, a déjà obtenu une hypothèque, la fasse promptement inscrire, pour mettre chacun en demeure de s'assurer de la solvabilité réelle du débiteur.

Mais, un emprunt hypothécaire est tellement con-

(1) V. Locré, sur l'art. 443. Pardessus, n. 1156. Dalloz, verbo hyp. p. 232.

traire aux usages commerciaux, que celui qui le contracte pourrait craindre de voir la confiance s'éloigner
de lui. Il est en conséquence intéressé à en dérober, le
plus longtemps possible, la connaissance au public ; ce
qui lui permet de jouir des avantages qu'il rencontre
dans les capitaux qu'il se procure par cet emprunt, sans
en subir les inconvéniens.

Il faut pour cela sauver les apparences. En conséquence, l'on convient que l'hypothèque ne sera pas
inscrite. Content de l'avoir obtenue, le créancier garde
par devers lui son titre, de telle sorte, qu'aux yeux du
commerce, le débiteur paraît avoir l'entière et libre
propriété de ses biens, malgré qu'en réalité, il ne l'ait
plus. La gêne arrivant, l'inscription est effectuée, et les
créanciers, trompés par cette manœuvre déloyale, voient,
au moment de la faillite, les garanties sous la foi desquelles ils ont traité, disparaître, et leur échapper en
entier.

C'est ce concert qui se réalise dans biens des cas,
au dire des hommes spéciaux qui siègent dans notre
législature, que la loi a voulu atteindre et punir, en
permettant aux juges d'annuler les inscriptions tardi-
vement requises.

Il est évident, en effet, comme on le disait dans la
discussion, que si, par connivence avec le débiteur qui
craignait d'éveiller la défiance des autres créanciers, ou
par une impardonnable imprudence, le porteur du titre
hypothécaire a gardé ce titre dans son bureau, et l'a
fait inscrire seulement au moment de la faillite, il a,
par son inaction, trompé les tiers de bonne foi, et induit en erreur les autres créanciers ; en sera-t-il récompensé par le maintien de son hypothèque ?

L'affirmative eut consacré un abus révoltant. Autant il était injuste d'annuler l'inscription de celui qui a fait tout ce qui dépendait de lui pour vivifier son titre, qui a mis toute la diligence possible à en requérir l'inscription, autant la moindre faveur pour celui qui n'a fait ni l'un ni l'autre blesserait l'équité. Celui-ci a sciemment ou involontairement concouru à tromper le public, à attirer dans un piége d'autres créanciers : il est donc coupable de dol ou d'une faute grave, et dans l'un ou dans l'autre cas, ce n'est pas le punir trop fortement que de le réduire au rang de ceux-ci.

On comprend par ce qui précède le véritable sens des expressions de l'article 448, *pourront être déclarées nulles*, etc. .... Toutes les fois que le créancier prouvera que le défaut d'inscription dans la quinzaine du titre n'est dû ni à la connivence, ni à la négligence, qu'il est seulement le résultat de la force majeure, de circonstances fortuites, on pourra maintenir l'inscription. C'est la fraude ou la faute qu'on doit punir, et non l'impossibilité d'agir. Mais l'imprudence, la négligence, et, à plus forte raison, la collusion avec le débiteur une fois prouvées, l'inscription doit être annulée.

129. La faculté d'inscrire dans la quinzaine du titre s'applique aux hypothèques pour dettes antérieures, comme à celles pour dettes nouvelles, aux titres judiciaires, comme aux titres conventionnels; avec cette différence cependant que le titre pour dettes antérieures doit être consenti, et le jugement pour l'hypothèque judiciaire, obtenu avant la cessation de paiemens et les dix jours qui l'ont précédée. S'il en était autrement, l'un et l'autre tomberaient sous l'application de l'article 446, et l'inscription serait d'autant plus nulle, que le

droit au fond est lui-même invalide. Il faut donc nécessairement, dans l'application de l'article 448, ne pas
l'isoler des dispositions précédentes, avec lesquelles on
doit le combiner.

130. Le délai de quinze jours accordé par l'article
448 est franc en faveur de tous les créanciers. Un titre
hypothécaire peut être consenti dans un lieu fort éloigné de celui où l'inscription doit se faire ; ce qui, si le
délai avait été uniforme, aurait pu déterminer la déchéance contre le créancier que cet éloignement seul a
empêché d'inscrire. La dernière disposition de l'article
448 a pour but de remédier à cet inconvénient.

131. Ainsi se trouvent tranchées toutes les difficultés qu'avait fait naître l'ancien article 443, soit, quant
aux hypothèques conventionnelles, judiciaires ou légales,
soit, quant aux priviléges dérivant de la loi ou de la volonté des parties. A la prohibition générale de toute inscription, la loi nouvelle a substitué une règle contraire
en validant celles prises dans la quinzaine du titre quel
qu'il soit, ce qui laisse, d'ailleurs, les hypothèques légales dispensées d'inscription à l'empire des principes
qui doivent les régir exclusivement. Un seul point est
à retenir de la jurisprudence ancienne; c'est que le renouvellement des inscriptions déjà existantes peut être
réalisé à quelque époque que ce soit (1). Le renouvellement ne conférant aucuns droits nouveaux, puisqu'il
se borne à conserver ceux antérieurement acquis, aucune idée de fraude ni de préjudice ne saurait s'attacher
à son exécution.

132. Nous terminerons nos observations sur cette
matière en faisant remarquer que tout ce que nous avons

(1) Troplong, des hyp. tom. 3. pag. 46.

dit de la constitution de l'hypothèque reçoit, par parité de motifs, une application nécessaire aux priviléges, aux nantissemens, aux droits d'antichrèse. Tous ces droits ayant une même origine, un but commun, sont passibles des mêmes exceptions, et régis par les mêmes principes.

ARTICLE 449.

Dans le cas où des lettres de change auraient été payées après l'époque fixée comme étant celle de la cessation de paiemens et avant le jugement déclaratif de faillite, l'action en rapport ne pourra être intentée que contre celui pour compte duquel la lettre de change aura été fournie.

S'il s'agit d'un billet à ordre, l'action ne pourra être exercée que contre le premier endosseur.

Dans l'un et l'autre cas, la preuve que celui à qui on demande le rapport avait connaissance de la cessation de paiemens à l'époque de l'émission du titre devra être fournie.

SOMMAIRE.

133. La disposition de cet article est une conséquence de la position des tiers porteurs relativement aux
effets commerciaux. Celui qui accepte une négociation
n'est pas obligé de s'enquérir des motifs qui font agir
celui qui la propose, et dont la solvabilité est souvent
ce qui décide le traité. Il est donc certain que s'il y a
lieu à rapporter à la masse une somme qui en a été mal
à propos distraite, ce rapport doit être effectué par
celui qui en a profité, et qui a seul traité avec le failli.

134. Le tiers porteur qui n'a jamais eu aucune relation avec celui-ci, ne saurait non plus être recherché à
raison du paiement de la traite qui lui a été cédée. Ce
paiement n'est pour lui qu'une restitution de ce qu'il
avait réellement donné lui-même. Il y aurait injustice à
le punir pour un acte aussi légitime que celui d'avoir accepté son remboursement de la part du véritable obligé.
On n'aurait pu le faire, d'ailleurs, sans altérer le crédit
qui s'attache à la lettre de change, ou au billet à
ordre.

Ces titres sont une sorte de monnaie qu'il importe
de conserver dans toute leur valeur. A l'échéance, les
porteurs sont dans la nécessité de recevoir leur paiement ou de faire constater le refus par un protêt. Si ce
paiement est effectué, le protêt ne peut pas être fait;
et, sans ce protêt, point de recours contre les endosseurs (1).

La nécessité de rapporter, si elle leur était imposée,
dépouillerait donc les tiers porteurs des valeurs qu'ils
ont reçues, et leur enlèverait tout recours contre leur
cédant. On comprend dès lors que la circulation des

(1) Rapport de M. Tripier à la Chambre des Pairs.

lettres de change serait difficile. On exigerait au moins des garanties contre ce danger toujours menaçant.

135. D'ailleurs il est certain que le tiers qui a reçu a plutôt agi dans l'intérêt de son cédant, dans celui du premier porteur de l'effet, que dans le sien propre. Le refus de paiement constaté par un protêt amenait jusqu'à celui-ci l'obligation de désintéresser les autres porteurs. C'est donc lui qui a profité du paiement, et en conséquence il était rationnel de mettre à sa charge le rapport des sommes payées, s'il y a lieu à les rapporter.

Celui pour compte duquel l'effet a été créé sera donc seul tenu envers les créanciers ; seul il a traité avec le failli ; seul il en a suivi la foi. Le tiers porteur ne connaît peut-être pas celui-ci. Tel est en effet l'usage du commerce, que celui qui consent à une négociation ne fait le plus souvent confiance qu'à la signature de son cédant. L'acceptation du paiement, lorsqu'il était opéré à l'échéance, était pour lui une nécessité ; il devra donc le conserver, puisqu'il ne pourrait plus recourir contre son endosseur.

136. Mais cela n'est vrai que lorsque le tiers porteur est de bonne foi : que le paiement a été régulièrement effectué. Les prescriptions de l'art. 446. relativement au mode dans lequel il doit se réaliser, reçoivent ici leur application. Ainsi, si au lieu d'espèces, ou d'effets de commerce, le porteur a accepté des marchandises ou des objets mobiliers, s'il s'est fait consentir une hypothèque ou remettre un gage, le rapport l'atteindra personnellement, et c'est à ses propres risques que les garanties acceptées par lui seront annulées.

Les motifs de cette décision résident dans la manière dont la loi envisage les paiemens de cette nature. Ils constituent une fraude contre les créanciers ; il est donc rationnel que celui qui s'est rendu coupable de cette fraude concoure directement à la réparation du préjudice qui en résulterait.

Il y aurait d'autant plus nécessité de l'exiger ainsi dans notre hypothèse, que la conduite du tiers porteur, dans cette circonstance, pourrait être plus sévèrement interprétée que ne le serait celle du créancier direct. On comprend jusqu'à un certain point que celui-ci tente de se soustraire à la perte qu'une faillite rend imminente ; mais le tiers porteur, lorsqu'il a accepté la négociation, a dû compter, et a compté en effet, sur le paiement réel de la traite à l'échéance ; ce paiement, il a droit de l'obtenir d'abord du débiteur, et à défaut de celui-ci des autres signataires, sur le protêt qu'il est obligé de faire dresser. Rien ne l'obligeait à ne pas exercer son recours lorsqu'au lieu d'espèces on lui offrait des marchandises, des effets mobiliers ou des garanties quelconques. On ne peut donc expliquer sa renonciation à ce recours, que comme le résultat d'une collusion avec le premier porteur qu'il a voulu favoriser au préjudice des autres créanciers.

De deux choses l'une : ou le tiers, dans cette circonstance, n'a été que le prête-nom du premier porteur, pour faire profiter celui-ci par une voie détournée de ce qu'il n'aurait pu acquérir directement, et dans ce cas il ne mérite aucune indulgence ; ou bien il s'est volontairement réduit à être simple créancier du failli, et dans ce cas on doit lui rendre commune la position des autres créanciers. Il serait d'autant moins fondé à

se plaindre, qu'il s'est condamné lui-même, qu'il s'est
volontairement réduit à ce rôle, puisqu'au lieu de faire
protester faute de paiement, il a préféré un paiement
inusité, décélant l'état de faillite et en cette double qualité proscrit par la loi.

137. Ce que nous disons pour le mode de paiement
contre le tiers porteur, serait admis dans le cas où il
aurait accepté un paiement anticipé. Cela s'induit des
termes mêmes de l'art. 449. Cet article ne parle en
effet que des paiemens faits après cessation et avant le
jugement déclaratif. Il résulte de là que si ces paiemens
avaient eu lieu dans les dix jours qui ont précédé la cessation, on ne pourrait en demander le rapport. Cette
disposition n'affecte donc que les paiemens dont parle
l'art. 447, c'est-à-dire, ceux régulièrement faits pour
dettes échues ; d'où la conséquence que tous autres
paiemens resteraient uniquement régis par l'art. 446,
quant à leur date et au mode de leur réalisation.

138. Il est donc indispensable, pour que le tiers porteur revendique le bénéfice de l'art. 449 : 1° que le
paiement ait été effectué pour dettes échues : 2° qu'il
ait été réalisé en espèces ou effets de commerce. A ces
conditions les créanciers ne sauraient en demander le
rapport contre personne, s'il a été opéré avant la cessation de paiemens , l'eût-il été dans les dix jours qui
l'ont précédée.

Si le paiement régulier est postérieur à la cessation,
les créanciers peuvent le quereller et en demander le
rapport à la masse, mais seulement contre le premier
porteur. Pour le tiers, tout est définitivement consommé.
Mais dans tous les cas le rapport est subordonné à la
preuve de la mauvaise foi.

139. A quelle époque cette mauvaise foi sera-t-elle
exigée? On ne saurait prétendre que c'est au moment
du paiement ; car celui pour le compte duquel l'effet
commercial a été créé ne l'a plus en sa possession. Le
paiement s'opère sans son concours et sans qu'il pût
même s'y opposer. Le dernier acte qui lui est personnel, est la transmission qu'il en a consentie en faveur
du tiers ; c'est donc à cet instant qu'il faudra prouver
la mauvaise foi, c'est-à-dire, la connaissance qu'il avait
de la cessation de paiemens.

On comprend la portée de cette obligation. Un commerçant est porteur d'un titre ; il sait que le débiteur
a cessé ses paiemens ; il prévoit la possibilité d'une exception en ce qui le concerne ; à tout hasard il négocie
son titre pour couvrir de la faveur due au tiers porteur, un paiement qu'il ne saurait accepter personnellement sans être obligé de le restituer. Voilà la fraude
que la loi a voulu empêcher, car elle aurait pour but
d'éluder ses dispositions et d'acquérir indirectement ce
qu'elle prohibe de faire directement.

Il est de l'essence d'une loi sur les faillites, d'être
ingénieuse dans la supposition de la fraude. C'est au
moment d'une déconfiture que chacun tente d'échapper
à ses conséquences. Les créanciers d'un côté, le failli
de l'autre, emploient tous les moyens en leur pouvoir,
sans s'inquiéter du sort des autres co-intéressés. Il faut
cependant que dans un malheur commun il y ait pour
tous une chance égale; et c'est pour arriver à ce résultat
que le législateur a dû poursuivre de ses investigations
l'intention contraire, sur tous les points où elle peut espérer se faire jour. La fraude que nous signalons dans la
transmission des titres ne sera pas sans doute la plus

rare. Cependant la répression pourra en être difficile ;
il est si aisé d'antidater un ordre !

C'est aux tribunaux à bien se pénétrer de l'inflexible
volonté de la loi à proscrire tout ce qui tend à conférer
un bénéfice particulier à l'un des créanciers. Ils ne doivent pas oublier qu'en pareille matière, la plus minime
faveur pour l'un devient une criante injustice pour une
foule d'autres. Ils doivent donc veiller avec sévérité au
maintien de l'égalité absolue que le législateur leur
donne mission de faire respecter. Les circonstances de
la cause, l'inspection du titre, la production des livres,
tant du cédant que du cessionnaire, doivent être l'objet
de leurs explorations, lorsqu'il s'agira de déterminer le
véritable caractère et la date précise d'une négociation.

140. Le tiers porteur jouirait-il de l'immunité de
l'article 449, si son intervention avait eu lieu avec
connaissance de la fraude tentée par son cédant ? Nous
ne le pensons pas. La loi ne reconnaît de tiers porteur
sérieux que celui qui est de bonne foi. C'est cette qualité qu'elle protège en lui, soit lorsqu'elle l'affranchit des
exceptions qu'on pourrait faire valoir contre le premier
porteur ou les endosseurs précédens, soit lorsqu'elle le
place dans une position plus favorable en présence
d'une faillite. Si, au lieu d'être de bonne foi, le tiers
porteur n'est en réalité qu'un prète-nom complaisant,
s'il s'associe à une fraude, il n'y a plus aucun motif pour
le distinguer de l'auteur de cette fraude. On doit au
contraire lui rendre commune la peine portée contre
celui-ci ; et si tous deux se sont concertés pour tromper
les créanciers, il est juste que la réparation leur soit
solidairement imposée.

ARTICLE. 450.

Toutes voies d'exécution pour parvenir au paiement des loyers sur les effets mobiliers servant à l'exploitation du commerce du failli seront suspendues pendant trente jours, à partir du jugement déclaratif de faillite, sans préjudice de toutes mesures conservatoires, et du droit qui serait acquis au propriétaire de reprendre possession des lieux loués.

Dans ce cas, la suspension des voies d'exécution établie au présent article cessera de plein droit.

SOMMAIRE.

141. Le privilége du locateur le place en dehors de la faillite : suspension de son exercice pendant trente jours.
142. Avantage de cette mesure pour les créanciers.
143. Ne peut nuire au propriétaire qui peut la faire cesser, en demandant la mise en possession immédiate des lieux loués.
144. La suspension n'a lieu que tant que le locateur reste nanti du gage affecté à son privilége.
145. Résumé de l'article.

141. Le propriétaire ou locateur a, sur tout ce qui garnit les lieux loués, un privilége pour l'exercice duquel il est considéré comme en dehors de la faillite. Il peut donc dès qu'elle se réalise, et sans être astreint à aucun délai, saisir et faire vendre tant les meubles meublants, que les autres objets mobiliers servant à l'exploitation du commerce du failli.

C'est un droit rigoureux sans doute, mais il puise son origine dans celui de propriété : aussi n'a-t-on pas voulu l'altérer dans son essence. Mais ne devait-on pas en concilier l'exercice avec ce qu'exigeait l'intérêt non moins sacré des créanciers ? C'est ce qu'a pensé le législateur de 1838 : c'est ce qu'il a voulu faire en suspendant toutes voies d'exécution pendant trente jours à compter du jugement déclaratif.

142. Cette mesure est favorable pour les créanciers; elle leur permet de transiger amiablement avec le propriétaire, de s'entendre, de se réunir et de prendre des mesures pour le désintéresser, sans être obligés de subir une saisie, et à la suite une vente forcée, dont le moindre inconvénient est d'épuiser les ressources de la faillite et d'anéantir leur gage.

143. D'autre part, cette mesure ne porte aucun préjudice au locateur, car pendant la durée de la suspension, les lieux restent garnis de tous les meubles et effets mobiliers qui y avaient été déposés par le failli. L'affectation de ce mobilier au paiement des loyers demeure dans son entier, à tel point qu'une distraction totale ou partielle ferait immédiatement cesser la suspension imposée par la loi.

C'est ce qui résulte expressément de la dernière disposition de l'article 450, qui déclare que la suspension des voies d'exécution cessera de plein droit, si le locateur, usant de l'option qui lui est laissée, se détermine à reprendre la possession des lieux loués.

En effet, pour que cette remise en possession pût être effectuée, il faudrait enlever le mobilier appartenant au failli et faire disparaître ainsi le gage spécial du locateur. C'est pourquoi la loi lui rend la plénitude de ses droits, qu'il est dès lors autorisé à faire valoir de la manière que son intérêt l'exigera.

144. Ainsi la suspension ne se réalise qu'autant que le gage reste en la possession du propriétaire. Tout ce qui tendrait à lui enlever celui-ci ferait immédiatement cesser cette suspension. La disposition prohibitive ne s'applique jamais aux mesures purement conservatoires.

145. La disposition de l'article 450 peut donc se résumer en ces quelques mots : le locateur doit être désintéressé de ce qui lui est dû. On a laissé aux créanciers la faculté d'y parvenir amiablement par telles transactions que les parties jugeront convenables et qui seront de nature à empêcher que les ressources de la faillite ne soient compromises ; suspension, mais profond respect pour le privilége du locateur que rien ne pourra jamais ni altérer ni détruire (1).

CHAPITRE II.

De la nomination du juge-commissaire.

ARTICLE 451.

Par le jugement qui déclarera la faillite, le tribunal de commerce désignera l'un de ses membres pour juge-commissaire.

ARTICLE 452.

Le juge-commissaire sera chargé spécialement d'accélérer et de surveiller les opérations et la gestion de la faillite.

Il fera au tribunal de commerce le rapport de toutes les contestations que la faillite pourra faire naître, et qui seront de la compétence de ce tribunal.

SOMMAIRE.

(1) Vid. infrà art. 546.

146. L'institution des juges-commissaires a été, pour les faillites, d'une haute importance. Elle a introduit dans leur administration une amélioration sensible. Elle les force à se dérouler sous les yeux de la justice , qui devient ainsi dépositaire de tous leurs secrets. Elle est pour les créanciers la protection la plus efficace.

147. C'est aux illustres auteurs du Code de commerce que cette sage institution est due. Elle fut, à l'époque de sa création , un bienfait d'autant plus signalé , que le scandale des syndicats était pour les créanciers aussi onéreux que les fraudes des faillis.

Nous avons déjà dit que sous l'ordonnance de 1673, le failli était seul chargé de réunir ses créanciers, auxquels il devait remettre le bilan de sa position. Il était indispensable pour la rédaction de celui-ci, que le failli gardât par devers lui toutes ses écritures. Il en résultait que ce qui le préoccupait exclusivement, c'était de les rendre inintelligibles pour abuser ses créanciers et les amener plus facilement à composition.

Contre cet abus révoltant, on avait admis le dessaisissement. La conséquence de celui-ci était de transporter l'administration des biens du débiteur sur la tête de ses créanciers. C'est en recherchant à régler ce transport dans les premiers momens de la faillite, qu'on fut amené à créer des juges-commissaires.

Le législateur avait, au début de la faillite, à protéger non seulement l'intérêt des créanciers, mais encore celui de l'ordre public gravement atteint par les fraudes que le failli pouvait tenter. Pour ce qui concerne les premiers, une régie provisoire de l'actif était indispensable. Les créanciers auxquels la loi conférait l'administration des biens, avaient seuls le droit de régler celleci ; mais ce droit leur appartenait également à tous. Or, comment, à l'époque de l'ouverture de la faillite, connaître leurs intentions ? La majorité peut être étrangère à la localité où siége le tribunal, inconnue même à cette époque : il fallait donc avoir le temps de la réunir. Remettre, en attendant, l'administration aux mains des créanciers présens, c'était bien souvent la livrer au failli lui-même, ces créanciers pouvant n'être que supposés, amis ou créatures du débiteur, peut-être même ses complices.

Pour l'ordre public, la justice avait à veiller sur les manœuvres du failli et de ses adhérens, à s'assurer du caractère de la faillite, de ses circonstances. *Il faut,* disait un orateur au Conseil d'État, *porter dans les faillites, au moment où elles s'ouvrent, le flambeau de la justice, pour faire éclater la bonne foi, ou pour dévoiler et prévenir la fraude* (1).

Confier l'administration provisoire à un simple ci-

(1) Procès verbal du 28 février 1807, Locré, tom. 17.

toyen, c'était protéger jusqu'à un certain point l'intérêt
des créanciers, mais laisser celui de la société en souffrance. L'absence de tout caractère public était un
obstacle de nature à arrêter l'administrateur à chaque
pas, dans les investigations auxquelles il aurait à se livrer. Lui accorder un pouvoir judiciaire, comme on le
pratique dans quelques pays voisins, était une pensée
irréalisable en l'état de nos institutions et de nos mœurs.

D'autre part, faire administrer par un magistrat, c'é-
tait compromettre la dignité des fonctions qui lui sont
confiées, l'exposer à une responsabilité fâcheuse.

C'est alors que naquit la pensée de choisir un administrateur dans la classe des citoyens, parmi les créanciers eux-mêmes, et de lui adjoindre comme surveillant, un magistrat. Cette pensée, fécondée par une savante discussion, amena l'institution des juges-commissaires, dont la mission parut d'une utilité si réelle qu'on
n'hésita pas à la rendre obligatoire pendant toute la
durée de la faillite.

148. Plus de trente ans se sont écoulés, et l'expérience a démontré combien étaient fondées les espé-
rances que l'on s'était promises de cette institution. L'intervention immédiate du magistrat est un obstacle à
beaucoup de fraudes, un moyen d'atteindre celles qui
auraient été pratiquées. Sa surveillance continuelle qui
le rend dans tous les temps accessible aux réclamations des créanciers ; le pouvoir qu'il a de mander les
syndics, de leur faire des réquisitions, des injonctions,
de provoquer même leur destitution, est une barrière
à tous les abus, et un obstacle à ce que l'administration
soit détournée de ses voies légales.

149. Le législateur de 1838 a été tellement pénétré

de ces vérités, que, loin de porter la moindre atteinte à cette institution, il l'a au contraire renforcée, en donnant au juge-commissaire une action plus immédiate, une surveillance plus active sur toutes les opérations de la faillite. Il a défini ses attributions d'une manière plus précise, en agrandissant la sphère dans laquelle elles doivent s'exercer.

150. Mais la mission qui lui est confiée n'a pas cessé d'être ce qu'elle était sous l'empire de la législation précédente, c'est-à-dire une mission toute de surveillance. Le juge ne peut s'immiscer dans l'administration qui reste tout entière le fait des syndics, et sous leur responsabilité. Rien, si ce n'est un sentiment de déférence, ne fait un devoir à ceux-ci de le consulter sur les actes de cette administration, quelque importans qu'ils soient.

151. L'article 452 nous fournit le premier exemple de cette action plus immédiate que la loi accorde au juge-commissaire, en lui imposant formellement le devoir d'accélérer les opérations de la faillite. Ce n'est là au reste qu'un principe général dont nous trouverons le développement dans diverses dispositions que nous analyserons plus tard.

152. Le juge-commissaire, présidant à la liquidation de la faillite, est par cela seul mieux à même de se former une opinion exacte, sur les difficultés qui peuvent naître de cette liquidation. C'est en effet sous ses yeux que le bilan est dressé. C'est lui qui surveille le dépouillement des écritures pour saisir le caractère de la faillite, et la nature de la conduite du failli. C'est enfin lui qui est chargé de toutes les investigations qui peuvent servir à la découverte de la vérité. Ces démarches, il peut

et doit les faire, tant pour l'intérêt privé que dans l'intérêt public, et c'est dans la supposition qu'il s'en est acquitté que la loi le rend non seulement juge nécessaire dans toutes les contestations qui intéressent la faillite, mais le charge encore des fonctions de rapporteur.

Cette qualité n'ayant pour but que de faire communiquer au tribunal les renseignemens que le juge a personnellement recueillis dans l'exercice de ses fonctions, ne prive pas le commissaire du pouvoir de juger. Au contraire, ainsi que nous venons de le dire, il fait nécessairement partie du tribunal dans toutes les contestations. Ainsi , si le tribunal était divisé en plusieurs sections, et que le juge-commissaire ne fût pas attaché à celle qui est investie du litige, il devrait être appelé pour le jugement. Son absence serait une grave irrégularité dont on pourrait même faire résulter la nullité du jugement.

Au reste, l'obligation de la présence et du rapport du juge-commissaire n'existe que lorsque le tribunal de commerce est compétemment saisi de la connaissance du procès. Or, en matière de faillite, les règles de la compétence, soit à raison de la matière, soit à raison des personnes, soit à raison du domicile, ne souffrent aucune exception.

154. Ainsi on ne saurait conclure des termes de l'article 452, comme nous l'avons entendu plusieurs fois soutenir, que par cela seul que le juge-commissaire doit faire le rapport, tous les procès soutenus par une faillite sont de la compétence du tribunal qui a rendu le jugement déclaratif. C'est là à notre avis une erreur résultant d'une confusion facile à expliquer.

155. Il faut distinguer les actions intentées à la faillite, de celles que la faillite intente elle-même.

Lorsque la faillite est défenderesse au principal, c'est le tribunal devant lequel elle se liquide qui doit être investi. Mais ce n'est là qu'une conséquence du principe qui veut qu'en matière personnelle, l'action soit déférée au juge du domicile du défendeur. Or, le failli était domicilié dans l'arrondissement du tribunal qui a déclaré la faillite. C'est donc devant ce tribunal que les syndics qui le représentent doivent être poursuivis.

Nous disons que la faillite doit être défenderesse au principal, car si elle était seulement actionnée en garantie, c'est devant le tribunal investi de la demande originaire qu'elle serait valablement citée.

156. Lorsque la faillite est demanderesse, elle doit suivre les règles ordinaires de la compétence. Il n'y a à cette décision qu'une exception possible, lorsque, aux termes de l'article 59, Code de procédure civile, le fait qui motive l'action prend naissance dans la faillite même, et a pour objet d'en revendiquer les conséquences. Telles seraient, entr'autres, les demandes exercées par les syndics, à fin de rapport des sommes payées par le failli à des tiers, dans l'intervalle du jugement déclaratif, au jour où elle a été ultérieurement rapportée.

157. C'est à ces actions qu'il faut réduire les termes de l'article 59, cod. procéd. civ. C'est ainsi que l'a décidé la jurisprudence. C'est ce qui résulte de l'arrêt de la Cour royale de Paris, du 9 février 1842, dans l'affaire des syndics Brame Chevalier, contre Petit de Lille, qui dispose en ces termes :

« Considérant qu'aux termes de l'article 59 du Code de procédure civile, le défendeur doit être assigné.

en matière de faillite, devant le tribunal du domicile du failli.

« Que par ces mots, en matière de faillite, il faut entendre toutes les contestations qui ont la faillite pour cause, et qui n'existeraient pas sans ce fait.

« Considérant que l'action intentée par les syndics a pour objet le rapport des sommes touchées par les intimés, après l'époque à laquelle a été reportée l'ouverture de la faillite.

« Que cette demande, qui n'a pris naissance que depuis ladite faillite, et qui est fondée sur les effets que doit produire le jugement qui en a fixé l'ouverture, rentre nécessairement dans la classe des actions qui doivent être soumises au juge de la faillite (1).

158. Ainsi les actions personnelles dont l'origine réside dans des faits ou des actes antérieurs à la faillite, et sur lesquels celle-ci n'exerce aucune influence, doivent être portées par les syndics devant le tribunal du domicile du défendeur. La nécessité du rapport du juge-commissaire n'établit aucune dérogation à ce principe. Il en est pour ces actions comme pour celles qui seraient déférées aux tribunaux civils. Le défaut d'attribution du juge dispenserait de l'application de l'art. 452.

ARTICLE. 453.

Les ordonnances du juge-commissaire ne seront susceptibles de recours que dans les cas prévus par la loi. Ces recours seront portés devant le tribunal de commerce.

ARTICLE. 454.

Le tribunal de commerce pourra, à toutes les épo-

---

(1) *Gazette des Tribunaux*, 11 février 1848.

ques, remplacer le juge-commissaire de la faillite par
un autre de ses membres.

SOMMAIRE.

159. La disposition de l'article 453 est une innovation introduite dans le but que nous signalions tout-à-
l'heure, celui d'agrandir les pouvoirs du juge-commissaire. Ce magistrat n'avait jamais, sous l'empire du Code
précédent, à prononcer même sur les mesures les plus
insignifiantes, sans que sa décision ne fût susceptible
d'être attaquée.

160. Des difficultés sérieuses s'étaient même engagées sur la nature et la portée de ces décisions. On s'é-
tait demandé s'il fallait les déférer au tribunal de commerce, ou les porter par appel devant la Cour?

Les uns ne voyaient dans l'opinion émise par le juge
qu'une mesure essentiellement provisoire et nullement
obligatoire pour ceux qu'elle pouvait léser. Ils soutenaient, en conséquence, qu'il fallait en référer purement
et simplement au tribunal de commerce, dont l'approbation était indispensable pour les faire sortir à effet,
sauf à émettre appel du jugement qui l'avait accordée
ou refusée.

Les autres, au contraire, assimilaient ces décisions aux ordonnances rendues sur référé. Ils leur reconnaissaient en conséquence le caractère de jugement, et soutenaient qu'on devait les attaquer par la voie de l'appel.

Mais la jurisprudence avait proscrit cette dernière opinion. Les décisions des juges-commissaires n'avaient donc d'autorité que par la sanction que leur donnait le tribunal de commerce dont le jugement était susceptible d'appel. Ainsi le juge-commissaire n'avait qu'un simple droit d'avis.

161. Il n'en est plus de même aujourd'hui. Le pouvoir conféré au juge-commissaire constitue un véritable degré de juridiction. Ses décisions sont en dernier ressort, à moins que la loi n'ait formellement déclaré le contraire en réservant la faculté de les attaquer. Dans ce cas, le tribunal de commerce en connaît comme juge d'appel et son jugement n'est susceptible que de recours en cassation.

162. Des termes de l'article 453, il suit : que lorsque la loi est muette relativement à la décision rendue par le juge-commissaire, cette décision est en dernier ressort et qu'elle ne saurait être attaquée par la partie lésée.

163. Dans les cas, au contraire, où la loi permet le recours, tous les ayants droit peuvent le réaliser. Il est formé par la voie d'opposition qui doit être signifiée aux syndics, avec ajournement devant le tribunal de commerce dans les formes ordinaires, sauf, si la cause requiert une plus grande célérité, d'obtenir du président l'autorisation de citer à bref délai.

Si la décision est attaquée par les syndics, le tribunal est régulièrement investi par leur requête en opposition, sur laquelle il rend son jugement.

164. L'article 454 comble une lacune qui existait sous la législation précédente. Le remplacement du juge-commissaire peut être commandé par la démission ou par l'expiration de la qualité de magistrat de celui qui a été nommé. L'initiative de ce remplacement confiée au tribunal fait cesser un abus dont les conséquences pouvaient être graves.

En effet, avant la loi actuelle, le remplacement du juge qui s'était démis ou dont les pouvoirs avaient cessé, n'était effectué que sur la requête des syndics. Il résultait de là que la faillite pouvait rester sans surveillant, selon que ceux-ci apportaient, dans la présentation de cette requête, de la négligence ou du mauvais vouloir. C'est précisément contre cette éventualité et pour en prévenir le retour que le tribunal de commerce a été chargé de pourvoir d'office à ce remplacement.

165. Ce remplacement peut être prononcé à *toutes les époques*. Il faut espérer que l'on n'aura à faire usage de cette disposition que dans les cas dont nous venons de parler ; mais la loi a dû porter ses prévisions plus loin. La négligence du juge à remplir ses devoirs, une complaisance excessive pour le failli ou pour les syndics, le silence gardé sur des actes frauduleux parvenus à sa connaissance, peuvent commander son remplacement par un autre juge qui comprenne mieux ses devoirs et les remplisse avec plus de fermeté.

166. Ce remplacement, qui peut au reste avoir pour causes plusieurs autres circonstances laissées à l'arbitrage du tribunal, peut être demandé par tous les ayants droit. Mais cette poursuite doit être réalisée par voie de plainte seulement. C'est au tribunal qu'appartient exclusivement le droit de vérifier les faits qui lui sont dé-

noncés et de prononcer le remplacement s'ils sont exacts et graves.

Observons encore que toute décision sur ce point est plutôt une mesure d'administration qu'un jugement. Elle n'est donc rédigée par écrit que si le juge est remplacé ; et dans ce cas, le tribunal doit s'abstenir de la motiver.

Le but de l'article 454 n'a pas été de compromettre la dignité de la magistrature. On a voulu protéger les intérêts divers qui se rattachent à la faillite ; on a voulu, comme le disait M. Raynouard, dans la session de 1835, fortifier tous les droits, en accordant au tribunal, sur le juge-commissaire, cette action plus immédiate, cette surveillance plus efficace, qu'on lui donnait à lui-même sur la faillite. On ne doit donc jamais souffrir que cette disposition devienne un sujet de scandale, en permettant à qui que ce soit de traduire un magistrat à la barre d'une audience publique, et de l'y rendre l'objet d'accusations le plus souvent imméritées.

CHAPITRE III.

De l'apposition des scellés et des premières dispositions à l'égard de la personne du failli.

ARTICLE 455.

Par le jugement qui déclarera la faillite, le tribunal ordonnera l'apposition des scellés et le dépôt de la personne du failli dans la maison d'arrêt pour dettes, ou la garde de sa personne par un officier de police ou de justice, ou par un gendarme.

Néanmoins, si le juge-commissaire estime que l'actif du failli peut être inventorié en un seul jour, il ne sera point apposé de scellés, et il devra être immédiatement procédé à l'inventaire.

Il ne pourra, en cet état, être reçu, contre le failli d'écrou ou recommandation pour aucune espèce de dettes.

ARTICLE. 456.

Lorsque le failli se sera conformé aux art. 438 et 439, et ne sera point, au moment de la déclaration, incarcéré pour dettes ou pour autre cause, le tribunal pourra l'affranchir du dépôt ou de la garde de sa personne.

La disposition du jugement qui affranchirait le failli du dépôt ou de la garde de sa personne pourra toujours, suivant les circonstances, être ultérieurement rapportée par le tribunal de commerce, même d'office.

SOMMAIRE.

167. La faillite déclarée ouverte , des précautions indispensables sont commandées par la position exceptionnelle dans laquelle se trouve le failli; ces précautions concernent la personne et les biens. Elles ont pour résultat de s'assurer de l'une et de veiller à la conservation des autres qui doivent arriver intacts entre les mains des créanciers.

168. Le moyen d'atteindre ce dernier but, c'est de réaliser en fait, et par une main-mise judiciaire, la dépossession qui est en droit la conséquence de l'état de faillite. Or, on sent que l'efficacité de cette mesure dépendra, dans bien des circonstances, de la promptitude avec laquelle elle sera exécutée. En conséquence, la loi fait un devoir au tribunal de commerce d'ordonner l'apposition des scellés par le jugement qui déclare l'ouverture de la faillite. Nous verrons sous les articles suivants par qui et comment cette apposition doit être provoquée et effectuée.

169. Cette obligation du tribunal est absolue et ne comporte aucune exception. Elle doit être remplie dans toutes les faillites sans distinction. Le jugement qui, sous quelque motif que ce soit, dispenserait de l'apposition des scellés , commettrait une grave irrégularité et violerait expressément la disposition de l'article 455.

170. En principe ordinaire, cette disposition du jugement doit être exécutée rigoureusement ; cependant cette exécution comporte quelques exceptions que la nature même des choses commandait.

L'apposition des scellés est nécessitée pour empêcher toute dilapidation au préjudice des créanciers , dans l'intervalle qui doit s'écouler entre le jugement déclaratif et la rédaction d'un inventaire de tous les biens mobiliers délaissés par le failli. Lorsque la consistance de ces biens et leur nature sont établies, c'est aux syndics à prendre toutes les mesures nécessaires à leur conservation. Les scellés ne sont plus nécessaires. Les syndics sont chargés et répondent de tous les objets dont l'administration leur est réellement abandonnée.

171. En conséquence, toutes les fois que la rédaction de l'inventaire peut être accomplie immédiatement, l'apposition des scellés devient inutile, et le juge-commissaire est autorisé à dispenser de l'exécution du chef du jugement qui l'ordonne. C'est ce qui a lieu lorsque l'inventaire de la totalité de l'actif n'exige pas plus de vingt-quatre heures. Cette exception est due à la volonté d'économiser des frais, surtout dans les petites faillites, qui n'en sont déjà que trop surchargées. Or, les scellés sont complètement inutiles lorsque la garantie qu'ils offrent peut être sur-le-champ réalisée par une mesure à laquelle il faut recourir plus tard, et qu'on peut toujours, sans danger aucun, devancer de quelques jours.

172. Il en serait de même si avant la déclaration de faillite le mobilier et les marchandises du failli avaient été saisis à la requête d'un de ses créanciers. Le procès verbal de l'huissier contenant le détail des uns et des autres, serait assimilé à un véritable inventaire, et la responsabilité du séquestre excluant toute possibilité de détournemens ultérieurs, le juge-commissaire pourrait user de la faculté que lui laisse l'art. 455.

173. L'ordonnance que ce magistrat rendrait à cet effet n'est susceptible d'aucun recours. Le silence gardé par l'art. 455 doit, aux termes de l'art. 453, le faire

décider ainsi. En conséquence, le juge de paix qui se serait transporté sur les lieux pour faire l'apposition ordonnée par le jugement, ne saurait passer outre au mépris de cette ordonnance. Il devrait se borner à dresser un procès verbal de son abstention et des causes qui l'ont motivée. Ce procès verbal doit être signé par le juge-commissaire et les syndics.

174. Les mesures à prendre contre la personne du failli sont plus ou moins sévères selon que la faillite se présente sous des apparences plus ou moins favorables. Les juges peuvent, selon l'occurence, ordonner l'emprisonnement ou seulement la garde dans le domicile par un officier de police ou de justice, ou par un gendarme.

On comprend l'utilité de l'incarcération dans les premiers momens de la faillite. Le failli appartient à la justice qui a , comme les créanciers , le droit de lui demander compte de sa conduite. S'il est de bonne foi il est bientôt rendu à la liberté ; s'il a commis des fraudes, il doit en être puni, et dans ce cas l'emprisonnement préventif assure les effets de la vindicte publique. Il est donc sous ce point de vue, et indépendamment de l'intérêt qu'ont les créanciers à avoir le failli à leur disposition, d'une efficacité incontestable.

Mais nous avouons que la seconde disposition autorisée par l'art. 455 nous paraît d'une utilité fort contestable. Quel que soit le gardien choisi, il n'a souvent d'autres peines à prendre que celle de réclamer les frais qui lui sont dus et qu'on aurait pu dispenser, sans danger, les créanciers de payer.

Croit-on, en effet, que le gardien quel qu'il soit pourra retenir le failli dans son domicile, si l'intention de celui-ci ou son intérêt le porte à prendre la fuite ? Celui qui soumis à la garde de sa personne, reste chez lui, ne le fait que parce qu'il le veut bien. Le jour qui amènera une volonté contraire, verra cette volonté s'exécuter sans obstacles, malgré toute la vigilance de l'officier préposé.

On peut donc regarder cette mesure comme illusoire. Ou le failli est coupable ou il est de bonne foi. S'il est coupable, l'emprisonnement est seul de nature à l'empêcher de prendre la fuite ; s'il est de bonne foi, toute mesure personnelle est une injustice : la loi devrait respecter le malheur et non l'aggraver par une rigueur inutile.

Ainsi, la garde de la personne par un officier de police, de justice, ou par un gendarme, ne produit aucun effet utile. Elle n'est que l'occasion d'une dépense qu'on aurait pu éviter.

175. Quoiqu'il en soit, en l'état de notre législation, l'une des deux mesures que nous venons d'indiquer doit être ordonnée contre le failli par le jugement qui déclare la faillite. Mais, à dater de ce moment, la personne du failli est soustraite à toutes exécutions individuelles de la part des créanciers. Elle ne peut être emprisonnée qu'en vertu du jugement si le dépôt dans la maison d'arrêt est ordonné ; et si l'emprisonnement est effectué, les créanciers qui auraient obtenu des jugemens de contrainte, ne peuvent même recommander leur débiteur.

176. Cette disposition absolue fait cesser une controverse à laquelle l'article 455 du Code de commerce avait donné naissance. Cet article prohibant tout écrou ou recommandation *en vertu de jugemens du tribunal de commerce,* on en avait conclu que la contrainte pour

dettes civiles ou administratives pouvait toujours être
exercée. Telle était notamment l'opinion de M. Pardessus (1). La doctrine contraire, enseignée par M.
Dalloz (2), est aujourd'hui la seule admissible.

177. Remarquons bien que l'immunité résultant de
cette prohibition, ne va pas jusqu'à anéantir le droit
des créanciers; elle en suspend seulement l'exercice tant
que dure la faillite. Ce n'est que par la déclaration d'excusabilité que ce droit est anéanti. Jusque-là on n'en
suspend l'exercice que dans l'intérêt d'abord des créanciers et pour leur assurer l'avantage d'une poursuite
unique, et ensuite pour que le failli ne prenne pas la
fuite devant une multitude d'exécutions, et ne prive
ainsi la justice de son concours, surtout dans les premiers momens de la faillite.

178. Ce concours a paru si désirable au législateur,
qu'on n'a pas craint, pour le favoriser, de créer une
exception à la règle générale que nous indiquions tout-
à l'heure, quant aux mesures à prendre contre la personne. L'art. 456 permet au tribunal d'affranchir du
dépôt et de toute garde, le failli qui, sans se soustraire à
ses créanciers, a spontanément exécuté les prescriptions
des art. 438 et 439.

179. Cette exception a un double objet : 1° engager le failli à ne pas quitter son domicile. « La personne
du failli, disait en 1835 le rapporteur de la loi, n'est jamais aussi nécessaire que dans les premiers jours ; c'est
alors que les fraudes et les tentatives de fraude se précipitent et s'accumulent, que les preuves disparaissent, que
le gage des créanciers est le plus compromis. » Il y a

(1) N° 1145.
(2) Tom. 8, pag. 88, n° 8.

donc un véritable intérêt à ce que le failli reste à la disposition des créanciers et de la justice ; et quel plus
énergique encouragement pouvait-on lui donner que la
certitude d'être affranchi de toutes mesures personnelles ?

180. 2º Encourager la déclaration spontanée du débiteur et le dépôt du bilan. Ce n'est pas tout en effet
que de ne pas prendre la fuite ; il faut que cette résolution soit la conséquence d'une conduite loyale et probe.
On ne doit récompenser que celui qui, à l'aspect d'une
ruine certaine, a eu le courage de s'arrêter, *de déclarer
lui-même sa déconfiture, sans recourir aux mesures
funestes qui ne retardent une catastrophe inévitable
qu'au détriment de l'actif* (1). Un acte pareil est un
indice de bonne foi, et toute disposition contre la personne est considérée comme inutile.

181. Cependant le législateur n'a pas fait de cette
inutilité une règle absolue et générale. Il permet seulement au tribunal de l'admettre. Il peut se faire, en effet,
que la déclaration et le dépôt du bilan soient dus à toute
autre cause qu'à la bonne foi du failli. C'est donc par
l'appréciation des circonstances dans lesquelles ils ont
été réalisés que les juges chercheront s'ils doivent ou non
user de la faculté qui leur est conférée par la loi.

Mais ils ne doivent le faire que lorsqu'il est démontré

---

(1) Rapport de **M.** Raynouard, session de 1835.

Le même rapport contient une statistique des faillites déclarées
dans les dix dernières années. Elles sont au nombre de 12,272.

Il y a eu déclaration dans 7857. 3105 faillis ont été laissés en liberté ; 2186 se sont absentés ; 1053 ont reparu ; 4490 ont dû être
déposés dans la maison d'arrêt ; 5270 ont obtenu un sauf-conduit.

Ces 12,272 faillites ont été terminées, savoir : 4495 par concordat;
2654 par contrat d'union ; 467 par arrangemens particuliers ; enfin
4676 n'étaient pas encore réglées en 1835.

que la déclaration et le dépôt du bilan sont le résultat d'une volonté libre et spontanée et non pas dictés par la force des choses. Ainsi, le commerçant incarcéré pour dettes, et qui accomplirait l'une et l'autre, ne serait pas dans le cas de l'art. 456. Alors, en effet, l'exécution des art. 438 et 439 est forcée pour faire cesser la contrainte personnelle sous laquelle il se trouve. Il ne lui est plus permis de continuer son commerce. Son emprisonnement déterminait inévitablement sa faillite, et s'il fait la déclaration prescrite par la loi, s'il dépose son bilan, c'est pour éviter l'accusation de banqueroute que l'absence de cette double formalité lui ferait encourir, plutôt que pour accomplir un devoir de probité et d'honneur. Dans une pareille circonstance le tribunal ne pourrait pas le dispenser de toute mesure personnelle (1).

182. Au reste, le bénéfice de l'article 456 est toujours révocable. On ne l'accorde qu'à la bonne foi présumée. Si la liquidation de la faillite en démontre l'absence, si elle fournit la preuve du contraire, on rentre dans le droit commun et le failli doit être soumis, soit au dépôt dans la maison d'arrêt, soit à la garde de sa personne. Cette nouvelle décision est prise sur la provocation des syndics ou des créanciers. Elle peut être rendue d'office par le tribunal. Dans l'un comme dans l'autre cas le jugement n'est rendu qu'après le rapport du juge-commissaire.

ARTICLE 457.

Le greffier du tribunal de commerce adressera sur le champ, au juge de paix, avis de la disposition du jugement qui aura ordonné l'apposition des scellés.

(1) Vide art. 460 et 472.

Le juge de paix pourra, même avant ce jugement, apposer les scellés, soit d'office, soit sur la réquisition d'un ou plusieurs créanciers, mais seulement dans le cas de disparition du débiteur ou de détournement de tout ou partie de son actif.

ARTICLE 458.

Les scellés seront apposés sur les magasins, comptoirs, caisses, portefeuilles, livres, papiers, meubles et effets du failli.

En cas de faillite d'une société en nom collectif les scellés seront apposés, non seulement dans le siége principal de la société, mais encore dans le domicile séparé de chacun des associés solidaires.

Dans tous les cas, le juge de paix donnera sans délai, au président du tribunal de commerce, avis de l'apposition des scellés.

SOMMAIRE.

190. La décision de ce magistrat qui refuserait d'acquiescer à cette requête, est-elle en dernier ressort ?

191. Si l'apposition a lieu, le magistrat doit en donner immédiatement avis au président du tribunal de commerce.

192. La disposition de l'art. 469 n'est pas applicable au cas d'une apposition préalable. Cette apposition doit comprendre le trousseau de la femme.

193. Devoir du juge de paix qui, dans le cours de ses opérations, acquiert la preuve qu'il existe ailleurs des marchandises.

194. La faillite d'une société en nom collectif entraîne celle de tous les associés. Conséquences.

195. Les associés commanditaires ne peuvent être soumis à aucune mesure dans leur personne ou dans leurs biens.

196. Quid, pour celui qui s'est immiscé dans l'administration ?

197. La faillite d'une société anonyme ne soumet les associés à aucune des conséquences de la déclaration, pas même les administrateurs.

183. L'apposition des scellés en matière de faillite, comme dans tout autre cas, est de la compétence exclusive du juge de paix. Elle se réalise en suite du jugement déclaratif, ou avant le jugement. Quelles en sont les conditions dans l'un et l'autre cas ? C'est ce dont notre article 457 s'occupe. L'article 458 en règle ensuite l'exécution

184. Nous avons déjà dit combien il était important que le jugement déclaratif reçoive une prompte exécution au chef qui ordonne l'apposition des scellés. Il faut donc que ce jugement soit le plus vite possible communiqué au juge chargé de cette opération. C'est dans cet objet que le Code avait prescrit l'envoi d'une expédition. Mais la loi nouvelle a cru que le temps qu'on mettait à la rédiger pouvait être plus utilement employé.

185. En conséquence, l'article 457 remplace cette expédition par un simple avis que le greffier du tribunal de commerce doit immédiatement adresser au juge de

paix. Cet avis peut et doit être envoyé séance tenante.
Dès sa réception et sans autre justification les scellés
sont apposés.

Cette activité excellente, dans tous les cas, dans une
opération dont le moindre retard peut compromettre ou
atténuer l'efficacité, sera surtout d'une haute utilité,
lorsque la déclaration de la faillite requise par un créancier, aura été prononcée à l'insu du débiteur. Sur-
pris à l'improviste, celui-ci, s'il n'a déjà pris ses mesures,
ne pourra se livrer à aucun détournement, et son actif
entier deviendra le gage de ses créanciers.

186. Les scellés doivent être apposés sur tous les
biens mobiliers du failli. En conséquence le greffier du
tribunal de commerce devra transmettre l'avis de la déclaration de faillite, non-seulement au juge de paix de
la résidence du débiteur, mais encore à celui de tous
les lieux dans lesquels celui-ci aura des établissemens,
des magasins, ou dépôts de marchandises. Il conviendra
dans ce cas de faire la plus grande diligence possible,
car plus les marchandises sont éloignées du siége de la
faillite, plus un détournement total ou partiel est à
redouter.

187. Sous l'empire du Code, l'apposition des scellés
pouvait être faite par le juge de paix avant le jugement
déclaratif, sur la notoriété acquise du dérangement des
affaires du commerçant.

Mais cette notoriété n'était nullement définie ni dans
son principe ni dans ses caractères, dont d'ailleurs une
appréciation exacte est fort difficile. De là, de graves inconvéniens pouvaient surgir.

Ainsi un commerçant pouvait avoir de justes motifs
pour ne pas payer même des dettes commerciales. La

malignité publique interprétait ce refus de paiement
d'une manière fâcheuse. Sur ces entrefaites un créancier
alarmé requérait l'apposition des scellés, et si, séduit par
les apparences, et entraîné par l'opinion qui s'était formée, le juge accédait à cette réquisition, un tort immense
était injustement causé.

D'autre part, ce n'était pas sans danger que le juge
de paix devenait l'arbitre souverain des caractères qui
constituent la cessation de paiemens. Un commerçant
éprouvait une gêne momentanée, que quelque répit
obtenu par un reste de crédit était de nature à dissiper.
Mais, averti par ces rumeurs qui résultent toujours des
embarras qu'une maison commerciale éprouve, le juge
de paix pouvait apposer les scellés et tout espoir d'éviter
une faillite était inévitablement perdu.

188. Il ne suffisait pas toujours de la prudence ordinaire des juges de paix, pour obvier à ces inconvéniens. Mais leur certitude n'était pas d'autre part un
motif pour proscrire toute mise des scellés avant le jugement déclaratif. Une main-mise anticipée peut avoir les
conséquences les plus importantes pour les créanciers.
Il convenait donc de la permettre ; mais seulement ,
dans des cas déterminés. C'est ce que fait l'article 457,
en ne l'autorisant que dans l'une des deux hypothèses
suivantes : 1º si le failli a disparu de son domicile ; 2º
s'il a détourné tout ou partie de son actif.

Réduite à ces deux cas, l'initiative de l'apposition des
scellés perd toute nocuité. En effet, il est difficile dans
le premier de confondre une absence légitime et momentanée avec une disparition frauduleuse. Il y a entre
l'une et l'autre trop de différence réelle, pour qu'on
puisse s'y méprendre.

Quant au détournement de l'actif, il y a moins de difficultés encore. C'est là un fait matériel, susceptible d'une preuve poussée jusqu'à l'évidence. C'est sur cette preuve que le juge se décidera à agir. Si elle n'était pas fournie, si le détournement n'était que présumé, la prudence lui fairait un devoir de s'abstenir jusqu'à ce que le tribunal de commerce eût prononcé.

189. Dans tous les cas où il y a lieu de se livrer à cette apposition préalable, le juge de paix peut et doit agir d'office. Il suffit qu'il ait connaissance que l'un des faits prévus par l'article 457 s'est réalisé, pour qu'il soit autorisé à intervenir dans l'intérêt public autant que dans celui des créanciers.

Ce dernier est tellement pressant que si le juge de paix n'use pas de l'initiative que lui laisse la loi, un ou plusieurs créanciers peuvent le requérir. Il y a véritablement urgence dans les cas de l'art. 457. En effet, la disparition du débiteur laisse l'actif exposé à toutes sortes de dilapidations. Le détournement présente plus de dangers encore. S'il n'est que partiel au moment où on le découvre, il peut acquérir à chaque instant plus de gravité. C'est donc à bon droit que les intéressés sont admis à invoquer immédiatement l'action de la justice.

190. La décision par laquelle le juge de paix refuserait l'apposition préalable des scellés n'est susceptible d'aucun recours. La loi s'en réfère sur ce point à son appréciation exclusive. Les créanciers éconduits n'auraient d'autre voie à prendre que celle de provoquer la déclaration de la faillite.

191. Si, accédant à la réquisition, ou si, d'office, le juge de paix apposait préalablement les scellés, il doit sans délai en donner avis au président du tribunal de

commerce. Celui-ci, sur cette communication, réunit le tribunal qui prononce immédiatement l'ouverture de la faillite, et ordonne les mesures indiquées par la loi.

192. Dans tous les cas, les scellés doivent être apposés sur tout l'actif mobilier du failli, dans son domicile, sur ses magasins, caisses et comptoirs, sur ses livres, papiers, correspondance, en un mot, sur tous les documens trouvés en la possession du failli. On s'assure ainsi de toutes les ressources, d'un côté, et de l'autre, de tout ce qui peut éclairer l'administration du failli, et déteminer le caractère et la nature des opérations.

Si le juge de paix agit avant jugement déclaratif, il ne doit rien excepter des scellés. L'exception dont parle l'article 469 ne se réalise que lorsque l'apposition a lieu après jugement, et à la requête des syndics.

Le trousseau de la femme du failli devant être repris sur nouvelle estimation, doit être placé sous les scellés. Il importe aux créanciers qu'il en soit ainsi, pour empêcher tout enlèvement ultérieur qui augmenterait la moins value qu'ils seront obligés de payer.

193. Si, dans le cours de ses opérations, le juge de paix acquiert la preuve que le failli a, dans d'autres pays, des magasins ou des dépôts de marchandises, il doit donner avis de l'apposition au juge de paix du lieu dans lequel ces marchandises sont reposées. A la réception de cet avis, celui-ci doit immédiatement les placer sous la main de la justice.

194. La faillite d'une maison de commerce qui a des associés en nom collectif entraîne de plein droit la faillite de ceux-ci. Chacun d'eux, en effet, étant solidairement obligé, répond sur toute sa fortune du paiement intégral des dettes.   11

En conséquence les scellés doivent être apposés dans
le domicile de tous. C'est pour faciliter cette mesure
que l'article 438 exige que la déclaration de faillite
contienne l'indication de ces domiciles.

Par suite du même principe, chacun des associés solidaires est individuellement soumis aux dispositions
ordonnées contre la personne. Mais la déclaration dans
les trois jours, et le dépôt du bilan spontanément réalisé par le gérant ou par l'un d'eux, leur rendent commun à tous le bénéfice de l'article 456. En effet la
déclaration signée de la raison sociale est considérée
comme l'ouvrage des associés et doit par conséquent
leur profiter à tous.

195. Les commanditaires ne sont soumis à aucune
mesure ni dans leur personne, ni dans leurs biens, par
la faillite du gérant. Dans les sociétés de ce genre, il
n'existe aucune solidarité. Chaque associé commanditaire n'a qu'un intérêt limité à sa mise, et ne peut contribuer à la perte au delà de cette mise. Tout ce que
les créanciers peuvent exiger, c'est que la mise ait été
versée. Ceux qui ont fait ce versement ne doivent plus
rien. Ceux qui ont encore à le faire sont à l'instar des
autres débiteurs de la société. Les créanciers pourront
les contraindre comme ils fairaient de ces derniers.

196. Cependant le commanditaire qui s'est immiscé
dans l'administration devient solidairement tenu à toutes les dettes sociales. Nul doute que dans ce cas il ne
soit réellement en faillite comme le gérant lui-même,
et, à ce titre, passible comme lui des mesures à prendre
contre la personne et les biens.

Mais ces mesures résulteraient-elles de plein droit
contre lui du jugement qui déclare la société en état

de faillite ? Pourrait-on, en force des dispositions de ce jugement, apposer provisoirement les scellés dans son domicile ? Nous ne le pensons pas. Son immixtion le soumet certainement à la solidarité envers les créanciers. C'est là la peine de la violation des obligations que la loi lui imposait. Mais avant d'appliquer une peine, il faut prouver qu'elle a été encourue, et cette preuve ne peut être faite que contradictoirement avec celui contre qui elle est requise.

Ainsi les créanciers ne peuvent profiter des conséquences de l'immixtion, qu'après avoir établi qu'elle a réellement eu lieu. Ils doivent donc d'abord traduire en justice le commanditaire, pour le faire déclarer débiteur pur et simple. La décision conforme qui interviendrait rendrait le jugement déclaratif de la faillite commun, exécutoire contre lui.

197. Si la société qui a failli est une société anonyme, les scellés ne peuvent être apposés que sur l'actif qui lui appartient. Il n'y a en effet dans les sociétés de ce genre aucun associé solidaire ; il ne saurait, conséquemment, être requis d'apposition dans le domicile d'aucun de ses membres. On doit donc se borner à l'effectuer dans les établissemens et magasins que la société exploite.

Le domicile des administrateurs eux-mêmes est à l'abri de toute apposition. Cependant, comme en leur qualité, ces associés sont comptables envers les créanciers, comme ils peuvent être détenteurs de papiers et documens concernant leur gestion, le juge de paix pourrait, s'il en était requis, se transporter dans leur domicile, et y apposer les scellés, mais seulement sur les papiers et effets de la société.

ARTICLE 459.

Le greffier du tribunal de commerce adressera, dans les vingt-quatre heures, au procureur du roi du ressort, extrait des jugemens déclaratifs de faillite , mentionnant les principales indications et dispositions qu'ils contiennent.

ARTICLE 460.

Les dispositions qui ordonneront le dépôt de la personne du failli dans une maison d'arrêt pour dettes , ou la garde de sa personne, seront exécutées à la diligence, soit du ministère public, soit des syndics de la faillite.

ARTICLE 461.

Lorsque les deniers appartenant à la faillite ne pourront suffire immédiatement aux frais du jugement de déclaration de la faillite, d'affiche et d'insertion de ce jugement dans les journaux, d'apposition des scellés , d'arrestation et d'incarcération du failli, l'avance de ces frais sera faite, sur ordonnance du juge–commissaire , par le trésor public, qui en sera remboursé par privilége sur les premiers recouvremens, sans préjudice du privilége du propriétaire.

SOMMAIRE.

198. Ces trois dispositions qui terminent le chapitre III, contiennent des innovations importantes. Elles se justifient par des considérations puissantes.

L'impunité presque absolue des faillis a de tout temps soulevé les plus unanimes réclamations. Ceux-là surtout élevaient la voix qui ruinés par une faillite scandaleuse, se voyaient arracher dans un instant les modestes économies qu'une vie tout entière de privations et de labeurs, leur avait permis d'amasser.

Cette impunité n'était pas due à l'insuffisance de la loi. Certes, ce n'est pas le reproche d'avoir été trop indulgent qu'on pourrait adresser au Code de commerce de 1807 ; mais l'excès de sévérité avait produit un résultat funeste. Ce Code avait dépassé le but qu'il s'était proposé ; aussi les peines qui y étaient prescrites étaient-elles bien rarement appliquées.

A cette première cause d'impunité s'en réunissaient d'autres plus directes. Parmi celles-ci, il faut remarquer l'absence, à l'origine de la faillite, de toute participation du ministère public. l'indulgence de la juridiction appelée à statuer sur les nombreux cas de banqueroute frauduleuse , l'obligation pour les créanciers de supporter les frais de la poursuite, même en cas de condamnation ; d'avancer, au risque de les perdre , ceux de déclaration de la faillite, lorsque l'actif était insuffisant pour y pourvoir.

Le Code ne contenait aucune disposition efficace pour que le procureur du roi connût les faillites qui éclataient dans son ressort. Ce magistrat ne les apprenait officiellement que par le rapport que les agens étaient tenus de lui adresser et que la plupart d'entr'eux ne lui adressaient pas. On sait que la durée de leurs fonctions était limitée à quinze jours , qu'elle pouvait cependant être prorogée de quinze jours encore. Ce délai s'écoulait à prendre les mesures conservatoires , à convoquer les créanciers. A peine l'agent avait–il eu le temps d'apercevoir les causes de la faillite, qu'il devait céder la place aux syndics. Comment aurait–il pu transmettre des notions qu'il n'avait pas lui–même ?

Arrivaient les syndics. La loi les obligeait à faire un rapport dans la huitaine de leur entrée en fonctions ; mais ces huit jours étaient consacrés à la levée des scellés, à l'inventaire, à prendre connaissance des livres et écritures ; et le rapport, renvoyé d'un jour à l'autre, n'était transmis, lorsqu'il l'était, qu'après que, par la perte d'un temps précieux , l'action du ministère public était devenue d'une utilité plus que douteuse. Alors en effet la fraude était consommée, les preuves avaient disparu , le failli lui–même s'était soustrait aux recherches de la justice.

Tout cela n'était rien encore auprès de l'indulgence que les faillis rencontraient devant les cours d'assises.

Il se passait des choses véritablement incroyables. Il est surtout un fait dont nous avons été témoin et qui a fait sur nous la plus vive impression : une marchande publique, dans un pays voisin d'Aix, achète en foire de Beaucaire pour plus de 80,000 fr. de marchandises. Quelques mois après, elle convoque ses créanciers pour leur proposer de lui abandonner une partie de leurs créances. L'un d'eux fait déclarer la faillite.

L'agent, honorable négociant de la ville d'Aix, se transporte sur les lieux. Les renseignemens qu'il recueille sur le caractère de la faillite sont d'une gravité telle , qu'il croit de son devoir de les transmettre au ministère public. Le procureur du roi et le juge d'instruction accèdent ; et après de longues et minutieuses recherches, on fait abattre une cloison bâtie au troisième étage de la maison et l'on trouve, parmi des tas de sarmens , 75 ballots de marchandises. D'autres dépôts sont saisis chez des voisins.

Une instruction criminelle se poursuit. Cette femme est renvoyée aux assises, et le jury l'acquitte ! Et ce jury était composé en majeure partie de négocians !

On comprend qu'après de tels exemples le ministère public hésitât à poursuivre dans l'intérêt même des créanciers, lorsque surtout le détournement était moins clairement établi. Vouées d'avance à l'impuissance, ces poursuites n'étaient d'ailleurs nullement encouragées par la masse qui en supportait les frais en cas de réussite. Aussi, les créanciers aimaient-ils mieux se taire , que de courir la chance d'ajouter un nouveau sacrifice à la perte qu'ils éprouvaient déjà.

199. Le nouveau législateur a senti combien un tel état de choses était déplorable. Il a voulu le faire cesser

en assurant, par les précautions que le mal indiquait, les moyens d'obtenir satisfaction de la mauvaise foi ou de la fraude.

Ainsi, les investigations immédiates du ministère public ont été provoquées ; l'incarcération provisoire du failli assurée, la masse exonérée des frais de poursuites même dans le cas de condamnation, enfin la sévérité du Code de commerce mitigée par la substitution, dans plusieurs cas, de la juridiction correctionnelle, à celle des cours d'assises.

Telles sont les modifications adoptées par la loi actuelle. Nous allons les voir se produire dans plusieurs articles. L'art. 459 est le premier de cette série.

200. Cet article exige que le procureur du roi soit instruit de toutes les faillites qui éclatent dans l'arrondissement. A cet effet, le greffier du tribunal de commerce est chargé, sous sa responsabilité, dès qu'une faillite est déclarée, d'adresser à ce magistrat un extrait du jugement. Cet extrait doit contenir les noms, prénoms et demeure du failli ; les noms des syndics et du juge-commissaire ; enfin la mention des mesures ordonnées contre la personne du failli. Cet envoi doit être fait dans les vingt-quatre heures du jugement.

201. Ainsi prévenu, le procureur du roi prend immédiatement les renseignemens nécessaires, pour déterminer s'il doit intervenir sur le champ ou attendre le rapport ordonné par l'article 482. La connaissance qu'il a de l'existence de la faillite le met à même d'exiger l'accomplissement de cette disposition.

L'envoi du rapport n'est donc plus, comme autrefois, livré au caprice ou à la négligence des syndics. Le procureur du roi doit insister auprès du juge-commis-

saire et des syndics. Il pourrait, en cas d'inexécution
de cette formalité essentielle, provoquer la révocation
des syndics, et même le remplacement du juge-commissaire.

Telles sont, en effet, les instructions que le Ministre
de la justice a transmis aux parquets. « Le procureur
du roi, dit la circulaire du 8 juin 1838, exigera soigneusement l'envoi qui doit lui être fait dans les 24 heures
par le greffier du tribunal. Il ne souffrira aucun retard qui ne soit justifié dans la remise du mémoire des
syndics, qu'eux-mêmes sont obligés d'adresser au juge-
commissaire, dans la quinzaine de leur entrée ou de
leur maintien en fonctions. »

Le but de ces prescriptions n'est pas difficile à saisir.
Il tend à mettre le procureur du roi à même de réaliser
*cette surveillance non moins active que celle des juges
commerciaux et des syndics, que la loi exige de lui* (1).
C'est en effet « par ces documens, autant que par les
autres renseignemens qu'il peut recueillir, que le procureur du roi forme son opinion sur la faillite. Il se
contente de veiller sur la suite des opérations, ou reconnaissant des indices de banqueroute, il se détermine à une plus active intervention (2).

Ainsi, le procureur du Roi reçoit un rôle actif dans
toutes les faillites. Il a le devoir de veiller sur toutes
les opérations. A quelque époque que la fraude se découvre, il peut et doit la poursuivre. C'est pour lui en
fournir les moyens que nous verrons la loi l'autoriser.
toutes les fois qu'il le jugera utile, à assister aux actes
principaux de la liquidation; à se faire communiquer les

(1) Circulaire du 8 juin.
(2) Ibidem.

livres et papiers ; à réclamer tous les renseignemens ; à recueillir les preuves ; à s'emparer des pièces de conviction. Mais, pour qu'il en fût ainsi, il fallait avant tout que ce magistrat eût connaissance qu'une faillite a éclaté. L'exécution littérale de l'article 459 est donc d'une importance réelle.

202. Cette exécution aura en outre ce résultat, que le procureur du Roi pourra poursuivre l'incarcération du failli, si le jugement l'ordonne. L'article 460 confie cette mesure au procureur du Roi chargé d'exécuter les mandemens de justice. Et comme il importe souvent pour sa réalisation, qu'elle ait lieu sans délai, et avant que le failli s'y soit soustrait par la fuite, la négligence que l'on mettrait à prévenir ce magistrat, le mettrait dans l'impossibilité d'agir d'une manière utile.

Le Code de commerce ne s'était pas expliqué sur le devoir que la loi actuelle fait au ministère public. Mais la nature du pouvoir déféré, qui n'est que l'accomplissement d'un mandat judiciaire, avait empêché toute controverse, et la compétence du procureur du Roi était universellement admise.

203. Mais des difficultés s'étaient élevées sur le droit des syndics à provoquer eux-mêmes l'emprisonnement du failli. La jurisprudence les avait résolues en sens contraire. Entre autres, un arrêt de la Cour royale de Toulouse du 15 juin 1836 (1), avait déclaré les syndics non recevables à exercer ce droit qui n'appartient, dit-il, qu'au procureur du Roi ou au juge-commissaire. En conséquence, l'emprisonnement que les syndics avaient fait opérer fut déclaré nul par la Cour.

204. Cet arrêt, si nous étions encore sous l'empire

(1) Sirey, 1837, 2, 20.

du Code de commerce de 1807, ne pourrait être suivi.
Il nous paraît en effet s'écarter des véritables principes,
et violer la maxime que l'intérêt est la mesure des
actions.

La disposition du jugement qui ordonne l'arrestation du failli, ne prononce pas une peine, pas même un
emprisonnement préventif. On considère le failli comme
un débiteur insolvable, on prononce contre lui une
contrainte. Aussi la masse est-elle obligée à la consignation d'alimens, à moins que le ministère public ne
poursuive pour banqueroute simple ou frauduleuse.

Sans doute, cette contrainte est décernée dans l'intérêt public. C'est pourquoi personne n'a jamais été
tenté de contester au procureur du Roi le droit d'en
provoquer l'exécution. Mais elle est aussi, et essentiellement, dans l'intérêt des créanciers, et pourquoi
leur refuserait-on le pouvoir de la faire sortir à effet ?

Parce que le Code de commerce ne s'en expliquait
pas? Mais ce silence équivaut-il à une prohibition ? Ce
que le Code avait défendu, c'est l'exercice de la contrainte que chaque créancier pourrait être tenté de
poursuivre individuellement. Conclure de cette défense
à celle de provoquer, par leurs représentans légaux,
l'exécution de l'emprisonnement ordonné par le jugement déclaratif, était d'autant plus irrationnel, que c'est
la certitude de cette exécution dans l'intérêt de tous qui
a fait proscrire l'autre comme inutile et frustratoire.

La Cour royale de Toulouse l'avait elle-même si bien
senti, qu'elle avait attribué la faculté de faire exécuter
cette partie du jugement, au juge-commissaire concurremment avec le procureur du roi ; mais cette attribution était loin d'être irréprochable en droit.

En effet, comme magistrat consulaire, le juge-commissaire ne peut pas même connaître de l'exécution des jugemens qu'il a rendus; à plus forte raison ne pourrait-il les exécuter lui-même. Comme juge-commissaire, il n'a reçu aucune délégation de l'autorité publique ; il ne saurait donc commander aux agens de celle-ci. Sa mission, toute de surveillance, ne le rend pas le représentant des créanciers. Ce sont les syndics seuls qui administrent, qui ont l'exercice des droits de ceux-ci. Nul autre qu'eux ne peut donc être admis à les faire valoir.

Ainsi, si les créanciers ont intérêt à ce que le jugement qui ordonne le dépôt de la personne du failli sorte à effet, et cela est incontestable, ils ont qualité pour en poursuivre l'exécution; et même, sous l'empire du Code, il était impossible de confier la réalisation de cet intérêt au juge-commissaire.

L'arrêt de la Cour royale de Toulouse contient donc une appréciation erronée qui du reste n'est plus à craindre à l'avenir. Sa doctrine est formellement condamnée par l'art. 460 de la loi actuelle.

En conséquence et désormais les syndics pourront poursuivre l'emprisonnement du failli si le procureur du roi ne l'a fait lui-même. Toute controverse est tranchée par le texte formel de la loi.

205. L'innovation introduite par l'art. 461 est une des plus importantes de celles admises par la loi actuelle. Elle met fin à un état de choses également funeste à l'intérêt public et privé : nous voulons parler des faillites que personne n'osait faire judiciairement constater, malgré qu'elles existassent d'une manière certaine, à cause de l'insuffisance de l'actif à faire face aux premiers frais.

C'était là un fait anormal, une position extraordinaire ; il n'y avait pas d'autre issue certaine que la perte intégrale des droits des créanciers ; car, tandis que dans la crainte de supporter les frais d'une déclaration et de ses conséquences, chacun d'eux se gardait bien de la provoquer, le débiteur, quoique ne payant plus, restait à la tête de ses affaires et disposait de son actif qui ne tardait pas à disparaître complètement.

D'autre part, les débiteurs de mauvaise foi puisaient dans la prévision d'un pareil événement les encouragemens les plus fâcheux. Plus la ruine est complète et plus il est permis de prévoir et de redouter la fraude. Cependant l'absence d'un jugement déclaratif laissait le débiteur à l'abri des investigations de la justice, et ce résultat était de nature à déterminer les commerçants à ne s'arrêter que lorsque, parvenus à l'extrème limite de l'insolvabilité, ils étaient sûrs de trouver dans cette insolvabilité, vraie ou simulée, un gage contre toute poursuite.

L'art. 461 remédie à tous ces inconvéniens en mettant à la charge du trésor public l'avance des premiers frais de la faillite. Désormais une ruine complète ne sera plus un motif pour échapper aux peines que les causes qui l'ont produites sont de nature à mériter. Les créanciers ne recevront plus la loi de leur débiteur. La déclaration de faillite les mettra à même de reconnaître s'il est ou non de bonne foi. La fraude, si elle existe, sera atteinte et punie, car c'est surtout dans des faillites de ce genre que les investigations du ministère public s'exerceront avec le plus grand soin.

206. L'avance à faire par le trésor public se borne au paiement des frais pour les opérations énumérées dans l'art. 461, c'est-à-dire, ceux du jugement déclaratif . ceux d'affiches et d'insertion dans les journaux , ceux d'apposition des scellés, d'arrestation et d'incarcération du failli. Ces derniers comprennent la consignation des alimens toujours à la charge des créanciers. L'avance de ces frais sera faite sur l'ordonnance du juge-commissaire.

207. La circulaire du 8 juin 1838 indique le mode à suivre pour obtenir la réalisation de cette avance. « Il sera nécessaire, dit le Garde des Sceaux, de se conformer au décret du 18 juin 1811, relatif aux frais de justice criminelle. Ainsi, il devra être fourni un mémoire séparé pour chaque objet de dépense, savoir : 1° pour les frais du jugement de déclaration de faillite ; 2° pour les frais d'apposition des scellés ; 3° pour les frais d'arrestation ; 4° pour les frais d'incarcération ; 5" pour les frais d'affiches ; et 6° pour les frais d'insertion dans les journaux. C'est au bas de chacun de ces états que devra être apposée l'ordonnance du juge qui en autorise le paiement. »

208. Le concours du trésor public ne peut dépasser les limites ainsi circonscrites. Parvenue au point où elles arrivent, la faillite doit trouver dans l'actif les sommes nécessaires aux opérations ultérieures. Rien n'empêche que, même avant la levée des scellés , le juge-commissaire accorde l'autorisation de vendre une partie des marchandises, pour faire face aux dépenses qu'amène le développement de la faillite.

Que si l'actif ne comporte même pas cette vente préalable, si les objets placés sous les scellés sont de nulle valeur, il n'est pas nécessaire de pousser plus loin une épreuve qui a produit jusque-là tous ses effets utiles.

On doit recourir alors à l'application de l'article 527 et faire prononcer la clôture de la faillite.

Le jugement qui l'ordonne est une véritable peine infligée au failli, que chaque créancier peut désormais exécuter, même par la voie de la contrainte personnelle. La loi actuelle ayant aboli la cession de biens, le failli ne peut plus être libéré de la contrainte que par le jugement qui le déclarerait excusable. Or, pour qu'il y ait lieu à la prononciation de cette excusabilité, il faut que la faillite soit entièrement liquidée. Le failli perd donc toute chance à en obtenir le bénéfice, si l'insuffisance de l'actif amène la clôture de la faillite et en empêche la liquidation.

Cette considération est de nature à engager les commerçans à ne pas continuer un commerce qu'ils ne sauraient prolonger sans dissiper complètement leur actif. La loi exige d'eux qu'ils s'arrêtent lorsque leurs ressources sont évidemment insuffisantes eu égard à leurs engagemens. C'est à ce prix d'ailleurs qu'elle met la présomption de leur bonne foi et leur liberté dans l'avenir (1).

209. Si l'actif doit produire quelques ressources, on continue les opérations de la faillite. Le trésor est remboursé de ses avances sur les premières rentrées. Il est, à cet effet, dressé par le greffier un état de liquidation du montant de ces avances. Le juge-commissaire ordonnance cet état, qui est ensuite transmis au directeur de l'enregistrement et des domaines, qui est chargé d'en faire opérer le remboursement (2).

210. Ce paiement est fait par privilége sur toutes les autres créances, sauf les droits des hypothécaires sur le

(1) Vid. art. 527.
(2) Circulaire du 8 juin.

prix des biens affectés à l'hypothèque. Ce privilége est donc restreint à l'actif mobilier, qui ne peut être réparti qu'après le paiement préalable des frais que les opérations de la faillite entraînent. Le privilége du trésor n'est donc ni préjudiciable ni lésif pour les créanciers. Ils supporteraient les frais, si la suffisance de l'actif avait permis de ne pas recourir au trésor. C'est ce qu'ils font dans le cas contraire, en remboursant les avances faites par celui-ci.

Une seule créance reste préférée même à celle résultant des avances pour les frais : c'est celle du locateur pour les loyers des lieux occupés par le failli. Le trésor ne peut être payé sur le prix des meubles qui les garnissent, qu'après que le propriétaire a été lui-même complètement désintéressé (1).

CHAPITRE IV.

De la nomination et du remplacement des syndics provisoires.

ARTICLE 462.

Par le jugement qui déclarera la faillite, le tribunal de commerce nommera un ou plusieurs syndics provisoires.

Le juge-commissaire convoquera immédiatement les créanciers présumés à se réunir dans un délai qui n'excédera pas quinze jours. Il consultera les créanciers présens à cette réunion, tant sur la composition de l'état des créanciers présumés, que sur la nomination de nouveaux syndics. Il sera dressé procès-verbal de leurs dires et observations, lequel sera représenté au tribunal.

(1) Vid. art. 546.

Sur le vu de ce procès-verbal et de l'état des créanciers présumés, et sur le rapport du juge-commissaire,
le tribunal nommera de nouveaux syndics, ou continuera
les premiers dans leurs fonctions.

Les syndics ainsi institués sont définitifs ; cependant
ils peuvent être remplacés par le tribunal de commerce, dans les cas et suivant les formes qui seront déterminés.

Le nombre des syndics pourra être, à toute époque,
porté jusqu'à trois ; ils pourront être choisis parmi les
personnes étrangères à la masse, et recevoir, quelle
que soit leur qualité, après avoir rendu compte de leur
gestion, une indemnité que le tribunal arbitrera sur le
rapport du juge-commissaire.

ARTICLE 463.

Aucun parent ou allié du failli, jusqu'au quatrième
degré inclusivement, ne pourra être nommé syndic.

SOMMAIRE.

211. Le principal objet que se soit proposé le nouveau législateur a été d'amener le plus rapidement possible soit une transaction entre le failli et ses créanciers, soit une répartition de l'actif entre les ayants-droit. L'un des moyens qui devaient conduire à ce résultat était de simplifier l'administration, et c'est ainsi que l'on est arrivé à se demander s'il ne convenait pas de supprimer l'agence pour confier l'administration aux syndics dès l'origine de la faillite.

L'agence, créée par le Code de 1807, avait été considérée comme fort utile. L'impossibilité de réunir les créanciers, quelquefois même de les connaître au moment de la déclaration, la nécessité absolue de pourvoir à l'administration des biens dont le failli était dessaisi, imposaient au tribunal le devoir de nommer des délégués, en attendant que les intéressés fussent mis à même de se prononcer. L'agence était donc une véritable transition entre l'administration du failli et celle des créanciers.

Malheureusement dans la plupart des cas ceux - ci
n'en retiraient aucun avantage. Le temps pendant lequel les agens restaient à la tête de l'administration était
entièrement perdu, précisément parce qu'ils n'étaient
pas continués dans cette administration. Les syndics qui
leur succédaient ne pouvaient retirer aucun profit des
études qu'ils avaient faites des affaires du failli. Tout
était à recommencer et un nouveau délai venait s'a-
jouter à celui qu'avait exigé l'accomplissement de la
mission confiée aux agens.

212. La suppression de l'agence était donc une économie de temps incontestable. Elle avait en outre l'immense avantage de rendre moins compliqués les rouages
de l'administration : c'est cette double considération
qui a déterminé la loi actuelle à consacrer cette suppression.

213. Avec l'agence sont tombées les règles qui lui
étaient propres. Les syndics provisoires qui remplacent
les agens sont dispensés de toute prestation préalable
de serment , affranchis de la prohibition d'être nommés
deux fois dans une seule année. Loin de proscrire cette
double nomination, la loi actuelle tend à la favoriser ,
puisqu'elle appellera à la tête des faillites des gens instruits par l'expérience et plus aptes que d'autres à les
mener promptement à fin. Rien n'empêcherait même aujourd'hui qu'un même individu fût en même temps
chargé de plusieurs faillites.

214. Les fonctions déférées aux agens le sont aujour-
d'hui aux syndics provisoires ; quelques - unes d'entre
elles, notamment les convocations des créanciers, ont été
confiées directement aux juges-commissaires. Nous trouverons sous les articles suivants le développement de
ces propositions.

215. Une autre conséquence de la suppression de l'agence a été l'obligation pour le tribunal de nommer les syndics provisoires. Il est évident, en effet, que l'administration ne pouvait être suspendue en attendant que les créanciers eussent été consultés. Il fallait donc que par le même jugement qui déclare la faillite, il fût pourvu à cette administration. Conséquemment on ne pouvait pas ne pas s'en rapporter au tribunal pour le choix immédiat des administrateurs, quelle que fût d'ailleurs la dénomination qu'ils dussent recevoir.

Les syndics provisoires sont donc nommés par le jugement déclaratif. Leur mission consiste à provoquer sur-le-champ toutes les mesures conservatoires dans l'intérêt des créanciers, et à pourvoir à tout ce que l'administration peut exiger (1).

216. La première opération après le jugement qui ouvre une faillite est de réunir les créanciers pour les consulter sur la direction à donner à l'administration. Le soin d'amener cette réunion est laissé au juge-commissaire. La loi nouvelle déroge à l'art. 476 du Code ancien, en ce sens que la convocation doit être réalisée sans attendre l'accomplissement des formalités exigées par cet article.

De plus, l'art. 476 n'imposait au juge-commissaire qu'un devoir de surveillance pour cette convocation, tandis que la loi nouvelle lui ordonne de la faire lui-même. Elle a voulu par ce moyen avoir la certitude morale que la plus grande impartialité présiderait à cette convocation.

217. La réunion des créanciers est fixée à un délai de quinzaine du jugement ; ce délai est de rigueur et

(1) Vid. chap. 5, art. 468 et suiv.

nonobstant le plus ou moins d'éloignement du domicile des divers créanciers. On peut dès lors prévoir que,
quelque diligence que le juge-commissaire mette à remplir la mission qui lui est confiée, beaucoup de créanciers ne pourront ni assister à cette réunion, ni s'y faire
représenter.

Le législateur ne s'est pas dissimulé cette éventualité.
Devait-il, dans cette prévision, accorder un plus long
délai, ou bien joindre à celui de quinzaine un délai quelconque pour les distances ? On a dit avec raison que
c'eut été entraver la marche de la faillite et retarder indéfiniment la liquidation, et cela sans grande utilité. En
effet, le délai des distances eût entraîné des retards considérables pour peu qu'il y eût des créanciers domiciliés à l'étranger ou dans les colonies. L'absence de ceux-
ci ne pouvait leur porter aucun préjudice, puisque la
nomination des syndics était déférée au tribunal. On a
donc, dans l'intérêt d'une prompte expédition, adopté
un délai uniforme, et celui de quinze jours ayant paru
suffisant pour que sur tous les points de la France les
créanciers fussent instruits, on n'a pas hésité à l'admettre, certain que le plus grand nombre sera toujours à
même de prendre part à la délibération.

Pour seconder l'intention de la loi, le juge-commissaire doit apporter la plus grande diligence dans la
convocation. Il y procèdera donc dès les premiers momens de la faillite. On comprend que des retards,
quels qu'ils fussent, enlèveraient aux créanciers le bénéfice d'assister à la réunion, et de prendre part aux
premières opérations.

218. Le juge-commissaire est-il astreint dans cette
convocation à suivre les formes voulues par l'article

476 du Code de commerce ancien ? Nous ne le pensons pas. La loi n'a pu vouloir exiger du juge-commissaire les mêmes soins et la même responsabilité qu'elle était en droit d'imposer à des agens salariés. La dignité du magistrat serait compromise, si on lui imposait tout autre obligation que le simple envoi d'une lettre signée par lui. Son caractère le met au dessus de tout soupçon, et rend inutiles toutes preuves tendantes à justifier que la convocation a été générale.

219. A l'expiration du délai de quinzaine, et à l'heure et au lieu indiqués, les créanciers se réunissent sous la présidence du juge-commissaire. Les présens délibèrent pour les absens, quel que soit leur nombre. L'objet de cette réunion est de fixer autant que possible l'état des créanciers de la faillite, sur lequel le juge commissaire doit appeler les investigations ; et de voter sur le maintien ou le remplacement des syndics nommés par le jugement déclaratif. Il est rédigé du tout, procès-verbal, dans lequel sont consignés les dires et observations des créanciers.

220. Sur le vu de ce procès-verbal, et de l'état des créanciers présumés, arrêté dans la séance, le tribunal, sur le rapport du juge-commissaire, nomme de nouveaux syndics, ou continue les premiers dans leurs fonctions.

Cette disposition de la loi actuelle pourrait être considérée comme une dérogation exorbitante à des principes que toutes les législations ont sans cesse respectés. L'ordonnance de 1673, le Code de commerce qui lui avait succédé s'en rapportaient aux créanciers pour le choix des syndics. La seule modification introduite par ce dernier avait été de laisser au tribunal

la désignation parmi les candidats présentés par eux.
En cela, on n'avait que sanctionné le droit que la faillite
conférait à ces créanciers. Les biens de leur débiteur
leur appartenant désormais, ils avaient sans contredit le pouvoir de les administrer, et partant, qualité exclusive pour se substituer des mandataires de
leur choix.

Priver les créanciers du droit de nommer les syndics, c'était violer à leur encontre le droit sacré de la
propriété, c'est les forcer à faire administrer par des
mandataires qui peuvent ne pas être ceux qu'ils auraient désiré employer. Tel est, en effet, le caractère
de la disposition de l'article 462. Elle ordonne bien
que les créanciers soient consultés, mais elle n'astreint
pas le tribunal à se conformer à la délibération qu'ils auront prise. Elle lui laisse même la faculté de maintenir les syndics dont le remplacement aurait été proposé. Les créanciers n'ont donc plus pour la nomination
des syndics qu'un simple droit d'avis, que voix consul-
tative ; la dépossession est complète.

Des considérations puissantes ont déterminé cette innovation aux législations précédentes, cette dérogation
aux principes que nous rappelions tout-à-l'heure. Quant
à leur légitimité, elle ne pouvait être contestée. C'est
la loi qui règle l'association qui résulte d'une faillite,
c'est elle qui l'organise, qui la crée. Elle pouvait donc,
en échange du bénéfice que les créanciers y trouvent,
lui imposer, en la forme, telles conditions qu'elle jugeait
utiles dans leur propre intérêt.

Or, la permanence du syndicat maintient dans l'administration l'unité, l'esprit de suite, l'expérience acquise. C'est à ces avantages qu'on venait de sacrifier

l'agence. Cependant cette suppression devenait sans effets, si on abandonnait aux créanciers le droit exclusif de remplacer les syndics, comme ils auraient pu le faire pour les agens. C'était, sous un autre nom, se soumettre à tous les inconvéniens que la mission confiée à ceux-ci présentait, et auxquels on avait voulu précisément se soustraire.

D'ailleurs, jusque là, il n'y a que des créanciers présumés, qui peuvent n'avoir qu'un droit apparent que la vérification fera disparaître. On aurait donc pu en cet état leur refuser tout concours à des mesures que les créanciers certains ont seuls qualité et droit de remplir. Si, dans un but de célérité, on leur a cependant permis de voter avant la reconnaissance de leur titre, on a pu et dû veiller à ce que leur action ne pût aller dans aucun cas jusqu'à influer d'une manière fâcheuse sur la faillite, et à nuire ainsi aux véritables intéressés.

Le choix des syndics n'était pas chose si indifférente qu'on dût le laisser à la discrétion unique des membres présens. L'expérience a dévoilé toutes les manœuvres que l'on tente pour diriger ce choix, soit dans l'intérêt du failli, soit dans celui de quelques créanciers au préjudice de la masse. Ces manœuvres étaient d'autant plus à craindre, que la loi actuelle ne qualifie plus, comme avant elle l'avait fait le Code, de complicité de banqueroute frauduleuse, le vote complaisamment donné avant la vérification par une personne qui n'avait qu'un titre apparent et non sincère. Il convenait dès lors de protéger d'une manière plus efficace les créanciers véritables que l'éloignement empêchait de prendre part à la délibération.

Ce sont eux pourtant qui seront en général les créanciers sérieux. La raison indique en effet que ce n'est pas parmi eux qu'on ira chercher des complaisans, et que le failli, ou tout autre intéressé à la nomination des syndics, s'adressera à ceux qui, se trouvant sur les lieux, seront plus à portée de prendre part aux premières opérations de la faillite, et pourront ainsi plus utilement servir l'intérêt auquel ils se sont dévoués.

S'en rapporter en conséquence pour le choix des syndics exclusivement aux créanciers présumés, présens, c'était évidemment blesser les droits de ceux dont le domicile éloigné ou la tardiveté de la convocation est cause qu'ils n'ont pu participer au vote. C'était même compromettre jusqu'à un certain point l'intérêt public, que de laisser l'administration arriver à des personnes disposées, dans un intérêt quelconque, à déguiser la véritable situation des affaires.

La résolution adoptée par le nouveau législateur se justifie donc par des motifs d'équité et de raison. Elle n'est d'ailleurs que la conséquence de la fixation, pour la première réunion, du délai de quinzaine, au lieu de la liberté laissée par le Code de ne la tenir qu'après que tous les créanciers avaient été mis à même de répondre à l'appel. Il fallait remplacer cette faculté par une garantie contre les abus que l'absence de plusieurs intéressés pouvait occasionner, et la substitution de la volonté du tribunal à celle des créanciers présens s'offrait naturellement à l'esprit. L'impartialité de la justice donne la certitude que l'administration ne sera pas détournée de ses voies légitimes. C'est avec réflexion et prudence qu'elle a été confiée, par le jugement déclaratif, à des mains jugées probes et capables. Pourquoi la leur enlèverait-on, si on n'avait à alléguer contre elles aucun motif sérieux ?

Ainsi les créanciers n'ont et ne doivent avoir sur la nomination des syndics qu'une influence dont l'efficacité est subordonnée à la gravité des raisons qu'ils allègueraient contre leur maintien. Le tribunal qui seul a le droit de nommer, a seul celui de remplacer. L'unité dans l'administration que la loi a voulu amener lui fait même un devoir de n'user qu'avec la plus grande prudence de ce dernier droit. Ses décisions sur ce point sont souveraines. Elles ne peuvent être attaquées ni par opposition ni par appel, ni par la voie de la cassation.

221. Toutes personnes peuvent être appelées à administrer la faillite. Il suffit que celui qui est investi du syndicat jouisse de ses droits civils et ait la capacité de faire le commerce. Ainsi le mineur commerçant est apte à remplir ces fonctions.

C'est, au reste, surtout la capacité commerciale que l'on doit rechercher. Ainsi il a été décidé qu'un étranger associé, ou chef d'un établissement fonctionnant en France, pourrait être choisi par le tribunal.

222. Le droit de choisir est donc illimité. Il n'y a qu'une seule exception admise par la loi : elle concerne les parens et alliés du failli jusqu'au quatrième degré inclusivement. La raison commandait cette exception. Les fonctions des syndics peuvent, dans plusieurs cas, nécessiter des mesures incompatibles avec les rapports qu'une pareille parenté fait supposer ; et il est d'une sage prévoyance d'éviter toute lutte entre le devoir et l'affection.

222 bis. Les syndics institués par ce second jugement sont définitifs ; ils procèdent à la liquidation jusqu'au concordat ou à l'union, sauf le droit pour le tribunal de les révoquer et remplacer dans les formes déterminées par les articles suivants.

223. Le Code de commerce n'avait pas limité le nombre des syndics. Comme les créanciers étaient chargés de présenter la liste des candidats, il leur appartenait de fixer le nombre qu'ils jugeaient être nécessaire. La loi nouvelle semble ne pas admettre que ce nombre puisse, dans aucun cas, être porté au delà de trois.

Cette détermination est due au désir de diminuer autant que possible les frais de la gestion. Or, à l'avenir les syndics, quels qu'ils soient, auront droit à une indemnité. Une nomination multiple, faite par le tribunal seul à une époque où il est impossible de prévoir les besoins réels de la liquidation, pourrait grever la masse d'une dépense qu'il eût été possible de lui épargner.

Cette considération a exercé une telle influence sur l'esprit du législateur, qu'il semble n'avoir admis la nomination de trois syndics, qu'après que l'expérience aura démontré l'utilité indispensable de ce nombre. En effet, les dispositions des articles 462, qui permet de porter à toute époque le nombre des syndics jusqu'à trois, et 464, qui trace le mode des adjonctions, paraissent supposer que l'on n'a d'abord choisi qu'un ou deux syndics. Ne serait-ce pas là un conseil indirect d'en agir ainsi, sauf à choisir plus tard le troisième, si la liquidation l'exige ? La discussion législative tend à fixer dans ce sens l'esprit de la loi. Les tribunaux de commerce se conformeront donc à l'intention du législateur en n'instituant trois syndics que lorsqu'il sera certain qu'un nombre moindre ne peut suffire.

224. La question de savoir si les non créanciers pouvaient être nommés syndics s'était agitée sous le Code de commerce. Le doute s'élevait de la combinaison des art. 456 et 480. Le premier, disposant pour les agens,

autorisait le tribunal à les prendre parmi les personnes
étrangères à la faillite, ce que le dernier ne disait plus
pour les syndics. On avait en conséquence considéré
ce silence comme le refus d'une autorisation semblable.
Cependant l'opinion contraire avait prévalu : il suffisait
en effet pour la partager, de remarquer que la différence de la rédaction de ces deux articles tenait à ce
que les agens étant nommés par le tribunal, sans le
concours des créanciers, on aurait pu prétendre qu'il
y avait nécessité pour les magistrats de les choisir parmi
les intéressés ; tandis que les syndics étant au choix des
créanciers, le moindre doute ne pouvait s'élever sur la
faculté pour ceux-ci de déléguer tels mandataires qu'ils
jugeraient convenables.

C'est au reste pour dissiper toutes les incertitudes à
cet égard, que la loi actuelle a nommément inscrit dans
ses dispositions la faculté pour les juges de nommer
des personnes étrangères à la masse. Cela, au reste,
était forcément amené par la nature des choses. Sous
quel prétexte eût-on imposé à un créancier les devoirs et la responsabilité du syndicat ? Et si, beaucoup
plus préoccupé de ses propres affaires que de celles de
la masse, chacun eût refusé l'administration de celle-ci,
comment aurait-on pu le contraindre à l'accepter ? Et
pendant ces démissions et ces refus successifs, que seraient devenus l'actif de la faillite et sa liquidation.

Il était donc plus sage d'investir le tribunal d'un pouvoir discrétionnaire et de lui reconnaître le droit de
nommer des syndics non créanciers. On était même allé
beaucoup plus loin dans la discussion de la loi. La crainte
de voir un créancier abuser des fonctions de syndics pour
améliorer sa position particulière au détriment de la

masse, fit demander leur exclusion absolue du syndicat. On proposait à cet effet la création d'offices de curateurs de faillites auxquels l'administration serait, dans tous les cas, dévolue. Mais cette idée fut bientôt abandonnée à cause des inconvéniens que son exécution devait entraîner, et dont la déconsidération qui s'attacherait bientôt à une profession intéressée à multiplier et à prolonger les faillites, n'était pas le moindre. Quant à l'abus signalé, on s'en remit à la prudence et aux lumières des tribunaux consulaires, et aux châtimens que sa perpétration fait encourir.

225. Il y a plus encore, la faculté de choisir les syndics parmi les personnes étrangères à la masse n'a été concédée que comme une exception à la règle ordinaire qui désigne les créanciers, comme devant être plus naturellement revêtus de ces fonctions. C'est dans ce sens que les tribunaux doivent agir dans le plus grand nombre de cas. Ils doivent éviter par des précédens trop nombreux, à faire une loi exclusive de ce qui n'est qu'une tolérance. C'est ainsi que le ministre de la justice expliquait l'intention du législateur : « prendre les « syndics parmi les créanciers connus qui inspirent le « plus de confiance, telle doit être la règle générale: « choisir ces syndics parmi d'autres personnes, telle « doit être l'exception que pourront déterminer des « motifs dont l'appréciation dépendra entièrement des « circonstances » (1).

226. L'indemnité, que le Code de commerce n'allouait qu'aux agens, est accordée par la la loi nouvelle aux syndics, qu'ils soient ou non créanciers. Cette dis-

(1) Circulaire du 8 juin 1838.

position aura l'avantage d'appeler plus souvent les créanciers dans l'administration, et de les empêcher, en cas
d'acceptation, de rechercher ailleurs un dédommage-
ment, soit à leurs peines et soins, soit à la perte que
la faillite leur impose. Elle a de plus pour résultat important, de rendre la responsabilité des syndics en général plus directe, en les soumettant à toutes les obligations des mandataires salariés.

L'article 484 du Code avait promis un réglement
d'administration publique pour établir les bases de cette
indemnité. Mais ce réglement n'a jamais paru. La loi
actuelle laisse la fixation de la somme à allouer à l'appréciation du tribunal de commerce, qui la détermine
sur le rapport du juge-commissaire. Elle doit être pro-
portionnée à l'importance de la faillite, aux difficultés
de l'administration, aux résultats obtenus par les créanciers.

227. Cette indemnité est due tant aux syndics provisoires qu'aux syndics définitifs. Elle est réglée à la
fin de chaque gestion, et doit être payée par les syndics
qui remplacent ceux qui avaient été provisoirement
choisis, s'ils ne sont maintenus, et dans tous les cas,
après la reddition du compte de la gestion. Si les syndics provisoires sont maintenus, ils prélèvent eux-mêmes sur la masse l'indemnité qui leur est allouée par
le tribunal. Les syndics définitifs ne sont payés qu'après
la reddition de leur compte.

228. Les syndics démissionnaires ont droit à l'indemnité. En est-il de même du syndic remplacé? On
comprend que la solution de cette question dépend
surtout des causes qui ont motivé la révocation. Autant il serait injuste de priver de l'indemnité celui dont

un dissentiment sur la gestion amènerait le remplacement, autant il serait peu raisonnable d'accorder une
récompense quelconque à celui que des malversations
ou des fautes graves fairaient révoquer.

229. Les syndics pourront-ils frapper d'appel la décision du tribunal qui arbitre l'indemnité qui leur est
due ? L'affirmative nous paraît résulter invinciblement
des deux considérations suivantes :

1° Le droit des syndics à recevoir une indemnité leur
est acquis définitivement par la déclaration de leur volonté de l'obtenir. Les termes de l'article 462, *pourront
recevoir*, ne doivent pas être entendus en ce sens que
le tribunal est libre de l'accorder ou de la refuser. La
faculté qu'ils infèrent ne signifie qu'une seule chose, c'est
qu'il est loisible aux syndics de demander une indemnité, et que s'ils le font ils doivent l'obtenir.

Or, le droit ainsi établi, il en résulte que l'indemnité
doit être dans de justes proportions avec la peine que
les syndics ont prise et de l'importance de la gestion qui
leur a été confiée. Si donc la décision du tribunal bles-
sait ces proportions, les syndics ainsi lésés seraient recevables à la faire réformer.

2° Il est vrai que l'article 462 dispose que le tribunal
arbitrera l'indemnité, ce qui ferait supposer que le législateur s'en rapporte exclusivement à la conscience
des magistrats consulaires. Mais au fond, on ne peut
douter que cette décision ne soit un véritable jugement.
Or, la faculté d'émettre appel est de droit commun; elle
existe tant que la loi ne l'a pas déclarée inadmissible.
Pour la décision qui nous occupe, non seulement elle
n'a pas été refusée, mais il faut encore remarquer que
l'article 583 n'a pas rangé dans la catégorie de ceux qui

ne sont susceptibles d'aucun recours, les jugemens rendus sur la détermination de l'indemnité. Il y a donc lieu de rester dans les termes du droit commun, et de reconnaître la recevabilité de l'appel.

230. Cet appel est régulièrement formé par voie de requête. L'arrêt qui intervient peut augmenter ou diminuer le chiffre de l'indemnité.

ARTICLE 464.

Lorsqu'il y aura lieu de procéder à l'adjonction ou au remplacement d'un ou plusieurs syndics, il en sera référé par le juge-commissaire au tribunal de commerce, qui procédera à la nomination suivant les formes établies par l'article 462.

ARTICLE 465.

S'il a été nommé plusieurs syndics, ils ne pourront agir que collectivement ; néanmoins le juge-commissaire peut donner à un ou plusieurs d'entr'eux des autorisations spéciales à l'effet de faire séparément certains actes d'administration. Dans ce dernier cas, les syndics autorisés seront seuls responsables.

SOMMAIRE.

231. Le droit de remplacer est une conséquence du droit d'instituer.

232. Faculté pour le tribunal d'adjoindre de nouveaux syndics.

233. Le remplacement et l'adjonction peuvent se réaliser dans tous les temps, même d'office.

234. Dans tous les cas, les créanciers doivent être consultés sur le maintien ou le remplacement des nouveaux syndics.

235. Les syndics sont solidairement responsables de leur gestion.

236. Nature de l'obligation, que la loi leur impose, d'agir collectivement.

237. L'un des syndics peut-il recouvrer les créances actives ?

238. Exception au principe de la solidarité. Quelle en est la portée?

239. La faculté de diviser la gestion ne doit être admise qu'avec la plus grande prudence.

231. Le droit de remplacer est une conséquence immédiate du droit d'instituer. Déjà le Code de commerce avait inscrit ce principe dans toutes ses dispositions.

Ainsi, le remplacement des agens appartenait au tribunal qui les avait nommés. Celui des syndics provisoires devait être résolu par les créanciers et confirmé par le tribunal qui les avait choisis sur la liste présentée par ceux-ci. Enfin les syndics définitifs n'étant nommés que par les créanciers, ne pouvaient être remplacés que par eux.

La loi nouvelle confiant la faculté d'élire, dans tous les cas, au tribunal de commerce, lui défère par cela seul le pouvoir exclusif de remplacer.

232. Il en est de même de l'adjonction de nouveaux syndics. L'art. 462, nous venons de le voir, admet la possibilité d'une adjonction qui porterait le nombre des syndics à trois ; c'est aussi au tribunal que cette nomination nouvelle appartient.

233. Le remplacement des syndics nommés, l'adjonction de nouveaux syndics peuvent se réaliser à toutes les époques de la faillite. L'un et l'autre peuvent être réclamés par les parties intéressées, ou prononcés d'office par le tribunal. Dans tous les cas la décision est rendue après le rapport du juge-commissaire, beaucoup plus à même que personne d'apprécier l'opportunité du remplacement ou le besoin d'une nouvelle nomination.

234. Si le syndic est remplacé, ou s'il en est adjoint un second ou un troisième, le juge-commissaire convoque les créanciers à se réunir dans la quinzaine au plus tard, pour les consulter sur le maintien ou le remplacement des nouveaux élus. Sur le vu du procès-verbal

de la réunion, le tribunal les maintient en fonctions,
ou les remplace de nouveau.

Le remplacement dont s'occupe l'art. 464 étant déterminé par la démission, la révocation ou la mort des
premiers syndics; l'adjonction jugée utile par le tribunal
ne pouvant être contestée, il semble qu'on aurait pu se
dispenser de réunir les créanciers ; mais il s'agit dans
les deux cas d'une nouvelle nomination qu'il est bon de
leur soumettre. Il n'est certes ni dans la pensée de la
loi, ni dans l'intention présumable des magistrats de confier l'administration à des personnes incapables ou in-
dignes. Or, une erreur peut être commise, et c'est le
moyen de la réparer que la loi a voulu offrir, lorsqu'elle
ordonne de soumettre les nouveaux choix au contrôle
des parties intéressées. Il est vrai que l'avis de celles-ci
n'est pas obligatoire ; mais il est incontestable que par
les renseignemens qu'ils seront à même de fournir,
les créanciers pourront, dans beaucoup de cas, éclairer
la religion des juges et les amener à retirer une confiance
imméritée ou mal à propos témoignée.

235. La gestion des syndics les oblige tous solidairement pour les actes de leur administration, même
quand ils n'auraient été faits que par un d'entre eux. Le
principe de la solidarité est une dérogation à la disposition de l'article 1995 du Code civil, qui ne rend les
co-mandataires solidaires qu'autant que cela est formellement exprimé dans l'acte. Rien dans le Code de
commerce n'énonçait la solidarité des syndics, et cependant on n'hésitait pas à la leur imposer. Le motif qui
l'avait fait décider ainsi, malgré ce silence et malgré
l'art. 1995, Cod. civ., était la nature du mandat qui
naît de la faillite, mandat judiciaire et indivisible, dont

les obligations sont réglées par la loi seule, sans pouvoir être modifiées par aucune stipulation (1).

236. C'est dans ce sens que la loi actuelle dispose que les syndics ne pourront agir que collectivement (2). On ne saurait en effet entendre par là que l'absence ou la maladie de l'un d'eux privera les autres de la faculté d'administrer. Pour ce qui les concerne personnellement, les syndics sont censés s'autoriser réciproquement. Le contraire amènerait à cette conséquence qu'une absence motivée par les besoins même de la faillite, qu'une maladie accidentelle rendrait toute gestion impossible. Ainsi la marche de la faillite se trouverait suspendue. Il faudrait pourvoir à chaque instant à des remplacemens, multiplier les convocations des créanciers, et enlever bien souvent de son poste un excellent administrateur qui n'aurait d'autre tort que celui d'être fortuitement empêché.

On ne peut donc interpréter l'art. 465 qu'en ce sens que vis-à-vis les tiers, les syndics sont solidairement responsables de leur gestion, que quant à eux, ils peuvent en l'absence les uns des autres, prendre sous la surveillance du juge-commissaire toutes les mesures conservatoires nécessaires, continuer même la vérification des créances, bien entendu que tous ces actes obligeraient la responsabilité du syndic absent ou empêché.

237. L'un des syndics pourra-t-il, en l'absence des autres, opérer le recouvrement des créances actives ? Il nous semble qu'il faut distinguer entre les créances purement commerciales et les titres civils.

Ceux-ci exigeant une quittance, quelquefois sans ré-

(1) Cour de cass. 18 janvier 1814. Sirey, 1814, 1, 57.
(2) Vide infrà, art. 497, n° 462.

mission des titres, qui peuvent être restés chez les notaires, les débiteurs doivent, pour leur propre sûreté, réclamer l'exécution littérale de l'article 465. S'ils n'ont traité qu'avec un seul syndic et que celui-ci ait détourné les sommes reçues, ils pourraient être obligés de payer une seconde fois. Il y aurait injustice à rendre les syndics non signataires responsables d'un acte qu'ils ont pu ignorer, que le débiteur a eu l'imprudence de laisser s'accomplir sans exiger leur concours.

Que si la créance civile n'était établie que par un acte sous seing-privé, inventorié avec le portefeuille et livré au pouvoir des syndics, on devrait l'assimiler aux créances commerciales et décider la question de responsabilité comme pour ces dernières.

Or, pour ces créances, que le débiteur solde en retirant le titre, le paiement fait à un seul syndic est valable. D'abord, parce que la disposition absolue du titre que les autres syndics lui ont laissée est une autorisation suffisante pour en opérer l'encaissement, même en leur absence ; en second lieu, parce qu'il est impossible que les autres syndics aient plus tard ignoré ce paiement.

En effet, c'est à eux à se faire rendre compte de ce qui s'est passé en leur absence, à vérifier les valeurs qu'ils ont laissées et à faire opérer le versement dans la caisse, du montant de celles qui ne sont plus représentées en nature. S'ils ont négligé ce devoir, ils ont commis une faute dont ils sont responsables. Et si par suite de cette négligence, des sommes quelconques ont été détournées, ils sont tenus d'en indemniser les créanciers, sauf leur recours contre l'auteur du détournement. En pareille circonstance, il n'y a pas à hésiter entr'eux et les débiteurs. Ceux-ci ayant retiré leur titre

n'ont commis ni faute ni imprudence ; tandis que les
syndics ont été imprudens en laissant à l'un d'eux la
disposition du portefeuille, plus imprudens encore en
négligeant d'en vérifier l'état et d'en contraindre le dépositaire à la représentation des titres en nature ou de
leur valeur.

238. La loi actuelle a introduit une exception au
principe de la solidarité qui n'en comportait aucune sous
l'empire du Code précédent. Le juge-commissaire peut
autoriser un des syndics à faire seul certains actes déterminés. Le résultat de cette autorisation est évidemment de rendre celui qu'elle concerne seul responsable
de la gestion qui lui est spécialement affectée. Les autres syndics demeurant étrangers à cette branche de
l'administration, n'ayant à cet égard ni action ni contrôle, restent justement en dehors de toutes les conséquences qu'elle est susceptible d'entraîner.

Quant au syndic autorisé, la responsabilité particulière qui pèse sur lui ne l'affranchit pas de celle qu'il
encourt pour les autres parties de l'administration. La
divisibilité de la gestion ne s'applique qu'aux actes spécialement déterminés et ne peut être invoquée que par
les syndics, qui n'ont pas à s'en occuper. En conséquence la responsabilité générale est encourue par le
premier, qui ne cesse pas d'être solidairement obligé envers les créanciers.

239. La faculté dont parle l'article 465 forme un
droit nouveau dont il n'existe aucune trace dans le Code.
Son application pourrait ne pas être sans inconvénient,
si elle n'était réglée avec la plus grande prudence. Elle
crée en effet deux gestions dans une; elle introduit deux
directions dans une administration ; elle affaiblit enfin

la responsabilité en la divisant. Le juge-commissaire ne doit donc l'autoriser que dans des cas extrêmement rares, et lorsqu'il ne pourrait sans danger la refuser. Plus il y a de gérans responsables, et plus il y a de garanties matérielles et morales pour une bonne administration.

ARTICLE 466.

S'il s'élève des réclamations contre quelqu'une des opérations des syndics, le juge-commissaire statuera dans le délai de trois jours, sauf recours devant le tribunal de commerce.

Les décisions du juge-commissaire sont exécutoires par provision.

ARTICLE 467.

Le juge-commissaire pourra, soit sur les réclamations à lui adressées par le failli ou par des créanciers, soit même d'office, proposer la révocation d'un ou plusieurs des syndics.

Si, dans les huit jours, le juge-commissaire n'a pas fait droit aux réclamations qui lui ont été adressées, ces réclamations pourront être portées devant le tribunal.

Le tribunal, en chambre du conseil, entendra le rapport du juge-commissaire et les explications des syndics, et prononcera à l'audience sur la révocation.

SOMMAIRE.

240. Distinction entre ces dispositions.
241. Cas auxquels s'applique l'article 466.
242. En quoi consistent les modifications qu'a subies l'ancien article 495 du Code de commerce.
243. Le juge-commissaire n'a plus l'option de prononcer ou de renvoyer au tribunal.
244. Caractère de la décision, innovation sur la précédente législation.

240. Il ne faut pas confondre les réclamations qui font l'objet de l'article 466, avec la demande en révocation dont s'occupe l'article suivant. La disposition du premier ne concerne que le mode d'administration adopté par les syndics. Elle ouvre aux créanciers le droit, s'ils trouvent ce mode périlleux ou inopportun, de le faire déclarer tel par la justice, et de contraindre les syndics à l'abandonner.

241. L'article 470, par exemple, permet la continuation de l'exploitation du commerce du failli. Les bases sur lesquelles cette exploitation devra se faire peuvent amener des dissentimens graves entre les syndics et les créanciers. Ainsi encore, les syndics ne poursuivront pas la nullité d'actes que les créanciers soupçonneront être frauduleux ; ou bien ils entreprendront un procès chanceux dont le résultat serait onéreux pour la masse. Dans ces cas, comme dans tout ce qui concerne le mode de gestion, les créanciers peuvent demander que la justice impose aux syndics la conduite qu'ils doivent tenir. C'est le recours à cet effet que règle l'article 466.

242. Le droit à cet égard n'est point une innovation de la loi actuelle. L'article 495 du Code de commerce l'avait formellement consacré. Seulement le législateur de 1838 en a organisé l'exercice d'une manière plus énergique. Il le devait, au reste, d'autant plus, qu'ayant imposé aux créanciers les syndics nommés par le tribunal, il était juste qu'il leur facilitât les moyens les plus capables de rappeler dans les voies les plus utiles, l'administration de la chose commune.

243. L'option laissée par l'article 495 du Code de commerce au juge-commissaire de prononcer lui-même ou de renvoyer les parties devant le tribunal a été rapportée. Le juge-commissaire doit aujourd'hui décider le litige, dans le délai de 3 jours. Sa décision est exécutoire par provision, même en cas de recours au tribunal de commerce.

244. Ainsi, le juge-commissaire prononce en premier ressort, et remplace le premier degré de juridiction. Il en résulte que le tribunal de commerce décide comme juge d'appel et que son jugement n'est susceptible d'aucun recours.

Il n'en était pas de même sous l'empire du Code. Le juge-commissaire, n'ayant qu'un ministère de pure surveillance, ne pouvait rendre aucune décision qui fût obligatoire pour ceux qui s'en prétendaient lésés. Ces décisions ne pouvaient même être assimilées à des ordonnances de référé, et n'étaient par conséquent susceptibles, ni d'exécution provisoire, ni d'appel. La marche naturelle était de recourir au tribunal qui avait incontestablement le droit de réformer les actes de son délégué, et le jugement rendu à ce sujet pouvait ensuite être attaqué par voie d'appel, puisque, par sa nature, il statuait toujours sur un intérêt indéfini (1).

En conséquence, l'innovation introduite par l'article 466 est tout entière dans le sens que nous indiquions tout-à-l'heure, à savoir : que l'on a voulu lui conférer une action plus immédiate et plus directe sur la faillite. Cette résolution a dans l'hypothèse actuelle l'avantage de décider sans retard une contestation véritablement urgente et d'économiser les frais et les longueurs d'un procès ordinaire.

245. Le juge-commissaire pourra-t-il siéger comme juge, lorsqu'il s'agira d'un recours formé contre ses propres décisions ?

Le doute pourrait s'élever de la disposition de l'art. 452, qui exige que toutes les contestations que la faillite fait naître ne soient jugées que sur son rapport, ce qui, avons nous dit, ne lui enlève pas voix délibérative dans ces mêmes contestations. Mais, quelque général que soit ce texte, il est des exceptions qui n'ont pas besoin d'être écrites. Il serait monstrueux que le juge du premier ressort fût chargé de juger en appel le mérite de ses propres décisions. La morale, l'équité, la loi, repoussent une pareille faculté que la convenance seule porterait le juge à répudier.

246. Il nous reste à parler de la révocation des syndics. De même que leur remplacement, cette révocation ne peut-être prononcée que par le tribunal de commerce. L'article 467 règle la manière de procéder qui doit être employée en pareille circonstance.

247. Le droit de poursuivre la révocation appartient:

(1) Pardessus, n° 1143.

1° Au failli. L'intérêt du failli à ce que l'ordre et l'économie règnent dans l'administration, est incontestable. Plus les créanciers recevront dans la liquidation, moins il aura à payer lui-même, lorsque voulant obtenir sa réhabilitation, il sera obligé de les désintéresser intégralement. Sous un autre rapport, l'importance du dividende à recevoir, ou reçu, influera nécessairement sur les dispositions des créanciers relativement au concordat ou à la déclaration d'excusabilité. Il était donc juste de permettre au failli de demander la révocation des syndics qui agiraient contrairement à ce double intérêt.

2° Aux créanciers. Le droit de ceux-ci à exiger que les syndics remplissent convenablement leurs fonctions, est plus direct, plus immédiat encore, que celui du failli. Le préjudice qu'une gestion infidèle ou inexacte leur causerait est trop évident pour que la faculté d'en obtenir une prompte et éclatante réparation ait pu être mise un instant en question.

3° Au juge-commissaire. Mieux que personne ce magistrat est en position de juger l'administration des syndics. La place qu'il remplit auprès d'eux exige qu'il ait sans cesse l'œil ouvert sur tous leurs actes. Or, cette place ne lui a été confiée que pour surveiller et protéger tous les intérêts. Comment satisferait-il à cette double mission, s'il ne pouvait requérir la révocation de mandataires négligens ou infidèles?

Il y a plus encore : ce qui n'est qu'une faculté pour le failli ou les créanciers est imposé comme un devoir au juge-commissaire. Les premiers peuvent, par leur position, ignorer plusieurs circonstances qui ne doivent pas échapper à l'attention de celui-ci ; et si ces circons-

tances sont de nature à déterminer la révocation, le
juge doit d'autant moins hésiter à la poursuivre, que
c'est sur son rapport que le tribunal a imposé les syndics aux créanciers; qu'il y a donc pour le tribunal et
pour lui une plus haute responsabilité morale à ce que
ces syndics s'acquittent dignement de leurs fonctions.

248. L'appréciation des causes qui doivent faire admettre la révocation est confiée à la prudence du tribunal. Mais comme cette mesure peut laisser sur l'honneur de celui qui en est l'objet une empreinte fâcheuse,
les juges ne doivent admettre que celles qui sont d'une
évidente gravité.

En première ligne, se placent l'infidélité, les malversations, la collusion avec le failli pour tromper les
créanciers, ou pour déguiser la vérité ; le détournement
d'objets mobiliers, pendant ou après l'inventaire, la
soustraction de deniers. Dans chacun de ces cas, le tribunal doit non seulement prononcer la révocation,
mais encore ordonner l'envoi de son jugement au procureur du roi, pour que la société et la masse obtien-
nent la réparation qui leur est due.

Il en serait de même dans le cas où un syndic créancier aurait abusé de ses fonctions pour s'avantager au
détriment de la masse.

Des motifs moins graves peuvent faire prononcer la
révocation. Ainsi, si les syndics n'ont pas déposé, dans
la quinzaine, le rapport exigé par l'article 482 ; si après
le jugement qui condamne le mode de leur gestion aux
termes de l'article 466, ils continuent ce mode ; s'ils
n'opèrent pas avec exactitude le recouvrement des créances actives ; en un mot, s'ils négligent de remplir en
tout ou en partie les devoirs qui leur sont imposés, les

parties intéressées, le juge-commissaire pourront solliciter ou proposer leur révocation. Mais la justice nous paraît exiger, dans ce cas, qu'ils soient avertis avant d'être atteints par cette mesure sévère ; on ne devrait donc la consacrer qu'après que les mises en demeure amiablement faites par le juge-commissaire seraient restées sans résultat.

249. Contrairement à ce qui a lieu dans les hypothèses prévues par l'article 466, le juge-commissaire, en ce qui concerne les révocations, n'a qu'un simple droit de proposition. Celui de décider appartient exclusivement au tribunal. Il s'agit, en effet, de rétracter le jugement de nomination qui est l'œuvre du tribunal entier, de remplacer ce jugement par un jugement nouveau. On ne pouvait donc confier au juge-commissaire le droit de procéder seul à cette substitution.

Mais de ce que ce magistrat n'a aucune décision préalable à rendre, il suit qu'il fait légalement partie du tribunal qui prononce la révocation, qu'il a voix délibérative pour le jugement qui doit être rendu sur son rapport.

250. La demande en révocation faite par le failli ou par les créanciers, doit être adressée au juge-commissaire et non au tribunal de commerce. Dans la huitaine de la réception, ce magistrat doit provoquer une décision du tribunal.

Ce délai est laissé au juge par déférence pour sa qualité, et pour lui donner le temps de s'éclairer sur les faits qui lui sont dénoncés. Si le juge-commissaire en a vérifié plutôt l'exactitude, ou le mal fondé, il peut en référer immédiatement au tribunal. Rien ne s'oppose à ce que le tribunal prononce, avant les huit jours, sur un fait aussi urgent que l'adoption ou le rejet d'une

révocation. La détermination du délai fixé par l'arti-
ticle 467 n'est que la mesure la plus éloignée du temps
pendant lequel le juge-commissaire est autorisé par la
loi à garder le silence. Mais si ce délai est expiré sans
que le juge ait investi le tribunal, les parties plaignantes
peuvent s'adresser directement à celui-ci.

251. Les débats ont lieu en chambre du conseil ;
c'est le juge-commissaire qui expose la plainte et fournit
les preuves à l'appui. Dans la crainte qu'on ne recher-
chât, dans la demande en révocation, qu'une occasion
de scandale, la loi n'a pas permis d'entendre la partie
poursuivante. Elle éloigne ainsi de ces débats toute passion, en n'exigeant qu'un compte-rendu, que le caractère de son auteur garantit impartial et juste. Si les syndics sont admis à le discuter, c'est qu'il fallait respecter
le principe sacré de la défense, et qu'il était impossible
d'adopter que quelqu'un pût être condamné sans avoir
été entendu.

252. Le jugement, quel qu'il soit, doit être prononcé
à l'audience. Cette disposition avait été rejetée en 1835,
par la Chambre des députés. Adoptée par la chambre
des Pairs en 1836, elle fut reproduite par le Gouvernement en 1838. Des députés en demandèrent de nouveau la suppression. Ils soutenaient qu'on donnait mal à
propos un caractère judiciaire à une lutte qui ne con-
cernait que l'administration. Les syndics, ajoutaient-ils,
ne sont que des mandataires pouvant être révoqués par
leurs mandants ; il n'est ni juste, ni nécessaire de donner à cette révocation, souvent pour des causes infa-
mantes, une publicité qu'on refuse à la défense.

Ces raisons qui avaient triomphé en 1835 échouèrent

en 1838. La Chambre, sur les observations du Garde-des-Sceaux, et par respect pour le principe de la publicité des jugemens, consacra le projet du gouvernement, et adopta l'article 467 dans toutes ses dispositions.

Cette publicité donnée au jugement paraît d'autant plus exorbitante, que les débats n'en ont aucune, et que l'article 583 interdit tout recours contre ses dispositions. Mais, de deux choses l'une, ou la révocation sera produite par la négligence, le dissentiment, ou l'omission de formalités essentielles, ou par l'infidélité, le détournement ou des malversations. Dans le premier cas, la probité des syndics n'éprouvera aucune atteinte. Dans le second cas, il y a eu véritablement délit ; et si la publicité est de nature à en empêcher la perpétration, par la crainte du déshonneur qui en rejaillirait, on ne peut qu'applaudir à la résolution qui prescrit cette publicité.

253. Si la révocation est prononcée, il est pourvu au remplacement des syndics dans les formes exigées par l'article 462.

CHAPITRE V.

Des fonctions des Syndics.

—

SECTION PREMIÈRE.

Dispositions générales.

ARTICLE 468.

Si l'apposition des scellés n'avait point eu lieu avant la nomination des syndics, ils requerront le juge de paix d'y procéder.

ARTICLE 469.

Le juge-commissaire pourra également, sur la demande des syndics, les dispenser de faire placer sous les scellés, ou les autoriser à en faire extraire:

1° Les vêtemens, hardes, meubles et effets nécessaires au failli et à sa famille, et dont la délivrance sera autorisée par le juge-commissaire, sur l'état que lui en soumettront les syndics.

2° Les objets sujets à dépérissement prochain ou à dépréciation imminente;

3° Les objets servant à l'exploitation du fonds de commerce, lorsque cette exploitation ne pourrait être interrompue sans préjudice pour les créanciers.

Les objets compris dans les deux paragraphes précédens seront de suite inventoriés avec prisée par les syndics, en présence du juge de paix, qui signera le procès-verbal,

SOMMAIRE.

254. La suppression de l'agence laisse aux syndics provisoires le devoir de prendre les mesures conservatoires que la déclaration de faillite nécessite. La plus importante de toutes est sans contredit l'apposition des scellés sur les facultés mobilières du débiteur. Ils doivent donc la requérir immédiatement après leur entrée en fonctions.

Cette apposition pourrait paraître superflue du moment qu'il existe des syndics dont la mission est précisément de veiller à la conservation de l'actif. Nous avons vu cependant que la loi ne crée qu'une seule exception à l'obligation de faire apposer les scellés, à savoir : si l'inventaire peut être fait dans un seul jour (1). Alors, l'inventaire rend cette apposition sans objet, et réunit à l'économie de temps celle des frais. Mais lorsqu'il s'agit d'un mobilier important qui exige plusieurs jours pour être inventorié, l'apposition des scellés a l'avantage de placer l'universalité des objets sous la main immédiate de la justice, et d'empêcher tout détournement, soit avant, soit pendant l'inventaire.

Peu de syndics accepteraient la responsabilité d'un mobilier, de marchandises, de valeurs, laissés sans précaution dans le domicile du failli. A la chance d'un détournement possible par celui-ci ou par sa famille, se joindrait celle d'être en butte à des soupçons de la part des créanciers, soupçons qu'il convient surtout de ne pas exciter.

En conséquence, autant dans l'intérêt de leur honneur, que dans celui des créanciers, les syndics devront se hâter de se conformer littéralement à cette

_____

(1). Vid art. 455.

disposition de la loi, et dès leur entrée en fonctions, requérir que les scellés soient apposés, s'ils ne l'ont été déjà.

Or, cela arrivera le plus souvent, car le jugement qui déclare la faillite nomme en même temps les syndics provisoires. Ceux-ci pouvant, s'ils acceptent, entrer immédiatement en fonctions, il sera difficile que le juge de paix les ait prévenus dans l'accomplissement de cette formalité; à moins qu'usant de la disposition de l'article 447, ce magistrat n'ait apposé les scellés avant le jugement déclaratif.

255. Nous avons dit sous l'article 458, que le juge de paix, agissant d'office, soit avant, soit après le jugement déclaratif, doit apposer les scellés sur tout ce qui se trouve au domicile du failli, sans en rien excepter. Il n'en est plus de même, lorsque l'apposition est faite à la réquisition des syndics. Elle doit dans ce cas être combinée avec les besoins du failli, ceux de sa famille, avec l'intérêt des créanciers.

256. Ainsi les syndics pourront, avec l'autorisation du juge-commissaire, excepter des scellés, les vêtemens, hardes, meubles et effets nécessaires au failli et à sa famille et dont il leur sera fait remise.

Le Code de commerce n'autorisait la délivrance de ces objets qu'après le contrat d'union. On retardait ainsi sans aucune nécessité et pour un temps indéfini cet acte d'humanité. Quels que puissent être les torts du failli, la faveur qui s'attache à une grande catastrophe ne devait pas permettre qu'on le laissât dans le dénûment le plus absolu, qu'on privât sa famille des objets de première nécessité. Et cela sans aucun avantage pour les créanciers.

On peut au contraire aujourd'hui faire au début de la faillite ce qu'on ne faisait autrefois qu'à la fin. Ainsi le bienfait acquiert une plus grande portée de la promptitude que l'on met à le réaliser. Et c'est pour que rien ne le retarde qu'on a permis de ne pas même apposer les scellés sur les objets à délivrer.

257. La quotité, l'importance de ces objets doivent être calculées sur la position sociale qu'occupait le failli, sur le nombre de personnes qui composent sa famille. On ne doit cependant pas oublier que la loi n'entend accorder que le nécessaire ; et que pousser la générosité jusqu'au superflu, serait outrepasser ses intentions (1).

258. C'est sur l'état dressé par les syndics que la délivrance est ordonnée. Cet état n'est nécessaire que pour les vêtemens, hardes, meubles et effets pris sur l'actif ; en d'autres termes, pour ceux appartenant directement au failli. Il résulte de là que les effets personnels aux divers membres de la famille ne doivent point figurer sur cet état, malgré qu'ils soient restituables intégralement à leur propriétaire.

259. Il faut cependant excepter le trousseau de la femme. Comme la moins-value en sera supportée par les créanciers, les objets qui le composent ne sont délivrés qu'après avoir été non-seulement décrits, mais encore estimés à la diligence des syndics.

260. En vertu de l'art. 453, l'ordonnance du juge qui autorise la délivrance n'est susceptible d'aucun recours.

261. Le juge – commissaire peut encore, sur la demande des syndics , les dispenser de mettre sous les scellés : 1° les objets sujets à dépérissement prochain ou à dépréciation imminente ; 2° ceux servant à l'ex-

_____

(1) Vid. art. 474.

ploitation du fonds de commerce, lorsque cette exploitation ne pourrait être interrompue sans préjudice pour les créanciers.

Cette exception à la règle générale est, on le voit, tout entière dans l'intérêt des créanciers. Ce n'est pas tout que de veiller à la conservation matérielle du gage, il importe de l'administrer le plus utilement possible, et surtout d'empêcher tout ce qui tendrait à en diminuer la valeur. Les syndics doivent donc se faire remettre, de suite, tout ce qui ne pourrait sans péril être conservé plus longtemps.

D'un autre côté, la jouissance non interrompue des objets servant à l'exploitation du fonds de commerce, peut être d'une utilité immense. Souvent dans les petites faillites on sauve ce qu'il y a de plus clair dans l'actif, en empêchant seulement pendant quelques jours l'interruption du commerce. C'est la prévision de cet état de choses qui a fait introduire dans l'art. 469 la disposition dont nous nous occupons.

262. Dans tous les cas prévus par l'article 469, l'urgence qui motive pour les objets y relatés l'exemption des scellés, est telle, que si avant l'acceptation des syndics et leur intervention, le juge de paix les avait compris dans l'apposition, l'extraction pourrait en être demandée et autorisée. Il y serait procédé par le juge de paix à la première réquisition des syndics.

263. Dans le cas d'exemption, comme dans celui d'extraction, les objets ne sont livrés aux syndics qu'à la charge par eux d'en faire un inventaire descriptif et estimatif. Il faut cependant distinguer entre les hardes, meubles et effets à délivrer au failli, et les autres objets dont parle l'article 469. Les premiers sont affran-

chis de toute estimation. La raison en est, qu'une fois
remis au failli, ces effets sont pour toujours sortis de
l'actif, et que les créanciers ne peuvent plus en exiger
ni la représentation en nature, ni leur valeur. Il suffit
donc que l'état que doivent en dresser les syndics en
fasse connaître la quantité et la qualité, pour pouvoir
plus tard être utilement consulté lorsqu'il s'agira de
fixer les secours qui doivent être fournis au failli et à sa
famille.

Mais il en est autrement des objets extraits ou exceptés des scellés pour cause de dépérissement prochain ou de dépréciation imminente. Ceux-ci, comme
ceux employés à l'exploitation du commerce, ne sont
livrés aux syndics qu'à la charge de les représenter en
nature, ou d'en supporter la valeur. Il importe, dès
lors, de fixer cette valeur, au moment même de la
délivrance, par un inventaire régulier.

264. Cet inventaire est rédigé par les syndics en présence du juge de paix qui en signe le procès-verbal. La
prisée est faite par les syndics ou par telle personne désignée conformément à l'article 480.

ARTICLE 470.

La vente des objets sujets à dépérissement ou à dépréciation imminente, ou dispendieux à conserver, et
l'exploitation du fonds de commerce, auront lieu à la diligence des syndics, sur l'autorisation du juge-commissaire.

SOMMAIRE.

263. Les objets sujets à dépérissement ou à dépréciation extraits des
scellés doivent être immédiatement vendus avec l'autorisation du juge-commissaire.

265. L'exemption ou l'extraction des scellés, pour les
objets sujets à dépérissement, ne pouvait avoir qu'un
but : celui de permettre aux syndics d'en réaliser la
valeur. Ils doivent, en conséquence, le plus promple-
ment possible, en opérer la vente par l'une des voies
prescrites par l'article 486.

L'obligation de faire autoriser la vente par le juge-
commissaire, que la loi impose aux syndics, pourrait paraître superflue. La qualité de la marchandise étant
fixée par l'autorisation donnée de l'extraire des scellés,
la nécessité de la vendre est, par cela seul, démontrée.
Cette seconde autorisation n'est donc qu'un redouble-
ment de précautions contre l'erreur qu'on aurait pu
d'abord commettre sur la nature des objets extraits des
scellés.

Il est certain, en effet, et nous le justifierons en
examinant l'article 486, que la loi, surtout en ce qui
concerne les marchandises, n'a voulu permettre de
vendre, dès l'abord, que celles qui seraient réellement
sujettes à dépérissement ou à dépréciation. C'est pour
assurer l'exécution de cette volonté, qu'elle l'a placée
sous l'égide d'une double autorisation.

266. Aux objets sujets à dépérissement ou dépréciation, la loi ajoute ceux qui seraient dispendieux à conserver ; tels seraient les animaux domestiques, les chevaux de luxe, ceux attachés à l'exploitation d'une usine, que l'intérêt des créanciers ne permettrait pas d'exploiter. L'urgence de la vente ne saurait être mise en doute ; le juge-commissaire doit donc l'autoriser : elle doit être précédée d'un inventaire estimatif.

267. Le produit de ces diverses ventes est destiné à faire face aux premiers frais. Mais s'il excède les besoins, ou si les espèces trouvées en caisse sont suffisantes, il est en tout ou en partie déposé dans les trois jours à la caisse des consignations.

268. L'art. 404 du Code de commerce autorisait les agens à vendre même les marchandises non dépérissables, à la condition néanmoins d'obtenir l'autorisation du tribunal de commerce. Cette disposition spéciale à l'agence n'a pas été reproduite par la loi actuelle et ne devait pas l'être. Les syndics provisoires ou définitifs peuvent aujourd'hui vendre les marchandises non dépérissables, à quelque époque que ce soit, et à plus forte raison, si cette vente était nécessitée par le besoin de fournir aux frais. L'article 486 règle les formalités à remplir et le mode à suivre pour y parvenir. Il n'y a donc plus lieu à d'autre autorisation que celle du juge-commissaire.

269. Nous avons dit, dans l'article précédent, que l'exploitation du fonds de commerce du failli peut être utile pour la masse. Cette utilité est appréciée par le juge-commissaire dont les syndics sont tenus de rapporter l'autorisation.

La faculté d'exploiter s'étend à toutes les usines sus-

ceptibles de l'être (1). Mais l'autorisation ne constitue
qu'un acte de juridiction gracieuse et n'a aucun caractère judiciaire. Il en résulte que malgré que l'article 470
ne s'explique point sur le recours à exercer par qui de
droit, l'opportunité de la mesure qu'elle sanctionne
peut être discutée.

270. Elle peut l'être par les créanciers. Ils peuvent
craindre de voir l'actif délaissé par le failli, subir encore une perte considérable, et préférer le partager tel
quel, plutôt que de le soumettre à de nouveaux ha-
sards. Elle peut l'être encore par le failli. C'est à ses
risques que l'exploitation se poursuit ; il n'est déchargé
envers les créanciers que jusqu'à concurrence de ce qui
leur est réellement payé. Or, si l'actif de la faillite, au
lieu d'être réparti, est engagé dans de nouvelles spéculations, il ne pourra plus tard obtenir sa réhabilitation,
qu'en rendant les créanciers indemnes des résultats fâcheux que ces spéculations auront entraînées.

L'opposition du failli serait donc recevable au même
titre que celle des créanciers. Le juge-commissaire doit
même examiner mûrement les motifs sur lesquels elle
serait fondée, car, éclairé par sa propre expérience, le
failli est beaucoup plus à même de connaître les inconvéniens et les chances défavorables que l'exploitation
peut rencontrer.

271. L'opposition, soit des créanciers, soit du failli,
est jugée dans les formes prescrites par l'article 466,
c'est-à-dire en premier ressort par le juge — commissaire, et, sur l'appel de la partie condamnée, par le tribunal de commerce.

272. Au reste, l'autorisation d'exploiter le commerce

(1) Rapport de M. Tripier, à la chambre des pairs, session de 1856.

ne peut s'entendre que dans le sens d'une liquidation
progressive et non dans celui d'une continuation réelle
du commerce. Ainsi les syndics pourraient faire les
achats indispensables pour faciliter la vente des marchandises existantes en magasin, ou confectionner les
produits d'une usine pour en favoriser l'écoulement.
Mais ils ne devraient pas se livrer à des spéculations dont
le résultat pourrait être de compromettre l'actif confié
à leurs soins. C'est ainsi que la cour royale d'Aix a jugé
en 1822, dans la faillite Segond, que les syndics n'a-
vaient pas le droit de réaliser l'expédition d'un navire
préparée par le failli, et sur le point d'être effectuée au
moment où la faillite fut déclarée (1).

273. Il est vrai que l'on pourrait vouloir établir le
contraire en invoquant l'article 532. Il est certain, en
effet, que dans l'hypothèse de cet article, les syndics
peuvent être autorisés à exploiter le commerce dans
toute l'acception ordinaire de ce mot. Il faudrait donc,
dans ce cas, adopter une solution contraire à celle que
nous venons d'indiquer. Mais cette différence, loin d'affaiblir celle-ci, en fait ressortir l'exactitude, lorsque
l'on en recherche les motifs.

Ces motifs sont dans la position bien distincte des
parties dans l'un et l'autre cas. Dans l'espèce de l'article 532, l'union vient d'être formée. La dépossession
du failli en faveur des créanciers est complète. Ceux-ci
sont appelés à régler la disposition ultérieure d'objets
leur appartenant, à déterminer la *durée* et *l'étendue* du
mandat qu'ils confèrent eux-mêmes ; rien ne s'oppose
dès lors à ce que ce mandat n'ait d'autres limites que
celles qu'il leur conviendra de fixer.

(1) Dalloz A., tom. 8, pag. 112.

Dans l'hypothèse de l'article 470 , au contraire, les
créanciers ne sont et ne peuvent être consultés. Ce sont
les syndics qui veulent exploiter ; c'est le juge-commissaire qui les y autorise. On dispose donc de la chose
d'autrui sans l'aveu et peut-être contre l'intention des
parties intéressées. Un motif d'utilité évidente a bien
pu faire admettre cette faculté contraire à tous les principes, mais la raison indique qu'on ne pourrait jamais
aller au delà du provisoire ni permettre que son exercice pût compromettre l'avenir des créanciers.

Ce que la loi a voulu dans cette période de la faillite,
c'est d'empêcher que par une trop brusque interruption
du commerce on ne jetât la perturbation dans les affaires
du failli. C'est donc une exploitation conservatoire
qu'elle a décrétée, en attendant que, conformément à
l'article 532, les créanciers fussent en état de pourvoir
définitivement à ce qu'exige leur intérêt. Il n'y a donc
aucune contradiction entre cet article 532 et l'article
470 tel que nous l'interprétons.

ARTICLE 471.

Les livres seront extraits des scellés et remis par le
juge de paix aux syndics, après avoir été arrêtés par lui;
il constatera sommairement, par son procès-verbal,
l'état dans lequel ils se trouveront.

Les effets de portefeuille à courte échéance ou susceptibles d'acceptation, ou pour lesquels il faudra faire des
actes conservatoires, seront aussi extraits des scellés par
le juge de paix, décrits et remis aux syndics pour en faire
le recouvrement. Le bordereau en sera remis au juge-
commissaire.

Les autres créances seront recouvrées par les syndics

sur leurs quittances. Les lettres adressées au failli seront remises aux syndics, qui les ouvriront; il pourra, s'il est présent, assister à l'ouverture.

SOMMAIRE.

274. Cet article statue sur trois objets également importants : 1° la remise des livres aux syndics ; 2° celle des effets à courte échéance ou pour lesquels il y a

des mesures conservatoires à prendre ; 3° la réception
et l'ouverture des lettres adressées au failli.

275. La possession immédiate des livres est d'une
absolue nécessité pour l'accomplissement des opérations
dévolues aux syndics et au juge-commissaire. Les livres
renferment tous les renseignemens tant sur le chiffre
des créances, que sur le nom des créanciers et leur demeure. Ils sont donc indispensables pour la convocation
que le juge doit réaliser, pour la formation du bilan,
pour le contrôle de celui dressé par le failli. Enfin, leur
connaissance doit répandre le plus grand jour sur le caractère et les causes de la faillite.

Cette possession n'est pas moins utile en ce qui concerne les créances actives de la faillite que les syndics
doivent recouvrer. C'est, en effet, là que l'on rencon-
trera les indications sans lesquelles le recouvrement serait difficile ou même impossible. Il convenait donc,
dans le véritable intérêt des créanciers, de consacrer le
droit que les mandataires choisis par la justice ont,
dès leur entrée en fonctions, d'exiger la remise entre
leurs mains des livres et écritures.

276. La loi en autorise l'extraction immédiate des
scellés. Elle ne s'explique pas sur le point de savoir
s'ils peuvent en être exceptés, mais il n'est pas douteux que si le juge de paix n'accède que sur la réquisition des syndics, il est complètement inutile d'apposer
les scellés sur les livres.

277. Dans ce cas, comme dans celui d'extraction, les
livres sont remis aux syndics par le juge de paix après
avoir été arrêtés par lui. Ces mots n'ont pas ici la même
signification que dans l'article 475. Pour ce qui concerne le juge de paix, arrêter les livres, c'est en cons-

tater l'état matériel de manière à les rendre inaltérables;
ainsi mention de cette opération est faite sur la dernière feuille écrite par le failli. S'il existe des blancs,
le magistrat les bâtonne et les paraphe pour qu'on ne
puisse plus tard les remplir.

Il est dressé procès-verbal de cette opération et de la
remise aux syndics. Ce procès-verbal résume sommairement l'état des livres, indique s'ils sont écrits d'un
seul trait ; le nombre de feuillets laissés en blanc, et
les bâtonnemens qui auraient été faits avant son examen.

278. Cette opération doit être faite dans le plus
bref délai possible. Le juge de paix doit y procéder
sans désemparer. Il résulte de la discussion à la chambre des députés que ce magistrat ne peut, sous aucun
prétexte, et pour quelque cause que ce soit, déplacer les
livres, ni les faire transporter chez lui.

279. L'obligation de faire arrêter les livres et d'en
constater l'état, par le juge de paix, est absolue. Elle
n'admet aucune exception ; elle doit donc être exécutée
même dans le cas où, conformément à l'art. 455, il n'y
aurait pas lieu à apposition des scellés. La mission du
juge se bornerait alors à la rédaction du procès-verbal de
cette double formalité.

280. L'apposition des scellés n'est requise que dans
l'intérêt de la masse. Elle produirait souvent un effet
contraire, si avant d'y procéder on ne vérifiait les valeurs contenues dans le portefeuille, pour en extraire
celles à courte échéance, ou pour lesquelles il y aurait
des mesures conservatoires à prendre , ou une négociation à opérer.

On sait quelles sont les exigences de la loi relativement aux lettres et billets commerciaux. Un retard de vingt-quatre heures peut en compromettre le sort, en altérer la valeur, en déchargeant, par l'absence de protêt à l'échéance, les endosseurs de toute responsabilité. Or, c'est précisément pour parer à des déchéances de cette nature que les syndics provisoires sont institués ; il ne faut donc pas qu'ils trouvent, dans les précautions ordonnées en faveur de la masse, un obstacle à l'exercice de leur mission.

Il était en conséquence rationnel de les autoriser à faire extraire ou affranchir des scellés toutes les valeurs dont l'échéance est imminente ou accomplie. Celles susceptibles d'acceptation, celles qui nécessiteraient des mesures conservatoires, et enfin les remises à faire encaisser sur une autre place. Les unes et les autres doivent leur être à l'instant remises par le juge de paix, sans qu'ils aient besoin de requérir l'autorisation du juge-commissaire.

281. Mais avant de les livrer, le juge de paix doit en rédiger un état descriptif. Cet état énonce nominativement chacune d'elles, le nom du souscripteur, l'échéance, le lieu où elles doivent être payées et les diverses sommes pour lesquelles elles ont été souscrites ; il est signé par le juge de paix et par les syndics, pour lesquels cette signature vaut chargement, et remis ensuite au juge-commissaire.

282. Nantis de ces effets, les syndics en poursuivent le recouvrement sous leur responsabilité. Ils font tous actes conservatoires, requièrent tous protêts à défaut d'acceptation ou de paiement, exercent tout recours. Ils négocient les remises payables en d'autres lieux. La perte de ces négociations au taux de la place est par eux

portée en dépense à la charge des créanciers. Elle est justifiée au moyen du bordereau de négociation qui est joint comme décharge à leur compte de gestion.

283. Toutes les autres sommes dues au failli, dont il n'existe d'autres titres que la mention sur les écritures, sont recouvrées par les syndics sur leur seule quittance. Sous l'empire du Code de commerce les agens ne pouvaient faire ces recouvremens qu'avec le visa du juge-commissaire. La loi nouvelle a affranchi les syndics provisoires de l'obligation de rapporter ce visa qui était une entrave à l'administration, sans utilité marquée. Cette modification était d'ailleurs une conséquence de la suppression de l'agence et des idées consacrées par la loi nouvelle sur l'institution du syndicat.

284. Le montant de ces recouvremens doit être pour l'excédant des sommes nécessaires pour les frais versé dans la caisse des dépôts et consignations dans le délai de trois jours. Cependant, comme les effets négociés peuvent venir à retour, les syndics peuvent se faire autoriser par le juge-commissaire à garder en caisse des fonds suffisans pour en opérer le remboursement.

285. Le respect dû au secret des lettres a été de tout temps une prescription impérieuse chez les peuples policés. C'est un crime que de s'immiscer dans une correspondance, d'en surprendre les secrets au mépris de la foi publique qui est chargée de leur transmission. Ce principe, si éloquemment défendu par notre immortel Mirabeau, devait-il recevoir exception en matière de faillite? Ce n'est pas sans hésitation que cette question a été résolue par l'affirmative. La faillite compromet tant et de si graves intérêts que l'on a cru devoir sacrifier la rigueur de cette loi à l'espérance d'une réparation que

la connaissance de la correspondance pouvait amener.

Le Code de commerce, et après lui la loi actuelle ont donc ordonné que les lettres adressées au failli seraient remises aux syndics tant que durent les opérations de la faillite. Cependant, pour concilier autant que possible ce qu'exigeait la position du failli, avec le respect dû au secret de la correspondance, on a laissé à celui-ci le droit d'assister à leur ouverture, s'il est présent au siége de la liquidation.

286. Toutefois la loi de 1838 a modifié la disposition du Code. L'art. 463 de celui-ci portait : les agens ouvriront les lettres si le failli est absent ; s'il est présent il assistera à leur ouverture. Ces termes présentaient cet inconvénient, que le droit d'ouvrir les lettres n'était absolu que si le failli était absent ; d'où la conséquence que lorsqu'il était présent son assistance était un droit, et qu'on ne pouvait passer outre qu'après l'avoir mis en mesure de l'exercer. Cette interprétation rigoureuse du texte pouvait n'avoir pas été dans l'intention de la loi, mais elle était de nature à amener des difficultés.

Toute équivoque est désormais impossible. L'art. 471 donne aux syndics le droit absolu d'ouvrir les lettres dans tous les cas. Le failli *pourra* y assister s'il est présent. La substitution de ce mot à celui du Code, *assistera*, fixe la nature du droit qui lui est réservé. C'est une simple faculté que le failli exercera ou non, selon qu'il le jugera convenable, sans que les syndics aient jamais à le mettre en demeure de le faire.

287. Pour l'exécution de cette disposition de la loi, les syndics doivent transmettre au directeur du bureau de la poste du canton une expédition du jugement dé-

claratif. Sur le vu de cette expédition, et conformément à l'art. 73 de l'instruction générale sur le service
des postes, du 28 avril 1808, les directeurs et facteurs
sont tenus de remettre aux syndics les lettres adressées
au failli.

288. Au reste, le but de cette mesure n'étant que de
mettre les syndics à même de connaître parfaitement
toutes les affaires de la faillite, il en résulte que c'est
uniquement la correspondance relative à ces affaires
que la loi a voulu mettre en leur possession. En conséquence, toutes les lettres étrangères au commerce du
failli devraient lui être immédiatement restituées. Celui-
ci aurait le droit de contraindre à cette restitution, si
elle n'était amiablement consentie. Le juge-commissaire
serait compétent pour l'ordonner ; mais il est évident
que ce droit ne pourrait s'exercer qu'après l'ouverture
des lettres. Ce n'est qu'alors, en effet, qu'on saura si
elles sont ou non étrangères aux opérations du failli.
Permettre la revendication avant cette ouverture, c'é-
tait autoriser un procès à la réception de chaque lettre.

ARTICLE 472.

Le juge-commissaire, d'après l'état apparent des affaires du failli, pourra proposer sa mise en liberté avec
sauf-conduit provisoire de sa personne. Si le tribunal
accorde le sauf-conduit, il pourra obliger le failli à fournir caution de se représenter, sous peine de paiement
d'une somme que le tribunal arbitrera, et qui sera dévolue à la masse.

ARTICLE. 473.

A défaut, par le juge-commissaire, de proposer un
sauf-conduit pour le failli, ce dernier pourra présenter

sa demande au tribunal de commerce, qui statuera, en audience publique, après avoir entendu le juge-commissaire.

SOMMAIRE.

15

289. Le failli incarcéré en vertu du jugement déclaratif ne doit pas, si la faillite n'est que le résultat de
malheurs réels, attendre dans les prisons la fin de la
liquidation. Le débiteur de bonne foi doit trouver dans
la perte de ses biens de quoi racheter sa liberté, qu'on
ne saurait lui ravir avec justice que s'il avait mérité de
la perdre.

Déjà dans un but d'humanité. le législateur a soustrait la personne du failli aux exécutions individuelles
de ses créanciers. La contrainte prononcée par le jugement qui déclare la faillite, absorbe et anéantit toute
contrainte préexistante. La masse seule aurait-elle le
droit de rester impitoyable, et de perpétuer, sans utilité
pour elle, une détention imméritée?

La loi ne s'est pas montrée cruelle à ce point. Elle
tolère, elle ordonne même l'emprisonnement, dans le
début de la faillite, alors qu'elle peut présumer l'existence d'un crime ou d'un délit, dont la société doit obtenir réparation ; mais infliger une peine, lorsqu'il n'y a
que malheur, répugnerait à sa dignité, à sa justice.

290. Ce sentiment de la loi nous est divulgué par la
disposition qui charge le juge-commissaire de proposer
lui-même la mise en liberté provisoire du failli. On devait en effet se méfier de la juste irritation que les créanciers éprouvent de la perte qu'une faillite, quelles
qu'en soient les causes, leur fait essuyer. Aussi, est-ce
au surveillant légal de la faillite qu'on laisse le soin
de concilier l'intérêt de la liquidation avec les sentimens d'humanité que la position du failli est de nature à
exiger.

En conséquence, le juge – commissaire, après avoir
pris connaissance sommaire de l'état des affaires, pourra,

s'il présume le malheur et l'absence de fraudes, requérir du tribunal de commerce la mise en liberté avec sauf-conduit en faveur du failli.

291. La délivrance du sauf-conduit n'est pas un bénéfice exclusif au failli incarcéré. Elle peut être accordée à celui qui a abandonné son domicile pour se soustraire aux recherches de ses créanciers et de la justice. On peut, en effet, quoique de très bonne foi, reculer devant un emprisonnement qui, ne fût-il que d'un seul jour, n'en blesse pas moins la susceptibilité d'une position sociale, irréprochable jusque-là. On ne saurait donc punir de sa fuite celui qui n'a eu en vue que de s'y soustraire. D'ailleurs, l'intérêt des créanciers le voulait ainsi. La présence du failli peut être d'une grande utilité pour la liquidation, et l'on comprend qu'un sauf-conduit est le plus puissant moyen de l'obtenir.

292. Le juge-commissaire peut user de l'initiative que lui laisse la loi, à quelque'époque qu'il jugera utile de le faire. Cependant il fairait prudemment d'attendre la levée des scellés et la confection de l'inventaire. Cette opération peut fournir des notions certaines sur le caractère de la faillite, et le retard de deux ou trois jours qu'elle occasionnera sera plus que compensé par l'avantage de pouvoir agir avec une plus grande connaissance de cause.

293. Au reste, à quelque époque que le sauf-conduit soit accordé, il n'est et ne peut être que provisoire. Il eût été imprudent de renoncer d'avance, d'une manière définitive, à toute détention ou autres mesures personnelles, lorsque des renseignemens ultérieurs, lorsque des faits mis en évidence par la liquidation, il

pourrait naître des présomptions ou des preuves de
mauvaise foi.

294. Cette éventualité est inséparable du pouvoir
accordé au juge-commissaire de proposer la délivrance
d'un sauf-conduit sur l'état apparent des affaires. Une
base aussi faillible ne pouvait autoriser une mesure qui
laisserait la justice désarmée en présence de la fraude.
Aussi ne s'est-on pas borné à donner au sauf-conduit
un caractère provisoire ; on a en outre autorisé le tribunal à exiger une caution pour la garantie des obligations que son obtention impose au failli.

Le chiffre et la forme de ce cautionnement doivent
être fixés par le tribunal. Le jugement doit décider si
la caution sera hypothécaire, ou seulement personnelle,
ainsi qu'on le pratique en matière commerciale, ou bien
si la somme fixée doit être déposée réellement. Dans
tous les cas, la mise en liberté, si le failli est détenu, ne
sera effectuée qu'après que la disposition du jugement
sur le cautionnement aura été littéralement exécutée.

C'est contre les syndics que cette exécution doit être
poursuivie. En conséquence la caution désignée, si elle
est personnelle ou hypothécaire, est obligée de les assigner en réception. Faute par le failli de se représenter
dans les cas où la loi lui en fait un devoir, le montant
du cautionnement est définitivement acquis à la masse.

295. Si le failli avait été incarcéré avant sa faillite,
à la requête d'un ou de plusieurs créanciers, l'obtention du sauf-conduit n'en détermine pas moins son élargissement immédiat. Non-seulement la déclaration de
faillite empêche tout exercice ultérieur de la contrainte
individuelle, mais elle amène encore de plein droit la
cessation de celle qui a été réalisée. La contrainte par

corps n'est consacrée que comme moyen de forcer le
débiteur à se libérer. Elle suppose donc que cette libération est praticable ou possible. Or, après la faillite, le
failli dessaisi, et de fait et de droit, de l'universalité de
ses biens ne peut plus payer ; le voudrait-il, qu'il ne
pourrait le faire utilement pour le créancier, car il n'est
pas douteux que celui-ci ne fût obligé à rapporter à la
masse tout ce qu'il aurait reçu en dehors des répartitions auxquelles la liquidation de l'actif donnera lieu.

Devant cette impossibilité matérielle et légale tombent
les droits des créanciers. L'emprisonnement du failli ne
peut se continuer qu'en vertu du jugement déclaratif.
A dater de ce moment c'est la masse qui supporte seule
la consignation des alimens. Or, l'effet du sauf-conduit
étant de suspendre l'exécution de ce jugement, rien ne
met obstacle à la mise en liberté immédiate (1).

296. Mais le créancier qui a fait incarcérer le failli
peut s'opposer à la délivrance du sauf-conduit ; il est
en conséquence recevable à intervenir pour faire ordonner qu'il n'y a pas lieu à l'accorder. Pourra-t-il
émettre appel du jugement qui, nonobstant son opposition, décerne le sauf-conduit ? ou à défaut d'intervention de sa part, former opposition à la décision rendue sur la proposition du juge-commissaire ou sur la
demande du failli ?

La controverse qui s'était établie sur ces questions,
sous l'empire du Code, ne peut plus se renouveler.
La loi actuelle l'a tranchée par son art. 583. Les jugemens qui statuent sur les demandes de sauf-conduit, ne

(1) Vid. le résumé de la jurisprudence sur ce point. Dalloz jeune,
Dict. gén. v° faillite, n°ˢ 203, 204, 205 et suiv.

sont susceptibles ni d'opposition, ni d'appel, ni de pourvoi en cassation.

297. Les syndics sont recevables à contester l'opportunité de la mise en liberté ; mais ils ne peuvent le
faire que comme le créancier lui-même, c'est-à-dire en
intervenant sur la proposition dont le juge a investi le
tribunal. Ils n'auraient aucun recours après la prononciation du jugement.

298. A défaut par le juge-commissaire d'user de la
faculté que lui laisse l'art. 472, le failli est autorisé à
demander lui-même au tribunal soit sa mise en liberté,
soit un sauf-conduit. Il est statué sur cette demande
en audience publique et sur le rapport du juge-commissaire. Les syndics et le créancier qui aurait fait incarcérer le failli peuvent s'opposer à l'admission de la
demande ; mais le jugement qui intervient est définitif
et ne peut être attaqué ni par le failli, ni par les syndics,
ni par le créancier.

299. La délivrance d'un sauf-conduit impose au failli
des obligations impérieuses ; entre autres, celle de se représenter toutes les fois que sa présence sera utile ou
nécessaire. La violation de ces obligations peut entraîner
la révocation immédiate du sauf-conduit.

300. La révocation s'opère de plein droit par l'expiration du délai qui a été fixé, si la durée du sauf-conduit a été limitée par le jugement. Mais si le sauf-conduit a été accordé pour assister aux opérations de la
faillite, le terme de sa durée n'est échu qu'après la dissolution de l'union et le compte des syndics, quelque
long que fût l'intervalle écoulé depuis son obtention (1).

(1) Paris, 12 février 1817; Dalloz A., tom. 8, pag. 94.

301. La révocation du sauf-conduit peut, en outre, être prononcée, si le failli abuse de la liberté qui lui a été laissée, ou si de nouveaux renseignemens le rendent suspect de banqueroute. On ne doit jamais oublier que le sauf-conduit n'est qu'une récompense que la loi accorde à la bonne foi, et qu'il serait impolitique et injuste de l'étendre à la mauvaise foi ou à la fraude.

302. La révocation est poursuivie dans les formes adoptées pour la délivrance. Ainsi lorsqu'il y a lieu à la prononcer, le juge-commissaire en fait la proposition au tribunal qui décide s'il convient ou non de l'admettre.

A défaut de proposition de la part du juge-commissaire, la révocation peut être réclamée par les syndics ou par les créanciers. Si les uns et les autres gardent le silence, elle peut être ordonnée d'office par le tribunal (1).

L'effet de la révocation est de replacer le failli sous le coup de la disposition du jugement qui ordonne le dépôt de sa personne dans la maison d'arrêt pour dettes. Il est en conséquence obligé de se reconstituer prisonnier. A défaut de cette constitution, sa réintégration dans la maison d'arrêt est poursuivie par le procureur du Roi ou par les syndics.

303. Le failli, avons-nous dit, en acceptant le sauf-conduit, s'engage à se représenter toutes les fois qu'il en sera requis. Cet engagement s'applique même au cas de révocation. En conséquence, si lorsque celle-ci a été prononcée, le failli prend la fuite, les cautions ordonnées et admises doivent compter aux syndics les sommes pour lesquelles elles se sont obligées, et qui demeurent acquises à la masse.

(1) Pardessus, n° 1149, Locré, tom. 6. pag. 137.

304. Dans le cas de révocation, comme dans celui de refus du sauf-conduit, le failli reste emprisonné jusqu'à la signature du concordat, et en cas d'union, tant que celle-ci n'est pas dissoute. Peu importe que dans cet intervalle, il ait été condamné comme banqueroutier, l'expiration même de la peine qui lui aurait été infligée n'aurait pas pour résultat son élargissement (1).

Les droits de la masse contre la personne du failli, suspendus par le sauf-conduit, ne cessent qu'avec la liquidation de la faillite. Jusques-là les besoins de cette liquidation peuvent exiger le concours et la présence du failli. Ce n'est que lorsque les répartitions de l'universalité de l'actif ont été réalisées, et ont amené la dissolution de l'union, qu'il n'y a plus de faillite, plus de masse, et que l'emprisonnement, au nom de celle-ci, n'est plus possible. Mais alors, l'article 539 rend à chaque créancier l'exercice de leurs droits individuels dont les avait privés la déclaration de la faillite.

305. Le failli ne peut donc avant ce moment obtenir sa mise en liberté que par un sauf-conduit. Il peut le demander à toute époque, et alors même qu'il aurait déjà éprouvé un ou plusieurs refus. On comprend qu'arrivés à une certaine période de la faillite, à l'union, par exemple, les motifs qui ont déterminé ces refus peuvent ne plus exister. Ainsi la vindicte publique aura été satisfaite : il y aura eu absence de poursuites, acquittement ou condamnation subie. L'intérêt des créanciers peut même exiger la mise en liberté qui exonèrera la masse de l'obligation de consigner les alimens. La continuation forcée de l'emprisonnement ne répondrait donc à aucun besoin.

(1) Cass. 9 novembre 1824. D. P. 24. 1. 506.

Ainsi l'article 472 ne s'applique pas exclusivement aux premiers momens de la faillite. Le juge-commissaire, le failli, les syndics, les créanciers peuvent en tout temps en poursuivre l'exécution, en revendiquer le bénéfice. Des refus successifs de la part du tribunal ne formeraient aucun obstacle à l'admission ultérieure de ces réclamations.

306. Nous croyons inutile de faire observer que tant que la peine prononcée contre le banqueroutier n'a pas été subie, le tribunal n'a pas le droit de faire cesser l'emprisonnement par un sauf-conduit. Il en serait de même si le failli simplement poursuivi n'avait pas été jugé, ou renvoyé par la chambre du conseil. Dans ces deux cas le failli est à la disposition absolue de l'autorité publique, et la faculté donnée aux tribunaux de commerce par les articles 472 et 473, se trouve forcément suspendue.

ARTICLE 474.

Le failli pourra obtenir pour lui et sa famille, sur l'actif de sa faillite, des secours alimentaires, qui seront fixés, sur la proposition des syndics, par le juge-commissaire, sauf appel au tribunal en cas de contestation.

SOMMAIRE.

307. Causes qui déterminent l'allocation d'un secours.
308. Son opportunité au début de la faillite.
309. La détermination de la somme à allouer appartient au juge-commissaire, sur la proposition des syndics.
310. Le failli peut s'adresser au juge-commissaire, à défaut d'initiative des syndics.
311. Le juge-commissaire n'est nullement lié par l'avis des syndics. Causes qui doivent influer sur sa décision.
312. Sa décision ne peut être attaquée que par voie d'appel devant le tribunal de commerce.

307. La ruine complète qui résulte d'une faillite, l'emprisonnement décrété contre le failli, l'impossibilité pour lui de se livrer à aucune industrie, dans les premiers momens de la faillite, peuvent nécessiter pour sa famille et pour lui l'obtention d'un secours qu'il serait par trop inhumain de lui refuser.

Déjà l'humanité avait fait décréter la remise des vêtemens, hardes, meubles et effets indispensables à la vie. Dans l'article actuel, la loi pousse plus loin la prévoyance : elle veut pourvoir à l'alimentation, après avoir fourni à l'habillement et à l'habitation.

308. C'est surtout au début de la faillite, lorsque la famille entière est sous le coup du désastre qui vient de la frapper, que la délivrance de secours de tous genres est plus pressante et plus utile. Aussi la loi actuelle a-t-elle dérogé à la législation précédente pour la remise d'une somme d'argent, comme pour les vêtemens, meubles et hardes. Le Code de commerce n'accordait les uns et les autres qu'après le contrat d'union. Le système consacré en 1838 nous paraît bien plus rationnel. Au moment de l'union, en effet, la famille, revenue du coup qui l'a frappée, peut se créer des ressources en se livrant au travail, ce qu'elle n'a ni la possibilité, ni souvent le pouvoir de faire le lendemain de l'ouverture de la faillite. Il existe donc pour cette période un besoin bien plus urgent que pour l'autre.

C'est sur cette prévision que sont basés les articles 474 et 530. Après l'union, les secours ne peuvent être accordés que si les créanciers sont d'avis d'en accorder; tandis que dans l'hypothèse de notre article, les créanciers ne sont pas même consultés.

309. C'est au juge-commissaire exclusivement que la loi s'en rapporte, sur l'opportunité de la remise d'un secours. S'il pense que l'état du failli et de sa famille l'exige, il fixe le chiffre de la somme que les syndics devront lui remettre à titre d'aliment.

C'est sur la proposition des syndics que cette décision doit être rendue. Les syndics sont encore mieux placés pour apprécier la véritable position du failli et pour juger de l'urgence des secours. Voilà pourquoi la loi leur laisse le soin honorable de provoquer une mesure que l'humanité commande. Mais il y a dans cette initiative plus encore qu'une simple faculté ; les syndics ne doivent pas hésiter à y trouver un encouragement à remplir comme un devoir, un acte de loyauté que le législateur a entendu favoriser.

310. Au reste, cette initiative des syndics n'est pas indispensable pour qu'un secours soit accordé. Ainsi, le failli peut s'adresser directement au juge-commissaire. Dans ce cas, la décision à intervenir n'est rendue qu'après que la demande a été communiquée aux syndics et sur les observations dont ils la font suivre.

311. Mais alors même que les syndics concluraient au rejet de la demande, le juge-commissaire pourrait l'accueillir. Rien ne lie sa conscience que ses propres impressions. Il lui est donc loisible de les suivre dans la détermination du secours ; seulement, ce qu'il ne doit jamais perdre de vue, c'est que ce secours n'est délivré qu'à titre d'aliment, qu'il doit donc être strictement mesuré aux besoins réels du failli et de sa famille ; qu'accorder du superflu, serait méconnaître la véritable intention de la loi.

Le juge – commissaire doit aussi prendre en grande considération le caractère de la faillite. Si les apparences sont de nature à faire supposer la fraude; si l'on peut présumer qu'il y a eu détournement de l'actif, la demande devrait être rejetée. Il convient de venir au secours de la bonne foi et du malheur. Mais si le failli a eu recours à des moyens illégaux et condamnables, toute faveur deviendrait injuste et impossible. C'est dans ce sens que la loi fait de la remise d'un secours une simple faculté et non un devoir.

312. La décision du juge n'étant rendue qu'après que les syndics ont été mis à même de s'expliquer, ne peut être censée, dans aucun cas, avoir été prononcée au profit du défaut. Aussi ne peut-elle être attaquée que par appel devant le tribunal de commerce.

313. Il existe entre l'article 474 et l'article 530, une différence qu'il convient d'expliquer. Ce dernier n'admet de recours contre la décision du juge–commissaire qu'en faveur des syndics, et seulement quant à la quotité du chiffre fixé. L'article 474, au contraire, admettant la voie de l'appel, sans déterminer la partie qui pourra l'employer, suppose que le failli est, comme les syndics, recevable à attaquer la décision.

Mais la raison de cette apparente contradiction est facile à saisir. Dans l'espèce de l'article 530, la loi laisse à ceux qui doivent le payer, le droit de donner ou de refuser un secours quelconque C'est donc une pure libéralité qu'ils exercent dans le premier cas, et ce caractère est exclusif de toute possibilité chez le failli de contester soit le principe, soit le chiffre admis par le juge-commissaire. Les créanciers seuls peuvent prétendre que ce magistrat a dépassé les limites qu'ils avaient eux-mêmes l'intention de ne pas franchir. C'est parce que cette prétention peut être fondée, que la loi a réservé aux syndics le droit de se pourvoir.

Dans l'hypothèse de l'article 474, la volonté des créanciers est inconnue. La demande du failli constitue donc un litige commun, dont la solution pouvait être, sans dangers et sans inconvéniens, soumise aux deux degrés de juridiction. On a en conséquence réservé la faculté d'appel au failli ainsi qu'aux syndics.

314. Cet appel doit être réalisé dans la forme ordinaire. La partie contre laquelle il est dirigé doit être ajournée par devant le tribunal de commerce. Quoique dépouillé de ses actions, le failli conserve la capacité d'exercer, soit en demandant, soit en défendant, celles qui sont uniquement relatives à la personne.

ARTICLE 475.

Les syndics appelleront le failli auprès d'eux pour clore et arrêter les livres en sa présence.

S'il ne se rend pas à l'invitation, il sera sommé de comparaître dans les quarante-huit heures au plus tard.

Soit qu'il ait ou non obtenu un sauf-conduit, il pourra comparaître par fondé de pouvoirs, s'il justifie de causes d'empêchement reconnues valables par le juge-commissaire.

SOMMAIRE.

315. Nature du devoir imposé aux syndics d'arrêter les livres.

316. Nécessité d'appeler le failli à cette opération.

317. La sommation de comparaître dans les 48 heures n'est pas nécessaire, si le failli est en fuite.

318. Intérêt du failli à se représenter au premier appel, surtout s'il a déjà obtenu un sauf-conduit.

319. Il ne peut se faire représenter que pour causes jugées valables par le juge-commissaire.

520. Il en est de même pour le failli qui n'a pas obtenu de sauf-conduit.

521. La crainte d'être arrêté, s'il se représentait, ne saurait constituer pour le failli, une excuse valable.

315. Nous avons déjà vu de quelle importance sont les écritures en matière de faillite. C'est par leur dépouillement qu'on connaît le secret des affaires du failli, sa véritable position, la nature et le caractère des opérations auxquelles il s'est livré. Il importe donc que les livres restent purs de toute altération, et tels qu'ils ont été laissés par le failli. C'est pour parvenir à ce résultat, que la loi n'admet leur remise entre les mains des syndics, qu'après qu'ils ont été vérifiés, décrits et arrêtés par le juge de paix.

L'article 475 fait un devoir d'arrêter les livres en présence du failli. S'agit-il dans cette circonstance de l'opération matérielle déjà déférée au juge de paix ? Évidemment non ; car si la loi n'avait eu en vue dans cet article que cette opération, sa disposition n'eût été qu'une véritable superfétation. La signature des syndics ne pouvait ajouter plus d'authenticité à la formalité déjà remplie par un magistrat. L'obligation imposée aux syndics n'eût donc constitué qu'une perte de temps inutile.

Pour les syndics, clore et arrêter les livres ne peut s'entendre que de l'obligation de balancer les comptes divers, arrêter les soldes dus, fixer la position du failli à l'égard de ceux avec lesquels il a traité ; en un mot, extraire et constater les résultats de son administration.

316. On comprend dès lors pourquoi la loi fait un devoir aux syndics d'appeler le failli. Une opération de ce genre l'intéresse trop vivement pour qu'il ne soit pas au moins mis en demeure de la suivre pour en as-

surer l'exactitude. Son concours est d'ailleurs dans l'intérêt de tous. Des notes non encore transcrites peuvent exister, des renseignemens sur telles ou telles opérations peuvent être indispensables, lui seul peut donner ces renseignemens, rendre ces notes intelligibles, et concourir ainsi à la certitude si désirable dans les opérations des syndics.

Ceux-ci doivent donc l'appeler, et si cette invitation reste sans effet, le sommer de comparaître dans les 48 heures au plus tard.

317. Cette sommation serait-elle nécessaire, si le failli était en fuite? Nous ne le pensons pas. La loi ne peut vouloir des formalités qui doivent nécessairement rester sans effets, qui ne peuvent avoir aucun résultat. Or, le délai donné par l'article 475 est tellement court, qu'il serait probablement expiré avant que le failli eût connaissance de la sommation. Le plus souvent, d'ailleurs, on ignorera la retraite qu'il a choisie. Ce que l'on saura, c'est qu'il ne comparaîtra pas, qu'il ne veut pas comparaître; il devient donc complètement inutile de l'appeler.

On objectera peut-être que le failli peut avoir sur les lieux un fondé de pouvoirs. Mais nous allons voir tout à l'heure que la faculté de se faire représenter n'appartient qu'au failli légitimement empêché. Or, la fuite depuis ou avant la déclaration de la faillite, ne saurait jamais constituer une excuse valable.

318. Ce n'est donc que lorsque le failli est présent au siège de la faillite, qu'il doit être appelé ou sommé de comparaître, et dans ce cas, il lui importe même de ne pas attendre cette sommation et de se rendre au premier appel. Que s'il n'obéit ni à l'un, ni à l'autre, il fe-

rait supposer qu'il redoute le dépouillement de ses écritures, qu'il en craint les conséquences. Cette idée pourrait faire naître contre lui des soupçons de fraude, des présomptions fâcheuses qui seraient un obstacle à ce qu'on lui accordât un sauf-conduit.

Il y a même plus, si son défaut de comparution était postérieur à la délivrance de celui-ci, il y aurait, par cela seul, lieu à en prononcer la révocation. Sa conduite, dans ce cas, serait plus inexplicable encore. On comprend, jusqu'à un certain point, qu'il ne se représente pas, s'il craint d'être arrêté, parce que, sous le coup du jugement qui ordonne son incarcération, il n'a pas, pour garantir sa liberté, obtenu encore un sauf-conduit. Mais s'il possède cette garantie, pourrait-on expliquer sa désobéissance, autrement que par la certitude qu'il a, que le dépouillement des livres fera disparaître les apparences de bonne foi dont il a jusque-là profité?

319. Le failli en état de sauf-conduit doit donc se hâter de répondre au premier appel des syndics. Si des causes légitimes l'empêchent de le faire, il doit immédiatement les exposer au juge-commissaire. Si ce magistrat les juge valables, le failli pourra se faire représenter par un fondé de pouvoirs.

320. Cette faculté peut aussi être accordée au failli qui n'a pas encore obtenu de sauf-conduit, s'il est détenu, ou si, absent de son domicile, il est empêché par maladie, ou autres motifs graves, d'obéir à l'injonction qui lui est faite. La loi laisse, dans tous les cas, l'admissibilité de l'excuse à l'appréciation du juge-commissaire.

321. Si la désobéissance du failli ne tenait qu'à la

crainte d'être arrêté, pourrait-on lui accorder la faculté de se faire représenter? Nous ne le pensons pas. Le failli est, dans ce cas, en état de révolte contre la loi et les mandemens de justice. On ne pourrait, sans se rendre complice de sa faute, l'encourager dans sa conduite. Ce serait en outre l'autoriser à se soustraire à l'exécution que les jugemens doivent recevoir. Le failli qui n'aurait pas d'autre excuse ne pourrait donc déléguer un mandataire.

ARTICLE 476.

Dans le cas où le bilan n'aurait pas été déposé par le failli, les syndics le dresseront immédiatement à l'aide des livres et papiers du failli, et des renseignemens qu'ils se procureront, et ils le déposeront au greffe du tribunal de commerce.

ARTICLE 477.

Le juge–commissaire est autorisé à entendre le failli, ses commis et employés, et tout autre personne, tant sur ce qui concerne la formation du bilan, que sur les causes et les circonstances de la faillite

SOMMAIRE.

322. Modification aux dispositions du Code sur la dresse du bilan après la déclaration de faillite.
323. Système adopté par le Code de 1808.
324. Système qui lui a été substitué.
325. L'article 476 a t-il enlevé aux syndics le droit d'interroger la femme, les enfans du failli, ses commis et employés?
326. Doit-on appeler le failli?
327. Le bilan rédigé par les syndics ne peut créer un droit en faveur ou contre les créanciers que sauf modifications.
328. Caractère de la mission confiée au juge-commissaire par l'article 477. Cette mission s'étend à la femme et aux enfants du failli.
329. Objets qu'elle a pour but.

322. Le bilan, dit l'article 439, est l'évaluation et l'énumération de tous les biens mobiliers et immobiliers du débiteur, l'état des dettes actives et passives, le tableau des profits et pertes, celui des dépenses.

Nous avons vu que le dépôt au greffe du bilan facultatif, sous le Code précédent, doit aujourd'hui être effectué au moment de la déclaration, sous peine pour le failli d'être présumé banqueroutier simple (1). On a dû cependant prévoir le cas où cette obligation ne serait pas remplie, et régler, dans cette hypothèse, à qui appartiendrait le devoir de rédiger le bilan ; sur ce point encore, la loi actuelle a dérogé à ce qui se pratiquait avant sa promulgation.

323. Le Code prévoyait le cas où le failli ayant rédigé son bilan, l'avait encore en sa possession au moment de l'entrée en fonctions des agens. L'article 470 en ordonnait la remise, non plus au greffe, mais aux agens eux-mêmes. Cette remise devait être effectuée dans les 24 heures.

Si le bilan n'avait pas été préparé, le failli, présent sur les lieux, et ayant obtenu un sauf-conduit, était obligé de le rédiger lui-même en présence des agens, et sans déplacement des livres et écritures. A défaut de sauf-conduit, le failli faisait procéder à cette rédaction par un mandataire de son choix.

Enfin, dans le cas où le bilan n'avait pas été rédigé par le failli ou par son fondé de pouvoirs, les agens étaient obligés de procéder à cette rédaction au moyen des documens énumérés dans l'article 473.

324. La loi nouvelle charge les syndics de préparer

(1) Vid. art. 459.

cette pièce importante toutes les fois que son dépôt préalable n'a pas été effectué par le failli. Ils doivent y procéder dès leur entrée en fonctions, à l'aide des livres, papiers et documens, que dans cette prévision, elle a permis d'extraire des scellés. Ils la déposeront ensuite au greffe du tribunal de commerce.

325. La loi ajoute que les syndics s'aideront dans cette rédaction des renseignemens qu'ils se procureront. Les sources auxquelles les agens pouvaient puiser ces renseignemens étaient déterminées par l'article 473 du Code de commerce. C'étaient la femme du failli, ses enfants, ses commis et autres employés.

Les syndics pourront-ils aujourd'hui obtenir de ces mêmes personnes les renseignemens que les agens avaient le droit de leur demander? L'affirmative ne nous paraît pas contestable, malgré que l'article 476 ne reproduise plus les expressions de l'article 473.

Il est évident, en effet, que les renseignemens autorisés par notre disposition, doivent s'entendre surtout de ceux qu'on doit trouver auprès des personnes qui ayant le plus approché du failli, ont une connaissance plus intime de ses affaires. Priver les syndics de la faculté de les consulter, serait dans bien des cas les réduire à l'impossibilité de rédiger un bilan quelconque. Il peut n'exister aucun livre ; ceux que le failli laisse peuvent être irrégulièrement tenus, et dans ces hypothèses pourrait-on trouver ailleurs que chez les personnes désignées le fil conducteur qui doit diriger les syndics dans le début de leurs opérations ?

Qui veut la fin veut les moyens. Le silence gardé par l'art. 476 ne peut donc être considéré comme une prohibition. Si le législateur n'a pas déterminé les sources auxquelles les syndics doivent puiser les renseignemens qui leur seront nécessaires, c'est qu'il les leur abandonne toutes, sans autres limites que les besoins de l'opération dont il les a chargés.

La disposition de l'art. 477 vient à l'appui de notre conclusion. Elle accorde au juge-commissaire une faculté que le Code de commerce lui refusait, celle d'interroger la femme et les enfants du failli. Comprendrait-on qu'on eût voulu restreindre la faculté de prendre de simples renseignemens, lorsqu'on étendait celle d'interroger?

Ainsi la femme, les enfants du failli, ses commis, ses employés ne pourraient, sous prétexte du silence de la loi, refuser aux syndics les renseignemens que ceux-ci leur demanderaient. Cependant à cet égard leur obligation est toute morale; leur refus n'aurait d'autres conséquences que les préventions fâcheuses qu'il pourrait inspirer sur le caractère de la faillite.

326. Les syndics doivent-ils appeler le failli? L'art. 476 ne leur en fait pas un devoir; mais l'utilité de son concours à la dresse du bilan est trop manifeste pour que la loi ait entendu le rendre impossible. Elle s'en remet à l'appréciation des syndics qui ne manqueront sans doute pas, si le failli est présent, de lui demander sa coopération. Le refus de celle-ci pourrait motiver la révocation du sauf-conduit.

327. Le bilan rédigé par les syndics et déposé au greffe du tribunal de commerce, peut être consulté par les créanciers; mais aucune de ses énonciations ne peut créer un droit quelconque en faveur ou contre aucun d'eux. On comprend, en effet, que la possibilité d'une rectification, admise lorsque le bilan est rédigé par le

failli lui-même, doit à plus forte raison être réservée lorsque ce bilan est l'ouvrage des syndics. Ceux-ci ne peuvent donner qu'une opinion qui sera plus ou moins exacte, selon que les renseignemens pris dans les livres ou ailleurs, seront plus ou moins sincères. Les parties intéressées pourront donc dans tous les cas en faire reconnaître l'erreur en ce qui les concerne.

328. La mission conférée par l'art. 477 n'a pas été consacrée sans contestations. Ce n'est, en effet, qu'a-près que la discussion en eut déterminé le véritable ca-ractère qu'elle a été inscrite dans la loi.

On tenait sous le Code que le droit confié au juge-commissaire participait de la nature de celui conféré au juge d'instruction. Ainsi les personnes mandées par lui étaient assimilées à des témoins ; elles devaient consé-quemment, si elles ne comparaissaient pas, être con-damnées à l'amende. Ce défaut de comparution pou-vait même entraîner contre elles des soupçons de com-plicité de banqueroute (1).

C'est cette qualité de témoins qui avait fait exclure la femme et les enfans du failli du nombre de ceux que le juge-commissaire pouvait interroger. Le système du Code avait été adopté, en 1835, par la chambre des députés, qui avait maintenu la prohibition en ce qui les concerne, par application de l'article 322 du Code d'instruction criminelle. Mais la chambre des pairs adop-ta', en 1836, une opinion contraire. Elle permit au juge-commissaire d'interroger la femme et les enfants, parce que sa mission n'avait aucun caractère judiciaire, que l'instruction à laquelle il se livrait était d'une na-

(1) Pardessus, n° 1154.

ture différente de celle qui est déférée au juge d'instruction, que partant ce qui serait immoral dans celle-
ci, pouvait n'être que légitime et naturel dans l'autre.
Cette opinion, ainsi motivée, fut partagée par la chambre des députés dans la session de 1838.

Il résulte de ce qui précède que non – seulement le
juge-commissaire peut interroger la femme et les enfants du failli, mais encore que pour ce qui concerne
les autres personnes, sa mission n'a aucun caractère judiciaire. Ainsi les commis, les employés, les tiers ne
sont plus des témoins ; ils ne peuvent donc plus être
condamnés à l'amende s'ils ne comparaissent pas. Leur
absence ne peut plus élever contre eux des soupçons
de complicité. S'ils comparaissent, ils sont libres de
répondre aux questions qui leur sont faites, ou de se
taire. Le juge n'a dans aucun cas les moyens de les
contraindre.

329. Les perquisitions que le juge-commissaire peut
faire en vertu de l'art. 477, ont deux objets : 1° la formation du bilan ; 2° la recherche des véritables causes
de la faillite et ses circonstances.

Ce qui concerne le bilan est plus particulièrement
confié aux syndics ; mais il peut se faire que les personnes auxquelles ceux-ci s'adresseront refusent de leur
donner les renseignemens nécessaires, et c'est dans la
prévision de ce refus et pour en neutraliser les effets,
que l'on charge le juge-commissaire d'agir personnellement. On a pensé avec raison que la médiation du juge, l'influence que sa position lui donne sur le sort de
la faillite, appellerait la confiance, et qu'il deviendrait,
sans peine, le confident des secrets qu'on n'aurait pas
voulu communiquer aux syndics.

Le juge-commissaire n'est pas seulement le protec-
teur des intérêts privés, il doit encore veiller à ce que
le droit de la société ne reçoive aucune atteinte. C'est
là le motif pour lequel il doit rechercher dans les circonstances de la faillite tout ce qui peut éclairer la justice et amener la répression de la fraude. Ces recherches sont d'ailleurs indispensables pour qu'il puisse motiver l'opinion qu'il est chargé de transmettre au procureur du roi (1).

ARTICLE 478.

Lorsqu'un commerçant aura été déclaré en faillite
après son décès, ou lorsque le failli viendra à décéder
après la déclaration de faillite, sa veuve, ses enfants, ses
héritiers, pourront se présenter ou se faire représenter
pour le suppléer dans la formation du bilan, ainsi que
dans toutes les autres opérations de la faillite.

SOMMAIRE.

330. Le failli a intérêt et droit à assister à toutes les opérations de
la faillite.
331. Ce droit est transmissible à ses héritiers, qui peuvent l'exercer
par eux-mêmes ou par un fondé de procuration.
332. Le concours des héritiers ne modifie en rien les conditions de
la liquidation.
333. La loi actuelle n'a pas maintenu la restriction que l'article 473
du Code précédent avait mise aux droits des héritiers.
334. Les héritiers du commerçant déclaré en faillite après décès,
ont les mêmes droits que ceux du commerçant mort après la
déclaration.

330. Le droit du failli d'assister à toutes les opérations
de la faillite, indépendamment des cas où il doit être

(1) Vide infrà, art. 482.

appelé, n'est pas contestable. Nous avons déjà dit que
l'administration doit être faite au mieux de ses intérêts:
comment pourrait-il en faire modifier ou changer la
direction, si on le mettait dans l'impossibilité de l'apprécier en l'écartant de la liquidation ?

331. Ce droit du failli est transmissible à ses héritiers. Si le failli meurt après la déclaration de faillite,
l'intérêt qu'il avait à la régularité de l'administration
passe sur la tête de ses héritiers, substitués à l'obligation de payer le solde entier des créances en capital et
intérêts, s'ils veulent un jour réhabiliter la mémoire de
leur auteur.

Ceux-ci peuvent donc, s'ils le jugent convenable,
intervenir dans la formation du bilan, prendre part à
l'inventaire, assister à toutes les opérations de la faillite.
Ils peuvent déléguer ce droit à un mandataire, sans que
dans aucun cas cette faculté soit soumise à aucune
condition. C'est là d'ailleurs en la forme la seule différence qui existe entre eux et le failli. Nous avons dit
que celui-ci ne peut se faire représenter que pour des
raisons jugées valables.

332. Mais au fond, il n'y a aucune distinction entre
le failli et ses héritiers. Ceux-ci ne peuvent jamais avoir
plus de droits que le premier n'en aurait eu lui-même.
Ainsi, ils ne peuvent exercer aucune action en ce qui
concerne les biens, indépendamment des syndics ; ils ne
doivent être appelés dans les instances engagées par
ceux-ci, que dans les cas où le failli le serait lui-même ;
leur concours ne saurait changer en rien les conditions
de la liquidation.

333. L'art. 478 confère un pouvoir général et sans
restrictions. Les héritiers du failli pourront assister ou

se faire représenter à toutes les opérations de la faillite. Il étend en conséquence la disposition de l'article 473 du Code de commerce précédent, qui restreignait cette faculté aux cas où le failli était obligé de se présenter lui-même. Il n'y avait aucun motif plausible pour maintenir cette restriction. Réduits à suppléer le failli, et à donner aux syndics les renseignemens qui doivent faciliter leur gestion, les héritiers ne pourront par leur concours qu'assurer une meilleure, une plus prompte expédition : il convenait donc de l'autoriser dans tous les cas.

334. Les héritiers du commerçant dont la faillite n'est déclarée qu'après son décès, ont le même droit que ceux du commerçant mort après cette déclaration. Il y a dans les deux cas parité de raisons, et partant nécessité d'une décision semblable.

SECTION II.

De la levée des scellés et de l'inventaire.

ARTICLE 479.

Dans les trois jours, les syndics requerront la levée des scellés et procéderont à l'inventaire des biens du failli, lequel sera présent ou dûment appelé.

ARTICLE 480.

L'inventaire sera dressé en double minute par les syndics, à mesure que les scellés seront levés, et en présence du juge de paix, qui le signera à chaque vacation. L'une de ces minutes sera déposée au greffe du tribunal de commerce, dans les vingt-quatre heures; l'autre restera entre les mains des syndics.

Les syndics seront libres de se faire aider, pour sa rédaction comme pour l'estimation des objets, par qui ils jugeront convenable.

Il sera fait récolement des objets qui, conformément à l'article 469, n'auraient pas été mis sous les scellés, et auraient déjà été inventoriés et prisés.

SOMMAIRE.

335. Le soin de faire procéder à la levée des scellés a été de tout temps confié aux syndics provisoires. Mais sous l'empire du Code, le syndicat étant précédé de l'agence, cette opération, qui peut être d'une urgence réelle, était forcément retardée de vingt ou de trente jours, selon que les agens étaient restés plus ou moins longtemps à la tête de l'administration.

La suppression de l'agence a donc, quant à ce, produit ce résultat, que les syndics, nommés par le jugement déclaratif, pourront immédiatement requérir cette levée et procéder à l'inventaire ; ce qui joint à une économie de temps et de frais, l'avantage de prévenir la détérioration qu'un séjour prolongé sous les scellés pouvait occasionner à la marchandise

Nous disons que les syndics pourront immédiatement faire procéder à la levée des scellés. Ils le peuvent, en effet, s'ils le jugent convenable. Il est vrai que l'article 479 ne prescrit cette mesure que dans les trois jours ; mais il faut remarquer que ce délai n'est fixé que comme un maximum qu'il n'est pas permis de dépasser. Il n'y aurait donc aucun obstacle à ce qu'il fût devancé. La promptitude dans les opérations est surtout le but que s'est proposé le nouveau législateur. Tout ce qui rentre dans ce but est conforme au véritable esprit de la loi. Aussi, peut-on voir dans les discussions qu'elle a subies qu'il a été admis : qu'à quelque époque qu'il en soit requis, et notamment avant l'expiration des trois jours, le juge de paix ne saurait se refuser à procéder à la levée des scellés.

Ainsi le délai fixé par l'article 479 est la limite au delà de laquelle commence la négligence. Les syndics ne sauraient la franchir ; mais ils peuvent se dispenser de l'atteindre.

336. Quel est le point de départ de ce délai ? Évidemment le moment de l'acceptation par les syndics des fonctions qui leur sont déférées. La désignation faite par le jugement qui déclare la faillite, ne confère aucune obligation, tant qu'elle n'est pas acceptée par celui qu'elle concerne. En conséquence, quelle que soit la

distance qui s'est écoulée entre le jugement, l'apposition des scellés et cette acceptation, le délai de trois jours, à l'expiration duquel les scellés doivent être levés, ne court que du moment où l'acceptation s'est réalisée.

337. Le failli doit être présent à la levée des scellés. En conséquence, s'il n'a pas quitté son domicile, il doit être appelé par les syndics. Le tribunal pourrait, s'il était détenu et non poursuivi par le ministère public, lui accorder un sauf-conduit provisoire pour la durée de cette opération. A défaut, il pourrait se faire représenter par un mandataire.

Devrait-on appeler aussi ceux qui auraient fait opposition à la levée des scellés? Il faut distinguer : si l'opposant ne fait valoir d'autres droits que ceux qu'il a comme créancier, s'il n'a agi qu'en cette qualité, son opposition est considérée comme non avenue, sans qu'il soit besoin de l'appeler. En effet, les syndics sont les représentants de tous les créanciers. En protégeant la masse, en général, ils protégent chacun de ceux qui la composent, en particulier. Ils n'ont donc besoin de mettre aucun d'eux personnellement en cause.

Mais si l'opposition était fondée sur une prétention de propriété d'un ou de plusieurs des objets placés sous les scellés, sur la réclamation d'un dépôt confié au failli, les syndics seraient obligés d'appeler l'opposant à la levée des scellés.

Il en était de même sous le Code précédent, dans le cas de revendication d'un objet mobilier non payé. Mais la loi nouvelle ayant expressément aboli le privilége du vendeur, soit quant à la reprise de l'objet, soit quant au droit de préférence sur le prix (1), l'opposition faite par

(1) Vid. art. 550.

le vendeur d'un objet mobilier, rentrerait dans la catégorie de celles signifiées par de simples créanciers et su-
birait le même sort.

Ainsi, l'obligation d'appeler les parties intéressées se
réduit dans son exercice à ceux qui se prétendraient
propriétaires ou déposans; comme leurs droits, en les
supposant justifiés, ne pourraient sortir à effet que si les
objets existent en nature, ou si le dépôt est intact , ils
doivent être mis à même de faire constater cet état, ou
de se convaincre du contraire.

338. La levée des scellés n'opère pas délivrance des
objets en faveur des syndics. La condition indispensable
à celle-ci est que l'actif soit déterminé d'une manière
tellement exacte, que son universalité soit irrévocablement acquise aux créanciers. Or, cette fixité ne s'obtient que par l'inventaire de tout ce qui existe sous les
scellés. Cet inventaire est rédigé au fur et à mesure de
leur levée.

339. Le procès-verbal de levée doit-il renfermer l'inventaire descriptif et estimatif ? L'affirmative était décidée sous l'empire du Code. Quoique fait par les syndics, cet inventaire était rédigé par le juge de paix qui
restait dépositaire de la minute.

Cet état de choses avait excité de nombreuses et
vives réclamations. On se plaignait des frais considérables qu'occasionnaient le nombre des vacations et la
longueur des expéditions qu'il fallait prendre au greffe
de la justice de paix. L'article 479 fait droit à ces plaintes. Désormais la dresse de l'inventaire est exclusivement dévolue aux syndics, sans autre participation de la
part du juge de paix, que la signature qu'il est obligé
d'apposer à chaque vacation.

Le procès-verbal de levée doit donc être pur et simple. Cette levée est faite elle-même graduellement d'une pièce à l'autre, selon que les objets trouvés dans chacune d'elles sont inventoriés. A la fin de chaque séance, le juge de paix réappose les scellés, s'il reste encore des objets à inventorier.

340. L'inventaire est fait à double minute, rédigées simultanément en présence du juge de paix, et signées par lui. L'une de ces minutes reste entre les mains des syndics, l'autre est déposée au greffe du tribunal de commerce. Les créanciers ont ainsi non seulement la faculté de la consulter, quand ils le jugent convenable, mais encore un excellent moyen de contrôler le compte-rendu des syndics, et de s'assurer si ce compte fait raison de tous les objets inventoriés.

341. Le désir de ne pas prolonger outre mesure une opération déjà susceptible par elle-même d'une certaine longueur, a fait autoriser les syndics à se faire aider par telles personnes qu'ils le jugeront convenable, non seulement pour la rédaction matérielle, mais encore pour l'estimation des objets. Il est évident que celle-ci sera plus utilement faite par des gens du métier que par les syndics, qui pourront être dans l'impossibilité d'assigner un prix quelconque aux marchandises et effets mobiliers. Le salaire des personnes employées dans ce double objet est passé en dépense comme frais de gestion,

342. L'inventaire doit comprendre l'intégralité des facultés mobilières du failli. Les effets qui auraient été confiés à celui-ci, à titre de dépôt ou de garde, doivent être rendus à leur légitime propriétaire. Si des difficultés s'élèvent sur le droit revendiqué par celui-ci, les objets

qui font la matière du litige doivent être provisoirement
inventoriés ; et si, en définitive, ils doivent être rendus,
la quittance de celui qui les reçoit opère la décharge des
syndics vis-à-vis des créanciers.

Le dépôt peut ne consister qu'en une somme d'argent. Il importe dès lors que tout ce qui est trouvé dans
la caisse du failli, soit décrit dans l'état où il se trouve
au moment de l'apposition ou de la levée des scellés.
Les sommes renfermées dans des sacs cachetés ou éti-
quetés seraient rendues à leur véritable propriétaire.
Mais, en ce qui concerne l'argent, c'est-à-dire les espèces monnayées, il ne saurait exister réellement de dépôt, que si la partie réclamée est restée constamment
séparée de l'actif du failli. La confusion que celui-ci aurait faite des sommes qui lui ont été confiées avec celles
qui lui appartiennent les rendrait toutes la propriété
de la masse, sauf les droits du déposant de poursuivre
pour la violation du dépôt.

343. Indépendamment des meubles, effets mobiliers
et marchandises, l'inventaire doit comprendre les papiers dont la conservation importerait à la faillite. Cependant on ne devrait décrire que ceux qui pourraient
avoir de l'influence sur les opérations pendantes, ou qui
seraient d'un intérêt actuel. Si on voulait le faire pour
tous, l'inventaire serait bien souvent interminable.

344. Les effets de portefeuille, les remises et toutes
les valeurs commerciales doivent être soigneusement
inventoriés ; c'est là quelquefois la partie la plus importante de l'actif, celle dont la disposition intéresse le plus
vivement les créanciers. On ne doit donc rien omettre
de ce qui est nécessaire pour exiger des syndics un
compte exact et fidèle.

Nous verrons plus tard que les syndics sont responsables des prescriptions qu'ils laisseraient encourir par leur faute. Il convient, pour éviter toutes difficultés à cet égard, que l'inventaire mentionne l'échéance des divers effets et indique ainsi ceux pour lesquels la prescription est déjà accomplie.

345. Quant aux effets à courte échéance, qui ont été distraits des scellés, conformément à l'article 471, ainsi que les objets sujets à dépérissement, ou destinés à l'exploitation du commerce, déjà livrés aux syndics, en force de la disposition de l'article 469, il doit en être fait mention dans l'inventaire général. C'est en transcrivant l'état qui en a été dressé que cette obligation de la loi s'exécute. Ce récolement a l'avantage de mettre, dans un seul tableau, sous les yeux des parties intéressées, l'universalité des biens dont les syndics ont reçu l'administration.

ARTICLE 481.

En cas de déclaration de faillite après décès, lorsqu'il n'aura point été fait d'inventaire antérieurement à cette déclaration, ou en cas de décès du failli avant l'ouverture de l'inventaire, il y sera procédé immédiatement, dans les formes du précédent article, et en présence des héritiers, ou eux dûment appelés.

SOMMAIRE.

546. Il ne saurait jamais être rédigé plus d'un inventaire. Conséquences pour le cas où avant la faillite et après le décès, les héritiers du commerçant ont fait procéder à l'inventaire de la sucession.

547. Comment et par qui doit être rédigé l'inventaire, dans le cas où le failli meurt avant ou après l'ouverture de la faillite?

548. La déclaration de faillite après décès produit tous les effets de la séparation des patrimoines.

L'intention du législateur est de prohiber toute répétition dans une opération qui ne peut amener que des
frais considérables. Il ne peut donc y avoir dans aucun
cas plus d'un inventaire. L'utilité de cette prohibition
se fera principalement sentir dans le cas d'une faillite déclarée après décès.

Nous avons vu que les créanciers peuvent la faire prononcer dans l'année du décès de leur débiteur. Mais
dans l'intervalle, il peut y avoir eu addition d'hérédité,
acceptation bénéficiaire, ce qui aura nécessité la confection d'un inventaire par les héritiers. Si cet inventaire existe, s'il est régulier et authentique, la loi n'en
exige pas d'autres. Les syndics n'ont, dans cette hypothèse, qu'à procéder au récolement des objets déjà inventoriés, et à en exiger la restitution des héritiers, soit
en nature, soit en valeur.

Dans cette hypothèse encore, il n'y aurait pas lieu à
apposition des scellés. Cette mesure, toute de précaution, n'a d'autre objet que celui de déterminer un inventaire exact des facultés mobilières du failli dont elle
prévient tout détournement. C'est ce que prouve la disposition de l'article 455, qui la déclare inutile, lorsque
l'inventaire peut être fait dans les vingt-quatre heures.
En conséquence, si au moment où la faillite est ouverte,
l'inventaire avait été dressé, l'apposition des scellés
n'aurait aucun but utile. En effet, l'actif est désormais
certain. Toute dissimulation est impossible, et partant
ce qui tend à empêcher celle-ci, rend l'autre superflu.
Le juge de paix devrait donc s'abstenir de remplir cette
mission sur le vu de l'inventaire ; les syndics, de leur
côté, sont dispensés de le requérir.

Mais, si l'inventaire dressé par les héritiers ne com-

17

prenait pas tout ce que le failli décédé a délaissé. si des
détournemens avaient été commis, des omissions faites,
les syndics devraient veiller à la répression des uns et
à la réparation des autres. C'est surtout dans ce but
qu'ils auraient à procéder au récolement des objets inventoriés.

347. Il peut se faire, cependant, que les héritiers
n'aient fait procéder à aucun inventaire, soit par négligence, soit parce qu'ils seront encore dans les délais
pour le faire lorsque la faillite sera déclarée. D'un autre
côté, le failli peut décéder avant la rédaction de celui
que les syndics sont obligés de dresser. A qui, des héritiers ou des syndics, appartiendra, dans l'un et l'autre
cas. le droit de faire inventaire? Quelle sera la forme
à employer? Faudra-t-il recourir aux dispositions du
Code de procédure. s'il existe des mineurs au nombre
des héritiers?

L'article 481 tranche d'une manière précise toutes
ces questions. Mais avant d'être adoptée, sa disposition
a divisé la chambre des députés, surtout dans la session
de 1835. A cette époque, la commission proposait de
faire rédiger l'inventaire par deux notaires.

L'inventaire dressé par les syndics, disait-on, est
bon pour la faillite. Mais dans le cas où il y aurait lieu à
acceptation bénéficiaire, cet inventaire ne produirait
aucun effet. Les héritiers seraient donc obligés d'en faire
un second, ce que l'on doit éviter, en entouran celui
qui doit être fait des formes nécessaires pour en assurer
l'authenticité.

D'ailleurs, ajoutait-on, le décès du commerçant a
ouvert les droits des héritiers. Or, lorsque des intérêts, aussi respectables que les leurs, viennent se

croiser avec les intérêts de ceux qui'sont placés sous la garantie de lois spéciales, il n'en faut pas faire abstraction pour les fondre tous dans la faillite. Les intérêts des héritiers peuvent être divisés et distincts de ceux des créanciers, et ce serait les sacrifier à ceux-ci que de livrer l'inventaire aux syndics.

On répondait : que lorsqu'il y a faillite, l'intérêt des créanciers absorbait nécessairement tous les autres : qu'ainsi, en supposant qu'après le décès, il y eût un double intérêt, celui des héritiers ne pouvait passer qu'après celui des créanciers ; qu'en réalité, le décès ne changeait rien à la nature des choses, qu'il n'y a pas plus alors deux intérêts, qu'ils n'existent pendant la vie du failli ; les héritiers ne sont que le failli lui-même, ils n'ont pas d'autres droits, à moins qu'ils ne soient créanciers, et dans ce cas, ils seront à l'instar de tous les autres créanciers.

Que le principe qui doit prévaloir en matière de faillite, est l'économie. Or, le mode le plus économique pour faire inventaire est celui prescrit aux syndics, qu'il faut donc l'adopter dans tous les cas ; d'ailleurs lorsque le failli est vivant, les syndics font l'inventaire ; pourquoi ne trouverait-on pas des garanties suffisantes dans ces mêmes syndics, lorsque le failli est décédé ? Il s'agit de faire un inventaire exact ; les mêmes raisons se présentent ; les syndics capables dans le premier cas doivent l'être dans le second.

Quant à la nécessité de faire un second inventaire pour l'acceptation bénéficiaire, elle ne peut se présenter, que si, tous les créanciers payés, il restait un excédant. Mais alors, les créanciers, qui étaient saisis par la faillite, sont dessaisis par le paiement qu'ils ont reçu de tout ce qui leur restait dû : cet excédant appartient aux héritiers, et à quoi bon, dans ce cas, une acceptation bénéficiaire, lorsque la succession est entièrement libérée, qu'elle n'a plus de dettes ? Voudrait-on encore exiger un inventaire ? On l'aurait tout fait dans le compte que les syndics doivent rendre de leur gestion, et qui déterminerait d'une manière précise l'excédant afférant aux héritiers. Que dès lors, rien ne saurait excuser une déviation aux règles d'une stricte économie. Que celle-ci tournerait au profit des héritiers même, dans le cas surtout où l'actif excèderait le passif.

Qu'enfin, l'inventaire dressé par les syndics est fait en la continuelle présence du juge de paix ; et que l'assistance de ce magistrat était de nature à rassurer tous les intéressés; que d'ailleurs, la veuve et les héritiers avaient la faculté de se présenter à l'inventaire, de surveiller leurs droits et de faire telles réquisitions qu'ils jugeraient convenables.

Ces raisons ont prévalu, et devaient prévaloir sur le système soutenu par la commission. Depuis longtemps on se plaint des longueurs et des frais qu'occasionne l'inventaire. Fallait-il, dans un intérêt fort problématique, répudier dans plusieurs cas les améliorations introduites sous ce double rapport par la loi actuelle, dans l'accomplissement de cette formalité ?

Nous disons dans un intérêt fort problématique ! Il est rare en effet qu'on poursuive la faillite d'un négociant dont l'actif dépasse le passif. Il est invraisemblable en l'état de cette déclaration, que tous les créanciers payés, il reste quelque chose à appréhender par les héritiers. Ce n'est cependant que dans ce cas que s'ouvrent les droits de ceux-ci. Jusque-là les créanciers sont les seuls ayants droit à l'actif de la faillite. Il est donc rationnel de leur permettre d'en disposer au mieux de leurs intérêts.

Ainsi, toutes les fois qu'il y aura faillite déclarée, l'inventaire des facultés mobilières sera fait par les syndics, soit que le failli existe, soit qu'étant décédé avant ou après le jugement, sa mort n'ait pas été dans le premier cas suivie d'un inventaire dressé par ses héritiers. Mais, dans les deux hypothèses, les héritiers doivent être présens ou dûment appelés. Leur droit à se faire représenter par un fondé de pouvoirs, ne saurait non plus être contesté.

348. La déclaration de faillite après décès produira-t-elle les effets de la séparation des patrimoines? L'affirmative ne saurait être douteuse. La cessation de paiemens, pour motiver une ouverture de faillite après le décès, doit nécessairement avoir précédé celui-ci. Elle est donc antérieure forcément à la prise de possession des héritiers. Or, depuis cet instant le failli était lui-même dessaisi de ses biens, et ce dessaisissement est un obstacle invincible à ce que des tiers acquièrent, sur ces mêmes biens, des droits quelconques du chef des héritiers; ainsi, alors même que ceux-ci auraient accepté purement et simplement l'hérédité, leurs créanciers personnels ne pourraient concourir aux répartitions des biens de la succession, qui n'appartiennent jamais qu'aux créanciers du failli, leur auteur.

ARTICLE 482.

En toute faillite, les syndics, dans la quinzaine de leur entrée ou de leur maintien en fonctions, seront tenus de remettre au juge-commissaire un mémoire ou compte

sommaire de l'état apparent de la faillite, de ses principales causes et circonstances et des caractères qu'elle
paraît avoir.

Le juge-commissaire transmettra immédiatement les
mémoires, avec ses observations, au procureur du roi.
S'ils ne lui ont pas été remis dans les délais prescrits,
il devra en prévenir le procureur du roi et lui indiquer
les causes du retard.

ARTICLE 485.

Les officiers du ministère public pourront se transporter au domicile du failli et assister à l'inventaire.

Ils auront, à toute époque, le droit de requérir communication de tous les actes, livres ou papiers relatifs
à la faillite.

SOMMAIRE.

349. Nous avons déjà dit que le Code de commerce
imposait aux agens et aux syndics, tant provisoires que

définitifs, l'obligation d'adresser, au procureur du roi, un rapport sur les causes et circonstances de la faillite. Mais l'omission de cet envoi, contre laquelle il n'existait aucune précaution législative, ne contribuait pas peu à l'impunité presque absolue, contre laquelle protestait l'opinion publique.

Les articles que nous avons à examiner ne sont qu'une satisfaction accordée à cette opinion ; que le moyen d'atteindre à une répression efficace des abus et des fraudes qui auront pu se commettre. Déjà nous avons vu que l'article 459 prescrit au greffier de transmettre dans les vingt-quatre heures une expédition des jugemens déclaratifs, au procureur du roi. Ainsi, prévenu de l'existence de la faillite, ce magistrat pourra contraindre le juge-commissaire et les syndics à lui adresser le rapport prescrit par l'article 482.

350. La loi ne s'en rapporte plus aux syndics exclusivement pour la rédaction et l'envoi de ce rapport. Ceux-ci n'ont plus aucune relation directe avec le procureur du roi ; c'est au juge-commissaire qu'ils doivent le remettre. Il y a dans cette nouvelle prescription un double but.

D'abord, de placer l'exécution de la mesure sous la garantie du magistrat chargé de la surveillance de la faillite. Les relations journalières qu'il a forcément avec eux, mettent celui-ci en position de rappeler aux syndics le devoir qu'ils ont à remplir, d'en exiger l'accomplissement dans le temps voulu.

D'autre part, la justice trouve dans le caractère public du juge-commissaire une plus forte garantie pour l'exactitude des renseignemens transmis. Les syndics pourraient essayer d'atténuer ou d'exagérer la gravité des

faits imputés au failli. Étranger à la faillite, le procureur
du roi n'en apprenait, sous l'empire du Code de commerce, que ce qu'il plaisait aux syndics de lui faire savoir. Aujourd'hui toute surprise de ce genre viendrait
échouer devant les connaissances personnelles que le
juge-commissaire est obligé d'avoir. Il n'est donc pas
probable qu'elle soit même tentée.

351. La remise par les syndics au juge-commissaire
du mémoire prescrit par l'article 482, doit être effectuée
dans la quinzaine de leur maintien dans leurs fonctions,
ou au plus tard, dans la quinzaine de la nomination des
nouveaux. Ce dernier délai ne peut, dans aucun cas,
être dépassé. Ainsi, si sur l'avis des créanciers, les syndics d'abord élus étaient remplacés, leurs successeurs
n'auraient que quinze jours pour opérer la remise de
leur mémoire.

352. Le juge-commissaire, le procureur du roi, doivent impérieusement exiger l'exécution littérale de cette
prescription. La loi entend leur faire un devoir de tenir
la main, non seulement à la remise du mémoire, mais
encore à ce que celui-ci renferme la vérité tout entière,
tant sur le caractère de la faillite, que sur les actes qui
l'ont précédée, suivie et accompagnée. Sans cela, cette
remise dégénérerait bientôt en une simple formalité, sans
aucune utilité et sans but (1).

Tout retard non justifié, de la part des syndics, à
remplir l'obligation qui leur est imposée, pourrait devenir un motif de révocation, indépendamment du droit
qu'aurait le procureur du roi de se faire communiquer
toutes les pièces pour se former une opinion sur la
conduite du failli et sur l'état des affaires.

(1) Circulaire du 8 juin 1838.

353. Nous venons de dire que le législateur nouveau, trouvant dans l'intervention du juge - commissaire une garantie de l'exactitude des faits, l'avait chargé de recevoir le mémoire des syndics qu'il doit immédiatement transmettre au procureur du roi, en le faisant suivre de ses observations personnelles.

Cette dernière disposition a été fortement critiquée dans les discussions que la loi a subies. On soutenait qu'en s'expliquant sur le caractère et les causes de la faillite, le juge compromettait son indépendance ; qu'il engageait d'avance son opinion. Comment, ajoutait-on, votera-t-il plus tard sur l'excusabilité du failli si, dès les premiers instans, on lui fait un devoir de s'en expliquer? Ne se croira-t-il pas lié par les observations écrites qu'il aura transmises ?

On répondait que la loi ne demandait l'avis du juge-commissaire, que parce que des plaintes unanimes s'étaient depuis long-temps élevées contre l'insuffisance des rapports des syndics ; qu'il fallait remédier à cet abus et chercher ailleurs que chez ceux-ci des garanties contre sa reproduction ; que cette mesure était autant dans l'intérêt du failli que dans celui de la vindicte publique ; qu'il n'était pas impossible, en effet, qu'un syndic créancier, obéissant plutôt au ressentiment de la perte qu'il éprouve qu'à des inspirations impartiales, ne déguisât la vérité en ce qu'elle aurait de favorable au failli ; que les observations du juge rectifieront ce qu'il y aura d'incomplet, d'insuffisant ou d'exagéré dans le rapport ; qu'une telle mission rentre parfaitement dans le mandat du juge-commissaire, bien loin d'en altérer le caractère ; que ce qui importe surtout, c'est que le procureur du roi ne soit pas induit en erreur par la complaisance ou le mensonge ; le rapport passant sous les yeux du juge-commissaire, ce résultat est obtenu, car ce magistrat, qui seul connaît l'ensemble des faits, qui est le dépositaire obligé de tous les renseignemens, qui a reçu de la loi la mission de les rechercher, sera à même de corriger les erreurs, de faire disparaître l'exagération ou le mensonge.

Que quant à la crainte qu'il ne se croie lié par ses observations, elle est sans fondement réel ; que l'avis qu'il peut y émettre est essentiellement provisoire ; qu'en effet, il ne s'explique que sur l'état apparent des affaires, tandis que le vote sur l'excusabilité n'arrivant qu'après la liquidation, des modifications importantes pouvaient être prévues, qui amèneraient à rectifier dans un sens comme dans l'autre, l'avis précédemment émis. C'est par ces dernières impressions que l'opinion du juge se fixera sur la nécessité d'admettre ou de refuser l'excusabilité.

Ces motifs sont la justification la plus complète du devoir imposé au juge-commissaire. Ils en expliquent l'utilité, ils en enseignent l'étendue. Nous avons dû les reproduire, parce que ce n'est qu'en les consultant, que le juge appréciera sainement le caractère et la portée de ce que la loi attend de lui dans cette circonstance.

354. Ainsi, dès la réception du mémoire des syndics, le juge-commissaire doit le transmettre au procureur du roi ; si, dans les délais ci-dessus fixés, les syndics ne le lui ont pas fait parvenir, il doit s'informer des causes de ce retard, et instruire de tout ce magistrat. Si ces causes sont légitimes, un nouveau délai peut être accordé ; si elles ne sont dues qu'à la négligence ou à la mauvaise volonté des syndics,

le procureur du roi pourra poursuivre leur révocation, soit auprès du juge-commissaire, soit directement auprès du tribunal de commerce.

C'est là en définitive la sanction pénale de l'obligation prescrite par l'article 482. Le pouvoir que nous reconnaissons au procureur du roi est consacré par l'esprit de la loi, expliqué par les instructions ministérielles. Il n'est même pas douteux que le refus du juge - commissaire de remplir les obligations que ce même article lui impose, n'autorisât le procureur du roi à demander son remplacement.

355. L'article 483 est le corollaire indispensable des mesures prises pour exciter la vigilance du ministère public. Cette vigilance demeurerait souvent sans résultat, si, capable de recevoir des renseignemens, le procureur du roi ne pouvait intervenir directement dans les opérations de la faillite.

Bien qu'incomplète sous plusieurs rapports, la législation de 1807, réservait au procureur du roi la faculté d'assister à la dresse du bilan, à l'inventaire et aux autres actes de la faillite (1). L'article 483 ne parle plus que de l'inventaire ; mais sa disposition ne saurait être considérée comme limitative. L'intention du législateur a été de s'en rapporter exclusivement à l'opinion que le procureur du roi pourra se former sur l'utilité de son concours, et d'autoriser celui-ci dans toutes les circonstances et à toutes les époques.

356. De plus, l'article 483 autorise ce magistrat à exiger communication des actes, livres et papiers de la faillite. A quelque époque que cette communication soit

(1) Vid. art. 489, Cod. de com. ancien.

requise, les syndics ne sauraient la refuser, pas même sous prétexte qu'elle doit retarder la liquidation. On peut se convaincre par là, si la loi actuelle a entendu restreindre la faculté que le Code de commerce conférait au ministère public.

Ainsi, le procureur du roi peut assister à toutes les opérations de la faillite ; il peut, en outre, s'il soupçonne la fraude, se faire communiquer tous les livres, papiers et actes de la faillite. Il peut exiger cette communication avant le rapport des syndics, comme après, comme à tout autre époque de la faillite. Il suffit qu'une circonstance quelconque vienne inspirer la possibilité d'une fraude ou d'un dol, pour que le droit d'investigation du ministère public devienne un devoir que rien ne doit gêner ni empêcher. *Or , ce droit d'investigation ne serait pas complet s'il n'allait jusqu'à exiger la communication autorisée par l'art. 483, et à réclamer des syndics tous les renseignemens qui seront jugés nécessaires* (1).

SECTION III.

De la Vente des Marchandises et Meubles , et des Recouvremens.

ARTICLE 484.

L'inventaire terminé, les marchandises, l'argent, les titres actifs, les livres et papiers, meubles et effets du débiteur, seront remis aux syndics, qui s'en chargeront au bas dudit inventaire.

ARTICLE 485.

Les syndics continueront de procéder , sous la surveillance du juge – commissaire. au recouvrement des dettes actives.

(1) Circulaire du 8 juin 1838.

SOMMAIRE.

357. C'est après la confection de l'inventaire que commence, à vrai dire, l'administration confiée aux syndics: les pouvoirs de la masse, ceux du failli se concentrent sur leur tête, et c'est cette double qualité que leur confère le jugement qui les a délégués. Ainsi, ils représen—

tent le failli dont ils ont les actions actives et passives;
ils sont au même titre les représentants de la masse pour
tout ce qui concerne la faillite. Nous devons examiner
les devoirs importants que cette double qualité leur
impose sous le rapport des biens délaissés par le failli,
sous celui des diverses personnes qui peuvent y avoir
intérêt.

358. Les syndics ont seuls le droit d'intenter toutes
actions et de défendre à toutes demandes non-seulement
au nom du failli contre ses débiteurs ou créanciers, mais
encore au nom de la masse contre les créanciers qui
auraient individuellement des prétentions à faire valoir
ou des priviléges à réclamer contre elle.

Les actions qui intéressent plus particulièrement la
masse sont , sans contredit, celles qui ont pour but
de faire restituer tous les effets qui en auraient été distraits, dans quelques mains que ces effets se trouvent.
Telles seraient les revendications de marchandises ou objets donnés en gage ou à titre de nantissement, sauf les
droits des dépositaires ; celles des objets confiés à des
tiers à titre de prêt ou de dépôt ; enfin la demande en
délivrance de marchandises retenues par le vendeur ,
quoique achetées et payées par le failli.

359. Les syndics doivent encore au nom de la masse
faire rentrer dans l'actif tout ce qui en est illégalement
ou irrégulièrement sorti ; en conséquence, poursuivre
la nullité des actes frauduleusement consentis dans des
temps voisins de la faillite , la révocation des droits conférés aux mêmes époques et le rapport des paiemens
reçus avec connaissance du mauvais état des affaires du
failli, ou pour dettes non échues.

Enfin, et toujours au nom de la masse, les syndics

ont à exiger des tiers-porteurs la restitution des billets
de commerce dont la possession ne serait pas justifiée,
ou dont la transmission n'aurait pas été faite conformément à ce qui est prescrit par les lois de la matière.

On sait, par exemple, que l'endossement irrégulier
ou en blanc ne vaut que comme procuration. Or, la faillite révoquant tous les pouvoirs émanés du failli, il en
résulte que les traites ainsi négociées doivent faire retour
à l'actif et ne peuvent plus être encaissées que par les
syndics.

360. Mais le porteur de l'effet irrégulièrement en-
dossé pourrait-il prouver par les livres et la correspondance, ou par tout autre document, qu'il en a fait les
fonds et que partant il en est réellement propriétaire ?

L'affirmative paraît d'abord devoir être préférée. L'endossement n'a d'autre but que de transférer la propriété,
s'il est régulier. Il semblerait donc que la preuve de ce
transfert sérieux, quels qu'en soient les élémens, devrait
prévaloir sur une irrégularité dans la forme, et que dès
lors, la prétention de l'administrer devrait être admissible. Priver le porteur de tout moyen de justifier sa
propriété, serait agir avec une rigueur d'autant plus
outrée, que le commerce repose sur la bonne foi, et ne
peut admettre ni la sévérité des principes ordinaires,
ni un respect aveugle pour la forme.

Mais cela peut être vrai, lorsque c'est l'endosseur
lui-même qui revendique l'effet qu'il a irrégulièrement
transmis. Indépendamment des considération qui précèdent, on invoquerait, dans ce cas, contre cette revendication, les principes applicables à la fraude et qui
font exception à toutes les règles. La fraude entache-
rait une demande de ce genre, et rendrait toutes sortes

de preuves admissibles, pour établir que le demandeur a réellement touché la valeur de l'effet négocié. La faculté de faire cette preuve n'est plus alors, comme le fait observer M. Pardessus, susceptible de conférer un privilége à un imprudent qui devait savoir à quelles conditions l'endossement opère un transport de créances, et qui n'étant pas présumé ignorer la loi, a donné ses fonds, en se contentant d'un endossement imparfait ; c'est empêcher qu'on ne le vole (1).

Ce qui se réalise dans cette hypothèse n'est autre chose qu'un appel à la justice, pour qu'elle supplée à l'irrégularité de l'endossement et en reconnaisse le véritable caractère ; ce qui suppose que celui contre lequel on agit refuse cette reconnaissance. On demande à la justice ce qu'on pourrait demander au libre consentement de son adversaire. Or, la justice elle-même ne saurait suppléer un aveu que celui qui devrait l'accorder, n'aurait pas la capacité de faire, et c'est ce qui se réalise pour le failli.

Aussi, M. Pardessus, qui enseigne que la preuve est admissible à l'encontre de l'endosseur, déclare-t-il cette preuve impossible, lorsqu'il y a faillite. « Si le principe de l'article 138, dit-il, peut être modifié, lorsque l'auteur de l'endossement irrégulier est libre de disposer de ses biens et de donner un consentement que la justice peut suppléer, pour qu'il ne profite pas de sa mauvaise foi, la même modification ne peut plus être admise, lorsque, par le dessaisissement, il est devenu incapable de donner un consentement qui change les effets de l'endossement irrégulier (2). »

(1) Pardessus, *Droit commercial*, n. 355.
(2) *Ibid.*, n. 1176.

Or, ce dessaisissement résulte de plein droit de l'état de faillite, qui produit en outre cet autre effet, que les droits de tous ceux qui ont traité avec le failli, sont invariablement fixés au moment de son ouverture. La nature de ces droits se règle par les titres alors existants, qui produisent tous leurs effets, s'ils sont réguliers, qui deviennent au contraire de nulle valeur, s'ils ne sont pas par eux-mêmes translatifs de la propriété de l'objet qui a été aliéné.

En effet, c'est la masse des créanciers qui par la faillite est substituée au failli lui-même. Par rapport à elle, comme pour les tiers, le transfert de la propriété d'un effet commercial par la voie de l'endossement, doit résulter de l'endossement lui-même. On ne peut admettre ni équivalent ni élément étranger ou extrinsèque. Cela est consacré par une jurisprudence constante et enseigné par les auteurs les plus recommandables (1).

Mais, dira-t-on, les créanciers ne sont que les représentants du failli, ses ayants-cause ; ils sont donc passibles de toutes les exceptions qui pourraient atteindre celui-ci ; et si par rapport à lui la preuve de l'endossement est admissible, il n'y a aucune raison de la prohiber à l'égard de la masse.

Il est vrai que les syndics représentent le failli, mais ils représentent aussi les créanciers. Il faut donc distinguer dans l'action qu'ils exercent la qualité en laquelle ils agissent ; que si cette action se rapporte à des droits particuliers au failli, ils seront réellement ses ayants-cause, et comme tels pouvant être repoussés par toutes

(1) Pardessus, du *contrat de change*, n° 126. Nouguier, de *la lettre de change*, tom. 1, p. 501. Persil, sur l'article 139 du Cod. de com., n° 4.

les exceptions opposables au failli lui-même. Que si au contraire l'action concerne les biens dont le failli a disposé contrairement aux droits de la masse, celle-ci est si peu l'ayant-cause du failli qu'elle pourrait être avec lui en opposition d'intérêt. Jamais cette circonstance ne se réalisera plus fréquemment que dans les demandes tendantes à faire prononcer des rapports à la masse. On comprend que si en pareille matière la masse pouvait être liée par les actes du failli, tout rapport serait impossible, car la demande est nécessairement fondée sur un fait personnel à celui-ci et qui créerait contre lui une fin de non recevoir qui condamnerait d'avance les prétentions contraires des créanciers.

On doit donc admettre que, pour tout ce qui concerne la composition de l'actif, l'action des syndics est indépendante des droits que l'on pourrait faire valoir contre le failli. Les créanciers sont, à cet égard, de véritables tiers agissant *jure proprio,* et non les représentants de leur débiteur.

Cette doctrine est celle formellement admise par l'ordonnance de 1673 pour ce qui concerne l'endossement irrégulier. L'art. 25 du titre 5 porte en effet : « Au cas que l'endossement ne soit pas dans les formes ci-dessus, les lettres seront réputées appartenir à celui qui les aura endossées, et pourront être saisies par les créanciers et compensées par ses redevables. » Or, permettre aux créanciers de saisir, c'est évidemment les affranchir des exceptions particulières à l'endosseur de l'effet, et notamment de l'obligation de subir la preuve que les fonds ont été réellement faits, preuve qui, par rapport à eux, pourrait n'être que le résultat d'une collusion entre le réclamant et leur débiteur.

Il est vrai que les articles 137 et 138 du Code de commerce ne rappellent plus expressément ces termes de l'ordonnance ; mais il est certain aujourd'hui en doctrine et en jurisprudence (1), que ce silence n'est pas une abrogation, et que le législateur de 1807 a au contraire entendu confirmer, dans toute leur rigueur, les principes de l'ordonnance.

Au reste la faculté pour le porteur de prouver, autrement que par l'endossement lui-même, son droit de propriété à l'encontre de l'endosseur personnellement est encore fort problématique. La cour de cassation a bien souvent refusé de la consacrer. Ainsi, la Cour royale d'Aix l'ayant admise, son arrêt fut cassé le 23 juin 1817 (2).

Depuis, la même question s'étant présentée, la Cour régulatrice a persisté dans son opinion en décidant, le 15 juin 1831, que l'endosseur pouvait se prévaloir de l'irrégularité de l'endossement contre lequel on ne doit admettre aucune preuve étrangère à l'acte (3).

Mais, quelle que soit l'opinion à laquelle on s'arrête, en l'état de la controverse qui existe en jurisprudence en ce qui concerne l'endosseur, aucun doute ne peut s'élever à l'égard des syndics. Pour eux, aucune preuve ne saurait être admise : c'est ce que la cour de cassation vient de nouveau de décider par arrêt du 15 décembre 1841, rendu dans l'espèce que voici :

Le 16 février 1836 , Masselin avait remis , par un endossement en blanc, un effet de 1371 fr. au sieur Picard. Celui-ci l'ayant négocié en avait retiré le montant

(1) Vid. l'arrêt de la Cour de cass. plus bas transcrit.
(2) Dalloz, A. tom. 6, p. 567.
(3) Dalloz, P. 31, 1, 210.

Le 27 du même mois, la faillite de Masselin est déclarée. Le syndic assigne aussitôt le sieur Picard en restitution de cette somme, parce qu'aux termes de l'art.
138, il ne l'aurait touchée que comme mandataire. Picard au contraire se prétend propriétaire sérieux comme
ayant fourni la valeur de l'effet.

Le 28 juin 1837, jugement du tribunal de commerce
de Lizieux, qui admet la prétention du sieur Picard en
déférant d'office le serment supplétoire. Appel du syndic,
et le 26 mars 1838, arrêt de la Cour royale de Caen ,
qui confirme purement et simplement.

Le syndic se pourvut en cassation. Devant la Cour,
on soutenait que la preuve n'était pas admissible à l'encontre des créanciers, qui ne pouvaient être considérés
comme les ayants-cause du failli, ainsi qu'on le préten-
dait dans l'intérêt du défendeur à la cassation. Ce système fut complètement admis par la Cour , dans un
arrêt motivé en ces termes :

« Attendu qu'il est reconnu en fait que l'effet litigieux
remis par Masselin à Picard n'était revêtu que d'un endossement en blanc; que cet endossement n'était point,
dès lors, conforme aux dispositions de l'article 137 ,
Cod. de com. ; et qu'aux termes de l'article 138, il n'en
a donc point opéré le transport au sieur Picard ; qu'il
n'a été qu'une procuration , et qu'en le négociant, le
sieur Picard n'a pu agir qu'à titre de mandataire, d'où
il résulte que cet effet, étant demeuré la propriété du
failli, a pu, comme le portait l'ordonnance de 1673 en
termes exprès, être saisi par les créanciers, et par suite,
le produit réclamé du sieur Picard par le syndic de la
faillite au nom de la masse; qu'il est bien reconnu que
le Code de commerce, loin de déroger aux dispositions

de l'ordonnance concernant l'endossement, les a réta-
blies dans toute leur rigueur, en en adoptant les principes ; que les art. 137 et 138 sont conçus en termes généraux, clairs et précis, et que les effets peuvent en être
réclamés par toutes parties intéressées. »

« Attendu qu'en supposant même que dans des espèces spéciales, et à raison des circonstances particulières, on ait pu recourir à des preuves extrinsèques,
pour établir, en dehors de l'endossement, la réalité du
transport d'un billet à ordre, lorsque la contestation s'a-
gitait entre l'endosseur et le porteur qui tenait de lui
ses droits; il ne saurait en être ainsi, lorsque l'irrégularité de l'endossement est opposée par le syndic d'une
faillite, dans l'intérêt de la masse des créanciers : que
le syndic n'est plus alors le simple représentant de l'endosseur ; qu'il réunit une double qualité, puisqu'il est
aussi surveillant et défenseur de la masse à laquelle il
est chargé de faire rapporter tout ce dont le failli n'était
pas légalement dessaisi au moment de l'ouverture de la
faillite ; que l'arrêt attaqué, en déniant au syndic le droit
de demander contre le sieur Picard le rétablissement à
la masse du produit d'un effet à lui remis sur un simple
endossement en blanc, a donc formellement violé les
articles 137 et 138 du Code de commerce (1). »

On le voit, notre proposition, sous ce double rapport, est complètement justifiée. La cour de cassation
n'admet pas expressément qu'on puisse toujours prouver contre l'endosseur lui-même, mais elle exclut bien
positivement la preuve à l'encontre des syndics qu'elle
considère, quant à ce, non pas comme les représentans
du failli, mais comme de véritables tiers.

(1) Dalloz, P. 42, 1, 49.

361. Cette jurisprudence pourrait paraître sévère, s'il n'était pas facile d'en éluder les effets. Il suffit, en effet, qu'au moment de la présentation au débiteur, l'endossement ait été rempli, pour qu'il produise tous ses effets ordinaires. Or, cette formalité peut être accomplie par toutes personnes, par le porteur lui-même. La loi, en effet, n'exige pas que l'endossement soit écrit de la main de son auteur. Il dépend donc du porteur de réparer l'irrégularité de son titre, et d'assurer sur sa tête la propriété de l'effet qui lui a été cédé. Celle-ci ne pourrait plus lui être ravie, à moins cependant que l'effet ne lui eût pas été réellement cédé à titre de propriété, et qu'en remplissant le blanc, il n'eût abusé d'un mandat d'encaisser qu'il aurait réellement reçu. La preuve du véritable caractère de la transmission serait, dans ce cas, à la charge des syndics.

Mais, hors le cas de fraude, l'endossement régularisé serait inattaquable, à moins qu'il ne l'eût été postérieurement à la faillite. Le failli étant à cette époque incapable de conférer la propriété, et de suppléer à une irrégularité dans le titre, personne ne pourrait le faire pour lui. C'est ce que la cour de cassation a formellement décidé le 18 novembre 1812, après un délibéré de deux audiences (1).

La preuve du moment où le blanc aurait été rempli, serait, on le comprend, fort difficile. Aussi, ne pourrait-on utilement la faire que si elle résultait d'un acte public; comme si, par exemple, l'effet ayant été protesté après la faillite, avait été transcrit dans le protêt avec l'endossement non rempli.

362. L'action en rapport des sommes irrégulièrement

(1) Dalloz. A. tom. 6, p. 650.

distraites de l'actif, celle en nullité des actes frauduleusement consentis, ne peuvent être intentées au nom
de la masse que par les syndics. Mais ce droit ne fait
point obstacle à ce qu'un créancier exerce celles que les
syndics négligeraient ou ne voudraient poursuivre. Chaque créancier a le droit de rendre sa position meilleure
en cherchant à augmenter l'actif à partager. Mais, dans
ce cas, et quoique la décision profitât à la masse, si la
réclamation triomphait, cette même masse resterait
étrangère aux frais que la chance contraire pourrait entraîner. Les poursuites individuelles des créanciers sont
exclusivement à leurs périls et risques. Il y a même
plus, le jugement qui interviendrait ne saurait être opposé aux syndics attaquant plus tard le même défendeur.
Aussi celui-ci est-il autorisé, en cas de contestations
soulevées par un créancier, à appeler en cause les syndics, pour que le résultat de la poursuite liât contradictoirement la masse, et prévînt tout litige ultérieur.

363. La faculté que nous venons de reconnaître aux
créanciers individuellement ne leur donne pas le droit
d'intervenir, lorsque l'action qu'ils prétendraient vouloir exercer est poursuivie par les syndics. Chaque créancier en effet est légalement représenté par ceux-ci.
Leur présence en cause en dehors du ministère que
leurs mandataires remplissent, est complètement inutile.

364. Mais ce principe produit en outre des conséquences importantes. Ainsi les jugemens rendus pour
ou contre les syndics lient ou profitent irrévocablement à la masse. Ceux qui la composent ne peuvent
donc ni former tierce-opposition, ni intenter de nouveau l'action sur laquelle ils sont intervenus.

Ce principe pourtant ne reçoit son entière application
que lorsque tous les créanciers ont un intérêt identique dans le procès qui s'est engagé. Il souffrirait donc
une exception, si quelques-uns d'entre eux avaient un
intérêt distinct ou opposé. Ainsi il a été jugé que les
créanciers hypothécaires qui ont des intérêts séparés de
ceux des chirographaires, peuvent former opposition à
un jugement qui leur préjudicie, quoiqu'il ait été rendu
avec les syndics de la masse. Tel serait celui qui pronon-
cerait la résolution de la vente d'un immeuble acquis
par le failli (1).

365. Les instances introduites avant la déclaration de
faillite doivent être reprises contre les syndics ou continuées par eux. Tout jugement obtenu après cette déclaration contre la personne du failli directement pourrait être frappé de tierce-opposition par les syndics.

Mais les jugemens rendus avant le jugement déclaratif, même celui qui aurait été prononcé le jour de
celui-ci, ne seraient pas susceptibles d'un pareil recours.
Pour toutes ces hypothèses, les créanciers ont été valablement représentés par leur débiteur. Les condam-
nations prononcées contre celui-ci réjailliraient donc
contre eux, sauf toutefois les droits conférés par l'article 1167 du Code civil, dans le cas de collusion ou de
fraude.

Mais la faculté d'émettre appel de ces jugemens appartient incontestablement aux syndics. Le délai court de
la signification faite, au failli, avant la déclaration, ou
aux syndics, si cette signification préalable n'a pas eu
lieu.

(1) Cass. 25 juillet 1814. Toulouse, 8 mai 1824. Dalloz, A., tom. 8,
pag. 67, 105 et 109. Cass. 15 juin 1837. Dalloz, P. 37. 1. 436.

L'obligation pour les syndics de continuer les actions
que le débiteur aurait intentées avant la faillite, ne s'applique qu'à celles qu'ils croiront raisonnables et justes,
ou avantageuses pour la masse. Ils peuvent donc renoncer à celles qui, dans leur opinion, ne présenteraient
aucun de ces caractères. Le failli ou les créanciers qui
croiraient devoir réclamer contre cet abandon, pourraient, aux termes de l'article 466, investir le juge-commissaire de l'appréciation de la conduite à tenir par
les syndics.

Tels sont les devoirs et les droits des syndics, relativement aux actions qui naissent de la faillite, quel que
soit l'objet auquel elles s'appliquent. Il nous reste à
parler de l'administration qui leur est confiée, relativement aux immeubles, aux meubles, marchandises et
créances actives.

366. En ce qui concerne les immeubles, les syndics
sont saisis de leur administration, dès que le jugement
déclaratif est rendu. Ils sont immédiatement substitués
au failli dans leur exploitation. Ils doivent donc continuer provisoirement le mode adopté par celui-ci, entretenir les baux existans, ou administrer par eux – mêmes, s'il n'y en a aucun.

367. Les immeubles ne peuvent être vendus qu'après
l'union. On comprend, en effet, que tant que la possibilité que le failli soit remis à la tête de ses biens n'est pas
effacée, on doit lui ménager celle de reprendre ses immeubles. L'utilité de cette reprise est incontestable; elle fournira au failli les moyens d'emprunter pour satisfaire aux
engagemens qu'il s'est imposés dans le concordat; et dans
les cas où il serait obligé de vendre, l'occasion d'obtenir
tractativement des meilleures conditions, un prix plus

avantageux, et surtout le moyen d'éviter les frais d'une vente judiciaire.

Mais pourrait-on, en attendant, affermer les immeubles laissés libres par le failli ? Sous l'empire du Code, les syndics n'étaient aptes à le faire, qu'à la charge d'y être expressément autorisés par le tribunal de commerce. C'était, du moins, ce que décidait la doctrine. Mais cette question a singulièrement perdu de son importance, par la précision du délai dans lequel il y aura concordat ou union. Ce délai est tellement court, qu'on ne saurait concevoir la nécessité d'une location quelconque. Il serait donc inutile d'autoriser un acte qui n'aurait d'autre résultat que celui de grever les biens d'une charge qui en gènerait la libre disposition, soit dans le cas de restitution au failli, soit dans celui de vente par suite de l'union.

368. A la différence de ce qui se réalise pour les immeubles, les syndics ne sont chargés des meubles meublans, effets mobiliers, marchandises, créances, que lorsque leur importance et leur nature ont été déterminées. Nous avons vu que l'inventaire n'a pas d'autre objet. Aussi, n'est-ce qu'après sa confection, que les syndics reçoivent réellement tous les objets qui y sont décrits. Cette réception est constatée par une déclaration au bas de chaque minute. Dès ce moment, commence la responsabilité des syndics et l'obligation qui leur est imposée de procéder à la liquidation.

369. L'acte le plus important de celle-ci est le recouvrement des dettes actives. Nulle opération n'est plus délicate, en ce sens que des syndics mal intentionnés n'auraient, dans aucune autre circonstance, plus de facilités pour tromper les créanciers, soit en déguisant

le chiffre des rentrées, soit en dissimulant le paiement lui-même. Aussi, le Code de commerce avait-il soumis les quittances des agens au visa du juge-commissaire, et subordonné les recouvremens des syndics à son autorisation (1).

Mais la loi actuelle, éclairée par une longue expérience, a supprimé cette double formalité qui n'était propre qu'à embarrasser et à retarder la marche de la liquidation. Aussi l'article 485 laisse les syndics opérer les recouvremens sous la surveillance du juge-commissaire. Ce qu'il importe toutefois de remarquer dans cet article, c'est cet appel spécial à une surveillance, que déjà la loi a appelée sur toutes les opérations de la faillite en général. Nous trouvons là une preuve de toute la sollicitude du législateur pour ce qui s'attache aux recouvremens, et de la gravité du devoir, qu'il impose au juge-commissaire, de s'assurer de la fidélité des syndics dans cette partie de leur mission.

370. Les débiteurs poursuivis par les syndics ne pourraient compenser les sommes dont ils sont redevables, avec celles qui pourraient leur être dues par la faillite. Pour que la compensation s'opère, il faut que les dettes réciproques soient également liquides et certaines. Or, la dette due à la faillite doit être intégralement payée ; elle est donc certaine ; celle due par elle ne l'est pas. Le créancier, en effet, n'aura à percevoir que les dividendes qui seront déterminés plus tard. Ce ne serait donc que jusqu'à concurrence de ces dividendes que la compensation pourrait s'opérer, si leur quotité était connue au moment où la poursuite est réalisée.

Si cependant la créance et la dette étaient toutes deux

(1) Vid. art. 463 et 492 , Cod. de com. ancien.

échues avant la faillite, la compensation pourrait plus
tard être opposée ; car, dans ce cas, et dès l'instant où
les deux dettes sont devenues exigibles, elles ont été
respectivement éteintes par la seule force de la loi.

371. Le débiteur d'une société en faillite ne peut
compenser sa dette avec une créance qu'il aurait sur un
des membres de la société. Peu importerait que ce
membre fût le gérant lui-même. Les dettes particulières
· de l'un des associés ne tombent jamais à la charge de la
société ; conséquemment dans l'hypothèse qui nous occupe, il ne se rencontrerait pas une des conditions essentielles de la compensation, à savoir identité parfaite
dans la personne respectivement créancière et débitrice.

372. Nous avons déjà dit que les commanditaires ne
pourraient compenser la mise qu'ils se sont engagés à
verser, avec les créances qu'ils auraient acquises plus
tard sur la société (1). Mais pourraient-ils être contraints
par les syndics au paiement de cette mise, s'ils ne l'a-
vaient pas encore versée ? Les syndics seraient-ils dans
cette poursuite seulement les ayants-cause du failli, de
manière qu'on puisse leur opposer toutes les exceptions
dont celui-ci serait passible, même la nullité du pacte
social ? En d'autres termes, les syndics ont-ils contre les
commanditaires une action directe du chef des créanciers ?

Cette question, depuis que la société en commandite
a reçu de développemens si étendus, est la plus importante que puisse soulever l'administration des syndics.
Elle a été résolue, plutôt que justifiée, par les auteurs
qui l'ont examinée.

(1) Vid. nos observations sur l'art. 441.

Mais une discussion fort importante que la faillite Loubon a présentée, est venue fournir l'occasion de la traiter d'une manière complète.

Un très habile professeur de la faculté de droit d'Aix, l'honorable M. Cresp l'a résolue par la négative dans un mémoire remarquable produit dans l'intérêt des commanditaires. Dans ce mémoire, M. Cresp réduit les syndics à la simple qualité d'ayants-cause du failli. Il fonde son opinion sur les principes généraux du droit, qu'il exprime en ces termes :

« S'il est permis d'engager un autre que soi-même envers des tiers, et si ces tiers peuvent avoir directement action contre celui avec qui ils n'ont pas directement contracté, ce n'est qu'aux conditions suivantes :

« 1° Et avant tout, que l'obligation ait été contractée au nom de celui pour qui l'on voulait contracter.

2° Qu'il y ait eu mandat formel de sa part avant le contrat, ou profit démontré pour lui dans le contrat même. »

M. Cresp soutient qu'aucune de ces conditions ne se réalise dans la commandite, ce qu'il prétend justifier par la nature de cette société qui a son origine dans la législation italienne. Après en avoir exposé les règles, M. Cresp en examine le développement sous l'ordonnance de 1673, et ensuite sous le Code de commerce.

Nous avons eu à soutenir l'opinion contraire et voici la discussion à l'aide de laquelle nous sommes parvenus à réfuter les argumens de ce profond jurisconsulte, que nous avons suivi sur le triple terrain qu'il avait adopté.

Il faut, disions-nous, pour assurer le triomphe de notre opinion, rechercher à notre tour ce que fut la commandite en Italie, et en France, sous l'ordonnance de 1673; nous examinerons ensuite ce qu'elle est, sous le Code de commerce.

Avant d'entreprendre cette tâche, disons un mot des principes qu'on a rappelés comme point de départ.

Ces principes préliminaires sont incontestables en matière ordinaire. Il n'en saurait être de même dans l'application qu'on veut en faire à un cas purement commercial. Cela tient surtout à la différence des législations civiles et commerciales.

La distance qui les sépare n'est jamais échappée aux jurisconsultes qui se sont occupés de cette dernière. Voici en quels termes énergiques, M. Cresp lui-même nous la signalait.

« Eût-on toute la science d'un Cujas, toute la péné-
« tration d'un Merlin, on s'exposerait aux plus graves,
« comme aux plus dangereuses méprises, si, aux actes et
« aux différents commerciaux, on voulait appliquer les
« principes du pur droit civil.

« Sa rigueur et ses abstractions quelquefois subtiles,
« sont peu compatibles avec un droit auquel il faut avant
« tout des règles simples, équitables et justes (1). »

Or, ces règles ne sont même pas toujours écrites. Elles peuvent ne résulter que des usages universellement reçus ; elles n'en sont pas moins exclusivement suivies, constituassent-elles la dérogation la plus expresse aux principes généraux du droit.

C'est ainsi qu'en Italie, qu'en France, sous l'ordonnance de 1673, on reconnaissait au gérant de la commandite, le pouvoir d'obliger personnellement ses co-associés, quoiqu'on admit qu'il agissait en son propre et

(1) Cresp, *Introduction au Cours de Droit commercial et maritime*, pag. 9, Aix, 1852.

privé nom, sans mandat exprès, ni tacite. L'intérêt du commerce avait créé cette exception au droit commun; l'utilité publique en avait déterminé l'application constante.

Le Code de commerce a consacré cet usage; mais il l'a fait en termes tels, que la question ne saurait s'agiter désormais. La commandite, aujourd'hui, ne présente pas seulement la fiction commune à toute société d'une personne morale; cette fiction y devient une réalité ; la personne morale y prend une individualité, un nom, une signature qui lui est propre : c'est la raison sociale (1).

La nature des créances est irrévocablement fixée par l'emploi de cette raison : ou celui qui s'est obligé a signé cette raison, ayant pouvoir de le faire, et la dette est sociale ; ou il n'a traité qu'en son nom, et lui seul, nous le reconnaîtrons volontiers, demeure obligé à toutes les suites de son fait.

Il est donc inutile de se livrer à l'examen des principes généraux du droit, on reconnaît que tout se résume en définitive dans ces deux questions : Le gérant d'une société en commandite traite-t-il et peut-il traiter au nom de ses commanditaires comme au sien ? Agit-il et peut-il agir en vertu d'un mandat formel ou tacite de ses commanditaires ?

Nous soutenons l'affirmative sur ces deux questions, qui nous paraissent résolues par cela seul qu'il y a pour les commandites une raison sociale. Mais avant d'examiner ces questions sous l'empire du Code, prouvons que l'action directe des tiers était admise par l'école italienne et par l'ordonnance de 1673.

(1) *Id. ibid.* pag. 32.

§ 1.

La Commandite en Italie.

On nous a dit : l'Italie est le berceau de la commandite ; c'est donc là que nous devons l'étudier, pour tâcher d'en saisir l'idée première, les traits natifs, les caractères essentiels et indélébiles (1). Cette étude, nous l'avons faite, et son résultat a été pour nous la certitude que l'admission de l'action directe n'a été contestée par aucun des écrivains qui nous ont légué leurs pensées.

Casaregis nous apprend ce qu'était la commandite en Italie, ses caractères, son essence.

« Accommandita sive societas inita per viam acco-
« manditæ, quæ multùm solet practicari Florentiæ, nihil
« aliud est quàm communis negotiatio inter accoman-
« dantes et accomandatarium pro capitalibus respectivè
« ab eis in negotio expositis, in quo non expenditur no-
« men accomandantium sed accomandatarii duntaxat,
« et sic jus formale ipsius negotii residet penès acco-
« mandatarium qui habet totale exercitium et adminis-
« trationem, et proprio nomine contrahit et distrahit ;
« et accomandans habet tantùm interesse per partici-
« pationem pro rata capitalis immissi, non verò per pro-
« prietatem in jure formali ipsius negotii, ità ut dici
« nequeat quod vel ex mandato expresso, vel tacitò ac-
« comandantium contrahentes cum negotio sequantur
« fidem et personam dictorum accomandantium (2). »

Plus on voudra faire ressortir chacun de ses carac-

(1) Consultation pour les commanditaires, pag. 24
(2) Casaregis, *Discursus legalis de commercio*, Dis 29, n° 24. Venise, 1740.

tères, pour en exclure la possibilité de l'action directe, plus on donnera de la force à la conclusion que l'auteur en fait résulter.

« Hujusmodi enim accomandantes seu participes in « accomanditâ, non obligantur ergà creditores acco-« mandita, ultrà capitalia per eos respectivè in negotio « exposita, accomandatarius verò in solidum obligatur « ergà omnes secum contrahentes (1). »

Ainsi quelle que soit là commandite, ou plutôt précisément à cause de ce qu'elle est, les associés ne sont pas obligés envers les créanciers au delà de leur mise. *Hujusmodi accomandantes non obligantur ultrà capitalia.* C'est qu'en effet chacun des caractères ci-dessus retracés est de l'essence de cette société ; à tel point que s'ils ne se rencontrent pas tous dans l'association, celle-ci ne sera plus une commandite, mais bien une société en nom collectif.

Or, dans celle-ci chacun des associés est solidairement et indéfiniment tenu. Il est vrai que chacun d'eux peut administrer ; que celui qui agit est censé le mandataire de l'autre ; que les tiers suivent la foi et la personne de chacun d'eux ; mais s'il doit en être de même pour les commanditaires, pourquoi distinguerait-on dans les obligations des uns et des autres ? Quels seraient les motifs pour soumettre les commanditaires à n'être tenus que jusqu'à concurrence de leur mise ?

Qu'on ne dise donc plus qu'il y a exclusion de la possibilité de l'action directe, dans ce que le commandité est le seul maître du commerce dans lequel son nom seul paraît, dans lequel il n'est jamais censé agir en vertu

(1) *Id. ibid*, n. 25.

d'un mandat exprès ou tacite. Cela pourrait-être vrai
en droit civil, en vertu des principes généraux qui ré-
gissent celui-ci. Cela ne saurait être exact en matière
commerciale, pour une société exceptionnelle dans ses
formes comme elle l'est dans ses résultats.

Il faut dans la commandite séparer les personnes de
la mise : pour obliger les premières au delà de celles-ci,
il faudrait un mandat exprès ou tacite; pour obliger les
secondes, le pouvoir se réalise à l'instant même de l'association, par la seule force de la communion dans laquelle tombent ces mises. La commandite est plutôt
une association de capitaux que de personnes. *Nihil
aliud est quàm communis negotiatio.* Ceux qui contractent avec elle traitent plutôt avec la chose qu'avec le
gérant lui-même. *Contrahentes cum negotio.* Le gérant
est le maître de cette chose ; il a tout le droit , toute
l'administration du commerce. Comprendrait-on un administrateur d'une chose, qui n'aurait pas le droit d'o-
bliger celle-ci? Or, la chose dans la commandite, c'est
la réunion des mises, ce sont ces mises qui constituent
le commerce. Donc le gérant, administrateur unique de
cette chose, de ce commerce, a nécessairement le droit
de l'obliger ; sans pouvoir sur les personnes, il engage
la mise en s'engageant lui-même.

Ainsi et quels que soient les caractères de cette société, ce serait vouloir fermer les yeux à l'évidence que
de méconnaître qu'ils ont pour résultat forcé d'obliger
les commanditaires jusqu'à concurrence de leur mise.
Non obligantur ultrà capitalia.

Quel est le sens que Casaregis a attaché à ces mots ?
Constituent-ils une obligation personnelle et directe ?

Il nous semble que les termes employés par Casaregis

ne laissent aucun doute possible sur l'affirmative. Si
cet auteur ne s'était servi que du mot *obligés*, nous
soutiendrions encore avec succès qu'il admet l'action
directe. Envers qui peut-on être obligé à une dette, si
ce n'est envers le créancier ? Existe-t-il une obligation
de débiteur à débiteur, tant que la dette est due au
créancier ?

Nous n'avons pas même besoin de recourir à cette
interprétation quelque rationnelle qu'elle soit. La pensée
de l'auteur dans cette circonstance n'en comporte aucune. Il nous dit lui-même que l'obligation existe en
faveur des créanciers : *ergà creditores obligantur.*

La certitude de l'obligation démontre celle de l'action.
L'une et l'autre appartiennent au créancier. Elles sont
donc toutes deux directes. Il est impossible de prêter
une autre intention à l'auteur.

Dans l'action indirecte, en effet, celui qui est poursuivi, n'a jamais été tenu de rien envers celui qui le
poursuit, puisque ce n'est qu'au nom et comme exerçant les droits d'autrui que celui-ci peut agir. Dans
une commandite, si les créanciers ne peuvent attaquer
les associés que du chef du gérant, il s'ensuivra que ce
n'est qu'envers celui-ci que ces associés seront obligés,
qu'ils ne pourront dans aucun cas l'être envers les créanciers ! Ne pourrions-nous pas à notre tour nous écrier
qu'un pareil système n'est que la plus étrange, la plus
énorme des contradictions ?

La pensée de Casaregis, de consacrer l'action directe,
ne saurait donc être méconnue. Elle résulte des termes
mêmes dans lesquels il la formule. Elle résulte encore
de cette circonstance, que toutes les fois que cet auteur a voulu parler de l'action indirecte, il s'en est expliqué expressément.

Voyez, par exemple, ce qu'il dit des associés en participations ; « Participes non teneantur nisi ad ratam capitalis pro quo participant in negotio. Neque ipsi agere « possunt contra debitores societatis, neque conveniri « valent a creditoribus societatis. »

Avec quel soin l'auteur énonce sa pensée ! Il ne lui suffit pas de dire simplement *non teneantur ;* le doute peut encore s'élever sur la portée de ces termes : il ajoute immédiatement que les participans ne pourront jamais être attaqués par les créanciers. Là, est sans doute l'action indirecte ; mais y a-t-il parité entre cette décision et celle relative aux commanditaires, ceux-ci ne restent-ils pas obligés *ergà creditores?*

Il y a plus, si les participans ne peuvent jamais être attaqués par les créanciers, il n'en est pas de même des commanditaires ; ceux – ci peuvent l'être pendant et après la société. C'est ce qui était admis en Italie, d'après Casaregis lui-même, qui nous l'enseigne dans le passage suivant :

« Et semel factà restitutione capitalium cum portione « lucrorum cuilibet ex sociis vel accomandantibus, re- « lictis tamen aliis effectibus societatis, vel accomanditæ, « penès socium administratorem vel accomandatarium, « ad effectum satisfaciendi creditoribus societatis aut « accomanditæ, nulla actio intentari ampliùs poterit « per creditores contra alios socios, vel accomandantes « qui sua capitalia cum lucris receperunt, si non fue- « rint ipsi postea satisfacti à socio administratore vel ac- « comandatario, penès quem remanserunt alia capitalia « dictæ societatis, aut accomanditæ pro solutione dic- « torum creditorum ; quod tamen locum habet quando « scientibus et patientibus creditoribus, prædita resti-

« tutio capitalium et divisio lucrorum facta fuerit (1). »

Deux choses nous paraissent résulter invinciblement de ces paroles. La première que tant que dure la société, les créanciers non payés par le gérant pourront attaquer le commanditaire qui n'aurait pas versé. C'est ce que Casaregis enseigne en termes formels lorsqu'il dit : « Facta restitutione nulla actio intentari ampliùs pote- « rit. » Si on ne le peut plus désormais, on l'a pu jusqu'à ce moment.

La seconde, c'est que si les créanciers ont ignoré le partage, ils pourront toujours attaquer les commanditaires, s'ils ne sont pas payés par le gérant. On ne leur prohibe cette attaque, que si le partage a été fait. « *Scientibus et patientibus creditoribus.* »

Comment donc les créanciers qui pourraient demander aux commanditaires le recomblement de la mise que ceux-ci auraient retirée, n'auraient-ils pas le droit de les actionner pour les contraindre au versement de cette mise, lorsqu'ils ne l'ont pas effectuée ?

Remarquons que toute équivoque sur les termes devient ici impossible. Il ne s'agit plus d'une obligation envers tel ou tel, mais d'une action à intenter par les créanciers contre les commanditaires. Cette faculté d'action exclut l'action indirecte, car les participants contre lesquels n'existe que celle-ci, ne peuvent, dans aucun cas, être attaqués par les créanciers : *neque conveniri possunt à creditoribus societatis.* Si le contraire se réalise pour les commanditaires, c'est que leur position est différente, c'est que jusques à concurrence de leur mise, ils sont directement obligés envers les créanciers.

Casaregis professe donc l'action directe, et cette opi-

(1) Casaregis, *Discursus,* 29, n. 29,

nion est celle de tous les auteurs italiens. Nous nous
arrêterons aux plus célèbres.

Azuni, dont on a fait un éloge si mérité (1), professe
en termes plus exprès encore la même opinion que Casaregis. On a emprunté le nom de cet auteur , sans
en citer les paroles. Nous allons combler cette lacune
dont on pourra ainsi apprécier les motifs.

Il importe d'abord de voir comment Azuni entend
la commandite.

« La societa in commandita : e una commune nego-
« ziazione fra due, o piu socj contratta di somme capi-
« tali certe, rispettivamente da essi nel commercio es-
« poste, ed administrata sotto nome d' uno de' medesimi
« socj detto commanditario , che ne a tutto il diritto
« formale, e l'esercizio per contrattare et distrarre a
« proprio nome , rimanendo soltanto presso gli altri
« socj, chiamati commanditanti, l'interesse per parte-
« cipazione a pro rata del capitale somministrato. Ondé
« è contraenti collo stabilito negozio, non potranno mai
« allegare d' aver seguita la fede e persona Dei secon-
« di , benchè siavi preceduto il loro mandato expresso
« o tacito (2). »

La commandite est donc pour Azuni ce qu'elle est
pour Casaregis. C'est dans les mêmes termes que chacun
d'eux en déduit les caractères, en trace les nuances.

Mais Azuni est plus explicite que Casaregis, lorsqu'il
en fait ressortir les effets, il ne se contente pas de dire :

« I commanditanti, ossian partecipi nella comman-
« dita, non restano obligati verso i creditori di essa .

(1) Consultation pour les Commanditaires, pag. 55.
(1) Azuni, *Dizionnario universale della giurisprudenza mercantile*,
tome 1, p. 289, *verbo Commandita*, édition de Livourne, 1822.

« che per il capitale da ciascun di loro esposto nella
« contrattata negoziazione. »

Il ajoute immédiatement :

« Ne nostri stati tutti gli associati sono tenuti solida-
« riamente per i debiti ed oblighi della società, quand'
« anche questi fossero contratti da un solo di quegli, sotto
« il nome de' quali corre il negozio. Mediante che abbia
« fatti, e sottoscritti a nome della società. Tale obliga-
« zione solidaria pero e indistinta rispetto ai susdetti, e
« ristretta alla sola porzione di fondo , che vi hanno , i
« non nominati (1). »

On ne saurait professer l'action directe en termes plus
formels. Si les associés non nommés, c'est-à-dire les
commanditaires, sont solidairement tenus jusqu'à concurrence de leur mise, qui peut douter qu'ils ne puissent
être attaqués directement par les créanciers ?

Cette opinion d'Azuni est d'autant plus remarquable
qu'on ne peut lui reprocher de s'être fait une idée
inexacte de la commandite. Nous l'avons vu enseigner
que le gérant a tout le droit, tout l'exercice, toute l'administration du commerce, qu'il contracte sous son propre nom ; qu'il n'a ni mandat formel, ni mandat tacite,
qu'aucun des créanciers n'a suivi la foi ou la personne
des commanditaires ; et tout cela ne fait aucun obstacle
à cette obligation solidaire qui résulte pour tous les associés, des faits du gérant.

N'est-ce pas là la preuve de ce que nous disions tout-
à-l'heure, qu'en Italie, la commandite était considérée
surtout comme une association de capitaux ; et que le
gérant représentant l'être moral, sans pouvoir pour engager la personne de ses commanditaires au delà de leur

_____

(1) Azuni, *loco citato*.

mise, traite constamment au nom de cette mise, en dispose, et l'engage directement envers les créanciers.

C'est ce que le célèbre Ansaldus nous apprend de la manière la plus formelle ; et son opinion est d'autant plus précieuse qu'il est de Florence, et que c'est à Florence surtout que la commandite était le plus usitée : *Multùm solet practicari Florentiæ*.

« Ubi quod tàm ex lege accomanditæ quam ex dispo-
« sitione statuti Florentini quoties accomandantes, non
« sint nominati creditores dici nequeunt contraxisse
« cum ipsis accomandantibus, non nominatis, sed solum
« cum ipsa ratione vel personis nominatis. Ideòque
« non possunt accomandantes in hoc casu teneri ergà
« eosdem creditores nisi ratione rei. Seu illius limitati
« capitalis, cum quo contribuerunt ad efformandam
« illam rationem, ac personam formalem, seu intel-
« lectualem, et cum quâ creditores tantummodo con—
« trahunt (1). »

Ainsi les commanditaires traitent avec les créanciers au moyen de leur mise ; la commandite constitue un être moral que le gérant engage vis-à-vis des tiers. Il faut le reconnaître : il y a dans ces faits incontestables le principe non moins incontestable d'une action directe.

Et ce n'est pas accidentellement que ces principes sont admis par Ansaldus. Il y revient sans cesse dans le discours 98. Voici ce qu'il dit au n° 58 :

« Vera et formali accomandigia, quia nimirùm aliqui
« negociandam pecuniam tradiderint tertiæ personæ,
« seu institori qui sub proprio nomine vel alterius socii

---

(1). Ansaldi. *De Ansaldis Discursus legales de commercio et mercaturá*, Disc. 98. n° 59.

« rationem administrat non autem sub nomine acco-
« mandantium, tum certum est quod iidem accoman-
« dantes non possunt teneri pro facto ejusdem insti-
« toris, ultraquam posuerint in illo negotio. »

Plus loin, au numéro 40, Ansaldus a déjà admis que :

« Ubi negocium erigitur cum certo et limitato capi-
« tali creditores habent solum modo obligatum idem
« capitale, nullamque actionem exercere possunt ad-
« versus alia bona ejus qui negotium erexit. »

En résumé, l'opinion d'Ansaldus nous amène à ce
résultat, que la commandite est une association de capitaux. Les commanditaires ne peuvent donc être personnellement tenus au delà de leur mise *ultraquam
posuerint*. Mais de toute certitude, ils sont directement
obligés jusqu'à cette concurrence par le fait du gérant,
pro facto ejusdem institoris. De toute certitude aussi
les créanciers peuvent les actionner, car on ne leur refuse cette action que sur les autres biens de l'associé,
adversùs alia bona.

Et pour qu'il en soit ainsi, il faut qu'il s'agisse d'une
vraie commandite, d'une société dans laquelle le gérant
*a toute l'administration, tout l'exercice, tout le droit
ou la propriété du commerce*, dans laquelle le nom du
commanditaire reste inconnu et caché à tous les yeux.
S'il en était autrement, vainement aurait-on pris la qualité de commanditaire, vainement aurait-on promis un
capital limité, on ne serait pas moins obligé indéfiniment; et c'est ce qu'Ansaldus nous enseigne dans le
numéro 60 du même discours.

« Quando accomandantes, permiserunt expendi pro-
« prium nomen, vel absolutè vel junctum cum illo ins-
« titoris, parum refert. cum limitatum fuerit nec ne ca-

« pitale, cum pro tota summa personaliter semper ads-
« tringantur. »

Joseph Urcéol, conseiller d'état du grand duc de Tos-
canne, Urcéol qui a colligé les décisions de la Rote flo-
rentine, professe la même opinion qu'Ansaldus, son pré-
décesseur.

« Qui contrahit cum administratore seu complimen-
« tario, potiùs credit ipsi negotio quàm accomandanti-
« bus et præponentibus. »

« Complimentarius habet quidem facultatem socios
« accomandantes obligandi in solidum, sed pro rata
« tantum capitalis immissi (1).

Plus bas : « administrans in negotio erecto per viam
« accommanditæ, tenetur in solidum adversùs omnes
« creditores accomandantes verò non nisi pro quanti-
« tate immissa. »

Ainsi, dans la commandite, on traite plutôt avec la
chose qu'avec le gérant lui-même. Celui-ci a la faculté
d'obliger solidairement ses associés, mais jusqu'à concurrence de leur mise. C'est la Rote de Florence qui le
décide elle-même en termes exprès. Est-il permis de se
faire encore la moindre illusion sur l'obligation des commanditaires ?

Elle ne peut être que de la même nature que celle du
gérant, car toute la différence qui existe entre eux, c'est
que l'un est tenu indéfiniment, tandis que les autres ne
le sont qu'au prorata de leur mise. Aussi, tous les auteurs ont-ils placé ces obligations sur la même ligne *accomandans non obligatur ultrà capitalia accomandatarius in solidum*.

(1) *Josephi Urceoli decisiones inclytæ Rotæ Florentinæ, decisio*
47, *n° 1 et passim*.

Jorio lui-même n'a pas dit autre chose. Dans les paroles qu'on lui a empruntées (1), cet auteur décrit les
caractères de la commandite, et il le fait dans les termes identiques avec ceux employés par Casaregis, par
Azuni, etc... Mais, ce qu'on n'a pas dit, c'est que Jorio
arrive à la même conclusion que ceux-ci, et que lui aussi
reconnaît que les commanditaires sont obligés envers
les créanciers ; ce qui prouve que dans la pensée de cet
auteur, les circonstances qu'il relève peuvent bien légitimer une obligation restreinte à la mise de fonds, mais
jamais anéantir cette obligation elle-même.

Voilà donc invariablement fixés les caractères, la nature, et surtout les effets de la commandite. Il en résulte
de la manière la plus incontestable que les commanditaires sont directement obligés envers les créanciers :
qu'ils le sont au même titre que le gérant, mais jusques
à concurrence de leur mise. Les créanciers peuvent
donc les actionner en leur nom, leur demander compte
de cette mise avec laquelle ils ont traité, et qui est devenue le gage de leur créance.

Il nous reste à examiner une prétention d'autant plus
extraordinaire, qu'elle ne tend à rien moins qu'à anéantir la commandite.

Nous avons vu les auteurs comparer les commanditaires à des participans. *Socii accomandantes seu participes in accomanditâ.* On s'est emparé de cette assimilation pour soutenir qu'on ne doit appliquer aux commanditaires , que les règles de la société en participation.

On aurait dû cependant ne pas perdre de vue, que
les auteurs sont unanimes sur ce point, que la comman-

(1) Consult. pour les commanditaires, pages 33 et 34.

dite a ses règles particulières ; et que de quelque manière qu'on veuille l'envisager, elle produit des effets qui lui sont propres et spéciaux, et qui diffèrent essentiellement de ceux produits par la participation.

Dans leur essence, la participation et la commandite présentent des caractères tellement opposés, que tous les auteurs ne manquent pas de remarquer qu'à proprement parler, le participe n'est pas un associé, *particeps verè socius non est.* Partout, au contraire, le commanditaire est qualifié d'associé. *Socius sive accomandans.*

Il est vrai que quelquefois ce dernier est qualifié de participant dans la commandite, mais c'est surtout pour le distinguer de l'associé en nom collectif, qui est seul associé dans toute l'acception de ce terme, puisque seul il est indéfiniment tenu.

La commandite a pour but d'exploiter un commerce, une branche d'industrie déterminée; elle est faite pour un temps limité, et ne finit que par l'expiration du terme fixé dans l'acte social. La participation, au contraire, ne se lie que pour une ou quelques opérations, dont le règlement amène la rupture du lien qui unissait les intéressés.

C'est surtout ce caractère qui est l'indice le plus frappant de la participation. Aussi la désigne-t-on souvent sous le nom de *Société momentanée* (1).

Les associés commanditaires ne peuvent administrer les affaires sociales, sous peine de devenir associés en nom collectif. Les participans, au contraire, peuvent tous gérer, administrer, sous leur propre nom, les affaires

_____

(1) Azuni, *Dizionaria della giurisprudenza mercantile, verbo società,* § 6.

communes, à la charge de rendre compte à leurs co-participans.

Si, des caractères de ces deux sociétés, nous passons aux effets qu'on leur attribue, nous nous trouvons en présence d'une divergence non moins sensible. Les commanditaires sont tenus envers les créanciers; ils sont aussi solidaires jusqu'à concurrence de leur mise avec le gérant.

Le participant, non seulement n'est jamais solidaire, mais il n'est pas même tenu envers les créanciers. Il ne peut jamais être attaqué par eux, *neque conveniri valent a creditoribus*, et Casaregis, qui l'enseigne ainsi, dit tout le contraire pour les commanditaires (1). Comment, dans le système que nous combattons, pourra-t-on concilier ces deux doctrines?

Pourquoi, d'ailleurs, si la commandite et la participation sont une seule et même chose, les régirait — on exclusivement par les principes de la participation?

Pourquoi n'appliquerait-on pas les règles tracées pour la commandite? C'est cependant dans un but quelconque que celles-ci ont été si soigneusement décrites, et par quel motif faudrait-il leur préférer les premiers?

Ce sont là tout autant de questions ardues que le système que nous combattons tend, je ne dirai pas à résoudre, mais à créer, substistuant ainsi la difficulté et le doute, à la solution claire et certaine qu'une sage appréciation nous démontre.

Cela seul suffirait pour faire rejeter une confusion entée sur un rapprochement, et tellement hasardée qu'on n'en trouve aucune trace dans cette école italienne qui, ainsi qu'on l'a dit, doit s'y connaître cependant mieux

---

(1) Voir le n. 39 du 29ᵉ discours de Casaregis ci-dessus cité.

que personne. Qu'on recherche attentivement l'opinion
de Casaregis, d'Azuni, de Jorio, d'Ansaldus, d'Urcéol,
et l'on se convaincra qu'aucun d'eux n'a songé à ne faire
qu'une seule et même chose de la commandite et de la
participation. Le contraire se trouve consigné dans leurs
écrits qui distinguent toujours ces deux sociétés par la
différence de caractères, autant que par l'inégalité des
effets. De Lucca lui-même fait cette distinction (1) dont
la réalité est d'ailleurs démontrée par la raison, et se justifie par sa seule évidence.

D'ailleurs et alors même qu'il ne faudrait voir dans la
commandite qu'une espèce de participation, il ne serait
pas moins certain que cette espèce, ayant ses règles à
part, devrait être régie par celles-ci, plutôt que par les
principes généraux de la participation. Cela serait d'autant plus certain, que ces règles s'éloigneraient plus gravement de ces principes ; l'intention du législateur de
séparer les uns des autres, étant par là clairement démontrée. Ainsi appelez la commandite du nom qu'il vous
plaira, vous ne pourrez jamais vous dégager des effets
qui y sont spécialement attachés.

Or, son principal effet est de créer contre les commanditaires une obligation en faveur des créanciers, partant de donner à ceux-ci une action directe et personnelle
pour en contraindre l'exécution.

On excipe encore de l'unité du but auquel on atteint
par la commandite et la participation. L'une et l'autre,
nous dit-on, (2) présentent cette utilité privée et publique relevée par les auteurs, puisque l'une et l'autre ont
pour objet d'attirer dans le commerce les capitaux des

(1) *De Lucca, de debito et credito, Discursus* 87, numéros 1 à 6.
(2) Consultation pour les commanditaires, pag. 56 et 57.

non négocians et de favoriser ainsi le développement de l'industrie.

Ce rapprochement dans les résultats ne peut influer sur la nature des choses, sur les moyens qui y conduisent. On peut atteindre le même but, quoique par des voies bien différentes ; les exemples ne nous manqueraient pas, si nous avions besoin d'en étayer nos paroles.

Vous craignez, dites-vous, que l'action directe ne retienne ceux qui veulent se mêler accidentellement au commerce, mais cette crainte ne peut raisonnablement exister dès que cette action directe est bornée au capital engagé, et qu'on peut s'en libérer par l'abandon de ce capital. Celui qui veut braver les chances du commerce doit s'habituer à l'idée de cet abandon ; mais cette crainte n'existe pas surtout chez ceux qui se soumettent volontairement à cette action directe. Chacun doit connaître la loi, les devoirs, les droits, les obligations qu'elle consacre et qu'elle impose. Et de quoi se plaindrait celui qui, pouvant n'être que participant, a mieux aimé être commanditaire? La loi qui a autorisé ces deux modes d'association laisse le choix libre, mais elle ne veut ni ne peut être plus exigeante pour les intérêts des citoyens qu'ils ne le sont eux-mêmes.

Ainsi tout repousse la prétention de ne voir dans la commandite qu'une participation. On ne saurait dans aucun cas les confondre.

En résultat donc, l'école italienne est unanime sur la nature de l'obligation des commanditaires ; elle donne lieu à l'action directe des tiers :

1° Parce que ceux-ci traitent avec la mise des associés qui forme l'être moral, la société.

2° Parce que, sans mandat pour engager les personnes au delà du capital promis, *ultraquam posuerint*, le gérant engage la chose, c'est-à-dire le capital, dans tous les actes qui concernent la société.

§ II.

De la Commandite sous l'ordonnance de 1673.

Notre tâche sur cette partie de la cause sera facile ; on l'a rendue légère, lorsqu'on a fait observer que la raison et l'expérience indiquent qu'en empruntant à l'Italie son utile et ingénieuse invention, nous avons dû lui emprunter aussi l'esprit, le but, les règles primordiales de cette invention même (1).

Ainsi la commandite est restée sous l'ordonnance de 1673 ce qu'elle était en Italie. Nous avons donc prouvé que cette loi admet l'action directe, en prouvant que cette action était admise par la législation et la doctrine des Italiens.

Fallût-il s'en référer aux termes de l'ordonnance, examiner la question sans aucun précédent, il serait impossible de ne pas arriver au même résultat. Une saine interprétation, une entente vraie de la doctrine, nous amènerait toujours à la proscription du système que nous combattons.

L'ordonnance de 1673 exige que les sociétés en nom collectif ou en commandite soient rédigées par écrit (art. 1 du tit. 4). Elle veut que celles contractées entre négociants soient enregistrées au greffe de la juridiction consulaire et insérées par extrait dans un tableau exposé en lieu public (art. 2 *ibid.*).

_____

(1) Consultation pour les commanditaires, pag. 59.

Les articles 7 et 8 s'occupent des effets que les sociétés produisent. En voici la reproduction littérale.

Art. 7. « Tous associés seront obligés solidairement
« aux dettes de la société, encore qu'il n'y en ait qu'un
« qui ait signé, au cas qu'il ait signé pour la compagnie
« et non autrement. »

Art. 8. « Les associés en commandite ne seront obligés que jusques à concurrence de leur part. »

Il est impossible de ne pas s'arrêter à la relation intime qui lie ces deux articles. Leur rapprochement amène à cette inévitable conséquence que l'obligation de l'article 8 est d'une nature identique avec celle proclamée par l'article qui précède, que cette obligation se restreint seulement dans son étendue, lorsque des associés en nom collectif, elle passe aux commanditaires qui sont soumis au même lien, quoique dans des proportions différentes.

Les associés commanditaires sont donc obligés aux dettes, jusques à concurrence de leur part et portion. La valeur de cette expression nous est expliquée par l'article 7, qui définit de cette manière l'obligation des associés en nom collectif. Il est certain que ceux-ci peuvent être actionnés directement par les créanciers. Donc, si les commanditaires sont, comme eux, obligés aux dettes, ils pourront aussi être exposés à cette même action directe. Cette conséquence est d'ailleurs trop rationnelle, trop logique, pour pouvoir être contestée. La raison n'indique-t-elle pas qu'on ne peut être obligé à une dette, si ce n'est en faveur du créancier de cette même dette ?

Cette interprétation de l'article 8 est-elle fondée sur l'esprit de la loi : représente-t-elle la véritable intention du législateur? Telle est la question qu'il faut résoudre par la doctrine des auteurs.

A la tête de ceux-ci, figure Savary. Son opinion devait être d'un trop grand poids, pour qu'on n'ait pas tenté de se la rendre favorable. Nous allons la rétablir, et prouver que cet auteur n'interprète pas autrement que nous l'art. 8. Mieux que personne, Savary doit connaître l'esprit de la loi, dont il est un des auteurs.

Savary examinant l'article 8 du titre 2, relatif à l'enregistrement et à la publication des extraits de société, fait remarquer ces mots de la loi *entre négociants*. De sorte, dit-il, que les sociétés en commandite avec des non négociants ne peuvent être soumises à cette double formalité. Et tout aussitôt Savary ajoute (1) :

« Néanmoins il serait juste, pour la conservation du « *bien public*, qu'elles fussent registrées, afin qu'il eût « connaissance des clauses et conditions qui le regardent « pour deux raisons :

« La première, etc...

« La 2e, parce que souvent dans les sociétés en com- « mandite, les associés participent aux profits et pertes « quand ils ont mis tout leur argent pour composer « un fonds capital, y ayant seulement quelques préro- « gatives pour celui sous le nom duquel se fait le com- « merce. De sorte que si le public en avait connaissance « par le moyen de l'enregistrement de cette clause, il « est certain que l'associé qui n'est point nommé dans « les promesses, billets, lettres de change, serait tenu et « obligé pour sa part aux dettes qui auraient été créées « et qui se trouveraient être employées dans la société,

(1) Savary, *Parfait Négociant*, tom. 1, partie 2, liv. 1, chap. 1, pag. 366. Édition de 1777.

« suivant l'article 8 du titre 4, qui porte que les associés
« en commandite ne seront obligés que jusques à con-
« currence de leur part. Et si cette clause n'est point
« connue du public, les créanciers demeureraient frus-
« trés de cet avantage, si ces deux associés s'entendaient
« ensemble. »

Ainsi, dans la pensée de Savary, aucun doute ne s'é-
lève sur la nature de l'obligation imposée par l'article 8
aux commanditaires. C'est bien celle d'être *tenus des dettes* jusqu'à concurrence de leur part dans la société. Et
c'est pour que cette obligation ne soit pas éludée, qu'il
réclame cette publicité que la loi n'a pas cru devoir
ordonner.

La conséquence de cette même obligation, nous l'avons
déjà exposée; nous n'avons donc qu'à constater que loin
de proscrire l'action directe, Savary la proclame en termes formels, en mettant à la charge des commanditaires
l'obligation de payer les dettes, en les assimilant de cette
manière aux associés collectifs, qui ne sont, eux aussi,
obligés qu'à ce même paiement dans des proportions
plus étendues.

Comment donc a-t-on pu se prévaloir de l'opinion de
Savary, pour étayer le système contraire? En abusant de
quelques paroles de cet auteur pour confondre deux
choses essentiellement distinctes.

Savary, nous dit-on (1), a écrit que le marchand
commandité faisant le négoce sous son nom ne fait que
donner participation aux commanditaires dans les profits
et pertes de son commerce. Donc il ne voit dans la
commandite qu'une participation ; et sous ce rapport,
sa doctrine est bien exclusive de l'action directe des
créanciers

(1) Consultation pour les commanditaires, pag. 45.

Il est évident qu'en ce point, comme en toute cette matière, Savary n'est que l'écho de l'école italienne : c'est donc, comme celle-ci, une assimilation qu'il établit.

Comment Savary aurait-il confondu deux choses dont il fait si bien ressortir les nuances si diverses, les caractères si distincts ? Pour la commandite, il fait remarquer que la société doit être prouvée par écrit ; que seul le complimentaire peut administrer le commerce, sous peine pour le commanditaire qui s'immiscerait dans cette administration, de devenir indéfiniment responsable. Voici comment il s'exprime pour la participation, qui était sous l'ordonnance qualifiée société anonyme.

« Il reste maintenant à expliquer la troisième sorte
« de société que l'on appelle anonyme, qui se fait aussi
« parmi les marchands et négociants. Elle s'appelle
« ainsi, parce qu'elle est sans nom et qu'elle n'est con-
« nue de personne, comme *n'important en façon*
« *quelconque au public* (1). »

Remarquons ces derniers mots : la connaissance de cette société n'importe en façon quelconque au public. Le contraire existe pour la commandite ; c'est Savary qui vient de nous l'apprendre. N'y eût-il que cette différence, elle serait immense ; la distance qu'elle tracerait serait infranchissable.

« Il y en a, poursuit Savary, qui sont verbales, d'au-
« tres par écrit ; et la plupart se font par lettres missi-
« ves que les marchands s'écrivent respectivement l'un
« à l'autre. Les conditions en sont bien souvent brè-
« ves, n'y ayant qu'un seul et unique article ; et elles

(1) Savary, *ibidem*, pag. 568.

« finissent quelquefois le même jour qu'elles sont fai-
« tes. »

Déjà Savary, parlant de la participation en général,
nous a dit (1) : qu'elle est appelée anonyme, parce
qu'elle ne se fait sous aucun nom. Ceux qui font ces
sociétés travaillent chacun de leur côté, sous leur nom
particulier, pour se rendre raison ensuite l'un à l'autre des profits et pertes qu'ils ont faits dans leur négociation.

Qu'on rapproche maintenant ces conditions de celles
qui sont exigées pour la commandite. Non seulement elles
n'ont rien de commun entr'elles, mais elles s'excluent
mutuellement. Il est dès lors impossible d'admettre que
ces deux sociétés puissent n'en faire qu'une.

Veut-on la preuve que Savary n'a jamais adopté cette
confusion qu'on lui prête? C'est lui-même qui va nous
la fournir à la page 368. Il nous apprend qu'il y a
quatre sortes de sociétés anonymes, et de suite il décrit et fait connaître chacune d'elles. Si, comme on le
soutient, Savary n'a vu dans la commandite qu'une sorte
de participation, c'était bien le moment de le dire. Que
conclure donc du silence qu'il garde sur ce point? De
l'exclusion de la commandite, des quatre sortes de sociétés anonymes qu'il admet? Évidemment rien autre,
si non qu'il n'a jamais pensé ce que cependant on lui
fait dire.

Et non seulement Savary distingue la commandite
de la participation par la différence des conditions cons-
titutives de chacune; il les distingue bien plus encore par
les effets qu'il y attache. Dans la participation, il dit
expressément que les associés ne sont jamais obligés en-

(1) *Idem ibidem*, pag. 546.

vers les tiers ; qu'ils ne le sont que vis-à-vis les uns des
autres. Il enseigne le contraire pour les commanditaires:
il soumet en effet ceux-ci au paiement des dettes. Nous
allons le voir le professer plus fortement encore dans ses
parères.

Dans le 52me (1), Savary, à qui l'on demande si, en
cas de faillite, l'associé complimentaire est tenu de toutes les dettes, répond :

« Dans la commandite, le complimentaire de la so-
« ciété fait lui seul toutes choses activement et passi-
« vement sous son nom singulier ; en sorte que tous
« ceux qui traitent et négocient avec lui, ne recon-
« naissent que lui seul, et ne suivent que sa bonne foi,
« et non celle de l'autre associé, parce que son nom ne
« parait jamais dans les négociations ; et c'est pour cela
« qu'il n'est point obligé personnellement en toutes les
« dettes contractées par le complimentaire. »

Le sens de cette conclusion est assez clair pour qu'on
ne pût se croire autorisé à y voir l'exclusion de toute
obligation (2). Savary déclare que le commanditaire n'est
pas engagé en toutes les dettes. Cela ne dit nullement
qu'il ne sera pas obligé jusques à concurrence de sa part
et portion. Notre allégation est d'autant plus fondée que
Savary décide formellement le contraire.

« Et c'est pour cela qu'il (le commanditaire) n'est point
« obligé personnellement en toutes les dettes contractées
« par le complimentaire ; et supposé que le complimen-
« taire fît faillite, il n'est obligé aux dettes que jusqu'à
« la concurrence du fonds capital qu'il a mis dans la so-

---

(1) *Parfait Négociant*, t. 2, page 446.

(2) Consultation pour les commanditaires, page 45.

« ciété. Cela est conforme à l'article 8 du titre 4 de
« l'ordonnance ci-dessus alléguée. »

Constatons que dans ce Parère, Savary enseigne l'action directe. Sans doute les commanditaires ne peuvent être tenus à toutes les dettes, mais ils seront obligés de les supporter jusqu'à concurrence de leur mise. Ils seront obligés, non pas quoiqu'ils soient, mais parce qu'ils sont commanditaires ; qu'en cette qualité ils n'ont ni administré ni paru. S'ils avaient fait l'un ou l'autre, ils le seraient indéfiniment.

L'emprunt que l'on fait au Parère 55 (1) est d'autant plus remarquable, que dans celui-ci Savary distingue formellement la commandite de la participation, qu'on lui impute d'avoir confondue. Nous verrons bientôt le sens qu'il faut ajouter à ces mots : le complimentaire s'oblige seul.

Dans le Parère 65, nous retrouvons dans les mêmes termes ce que Savary vient de dire dans le 52me, c'est-à-dire que le complimentaire achetant, vendant et signant seul en son nom, n'oblige point son associé, et c'est pour cela que Savary répète encore : qu'en cas de faillite, cet associé n'est obligé aux dettes que jusqu'à concurrence de sa mise, tandis que le complimentaire l'est indéfiniment.

Ces paroles suffisent pour faire comprendre que par ces mots : le complimentaire s'oblige seul, Savary n'entend parler que de l'obligation indéfinie. Comment, s'il le comprenait autrement, pourrait-il reconnaître d'abord cette obligation exclusive et absolue, et ensuite une obligation limitée pour le commanditaire ?

(1) Consultation pour les Commanditaires, pag. 45.

Cette simultanéité d'obligations serait d'autant plus inconciliable, qu'elles sont toutes les deux de la même nature. Pour le commanditaire, comme pour le commandité, il y a, d'après Savary, obligation aux dettes ; d'où la conséquence que celui-ci en s'obligeant lui-même oblige nécessairement celui-là jusqu'à concurrence de sa mise.

Au reste c'est de cette manière que l'admet Savary : c'est ce qu'il enseigne dans tout le cours de son ouvrage, et notamment en termes exprès dans son Parère 23.

« La société en commandite est celle que Pierre et
« François font ensemble pour faire le commerce, dont
« François porte seulement son argent , sans agir ni
« apporter son industrie dans la société, et Pierre, outre
« l'argent qu'il porte dans la société, y met encore son
« industrie, et tout le commerce se fait en son nom, et
« est le seul complimentaire de la société , c'est-à-dire
« qu'il signe lui seul tous les actes d'icelle société.
« C'est pourquoi il n'y a que lui seul qui s'oblige ; et il
« n'oblige son associé que jusqu'à la concurrence du
« fonds capital qu'il a apporté à la société. »

Est-il possible d'admettre que lorsque Savary dit que le complimentaire s'oblige seul, il entende parler d'autre chose que de l'obligation personnelle indéfinie ? S'obliger seul , c'est pour Savary si peu exclure toute obligation de la part du commanditaire , qu'il nous apprend le contraire, qu'il enseigne qu'en s'obligeant lui-même, le commandité oblige son associé jusqu'à concurrence de sa mise.

La vérité est donc que Savary reconnaît que le commanditaire est tenu du fait du gérant, qu'il est, comme celui-ci, mais pour une quotité moindre , tenu des

dettes sociales. Savary admet donc l'obligation personnelle et partant l'action directe.

Serait-il vrai cependant qu'après avoir ainsi enseigné
cette action, ce même auteur eût professé le contraire
dans les formules des sociétés en commandite ?

On va en juger.

C'est dans la première de ces formules, et dans les
observations qui la suivent, qu'on croit en trouver la
preuve (1). Avant d'examiner le droit, il nous paraît
utile de rappeler les faits hypothétiquement admis par
Savary.

Cet auteur suppose (2) : que Fournier, marchand à
Paris, Langlais, marchand à Lyon, et de la Mare, fabri-
cant de drap, d'or, d'argent et de soie, contractent
une société en commandite, pour le commerce et trafic
des draps, d'or, d'argent et de soie, qui se manufacturent
à Lyon.

De la Mare doit être le gérant de la société dont le
siège principal est dans la ville de Lyon. Diverses obligations sont particulièrement imposées aux commanditaires Fournier et Langlais.

D'après l'article 11 de l'acte social, formulé par Savary, Langlais sera tenu de faire venir d'Italie et autres
lieux, sous son nom, toutes les soies nécessaires pour
ladite fabrication.

C'est par suite de cet article, que Savary, supposant
la faillite, non pas de la société, mais de Langlais, se demande quelle sera, par rapport à la même société, la
position de ceux qui auraient vendu à celui-ci, les soies
qu'il a lui-même livrées à la société.

(1) Consultation pour les Commanditaires, pag. 46, 47.
(2) *Parfait négociant*, tom. 1, part. 2, chap. 2, pag. 391 et suiv.

C'est dans les termes rappelés par la consultation (1)
que Savary résout cette question. Il admet que les négociants qui auraient vendu ces soies à Langlais n'ont
aucune action directe contre les autres associés. Qu'ils
ne peuvent que saisir entre leurs mains les fonds et
profits appartenant audit associé.

A-t-on pu de bonne foi voir dans cette décision l'exclusion de l'action directe des créanciers d'une société,
contre les commanditaires de cette même société ? Mais
qu'a de commun la position de ceux-ci avec celle de
ceux qui, dans le fait que nous venons de rappeler,
auraient traité avec Langlais? A quels titres ces derniers
prétendraient-ils agir contre la société?

Ils n'ont jamais traité avec elle. La commandite, et
l'on s'épuise à nous le répéter, est exclusivement régie
et administrée par le complimentaire. Aucun autre associé ne peut traiter pour elle, ni l'engager. Or, dans
l'espèce, c'est de la Mare qui est le complimentaire, et
ce n'est pas avec lui que les vendeurs de soie ont
traité.

Voudraient-ils ceux-ci exciper de l'acte social? Mais
l'article 11 repousserait toutes leurs prétentions, puisqu'il met à la charge personnelle de Langlais, l'obligation de procurer à la société les soies dont celle-ci peut
avoir besoin. Or, dans la commandite, Savary nous apprend, et l'on a soin de le faire observer (2) : « Que les
« associés ne s'obligent point l'un et l'autre, quoique
« les choses qu'ils traitent aillent au bien ou à l'avan-
« tage de la société. Mais seulement chaque associé en
« particulier s'oblige en son propre et privé nom aux

(1) Pag. 47, alinéa 1.
(2) Consultation pour les commanditaires, pag. 46, *in fine*.

« choses auxquelles il s'est obligé par l'acte de société.»

Ceux donc qui auraient traité avec Langlais pour les soies que celui-ci devait fournir ne pourraient invoquer l'acte social, car sa disposition et les principes rappelés par Savary repousseraient leurs prétentions ; la vente qu'ils ont faite ne concerne en rien la société. Celle-ci en était formellement exclue, puisque Langlais, simple associé commanditaire, devait la traiter sous son nom.

Cette opération reste donc particulière à celui-ci ; elle est d'autant moins un acte social, que comme commanditaire Langlais ne pouvait s'y livrer. La stipulation contraire aurait violé la commandite dans son caractère constitutif, en accordant la faculté de gérer au simple commanditaire.

La loi s'unit donc au contrat pour fixer la nature de l'acte, la qualité des contractans. Ceux qui ont traité avec Langlais n'ont que celui-ci pour débiteur. Qu'importe que les soies qu'ils lui ont livrées aient été par celui-ci versées dans la société ? Cette fourniture était une partie de la mise de fonds que Langlais devait faire. Ceux qui l'ont mis à même d'exécuter cette obligation sont dans la position du capitaliste à qui l'un des associés aurait emprunté une somme quelconque avec indication que c'est pour fournir sa mise sociale. Cette indication ne donnerait au prêteur aucun droit contre la société. Il n'en resterait pas moins créancier particulier de son emprunteur, et, comme tel, il n'aurait, sans contredit, aucune action directe contre la société.

Il en est de même des marchands qui auraient vendu à Langlais ; ils seraient les créanciers particuliers de celui-ci, et bien que la chose par eux vendue eût tourné au bénéfice de la société, ils ne pourraient venir contre

celle-ci par action directe, parce qu'ils n'ont jamais
traité avec elle, et c'est surtout par ce motif, que Savary
ne leur reconnaît que le droit de saisir entre les mains
de celle-ci, les fonds et profits appartenant à l'associé
qui est leur débiteur.

Qu'y a-t-il de commun entre une pareille hypothèse
et celle dans laquelle nous sommes placés? Et comment
appliquer une décision prise pour des créanciers de ce
genre, à ceux qui auraient traité avec la société elle-
même, par le ministère de son gérant, et pour des faits
relatifs au commerce de cette même société? Voudrait-on, pour reconnaître l'action directe de ceux-ci,
qu'on eût accordé cette action, même à ceux qui ne
sont pas créanciers de la société?

Mais, dit-on, ce n'est pas tout, Savary dit encore en
toutes lettres que : « Des créanciers ayant connaissance
« que leur débiteur a contracté société en commandite,
« pourront, en exerçant les droits de leurs débiteurs,
« demander raison aux autres associés tant du fonds ca-
« pital, que du profit (1). Donc Savary surtout a refusé
« l'action directe. »

Le mérite de cette objection et la pensée de Savary
vont être démontrés par les paroles de celui-ci, bien
mieux que nous pourrions le faire nous-même. Il ne
faut pour cela que transcrire dans son entier le paragraphe dont on n'emprunte que la fin. Ce paragraphe,
le voici :

« Il en est de même de Fournier, marchand à Paris,
« lequel pourrait faire pour son compte particulier le
« commerce de draps de Hollande, toiles ou autres sor-
« tes de marchandises qui ne lui sont pas prohibées par

_____

(1) Consultation pour les commanditaires, pag. 47, troisième alinéa.

« l'acte de société ; dans lequel ne réussissant pas , il
« pourrait aussi faire faillite, de telle sorte que ses cré-
« anciers, ayant connaissance que leur débiteur a con-
« tracté une société en commandite , ils pourront, en
« exerçant les droits de leur débiteur, demander raison
« aux autres associés, tant du fonds capital que des pro-
« fits qui auront été faits par ladite société (1). »

Avons-nous besoin maintenant d'expliquer le sens de
ces paroles ? N'est-il pas pour tous de la dernière évidence ? les créanciers qui ne pourront exercer que les
droits de leurs débiteurs sont les créanciers particuliers
de l'un des associés, et ils ne pourront agir ainsi que
parce que n'étant pas ceux de la société, ils ne pourraient de près ni de loin intenter aucune action contre
celle-ci, qui leur est restée complètement étrangère. Mais
il est certain qu'on ne pourrait appliquer la même décision à ceux qui auraient traité avec la société elle-
même ; car ceux-ci sont les créanciers de l'être moral ,
de tous les associés sans distinction. Ils pourront donc
leur demander compte à tous dans la limite des obligations que chacun d'eux a contractées dans l'acte social.

Savary n'est donc pas ici d'une opinion autre que
celle qu'il professe dans ses Parères, dans tout le cours
de son œuvre. Il confirme l'action directe des créanciers de la société, puisqu'il décide que l'action indirecte
appartient seulement aux créanciers particuliers des
associés, ce qui est rationnel, car une distance immense
sépare ces deux espèces de créanciers, et c'est l'apprécier dignement que d'accorder aux premiers ce qu'on
refuse aux seconds.

En résultat , Savary reconnaît que les commandi-

(1) Savary, *ib.*, pag. 599.

taires sont obligés aux dettes, comme le sont les associés solidaires ; que cette obligation est pour les uns et
pour les autres d'une nature identique ; qu'il n'y a
d'autre différence que son étendue , limitée pour les
uns, indéfinie pour les autres.

Savary a le soin de ne pas confondre la participation
et la commandite, si distinctes dans leur nature, dans
leurs caractères, dans leurs effets.

Savary reconnaît donc que les créanciers de la société
ont une action directe contre tous les associés.

Cette même opinion est professée par tous le juris-
consultes qui ont commenté l'ordonnance de 1673.

Jousse, sous l'article 8, enseigne que « les associés
« en commandite ne sont ordinairement tenus que jus-
« ques à concurrence du fonds qu'ils ont mis dans la
« société et non au delà (1). »

De Ferrière, Dictionnaire de droit, Vº *Banque*, détermine ainsi les effets de la société en commandite :

« La commandite ou compagnie conditionnée oblige
tous les associés pour le fonds et capital qui est en icelle,
et non davantage. Partant s'il arrive qu'ils perdent plus
grande somme que leurs fonds, il n'y a que ceux qui portent le nom de la société qui soient *obligés* pour le
surplus. »

Boutaric, sur l'article premier de l'ordonnance, après
avoir défini la société générale, continue :

« Mais ce n'est pas de cette société générale et uni-
« verselle que l'ordonnance entend parler dans l'article
« que nous expliquons, lorsqu'elle dit que toute société
« générale ou particulière en commandite sera rédigée
« par écrit, elle parle des sociétés générales par rap-

_____

(1) Jousse, Commentaire sur l'ordonnance de 1673, pag. 73.

« port ou par opposition à la société en commandite :
« et la société générale en ce sens n'est autre chose
« qu'une société libre et collective, c'est-à-dire une so-
« ciété contractée sous le nom de tous les associés, et
« en laquelle tous les associés et chacun des associés
« agit, contracte et s'oblige, et en s'obligeant, oblige in-
« définiment la société; au lieu que la société en com-
« mandite est toujours sur la tête d'un ou de quelques-
« uns des associés qui seuls agissent et signent tous les
« actes concernant la société en commandite, mais qui
« ne peuvent obliger les associés en commandite qu'à
« concurrence du fonds qu'ils ont porté et mis dans la
« société (1). »

Plus loin, sous l'article 8, Boutaric explique pourquoi
il en est ainsi :

« Nous l'avons déjà dit, les associés contribuent seu-
« lement de leurs fonds et de leur argent, et nullement
« de leurs soins ou de leur industrie. Comme ils ne font
« aucune fonction d'associé, et que ce n'est point avec
« eux qu'on contracte, les créanciers n'ont aucun sujet
« de se plaindre si, en cas de faillite ou de banqueroute,
« ils sont obligés seulement à concurrence de leurs
« fonds, et non point indéfiniment, comme le sont les
« associés qui ont paru et agi en cette qualité, et avec
« lesquels on a contracté (1). »

A la suite de ce passage, l'auteur nous donne l'éty-
mologie de la commandite qu'il dit : « s'appeler ainsi du
« vieux terme *commendat* dont se servent les coutu-
« mes pour exprimer la charge qu'on donne d'acheter
« ou de négocier quelque chose, *commissæ rei gerendæ*
« *potestas.* »

(1) De Boutaric, explication de l'ordonnance sur le commerce, p. 25.

Bornier nous apprend que ce qui distingue la commandite de la société libre et collective, c'est que celle-ci « oblige non-seulement ceux qui en portent le nom, « mais aussi les associés en icelle, tant pour le fonds « ou capital qu'ils y ont mis, que pour le plus qu'il « pourrait y avoir de pertes, ni plus ni moins que si « tous étaient nommés et solidairement engagés. La « commandite oblige tous les associés, seulement pour « le fonds et capital qui est en icelle (1). »

Nous nous bornons à enregistrer ces opinions diverses dont les termes nous dispensent de tout commentaire, car il est évident que chacun de ces auteurs met sur la même ligne l'obligation des commanditaires et celle des solidaires ; sous la restriction, pour les premiers, qu'ils ne peuvent être obligés au delà de leur mise. Cette identité d'obligation démontre à son tour l'identité de l'action contre les uns et les autres.

Veut-on savoir si ces auteurs confondent la commandite et la participation ? Écoutons encore Bornier.

« Il y a un autre société, qu'on appelle en termes « mercantils, anonyme ou *momentanée,* qui est lorsque « deux marchands mettent en commun leur argent pour « acheter en foire une certaine marchandise, et que « l'un d'eux, entre les mains duquel il est mis, se char- « ge de faire les achats, et qu'après qu'ils sont faits, ils « partagent la marchandise; en ce cas le vendeur de la « marchandise n'a point d'action contre celui qui s'est « mêlé de l'achat, parce qu'il a suivi seulement la bonne « foi de celui qui l'a achetée de lui, et non pas celle « de l'autre qui lui était inconnu et que cette société « ne dure qu'autant de temps qu'il en faut pour acheter

(1) Conférence sur l'ordonnance, article 1 de celle de 1673, tome 2, page 446.

« et partager les marchandises ; et c'est pour cela qu'elle
« est appelée *momentanée* (1). »

Voilà la vraie participation, et comment reconnaître
dans une pareille société si bornée, si fugitive, une
commandite ?

Enfin, Bourjon , dans les mémorables paroles citées
par Merlin (2), n'a-t-il pas formellement professé l'action directe ?

« Les engagemens que l'un des associés contracte et
« qu'il souscrit pour lui et compagnie, réfléchissent
« contre tous les autres, et ils sont tenus solidairement...
« Cette réflexion d'engagemens cesse en certain cas ;
« l'associé en commandite ne peut être engagé par le
« fait des autres, au delà du fonds qu'il a mis dans la
« société ; c'est la nature d'une telle société limitée à
« ces fonds... De là, il s'ensuit qu'en abandonnant ces
« fonds sur lesquels la poursuite des créanciers est li-
« mitée à son égard, il ne peut être actionné de leur
« part. »

Cette doctrine, que Bourjon dit résulter de l'ordonnance de 1673, n'a pas besoin de commentaires ; elle
précise, de la manière la plus formelle, deux choses essentielles : la première, que le complimentaire engage
ses associés, mais jusqu'à concurrence seulement de
leur mise, ainsi que Savary l'enseigne lui - même dans
son *Parère* 23ᵉ ; la seconde, que la mise des commanditaires est directement engagée envers les créanciers ,
qui peuvent actionnner ceux-ci tant qu'ils n'en ont pas
fait l'abandon.

On n'a pu se dissimuler toute l'importance de ces

(1) Bornier, *ibid.*, pag. 453. — Voir Boutaric *loco citato*, p. 24.
(2) *Questions de Droit*, quatrième édition, v° Société, § 2.

paroles si formelles de Bourjon ; aussi a-t-on tenté de les affaiblir.

Le numéro 13 de cet auteur, nous a-t-on dit (1), redresse et éclaircit singulièrement ce que les premières phrases avaient de louche et d'embarrassé.

Ce n'est que par réflexion, continue-t-on, que les engagemens de l'autre associé atteignent le commanditaire, et cette expression est bien peu compatible avec une action directe.

On ajoute : d'ailleurs, la société ordinaire et la commandite sont deux sociétés fort différentes qu'il ne faut pas confondre, et le commanditaire est moins associé que participe ou croupier.

Si quelque chose, dans l'opinion de Bourjon, peut paraître louche et embarrassé, c'est, sans contredit, et uniquement le sens qu'on lui prête, et auquel l'auteur n'a jamais songé. C'est sans ambiguité aucune que Bourjon professe que le commanditaire est tenu du fait du gérant jusqu'à concurrence de sa mise, et qu'il ne peut se soustraire à l'action des créanciers, qu'en abandonnant cette mise sur laquelle cette action est limitée à son égard.

Nous l'avons déjà dit, on ne saurait parler plus clairement ; si toutefois une opinion aussi précise avait besoin d'une confirmation quelconque, nous la trouverions dans le n° 13, dont on fait une si étrange interprétation.

Bourjon, qui vient de dire que les engagemens de l'un des associés réfléchissent contre tous les autres qui en sont solidairement tenus ; que pour les associés com-

_____

(1) Consultation pour les commanditaires, p. 49.

manditaires , cette réflexion se restreint à leur mise .
ajoute immédiatement :

« Cette restriction de la réflexion contre ceux-ci a lieu,
« quoique cette société n'eût pas été rendue publique
« par l'enregistrement d'icelle, parce que tel associé est
« moins associé que participe ou croupier. On le juge
« ainsi au Chatelet, cela est équitable ; ce serait rigueur
« outrée et confusion de deux sociétés fort différentes
« d'admettre le contraire. »

Il n'y a rien dans ces paroles qui tende à affaiblir ce
que Bourjon a déjà dit des effets de la commandite ; il
est bien vrai qu'il appelle le commanditaire moins associé que participe ou croupier, mais c'est précisément
parce qu'il en est ainsi qu'il enseigne que l'on doit admettre la restriction de l'obligation, alors même que la
société n'a pas été rendue publique par l'enregistrement. Le contraire, c'est-à-dire l'admission d'une responsabilité indéfinie et solidaire , en se fondant sur le
défaut de publicité, serait rigueur outrée. Ce serait de
plus confondre la société en nom collectif avec la commandite, en appliquant à celle-ci les effets de celle-là.

Ainsi, la véritable pensée de Bourjon est que, qu'elle
ait été ou non publique , la commandite ne peut soumettre l'associé à l'action des créanciers que pour le
montant de sa mise, mais que rien ne peut empêcher ce
résultat , et ce qui doit surtout le déterminer, c'est que
tel associé est moins associé que participe ou croupier;
car, s'il en était autrement, si le commanditaire était un
associé dans toute l'acception de ce terme , il serait
comme eux tenu solidairement pour toutes les dettes.

Bourjon ne confond donc pas la commandite avec la
participation. S'il assimile le commanditaire à un parti-

cipe, ce n'est que pour le distinguer de l'associé ordinaire et pour justifier ainsi la différence qu'il enseigne
dans l'obligation de l'un et de l'autre.

Quant à l'expression dont se sert cet auteur et qu'on
dit peu compatible avec une action directe, il suffit,
pour en fixer le sens, de voir l'usage qu'il en fait. C'est
aussi par réflexion, qu'il déclare les associés en nom
collectif tenus solidairement de toutes les dettes. Par
rapport à ceux-ci, on ne pourra équivoquer sur la nature de l'action. Elle est essentiellement directe. D'où la
conséquence que la réflexion contre les commanditaires
n'étant distincte de celle-là que par la restriction qu'elle
doit recevoir, elle constitue dans les limites de cette
restriction une action directe.

Ce n'est donc pas légèrement et surtout mal à propos
que notre immortel Merlin a invoqué l'opinion de Bourjon, de Jousse, de Bornier. Comme Savary, tous ces
auteurs professent les mêmes principes, à savoir : que
le gérant oblige ses associés jusqu'à concurrence de leur
mise, et que partant les créanciers ont contre ceux-ci
une action directe.

Pothier seul a professé l'opinion contraire. Nous aussi
nous rendons un juste et éclatant hommage au génie
éminent de ce célèbre jurisconsulte ; mais notre respect
ne saurait aller jusqu'à méconnaître les erreurs qui lui
sont échappées.

La cause de celle que nous relevons dans cette circonstance serait peut-être facile à justifier. Rappelons-
nous ce que M. Cresp nous disait lui-même avec cette
énergie d'expressions qui le caractérise :

« Ce serait une grande erreur que de croire que la
« connaissance même complète de la législation civile

« pût jamais dispenser de faire de la législation com-
« merciale une étude particulière.

« Eût-on toute la science d'un Cujas, toute la péné-
« tration d'un Merlin, on s'exposerait aux plus graves
« comme aux plus dangereuses méprises, si, aux actes
« et aux différents commerciaux, on voulait appliquer
« les principes du pur droit civil (1). »

Ne serait-ce pas parce qu'il s'est trop préoccupé des
abstractions et des rigueurs de ceux-ci que Pothier est
tombé dans l'erreur que nous lui reprochons.

Fort exact dans la définition de la commandite, Pothier n'apprécie pas avec la même justesse la nature de
cette société. S'il refuse l'action directe aux créanciers,
c'est parce que le commanditaire reste complètement
étranger aux actes et contrats de la société. Seul, le
complimentaire peut consentir les uns et les autres. Donc
il s'oblige seul.

Ainsi Pothier ne refuse l'action directe que par le
motif qui l'a fait réduire jusqu'à concurrence de la mise.
Il est évident en effet que si le commanditaire faisait
tout ce que le gérant peut faire, il devrait, comme
celui-ci, être indéfiniment tenu. Quel motif y aurait-il,
s'il n'y avait aucune différence dans les fonctions, à en
admettre une aussi importante dans les obligations ?

Pothier a méconnu la distinction que nous signalions
tout à l'heure entre la mise et la personne des commanditaires. Celle-ci n'est jamais engagée, parce qu'elle
reste sans cesse en dehors de la société. La mise au
contraire l'est toujours, parce que c'est elle qui consti-

_____

(1) Cresp, Introduction au Cours de droit commercial et maritime, page 9.

tue la société, le fonds capital, que régit le complimentaire : c'est avec elle que traitent le tiers : c'est partant
elle qui s'oblige par le ministère du gérant. Le pouvoir
de celui-ci de l'engager en s'engageant lui-même, résulte
de la loi, de la force des choses. La commandite est-
elle autre chose que *commissæ rei gerendæ potestas.*

C'est ce qu'avaient parfaitement compris nos maîtres
en cette matière. C'est ce qu'ils exprimaient avec précision et énergie, lorsque après avoir rappelé que le
complimentaire n'avait ni mandat exprès, ni tacite;
qu'il traitait sous son propre et privé nom, ils s'écriaient:
« Tunc certum est quod iidem accomandantes non
« possunt teneri pro facto ejusdem institoris ultraquam
« posuerint in illo negotio (1). Complimentarius habet
« quidem facultatem socios accomandantes obligandi in
« solidum, sed pro rata capitalis immissi (2). »

C'est ainsi que l'ordonnance de 1673 l'avait elle-même
admis. L'un de ses auteurs, Savary, ne nous dit-il pas
que le complimentaire signe seul tous les actes de la société ; c'est pourquoi il n'y a que lui d'obligé, et il n'o-
blige son associé que jusqu'à concurrence du fonds capital qu'il a apporté à la société (3). Et après lui, tous
les commentateurs, Jousse, Bornier, Boutaric, Bourjon,
ne le répètent-ils pas en termes exprès?

Concluons donc que Pothier s'est trompé. Il n'a été
frappé que de l'absence d'un mandat quelconque, et
faisant application du principe du droit civil, que
personne ne peut être engagé par le fait d'autrui, il décide pour la société commerciale, ce qu'il enseigne pour

(1) Ansald, *Discursus* 98, n. 58.
(2) J. Urcéol, *Decisio* 47, n. 5.
(3) Parère 23.

la société civile, au milieu de laquelle il intercale l'autre comme une épisode. Tout entier à l'entraînement de son esprit, de ses habitudes tournées exclusivement sur le droit civil, il n'a pu découvrir que la société en commandite consacrait l'abrogation formelle de ce principe pour la mise des associés.

Nous oserons donc répéter ce que l'on a dit avant nous (1), en matière commerciale, l'autorité de Pothier a moins de poids qu'en matière civile. Vainement fait-on observer que Pothier nous a légué divers traités sur des matières commerciales. N'a-t-on pas fait pour le droit maritime, l'observation que nous faisons pour les sociétés ? M. Cresp ne nous dit-il pas lui-même que Pothier est tombé, sur ces matières, dans des erreurs que les moindres connaissances pratiques, que l'expérience, lui auraient fait éviter (2) ?

Cette expérience du commerce qui manquait à Pothier, Savary la possédait à un degré supérieur. On ne peut donc pas hésiter entre l'opinion de l'un et celle de l'autre.

Non seulement l'opinion de Pothier méconnaît la nature de la commandite, mais encore elle viole le texte de l'ordonnance ; nous sommes heureux d'avoir, pour l'établir, à laisser parler Merlin.

Pothier enseigne que le commanditaire n'est tenu qu'envers l'associé principal.

« Cette distinction, dit Merlin, serait en contradiction
« directe avec le texte de la loi. En effet, l'ordonnance
« déclare que les associés sont obligés aux dettes. A qui
« paye-t-on naturellement une dette ? C'est à son cré-

(1) Consultation pour la Banque.
(2) Cresp, *loco citato*, pag. 75.

« ancier sans doute et non à son débiteur. Ces termes
« de la loi ne peuvent donc s'appliquer naturelle-
« ment qu'aux créanciers de la société ; si le législa-
« teur s'était ainsi exprimé pour dire seulement que,
« envers son associé principal, l'associé commanditaire
« doit supporter les charges de la société, il se serait
« servi de termes tout-à-fait impropres et même ridi-
« cules (1). »

Merlin n'est pas moins explicite sur l'effet de l'administration du complimentaire à l'égard de ses associés commanditaires.

« Dans cette société (la commandite) le gérant a pou-
« voir d'engager les commanditaires, ceux-ci ne pa-
« raissent point, à la vérité, dans les contrats qui inté-
« ressent la société ; mais l'associé principal sous le nom
« duquel elle s'exerce, auquel ils ont confié l'adminis-
« tration des affaires communes, contracte et agit pour
« la société. Il a donc le pouvoir d'obliger ses associés
« envers les créanciers. Ses coassociés contractent donc
« réellement avec les créanciers jusqu'à concurrence
« de leur part. Le gérant à qui seul la gestion sociale
« est et peut être confiée, est leur mandataire à cet
« égard (2). »

Nous n'avons pas à suivre Merlin dans l'assimilation
qu'il fait non pas entre le commanditaire et le participant, mais entre le participant et le commanditaire,
quant aux effets de la société. A raison ou à tort,
Merlin soutient que les uns et les autres sont également
obligés envers les créanciers. Ce qu'il nous suffit de

(1) *Questions de Droit*, quatrième édition in-8., tom. 14, v° Société,
§ 2, 1ʳᵉ colonne.
(2) *Ibid.*, 3ᵉ colonne.

constater, c'est que pour le commanditaire l'obligation
directe ne saurait, au dire de cet auteur, être contestée.

Qu'importerait d'ailleurs que M. Merlin se fût trompé
pour ce qui concerne le participant ? Tout ce qu'il faudrait en conclure, c'est que chaque société produisant
des effets divers, c'est par ces effets qu'il faudrait régler
le sort des associés; faudrait-il parce que les participans
ne seraient pas tenus directement, anéantir les dispositions législatives qui décident le contraire pour le
commanditaire ?

Concluons donc que pour celui-ci l'action directe des
créanciers ne saurait être méconnue. L'opinion isolée de
Pothier ne saurait prévaloir sur celles de Savary, Jousse,
Bornier, Boutaric, Bourjon et enfin Merlin; sur le texte
même de l'ordonnance.

§ III.

De la Commandite sous le Code.

L'intention des rédacteurs du Code, de ne rien changer aux effets de chaque société qu'ils consacrent, nous
est divulguée dès les premiers pas. Il est utile, disait
l'archi-chancelier, de conserver les dénominations qui
sont connues, et de leur laisser les effets qu'elles ont
toujours eus (1). C'était surtout pour la commandite
qu'on s'exprimait ainsi, ce qui éloigne toute idée qu'on
ait voulu priver les créanciers de l'action directe que
leur accordait la législation précédente.

Il est facile au contraire de se convaincre que c'est
surtout cette action directe , à laquelle le législateur a
voulu aboutir. Cela résulte invinciblement des modifications qu'il a introduites dans la forme de cette société.

(1) Locré, procès-verbal sur l'art. 18.

La première de ces modifications qui n'est pas la moins significative, est celle qui ressort de la disposition du § 2 de l'article 23 : *la commandite est régie sous un nom social.* Il est facile d'en apprécier les conséquences.

Par rapport aux tiers, un nom social est l'indication authentique qu'à côté de celui avec qui ils traitent se rencontrent d'autres ressources, d'autres garanties. C'est la dénonciation officielle de l'existence d'un être moral, d'une société contre laquelle doivent naturellement réfléchir les engagemens que contracte celui qu'elle a investi du pouvoir de disposer du nom social.

Par rapport aux associés, la création d'une raison sociale, la faculté d'en disposer est un véritable mandat d'administrer dans l'intérêt commun le fonds social, de les obliger par le résultat de cette gestion, de les rendre responsables chacun dans les limites et pour la quotité voulues par la loi.

« Dicimus quod per creationem et deputationem « complimentarii, intelligitur ei attributa facultas subs— « cribendi nomen sociorum rationis cantantis, et sic « omnes socii remanent ob illius administrationem et « negotiorum gestionem in solidum obligati (1). »

On applique sans difficulté ce principe dans les sociétés en nom collectif. On nous apprend que par le fait seul de leur association, les associés sont censés s'être constitués les mandataires les uns des autres ; de telle sorte, que l'obligation revêtue de la signature sociale les engage tous (2).

Pourquoi n'en serait-il pas de même pour la comman-

---

(1) Casaregis, Disc. 59, n. 24. — Ansald. Disc. 45, n. 5.
(1) Consultation pour les commanditaires, pag. 21 et 22.

dite ? La loi a-t-elle distingué entre ces deux sociétés, lorsqu'elle a prescrit pour cette dernière une raison sociale ?

Si la loi est muette, ne faut-il pas reconnaître que la même cause doit produire les mêmes effets ? Il y a plus, si dans la société en commandite, un nom social ne peut produire aucun des effets qui en résultent pour la société en nom collectif, pourquoi en a-t-on, comme dans celle-ci, prescrit l'emploi ?

Il est vrai que dans l'une, cette raison sociale peut se composer du nom de tous les associés, tandis que dans l'autre, on en exclut formellement celui des commanditaires. Mais cette inégalité est plus que compensée par la faveur qu'on fait à ceux-ci. Ils ne peuvent jamais perdre au delà de leur mise ; l'associé collectif reste toujours indéfiniment tenu ; il expose sans cesse son avenir, son honneur, sa fortune tout entière. C'est souvent payer fort cher le stérile avantage de voir son nom figurer dans la raison sociale ; celui-là, du moins, l'a pensé ainsi, qui, pouvant être associé solidaire, a préféré n'être que commanditaire.

Le motif, d'ailleurs, de cette prohibition est facile à comprendre. On a voulu, par ce moyen, éviter aux tiers l'erreur de croire associé en nom, celui qui ne serait que commanditaire. Cette erreur eût été facile, si le nom de celui-ci avait fait partie de la raison sociale. Elle l'eût été d'autant plus, que les relations de la société seraient plus étendues et s'éloigneraient davantage du lieu où elle a été publiée. C'est uniquement pour en éviter la possibilité, et pour empêcher qu'on n'exploitât cette erreur qui pourrait, dans bien des cas, devenir un moyen de fraude, que l'on a laissé dans l'isole-

ment et dans l'ombre, l'associé commanditaire, sous
peine pour lui de devenir indéfiniment tenu, s'il sortait
de l'inaction à laquelle on le réduit (1).

L'observation de cette prohibition devient donc du
plus haut intérêt pour le commanditaire lui – même.
Mais il est évident qu'il ne saurait s'en prévaloir pour
prétendre se libérer entièrement. Tout l'effet qu'elle
produit, c'est d'empêcher qu'il ne soit indéfiniment tenu,
c'est de lui imposer une obligation restreinte à sa mise ;
c'est, en un mot, de lui assurer les avantages de la position qu'il s'est faite dans la société.

De ce principe incontestable, résulte la certitude que,
quoique le nom du commanditaire ne chante pas dans
la raison sociale, cette raison ne le représente pas moins
pour l'intérêt qu'il a dans la société. Par suite, l'emploi
de ce nom l'engage vis-à-vis de ceux qui ont contracté
avec le gérant.

Il n'est plus vrai aujourd'hui que celui-ci ne contracte
qu'en son seul et privé nom. *Proprio nomine contrahit
et distrahit.* A ce nom, le législateur a substitué un
nom social, c'est–à–dire un nom qui n'appartient pri-
vativement à aucun des associés, mais qui les désigne
tous ; un nom qui résume l'association, un nom, enfin,
qui matérialise la réunion des intérêts divers dont est
formée la société. Celui qui traite avec ce nom, traite
donc avec l'être moral lui-même, qui reste tout entier
soumis à l'obligation qui résulte du contrat. Le créancier

(1) Pardessus, tom. 4, n. 1032, pag. 122. — Émile Vincens, tom. 2,
pag. 316, n. 2. — Malepeyre et Jourdain, pag. 148. — Favard de Langlade, v° Société, § 2, n. 2. — Dalloz, v° Société, ch. 2, sect. 2, n. 11.
— Locré, *Esprit du Code de commerce*, tom. 1, pag. 131. — Voyez
aussi l'exposé des motifs du tit. 3.

de celle-ci ne saurait donc être privé de l'action que
toute obligation suppose et crée.

Cette conséquence inévitable dans les sociétés en nom
collectif, ne saurait être refusée dans les commandites.
Il serait par trop absurde de supposer que le législateur
n'a voulu un nom social, que pour signifier que le gérant ne traite qu'en son seul et privé nom.

Azuni ne nous atteste-t-il pas que tel est l'effet en Italie
de l'emploi du nom social : « Tuti gli associati sono te-
« nuti solidariamente per i debiti della societa, quand'
« anche questi fossero contratti da un solo di quegli,
« sotto il nome de' quali corre il negozio : tal obliga-
« zione e ristretta alla sola porzione di fundo che vi
« hanno i non nominati (1). »

Ainsi, en Italie, l'emploi d'un nom social est obligatoire dans la commandite comme dans la collective. Le
législateur français, qui a admis la même mesure dans la
répartition des obligations, en exigeant la substitution
d'un nom social au nom du gérant, ne peut avoir eu une
autre intention que celle de rendre obligatoire ce nom
social.

Nous trouverions, au surplus, une nouvelle preuve
de cette intention dans les articles 29 et suivans. Dans
la société anonyme, les associés ne s'obligent jamais
envers les tiers ; or, non seulement le législateur s'est
cru obligé de le dire formellement, mais encore il a
défendu tout nom social. La société anonyme n'existe
point sous un nom social (art. 29). Si la commandite ne
doit pas produire d'autres effets que l'anonyme, qu'é-
tait-il besoin d'exiger pour elle, ce qu'on défend dans
celle-ci? Pourquoi cette étrange contradiction?

(1) Azuni, v° *Commandita*, § 3.

Concluons de là que le législateur n'a vu dans l'emploi d'un nom social que ce que nous y voyons nousmême, c'est-à-dire qu'il a voulu ainsi fixer irrévocablement la nature des créances que le gérant peut souscrire. Celles qui sont revêtues de la signature sociale doivent être supportées par la société, car c'est elle qui les doit, c'est pour son administration qu'elles ont été créées. Le créancier pourra poursuivre cette société tout entière ; les associés principaux indéfiniment, les commanditaires jusques à concurrence de leur mise.

Nous avons donc raison de voir dans l'article 23 une preuve de cette action directe qu'on ne craint pas de nous contester.

Une seconde et non moins importante modification à l'ordonnance de 1673 a été introduite par l'article 42 du Code, qui prescrit la publicité de toutes les sociétés en commandite, et leur enregistrement. On sait que l'ordonnance ne rendait ces formalités obligatoires que pour celles entre négociants. Quel a pu être le but de cette innovation ?

Celui évidemment de rendre impossible l'abus qui préoccupait Savary lui-même ; cette collusion que le défaut de publicité rendait facile, et à l'aide de laquelle le gérant pouvait, non seulement frustrer les créanciers de la mise du commanditaire, mais encore faire considérer celui-ci comme un créancier ordinaire (1).

Quant aux effets qui doivent en résulter, c'est encore Savary qui nous les enseigne. On jugera de ce qu'a voulu le législateur, par la manière dont l'un des auteurs de l'ordonnance envisageait la mesure qu'il a consacrée.

(1) *Parfait Négociant*, tome 1. page 366. Édition de 1777.

Il est certain, disait Savary (1), que si le public en
« avait connaissance par l'enregistrement, l'associé qui
« n'est point nommé dans les promesses, billets, lettres
« de change et autres actes, à cause de la commandite,
« serait tenu et obligé pour sa part aux dettes qui au-
« raient été créées, et qui se trouveraient être em-
« ployées dans la société. »

Voilà quels eussent été les effets de la publicité sous
l'ordonnance de 1673. Le Code aurait-il consacré cette
publicité pour en faire ressortir l'effet contraire ? Ce
simple rapprochement ne suffit-il pas pour exclure toute
idée d'affirmative ?

Cette publicité est d'autant plus relevante sous le Code
qu'elle exige l'enregistrement de l'acte de société. Il est
donc facile aujourd'hui de connaître le nom de l'associé
commanditaire. Sans doute, il ne peut être prononcé
dans la publication, mais il existe en toutes lettres sur
l'acte social. On est assuré de le trouver à l'enregistrement, si l'acte est sous seing-privé ; dans la minute du
notaire, s'il est authentique.

Ce n'est pas tout encore, l'art. 42, qui prononce la
peine de nullité en cas de violation de ses prescriptions,
dispose formellement que cette nullité ne pourra, dans
aucun cas, être opposée à des tiers par les associés. Le
système qui dans les commandites ne tend à faire considérer les créanciers que comme les ayants-cause du
gérant, pouvait-il recevoir une plus éclatante réfutation ?

Notons bien que la disposition de la loi s'applique
autant à la commandite qu'à la société en nom collectif.
Mais, si dans la première il n'y a que des ayants-cause ,

(1) *Ibidem.*

il s'ensuivra qu'on pourra toujours opposer la nullité de
la société. Les ayants-cause du gérant ne sont et ne
peuvent être considérés que comme celui-ci pourrait
l'être lui-même ; ils seraient donc de véritables associés.

Mais si les créanciers ne sont que des associés, quels
seront dans la commandite les tiers auxquels on ne pourra
opposer la nullité de la société ?

En l'état deux choses nous paraissent résulter invinciblement de l'art. 42 : 1° une distinction entre les associés et les tiers, aussi tranchée qu'elle est exclusive de
l'idée que ceux-ci puissent n'être que les représentants
de ceux-là ; 2° faculté pour les tiers d'agir directement
et en leur nom contre tous les associés. Déclarer une
exception non applicable à quelqu'un, c'est reconnaître
à celui-ci le droit d'intenter une demande. Il serait par
trop oiseux d'affranchir d'une fin de non recevoir celui
qui ne pourrait, dans aucun cas, introduire l'action que
cette fin de non recevoir tend à repousser.

La disposition de l'art. 42 est donc décisive ; elle établit l'action, de même que l'art. 23 crée l'obligation ,
et c'est à bien meilleure raison que nous pourrions dire
à notre tour , n'y eût-il dans le Code que ces deux articles, l'action directe que nous revendiquons ne saurait
nous être refusée , car notre droit se trouve consacré
de la manière la plus formelle par leur saine interprétation.

Avant de prouver que ce droit résulte bien plus évidemment encore de l'intention du législateur, nous examinerons les objections que l'on nous a faites sur le
texte de la loi.

On nous a dit d'abord, l'art. 23 dispose que la société en commandite se contracte entre un ou plusieurs

associés responsables ou solidaires, et entre un ou plusieurs associés simples bailleurs de fonds que l'on nomme commanditaires , ou associés en commandite. La loi établit donc deux classes, deux ordres d'associés : les uns qui sont responsables et solidaires, les autres qui, par opposition à ceux-là , ne sont ni responsables ni solidaires (1).

Qui a jamais contesté ce principe ? Notre système va-t-il à confondre ces deux classes d'associés ? Avons-nous jamais prétendu rendre les associés commanditaires responsables et solidaires ?

Nous soutenons que les commanditaires ne sont tenus chacun que pour leur part et portion. Cette obligation, ainsi limitée, exclut toute idée de solidarité. L'effet le plus immédiat de celle-ci n'est-il pas de rendre chaque débiteur d'une dette commune , contraignable pour le tout, sans division, ni discussion ?

Nous confondons si peu les commanditaires avec les solidaires et responsables , qu'on ne nous a jamais vu prétendre faire partager aux premiers l'état de faillite du gérant. Nous reconnaissons au contraire que chacun de ceux-ci se libèrera entièrement par le versement de sa mise. La vérité est donc que nous ne voulons de la solidarité, pas plus la chose que le nom.

Mais l'art. 23 qui distingue, par les effets de la société, les divers membres de celle-ci, dit-il que les commanditaires non responsables, non solidaires , ne seront pas même obligés à concurrence de leur mise ? Ne se borne-t-il pas au contraire à décider que leur obligation sera d'une nature différente de celle des gérants ?

(1) Consultation pour les Commanditaires, pag. 64.

22

Pour connaître la manière de résoudre ces questions, il n'y a qu'à consulter l'art. 24 qui est la conclusion de l'art. 23. Il nous apprend, en effet, que les associés solidaires seront en société collective, et les bailleurs de fonds seront associés en commandite ; d'où la conséquence que chacun d'eux sera soumis aux conditions de ces deux sociétés, quant aux obligations qui en résultent ; c'est-à-dire que, d'après l'art. 22, les premiers seront indéfiniment tenus, et que les derniers ne le seront que jusqu'à concurrence, en vertu de l'art. 26.

C'est ainsi que le législateur a compris, a entendu sa disposition. C'est ce que M. Locré nous apprend à la suite de cet article 24 (1).

« Il y a donc alors, dit-il, pour la même entreprise,
« deux espèces de sociétés qui ne se confondent pas, et
« dont chacune a les effets qui lui sont propres ; les
« associés en nom collectif sont solidairement et indé-
« finiment obligés. Les associés en commandite ne sont
« toujours obligés que jusqu'à concurrence de leur
« mise. »

Ainsi l'article 23 qualifie les associés ; l'article 24 enseigne quels seront les effets de cette qualification ; et, on le voit, loin d'exclure toute obligation chez les commanditaires, l'esprit de la loi est de les rendre toujours obligés jusqu'à concurrence de leur mise.

Remarquons que l'article 24 répète l'expression de l'article 23 simples bailleurs de fonds, ce qui n'empêche nullement les commanditaires d'être toujours obligés. Il n'est donc pas vrai de dire que la loi n'ait voulu voir

_____

(1) Locré, Esprit du Code de commerce, tom. 1, pag. 130.

dans ces bailleurs de fonds que des capitalistes, de simples prêteurs et pas autre chose (1).

Les commanditaires sont de véritables associés. L'article 23 les qualifie ainsi à deux reprises différentes. L'article 24 le dit plus expressément encore, en disposant qu'à leur égard la société sera en commandite.

Le commanditaire est si bien associé qu'ainsi que le fait observer M. Odilon Barrot (2), il participe aux bénéfices de la société. Peut-on voir dans ces bénéfices un intérêt déguisé, comme on s'efforce de le soutenir?

La négative nous paraît d'autant plus inévitable, que dans les sociétés en commandite, les bénéfices et les intérêts sont distincts et indépendants les uns des autres. Ainsi, l'acte social assure aux commanditaires, d'abord, l'intérêt de leur mise, plus leur part dans les bénéfices. Il est donc impossible de ne voir dans ceux-ci que l'équivalent de ceux-là.

Or, le seul fait de retirer une part des profits, autre que le simple intérêt de leur argent, ferait, comme l'enseigne M. Émile Vincens (1), déclarer commanditaires ceux qui déguiseraient leur association sous la forme d'un prêt, pour soustraire leur capital aux pertes, en cas de malheurs. Comment donc considérer comme de simples prêteurs ceux qui n'ont nullement déguisé l'association, et qui ont stipulé l'intérêt de leur mise et une part dans les bénéfices?

Au reste, si la loi s'est servie de cette expression bail-

(1) Consultation pour les commanditaires, pag. 65.

(2) Adhésion à la consultation pour la banque. — Dalloz, 1833, 2-244.

(1) *Législation commerciale*, tom. 1, pag. 317, n. 3. — Arrêt de la cour royale de Paris, du 10 août 1813.—Malpeyre et Jourdain, *Traité des Sociétés commerciales*, pag. 135.

leurs de fonds, c'est pour indiquer surtout la différence
de position entre l'associé principal et le commanditaire;
elle ne laisse à celui-ci dans la société d'autre droit que
celui de verser les fonds promis. Elle lui prescrit l'inaction la plus complète, pour le distinguer du premier, et
c'est ce que signifie la désignation d'associé, simple bailleur de fonds, par opposition à ceux qui gèrent la société. Ce qui prouve cette intention unique de la loi ,
c'est que le projet du Code qualifiait seulement le commanditaire d'associé non gérant. Mais le tribunat fit observer que cette qualification était impropre ; que plusieurs des associés principaux peuvent ne pas gérer, et
qu'on les autoriserait à décliner la solidarité que leur
qualité leur imposait, si on déclarait les non gérants ni
solidaires , ni responsables ; c'est sur ces observations
qu'on adopta les qualifications qui se trouvent dans le
Code (1).

Il est donc impossible de se méprendre sur l'intention du législateur; si les commanditaires sont exceptés
de la solidarité, ils ne le sont nullement des engagemens
que leur qualité leur impose, ils restent toujours obligés
jusqu'à concurrence de leur mise.

Sont-ils affranchis de l'action des créanciers? Oui,
nous dit-on, car les associés principaux sont seuls déclarés responsables, c'est-à-dire qu'ils ont seuls qualité
pour répondre aux actions sociales; qu'ils peuvent seuls
les exercer , soit en demandant, soit en défendant. Il
est fâcheux pour cette interprétation que la loi ait elle-
même défini ce qu'elle entendait par le mot responsable;
plus fâcheux encore que sa définition soit en contradiction manifeste avec elle. Responsable pour le légis-

(1) Locré, *Esprit du Code de commerce*, tom. i, pag. 126.

lateur ne signifie pas autre chose que solidaire, seulement on doit se servir de l'un ou de l'autre, selon qu'il
existe dans la société un ou plusieurs associés principaux.
Voici dans quels termes nous l'apprend M. Locré (1) :

« Les premières rédactions disaient associés gérans ;
« le conseil d'état substitua au mot gérans, celui de
« solidaires, parce que plusieurs peuvent être associés
« sans être gérans.

« Ensuite, et sur la demande du tribunat, on a fait
« précéder le mot solidaires de celui de responsables,
« par la raison que la qualité de solidaires ne convient
« qu'au cas où il y a plusieurs associés principaux, et
« qu'il faut un autre terme applicable au cas où un seul
« associé principal est joint aux commanditaires. »

Ainsi, responsable ne signifie pas autre chose que solidaire ; celui-ci à son tour ne signifie pas autre chose
que gérant. Voilà l'article 23 réduit à sa vraie expression,
mis à nu par le législateur lui-même ; et l'on y trouve
en définitive, quoi ? des associés gérants et des associés
qui ne le sont pas. Voilà le résultat que l'esprit de la
loi fait lui-même ressortir.

Les conséquences qu'on voulait déduire de l'article
23 sont donc jugées ; l'article 23 ne proscrit ni l'action, ni l'obligation ; il créerait plutôt l'une et l'autre.
Toute la distinction qui en résulte pour les associés, c'est
que les uns peuvent gérer ou gèrent, et que les autres
ne le peuvent jamais.

Nous avons d'avance répondu aux objections puisées
dans la disposition finale de l'article 23, renouvelées
par l'article 25. Nous avons démontré que le commandité agit si peu aujourd'hui sous son seul et privé nom,

(1) *Ibid.*

que ce nom lui est interdit; qu'il a été remplacé par un nom social.

D'avance aussi nous avons justifié le motif qui a fait proscrire le nom du commanditaire de la raison sociale. Il nous reste à ajouter que cette prohibition n'est qu'une déduction logique de la nature de la société en commandite.

En passant dans notre Code, cette société n'a pas perdu sa physionomie primitive; elle n'a pas cessé d'être ce qu'elle était avant; ce qui surtout la distingue de la société en nom collectif, c'est-à-dire qu'elle est société de choses, plutôt que de personnes.

Ce caractère actuel de la commandite ressort surtout de l'article 43 du Code. Le législateur qui défend de nommer la personne des commanditaires, exige que l'extrait déposé fasse connaître le montant des valeurs fournies ou à fournir par eux. Pour les associés collectifs, au contraire, l'extrait doit contenir les noms, mais jamais les sommes qui forment le fonds capital.

Où trouver la raison de cette différence, si ce n'est dans la nature distincte de ces deux sociétés ? Dans l'une, véritable société de personnes, les associés, nous dit M. Émile Vincens (1), étant toujours solidairement tenus sur tous leurs biens, c'est à la personne que s'adressent la confiance et le crédit, et non au fonds capital; dans l'autre, au contraire, la personne s'efface complètement; elle n'est et ne peut être jamais tenue que jusqu'à concurrence de la mise. La connaissance des noms ne pouvait ajouter une garantie quelconque; qu'importe, en effet, si la mise se réalise, quelle est la main dont elle provient? Mais ce qui était véritablement

(1) *Législation commerciale*, tom. 1, pag. 317.

utile, c'était de déclarer cette mise, de la faire connaître au public, qui doit y puiser les élémens du crédit
qu'on peut accorder à la société (1).

Ainsi les créanciers ne traitent pas avec la personne
des commanditaires. Ce qui le prouve, c'est que les
noms ne doivent pas leur être connus. De toute certitude,
ils traitent avec la mise ; et ce qui le prouve encore,
c'est que celle-ci doit être déclarée et publiée. L'art. 43
nous amène forcément à cette conséquence, on l'avoue
implicitement ; car si, comme on le dit, la publicité
des noms rend infailliblement les personnes obligées,
on ne pourrait sans inconséquence refuser à la publicité de la mise, un effet identique pour cette même
mise.

Il résulte donc de cette disposition de l'article 43, que
l'apport des commanditaires reste directement obligé
envers les créanciers, et ce qui doit surtout faire consacrer ce principe admis par les législations antérieures,
c'est qu'aujourd'hui on ne traite pas avec un gérant,
mais avec une raison sociale. Nous avons démontré que
le consentement donné à l'emploi de celle-ci, constituait aux yeux de la loi, un véritable mandat (2).

Mais, nous dit-on, il faut pour la validité du mandat
que ce qui en fait l'objet soit de nature à pouvoir être
légalement fait par le mandant lui-même ; or, le commanditaire ne pouvant administrer par lui-même, ne
peut administrer par un représentant (3).

---

(1) *Qui contrahit cum administratore, seu complimentario, potiùs
credit ipsi negotio quàm accommandantibus* (Rote de Florence, Décis.,
47, J. Urcéol, *loco citato*).

(2) Merlin, *Questions de droit*, v° Société, § 2. — Pardessus, *Droit
commercial*, tom. 4, 1032.

(3) Consultation pour les commanditaires, pag. 72 et 73.

Cette objection renverserait les notions les plus es—
sentielles de la commandite, en appliquant au gérant
une prohibition qui ne concerne et ne peut concerner
que le commanditaire : qu'un tiers ne puisse administrer
au nom et comme mandataire formel de celui-ci, c'est
ce qui est incontestable. Le commanditaire serait, dans
ce cas, censé administrer lui-même ; on nous l'a dit, *qui
mandat, ipse fecisse videtur*.

Mais il est évident que ce qui est défendu pour le tiers,
ne saurait l'être pour le gérant. La meilleure de toutes
les raisons, c'est que la loi a formellement autorisé, disons mieux, impérieusement exigé pour celui-ci, ce
qu'elle prohibe pour celui-là. C'est au gérant qu'elle remet la direction du commerce ; la régie exclusive de la
chose commune. C'est à lui qu'elle confie l'emploi de la
raison sociale, la disposition illimitée du fonds capital.
N'y a-t-il pas, dans ces circonstances, une présomption
légale d'un mandat au moins tacite de la part des co-
propriétaires de ce fonds capital, et jusqu'à concurrence
de l'apport fait par chacun d'eux.

Pour juger si le mandant pouvait légalement faire la
chose qui fait l'objet du mandat, il faut se rapporter à
l'époque où celui-ci a été créé. Au moment de l'acte,
chaque intéressé avait, sans contredit, le pouvoir d'administrer, de devenir associé en nom collectif; partant
chacun d'eux avait le droit de déléguer à autrui cette
même administration. Or, cette délégation, la loi l'a fait
résulter de l'acceptation de la qualité de commanditaire.
Devenir associé commanditaire, c'est faire plus encore, c'est renoncer en faveur d'autrui, à l'administration de la mise que l'on verse et de celle qui est versée
par ses co-associés. Soutiendra-t-on aussi qu'on n'est

pas maître de renoncer à un droit que l'on pourrait exercer ?

Bien loin donc que la qualité de mandant soit inconciliable avec celle de commanditaire, il faut reconnaître que celle-ci suppose à tel point celle-là, que sans cette supposition il ne saurait exister de société en commandite.

Faut-il s'arrêter à cette assimilation nouvelle entre le commandité et un commissionnaire ? ne suffit-il pas de faire remarquer, entre autres, que le commissionnaire n'agit qu'en son nom, tandis que le commandité ne peut agir que sous le nom social ?

Au reste, il est facile de s'apercevoir que l'on continue pour le Code, le système qu'on s'était tracé sous les législations précédentes. On affecte de méconnaître le but des conditions que le législateur a tracées pour la commandite, pour pouvoir faire résulter de chacune d'elles, l'exclusion de ce qui doit ressortir de leur ensemble.

Ainsi, nous dit-on, comment serions-nous personnellement tenus ? notre nom ne peut paraître dans la raison sociale (art. 23 et 25) ; nous ne pouvons administrer (art. 27 et 28) ; enfin l'extrait ne doit pas contenir nos noms, il nous est même interdit de le signer (art. 43 et 44).

Il est temps d'en finir avec cette éternelle confusion. Le commanditaire n'est tenu jusqu'à concurrence de sa mise seulement, que par une dérogation aux règles ordinaires des sociétés. Cette dérogation tient elle-même à l'observation stricte des conditions dont elle a été entourée. Partant, si le commanditaire n'est pas indéfiniment tenu, s'il ne perd que jusqu'à concurrence de sa mise, c'est uniquement parce que son nom ne chante pas dans la raison sociale ; c'est parce que toute administration lui est formellement prohibée, c'est enfin parce que sa signature ne figure que sur l'acte social lui-même. La violation d'une seule de ces prohibitions rend le commanditaire indéfiniment responsable. Qu'on se prévale de leur observation pour s'exonérer de cette responsabilité, on le peut, on le doit ; mais vouloir en exciper pour être déchargé de l'obligation restreinte à la mise ; c'est, nous osons le dire, prétendre faire résulter l'exemption, du fait qui constitue l'obligation elle-même.

Nous arrivons à l'article 26 ; on connaît sa disposition qui n'est que la sanction de celles qui précèdent : l'associé commanditaire n'est passible des pertes que jusques à concurrence des fonds qu'il a mis ou dû mettre dans la société.

Or, on doit comprendre dans les pertes les engagemens et les dettes qui constituent le passif de la faillite. Les commanditaires passibles des pertes le sont donc de ces engagemens et dettes. En d'autres termes, l'article 26 ne peut signifier que ce que signifiait l'article 8, titre 4 de l'ordonnance de 1673.

Il est vrai qu'il existe dans les termes de l'un et de l'autre une nuance, mais ce résultat est plus que justifié par la différence des deux législations sur la commandite.

Sous l'ordonnance de 1673 cette société n'était nullement organisée ; elle n'avait aucun nom, ne recevait aucune publicité, rien enfin n'en signalait l'existence. Le gérant traitait seul, il souscrivait en son nom toutes les obligations sociales ; il fallait en conséquence, en réservant l'action des tiers, fixer la nature de cette action.

en indiquer la portée, expliquer si elle serait ou non sociale, c'est-à-dire directe ou indirecte.

Sous le Code, au contraire, la commandite est une vraie société ; elle est régie sous un nom social, elle reçoit la plus grande publicité. Le caractère de l'action des tiers était dès lors fixé par la nature de la chose elle-même. Elle ne pouvait être que sociale, elle ne pouvait que s'étendre contre tous les membres de la société en vertu des principes généraux du droit.

Cette action n'avait donc pas besoin de la sanction d'une disposition expresse ; celle-ci ne pouvait se comprendre que par l'introduction d'une modification à ces mêmes principes généraux.

C'est uniquement ce but que s'est proposé l'art. 26, qui restreint en faveur des commanditaires l'obligation illimitée qu'on aurait pu, sans lui, vouloir leur imposer. Cette spécialité de l'article 26 est exclusive de l'idée qu'il ait voulu dénaturer l'action qu'il consacre jusqu'à concurrence de la quotité fixée.

L'obligation du commanditaire, quelque restreinte qu'elle soit, ne perd pas le caractère qui lui est propre : elle n'en est pas moins sociale, c'est-à-dire constitutive en faveur des créanciers, d'une véritable action directe.

Ainsi la différence des deux législations explique parfaitement la nuance de leur disposition, nuance qu'on a eu raison de qualifier d'insignifiante, d'imperceptible (1), car elle est bien plutôt apparente que réelle.

Les expressions de l'article 26 s'expliquent encore par cette circonstance. On demandait dans la discussion au conseil d'état, si le commanditaire serait obligé de res-

(1) Dalloz et Crémieu, consultation pour la Banque.

tituer les bénéfices qu'il aurait précédemment reçus. La négative fut adoptée, et c'est pour indiquer ce résultat, qu'au lieu des mots, obligés aux dettes, on consacra ceux de passibles des pertes.

La différence de ces expressions est, nous le disons, plutôt apparente que réelle, car passibles de pertes, ne peut avoir d'autres significations que celle que l'on reconnaît à cette autre locution obligés aux dettes.

Passible! voilà l'action directe des créanciers. Ce mot peut-il avoir une autre portée, une autre signification que celle-ci, tenus envers celui qui a droit de réclamer; or, qui peut réclamer contre une perte, sinon le créancier qui doit la supporter?

Passible ne saurait signifier que le commanditaire n'est tenu qu'envers le gérant. Les droits de celui-ci sont consacrés par l'acte social, qui n'oblige le commanditaire que jusqu'à concurrence de sa mise. Il n'était pas nécessaire que le législateur fît une disposition spéciale pour réduire une obligation qui, pour le gérant, n'a jamais été plus étendue. L'acte social ne lui permettait pas de réclamer autre chose que la mise à laquelle est fixé l'engagement du commanditaire à son égard.

Cette circonstance est des plus décisives. Le gérant ne peut jamais demander autre chose que la mise. Il y avait donc quelqu'un qui avait à réclamer plus encore, puisque le législateur a cru devoir limiter à ce terme l'obligation du commanditaire? et celui-là qui pourrait-il être, sinon le tiers créancier?

Ainsi, de toute certitude l'art. 26 consacre l'action directe : il ne signifie et ne peut signifier autre chose

que ce que disait l'art. 8, titre 4 de l'ordonnance de
1673, quoique dans des termes différens.

Mais, nous dit-on, cette différence est tellement sensible, tellement significative, que M. Merlin, sous l'ordonnance, dans son réquisitoire de l'an 12, fait dépendre
de là la question d'action directe. Si donc l'ordonnance
se fût exprimée comme le Code, ce magistrat eût été
tout disposé à conclure dans le sens inverse ; et c'est ce
qu'il a déclaré lui-même dans l'adhésion motivée, donnée à la consultation en faveur de M. Perregaux (1).

Cette adhésion de M. Merlin donne d'abord le plus
complet démenti au système qu'on disait naguères être
celui de l'ordonnance de 1673 ; si M. Merlin paraît regretter quelque chose, ce n'est pas, ainsi qu'on l'insinue,
d'avoir plié le texte de l'ordonnance à une interprétation qui la dénaturait complètement, mais de n'avoir vu
dans le Code que ce qu'il y avait dans l'ordonnance .
qu'il soutient toujours autoriser l'action directe.

Ce fait admis en 1833 par Merlin est d'autant plus
important à relever, qu'il est la meilleure réponse que
l'on puisse faire à l'adhésion elle-même ; car si l'ordonnance autorise l'action directe, le Code la consacre incontestablement ; les auteurs de celui-ci n'ont-ils pas
expressément entendu conserver les dénominations connues et leur laisser les effets qu'elles ont toujours eus ?

Cette conséquence, comme la volonté de ne rien in-
nover , Merlin lui-même nous les enseigne , non pas
seulement en l'an 12, mais depuis le Code , mais sous
le Code lui-même, et notamment en 1829, lorsque sous
ses yeux on réimprimait à Bruxelles cette édition dernière, qu'il enrichissait de tant de savantes annotations

(1) Consult. pour les commanditaires, pages 77 et 78.

Merlin, à cette époque, voyait une identité parfaite
de signification dans l'art. 26 du Code, et l'art. 8,
titre 4 de l'ordonnance ; cette opinion est vingt fois
reproduite dans son *Répertoire*, dont nous allons transcrire quelques passages :

« Le commanditaire ne peut être obligé au delà des
« fonds qu'il a mis dans la société.

« Telle était la disposition de l'article 8 du titre 4 de
« l'ordonnance du mois de mars 1673 : les associés en
« commandite, y est-il dit, ne seront obligés que jus-
« qu'à concurrence de leur part.

« Le Code de commerce renouvelle et explique ainsi
« cette disposition. Suivent les termes des art. 23, 24.
« 25, 26, 27, 28 (1). »

Plus bas, et sous l'art. 26, Merlin disait encore :

« On a vu plus haut, sect. 2, § 3, art. 2, qu'aux
« termes de l'art. 26, qui n'est en cela que l'écho de
« l'art. 8, titre 4 de l'ordonnance de 1673, l'associé
« commanditaire n'est passible des pertes que jusqu'à
« concurrence des fonds qu'il a mis ou dû mettre dans
« la société. »

Voilà pour l'identité des deux dispositions, voici pour
celles des conséquences.

« Résulte-t-il de là, comme l'a cru Pothier, que l'as-
« socié commanditaire ne peut, dans aucun cas, être
« actionné par les créanciers de la société ?

« Non, il en résulte seulement que l'associé com-
« manditaire est quitte envers les créanciers en leur
« abandonnant sa mise. »

Rien n'est assurément plus clair que les termes que
nous rapportons. Merlin pensait donc, même en 1829,

(1) *Répertoire*. v° Sociétés, § 5, art. 2, numéros 1 et 2.

que le Code de commerce pouvait se plier à l'interprétation qu'il faisait lui-même en l'an 12 de l'ordonnance de 1673 ; que la première de ces législations était tellement conforme à la seconde, qu'elle n'avait d'autre but que celui de la renouveler, que notamment l'art. 26 , n'était que l'écho de l'art. 8, titre 4 de l'ordonnance ; qu'enfin, dans la pensée des auteurs du Code , l'action directe ne pouvait être contestée.

C'est cependant tout le contraire que Merlin aurait soutenu dans l'adhésion dont on parle ! Il est des noms qu'on est affligé de voir compromis dans de telles contradictions. Aussi et sans rechercher le mot de celle-ci, aimons-nous mieux demander à l'esprit de la loi, à qui il faut plutôt croire, de Merlin, magistrat impartial, auteur immortel d'ouvrages destinés à jeter un si vif éclat sur l'étude des législations, ou de Merlin, auteur d'une adhésion fugitive, comme l'intérêt privé qu'elle est chargée de faire prévaloir?

Cette intention du législateur se manifeste avec netteté et évidence dès les premiers pas que l'on fait dans la discussion au conseil d'état. Aussi nous bornerons-nous à copier le procès-verbal de la séance relative à la matière des sociétés (1). On pourra se convaincre qu'il n'y a et ne peut y avoir quelque chose de confus, que pour ceux qui auraient intérêt à ce qu'il en fût ainsi.

M. Merlin ouvrit lui-même la discussion. « Il attaque « la division *tripartite* qu'établit cet article (19).

« Il soutient qu'il n'existe que deux espèces de so« ciétés.

(1) Locré, *Législation civile, commerciale et criminelle de la France,* tom. 17, pag. 184 et suiv.

« La société collective qui unit plusieurs associés sous
« un nom social.

« La société anonyme qui ne porte qu'un nom uni-
« que, et dans laquelle entre la société en comman-
« dite. »

S'il est, nous dit-on, une opinion que Merlin ait
exprimé avec conviction et reproduit avec constance,
c'est celle que la commandite n'est qu'une participation ;
que l'espèce d'une société dont la participation est le
genre (1).

La confusion dans laquelle on se jette, possible en
Italie et en France, sous l'ordonnance de 1673, ne l'est
plus aujourd'hui, que la participation n'est plus, comme
alors, qualifiée de société anonyme; celle organisée par
le Code, sous ce nom, n'a rien de commun, ni avec la
participation, ni avec la commandite ; on veut bien en
convenir (2).

De là, résulte bien évidemment que Merlin, assimilant la commandite avec la société anonyme, excluait
toute idée de ressemblance avec la participation.

Ne perdons pas de vue que le projet soumis à la discussion organisait la société anonyme. Si donc Merlin
a parlé de celle-ci, il n'a pu que vouloir désigner celle
qui allait être discutée, celle qui fut admise après l'avoir
été dans la même séance.

Merlin, dans l'opinion que nous venons de retracer, n'a
donc pas confondu la commandite avec la participation,
et ce qui le prouve bien mieux encore, c'est la suite de
la discussion, c'est la réponse de M. Regnaud de Saint-
Jean d'Angely. Nous reprenons le procès-verbal.

(1) Consultation pour les commanditaires, pag. 85.
(2) *Ibid.*, pag. 92.

M. Regnaud dit : « il y a plusieurs différences entre
« la société anonyme et la société en participation.

« Dans la première, les associés ne sont pas invaria-
« blement fixés. La possession des actions leur donne
« le titre, la vente des actions les en dépouille. Le gé-
« rant peut n'être pas associé ; il n'est pas responsable
« sur ses biens, même quand il est associé. Le nom so-
« cial peut n'être désigné que par l'objet de la société.
« Dans la seconde, il y a nécessairement un associé gé-
« rant et responsable sur tous ses biens. Les autres
« sont des associés qui ne sont pas solidaires, et n'en-
« gagent que les fonds qu'ils mettent, ou s'obligent de
« mettre dans la société.

« Dans la société anonyme, on ne peut connaître les
« associés entre lesquels elle est formée. Quand ils
« sont connus, ils peuvent gérer sans responsabilité,
« sans solidarité générale. Dans la société en comman-
« dite, le commanditaire n'est pas caché, il est nommé
« dans l'acte de société, il répond directement, quoi-
« qu'en proportion de sa mise. Enfin, il ne peut gérer,
« sans devenir associé pur et simple. »

Il résulte évidemment de ces paroles que dans le
conseil d'état on a considéré celles de Merlin dans le
sens que nous soutenons être le seul admissible. La réponse de M. Regnaud fixe invariablement quelle était
l'association à laquelle M. Merlin assimilait la commandite, c'était la société anonyme, telle que le Code l'a-
doptait.

Pour échapper à cette inévitable conséquence, on
s'est avisé d'un expédient au moins singulier, c'est de
ne voir dans la réponse de M. Regnaud, qu'un exemple
de ces préoccupations, de ces méprises que l'on dit avoir

dominé les discussions du conseil d'état. M. Regnaud, dit-on, répond *société anonyme*, tandis que M. Merlin parle *participation*, et partant de là, il s'évertue à noter les différences qu'il aperçoit entre la commandite et la société nouvellement créée (1).

Il est certain que si M. Merlin a entendu désigner la participation sous le nom d'anonyme, la réponse de M. Regnaud est étrange, d'autant plus qu'elle est faite en présence de Merlin lui-même, qui va sans doute s'empresser de détromper son collègue, sur la véritable portée de ses paroles. Il est certain en effet qu'une méprise est impossible chez M. Merlin : lui du moins doit savoir ce qu'il a voulu dire.

Or, c'est bien Merlin qui répond à M. Regnaud, mais c'est pour partager ce qu'on dit être une erreur, pour s'associer à cette préoccupation que l'on reproche à celui-ci. Voici les termes du procès-verbal :

« M. Merlin admet ces définitions. Mais il ne convient
« pas qu'il puisse y avoir société en commandite entre
« deux personnes seulement dont une gère sous un nom
« social; car ce nom annonce au public une société col-
« lective; et par cela seul qu'un négociant signe un
« tel et compagnie, il manifeste au public qu'il a au moins
« un associé non commanditaire. On sait bien que dans
« quelques places de commerce, on s'est habitué à
« l'emploi du nom social, alors même qu'il n'existe
« qu'une société en commandite entre deux personnes ;
« mais cet usage est une source de surprises que l'on
« ne peut prévenir qu'en le proscrivant ; car on ne le
« préviendrait pas en ordonnant que la société en com-

(1) Consultation pour les commanditaires, *ibid.*

« mandite sera enregistrée. Elle ne doit pas l'être, et
« l'ordonnance de 1673 ne l'exigeait pas, parce qu'il
« faut laisser au commanditaire la facilité de demeurer
« ignoré. La société en commandite a donc tous les
« caractères de la société anonyme.

Merlin *admet* les définitions auxquelles vient de se
livrer M. Regnaud ; il reconnaît donc que celui-ci a
saisi sa véritable pensée, qu'il ne s'est pas mépris sur
la nature de la société qu'il a voulu désigner. Il reconn-
naît en outre que telle que la résume celui-ci , la société
en commandite présente bien avec l'anonyme les différences relevées. Aussi Merlin persistant dans son opinion,
s'efforce-t-il de faire disparaître de la commandite celles
de ces différences les plus marquées. Regnaud vient
de dire que la commandite a un nom social ; Merlin
demande qu'on l'en affranchisse. Regnaud vient de dire
que le commanditaire nommé dans l'acte social est facilement connu par l'enregistrement obligé de cet acte,
et Merlin soutient que cet enregistrement ne doit pas
avoir lieu, pour laisser au commanditaire la facilité de
demeurer ignoré. Ainsi modifiée, la commandite, con-
clut-il, a tous les caractères de *l'anonyme*.

Le nouvel emploi de ce mot est décisif. Merlin vient
d'apprendre quel est le sens qu'on y attache ; et s'il ne
nomme pas la participation , c'est qu'il n'a jamais entendu la désigner. Il faudrait, pour prétendre le contraire,
soutenir que Merlin lui – même a partagé la préoccupation de M. Regnaud, et qu'à son tour il suppose, il croit
avoir dit le contraire de ce qu'il a réellement dit.

La réponse de M. Merlin prouve donc que celle de
M. Regnaud faisait une juste interprétation de la pensée du premier. De là résulte la certitude que celui-ci

dans l'assimilation qu'il soutient exister, a en vue la
société anonyme nouvellement créée, et non la participation.

Comment d'ailleurs Merlin aurait-il pu confondre la
commandite avec celle-ci. Le Code ne lui refuse-t-il
pas même le nom de société ? a-t-elle d'autres conditions, d'autres lois que la volonté des parties ? n'est-
elle pas restreinte à une ou plusieurs opérations de
commerce ? (art. 47, 48, 49, 50.) Comment donc
aurait-on demandé pour *l'espèce*, le contraire de ce
qu'on exige pour le *genre* ?

Nous craindrions, en insistant sur la différence qui
sépare la commandite de la participation, de paraître
attacher de l'importance à une assimilation que tout
repousse, que tout détruit ; aussi nous bornerons-nous
aux observations qui précèdent et qui justifient que,
sous le Code, Merlin n'a jamais pensé à cette assimilation qu'il a vingt fois, au contraire, repoussée formellement (1).

Ce qui ressort encore de la réponse de M. Merlin,
c'est qu'en admettant toutes les définitions de M. Regnaud
il pense, comme lui, que le commanditaire répond directement ; cette responsabilité ne fait aucun doute
pour ce dernier qui en fait résulter l'impossibilité de
confondre les deux sociétés qu'il compare. Merlin n'en

---

(1) *Répertoire*, v° Société, édition in-8° pag. 278, 298, 307. Voici, au
reste, sur la participation, l'opinion de M. Cresp lui-même, dans l'ouvrage que nous avons cité à la page 31 : «Sans parler de la participa-
« tion classée à part des autres, et qui s'en distingue par le fond, non
« moins que par la forme, il ne faut pas confondre entre elles la so-
« ciété en nom collectif, la commandite, l'anonyme. » A plus forte
raison, d'après M. Cresp, ne doit-on pas confondre l'une de ces
trois avec la participation.

doutait pas plus que lui, lorsqu'il écrivait les lignes que nous avons empruntées à son répertoire.

On reproche à M. Regnaud d'avoir fait reposer cette responsabilité sur le motif unique que le commanditaire est nommé dans l'acte social ; mais ce reproche est lui-même fondé sur une évidente confusion ; les paroles de M. Regnaud sont exclusives du sens qu'on leur prête. Être nommé dans l'acte distingue la commandite dans ses conditions, de même que la responsabilité directe la distingue dans ses effets. C'est cette double différence que M. Regnaud signale, sans intention aucune de ne voir dans celle-ci que l'effet de celle-là.

Au reste, ce qu'il importe de remarquer , c'est que les paroles de M. Regnaud n'ont trouvé aucun contradicteur dans le sein du conseil d'état , moins encore chez M. Begouen, que chez tout autre.

M. Begouen, en effet, professe la même opinion que Regnaud, car c'est lui qui se charge de réfuter les nouvelles objections de Merlin. C'est à lui et à lui seul qu'il répond. M. Merlin, nous venons de le voir, soutenait qu'il ne fallait pas autoriser un nom social dans les commandites, ni moins encore exiger l'enregistrement pour laisser au commanditaire la facilité de rester ignoré. M. Begouen répond :

« Le public ne peut être trompé par l'usage qu'on « fait d'un nom social. Celui qui forme l'entreprise est « toujours obligé de faire enregistrer la société. Si les « associés sont solidaires, il le déclare ; s'il a un ou « plusieurs associés commanditaires, il ne les nomme « pas, mais il déclare quelle est leur mise, et cette dé_ « claration est la seule chose qui importe au public et « forme sa garantie. »

Cette opinion de M. Begouen prévalut sur celle de M. Merlin. Le Code a adopté un nom social pour les commandites, et la nécessité de l'enregistrement, comme moyen pour les tiers, de vérifier la sincérité de la déclaration du gérant, de s'assurer des obligations imposées à chaque associé.

On a cherché encore à dénaturer les paroles de M. Begouen qu'on a dit être exclusive des conséquences signalées par M. Regnaud et admises par M. Merlin lui-même. La lecture du procès-verbal nous parait la meilleure réponse à toutes les objections sur ce point. Aussi, est-ce à cette lecture que nous nous en référons. Nous nous bornerons à cette seule observation : si la déclaration du gérant n'avait pour but que de mettre les créanciers sur la voie, pourquoi exiger que cette déclaration portât uniquement sur la quotité et l'importance des mises ? Ne suffisait-il pas pour atteindre ce but d'une déclaration pure et simple qu'il existait une commandite ? Il nous semble que le motif qui fait exclure celle-ci et exiger l'autre, démontre par lui-même la certitude que ces mises sont et demeurent affectées au paiement des dettes sociales.

C'est à tort au reste qu'on a dit que l'opinion de M. Begouen avait clôturé la discussion. Il nous reste à faire connaître l'opinion de M. Cretet, qui est plus explicite encore que celle de M. Regnaud lui-même. Voici ce qui la provoqua :

M. Louis, qui parla après M. Begouen, proposait de qualifier ainsi les trois sortes de société :

La société solidaire.

La société mixte.

La société sans nom.

Voici la réponse de M. Cretet, que nous copions textuellement :

« Il n'y a aucun avantage à repousser les dénomina-
« tions usitées et parfaitement entendues.

« Si l'on veut changer les choses, il y a plus d'in-
« convéniens encore : la société en commandite n'existe
« qu'en France ; elle n'est pas usitée en Angleterre et
« on l'y désire généralement. C'est une combinaison
« utile et ingénieuse pour associer à une entreprise les
« capitaux de ceux qui ne veulent pas en partager in-
« définiment les chances.

« On dira que dans ce contrat les choses ne sont pas
« égales entre les associés ; que le commanditaire par-
« tage dans tous les bénéfices, tandis qu'il ne s'expose
« qu'à des pertes limitées.

« Mais si on lui refusait ces conditions, ses capitaux
« ne tourneraient pas au profit du commerce, et d'ail-
« leurs il y a une véritable compensation en ce qu'il ne
« lui est pas permis de gérer.

« La loi ne s'était pas assez expliquée sur ces sortes
« de contrats. La jurisprudence seule a établi qu'en
« cas de faillite de la société, le commanditaire pour-
« rait être poursuivi pour verser sa mise, s'il ne l'avait
« pas encore fournie. Le projet consacre ce principe et
« ne laisse plus de prise au doute. »

Veut-on quelque chose de plus précis, de plus clair,
le commanditaire pourra être poursuivi après la faillite
de la société? Cela peut-il s'entendre autrement que de
l'action directe des créanciers ? Le gérant ne peut-il
pas poursuivre sans cesse, en vertu de l'acte social? Si
les créanciers voulaient agir en vertu de l'art. 1166
Cod. civ. ne le pourraient-ils pas, comme le gérant
lui-même, pendant toute la durée de la société ?

Pourrait-on hésiter encore à sanctionner l'action directe? Le projet qui ne laissait plus de prise au doute, est devenu par son adoption la loi qui nous régit ; ne serait-ce pas la violer que de douter encore ?

C'est donc avec une parfaite connaissance de cause que M. Merlin nous disait dans son répertoire, que l'art. 26 n'était que l'écho de l'art. 8, titre 4 de l'ordonnance de 1673. Cette doctrine faisait une application des motifs de la loi tellement vraie, tellement certaine, qu'il est impossible d'adopter la rétractation dont on se prévaut, et dans laquelle Merlin voudrait, en se réfutant lui-même, donner un démenti formel à l'intention du législateur.

Ainsi, l'esprit de la loi consacre formellement et sans équivoque l'obligation personnelle du commanditaire et l'action directe des tiers. Nous allons prouver que sur ces deux points la doctrine s'est prononcée avec la même précision et la même clarté.

Voici comment l'auteur le plus spécial, M. Pardessus, s'exprime sur les art. 43 et 26 du Code :

« On a vu au numéro 1027 que les conditions d'une « société en commandite peuvent être rédigées ou de- « vant notaires ou sous signature privée, comme celles « d'une société en nom collectif. L'acte doit être rendu « public par extrait ; cet extrait doit faire connaître « que parmi les associés il y a tant de commanditaires, « mais sans qu'on soit obligé d'indiquer leurs noms : « seulement il faut exactement énoncer en quelles som- « mes et en quels objets consiste leur mise, et si elle a « été fournie, ou si elle reste à fournir. L'importance « de cette énonciation est très-grande. Elle seule peut « apprendre aux tiers qui traiteront avec la société,

« qu'outre la solvabilité personnelle et indéfinie des
« associés responsables et solidaires, le capital de la so-
« ciété est composé de telles sommes ou valeurs dont
« les créanciers pourront demander le paiement aux
« commanditaires (1).»

On le voit, M. Pardessus ne fait pas résider la garantie
du public dans la déclaration du commandité, mais
bien dans les capitaux déclarés. C'est ainsi qu'il comprend l'opinion de M. Begouen ; il y voit d'ailleurs si
peu l'exclusion de l'action directe, qu'il n'hésite pas lui-
même à professer le contraire. D'abord, dans le numéro
que nous venons de transcrire, plus explicitement encore dans le suivant :

« L'associé commanditaire n'est tenu, comme nous
« l'avons vu au n° 1027, que jusqu'à concurrence de sa
« mise. S'il ne justifie pas qu'il l'ait versée, les créan-
« ciers de la société peuvent le poursuivre directement
« jusqu'à son entier paiement. Il ne serait pas fondé a
« opposer à leur demande la compensation des créances
« qu'il aurait, depuis la formation de la société, ac-
« quises contre le gérant ; ni, s'il n'a pas versé sa mise,
« à répondre aux créanciers qu'il ne les connaît pas et
« qu'il n'est obligé qu'envers le gérant.

« Dans cette espèce de société, les commandités et
« les commanditaires sont tous obligés au paiement des
« dettes, avec la seule différence que les premiers le
« sont indéfiniment, et les autres jusqu'à concurrence
« de leurs mises. Si les derniers ne paraissent pas dans
« les négociations qui intéressent la société, ils contrac-
« tent néanmoins avec les créanciers, par le ministère

---

(1) *Droit commercial*, quatrième édition, tom. 4, p. 116, n. 1029.

« des commandités à qui ils ont abandonné la gestion
« exclusive ; ils ne peuvent repousser la demande des
« créanciers, qu'en prouvant qu'ils ont versé leur
« mise entre les mains des associés responsables et
« solidaires (1). »

M. Émile Vincens a marché sur les traces de Pardessus ; non pas, sans doute, dans la brochure qu'on
invoque. Là, M. Émile Vincens n'a eu qu'un but : celui
de s'élever contre l'abus, de flétrir l'usage que l'on fait
du nom de la commandite, en l'appliquant à ces caisses,
compagnies, sociétés, alliances, Salamandre, Minotaure,
restaurans portatifs, assurances contre la perte des procès, contre le besoin d'argent, qui échappent ainsi à la
nécessité de l'autorisation prescrite pour les sociétés
anonymes (2).

Pour connaître quels sont les effets qu'Émile Vincens
attache aux véritables sociétés en commandite, il faut
recourir à son excellent *Traité de la Législation commerciale*, et voici ce que nous y trouvons (3) :

« Nous avons dit que la seule obligation que le com-
« manditaire contracte, c'est celle de fournir la mise
« déterminée. S'il ne l'avait pas versée complètement,
« ou qu'il l'eût reprise, il pourrait être contraint à la
« réintégrer avec les intérêts de droit et les dommages-
« intérêts, s'il y avait lieu ; et en cas de perte, c'est
« envers les créanciers qu'il serait tenu de parfaire la
« somme annoncée ; car s'il répond à concurrence de sa
« mise, il faut l'entendre de celle qu'il a dû verser. »

(1) *Ibid.*, n. 1034.
(2) Émile Vincens, des *Sociétés par actions*, pag. 22.
(3) Tom. 1, pag. 319, n. 5.

Tenu envers les créanciers ! donc Émile Vincens adopte l'action directe enseignée par Pardessus.

Les auteurs d'un *Traité spécial des Sociétés commerciales*, MM. Malepeyre et Jourdain, se rangent formellement à cette opinion.

« Les associés commanditaires , disent - ils (1), ainsi « que nous l'avons enseigné, ne sont obligés au paie- « ment des dettes de la société que jusqu'à concurrence « de leur mise ; mais ils ne sont pas seulement tenus « envers la société ; ils peuvent être aussi poursuivis « par les tiers créanciers de la société, s'ils ne justifient « pas du versement de la totalité de leur mise.

« L'article 26 du Code de commerce déclarant for- « mellement que l'associé commanditaire est passible « des pertes jusqu'à concurrence des fonds qu'il a mis « ou dû mettre en société ; il est reconnu qu'il est « obligé de la même manière que les associés solidai- « res , mais seulement jusqu'à concurrence de sa mise.

« L'associé principal contracte au nom de tous les « associés. Les engagemens qu'il souscrit réfléchissent « de la manière réglée par la loi, les commanditaires « ne peuvent donc se soustraire aux poursuites des « créanciers, qu'en fournissant la preuve qu'ils ont « versé dans la caisse sociale le montant de leur com- « mandite. »

M. Devaux (du Cher), cet éminent jurisconsulte, a prêté à l'opinion de M. Pardessus l'appui de sa haute autorité. Voici comment il s'exprimait dans la consulta-tion qu'il rédigeait en 1832 dans l'affaire Armand Le-comte (2) :

(1) *Traité des Sociétés commerciales*, Paris, 1833, pag. 156.
(2) Dalloz, 1832, 2—107.

L'article 26 porte : « L'associé commanditaire n'est
« passible des pertes que jusqu'à concurrence de sa
« mise.

« La mise seule est donc responsable, et non la per-
« sonne , et quand la mise est opérée , qu'importe la
« personne ? Tant que la mise n'est pas réalisée, et
« jusqu'à ce qu'elle le soit, il y a, comme on l'a fait
« observer, obligation personnelle du souscripteur, et
« par conséquent connaissance nécessaire de la personne
« du souscripteur, pour le contraindre à réaliser sa
« mise. Mais la réalisation consommée , la mise seule
« étant responsable, qu'importe en quelles mains passe
« le titre de propriété de la mise? »

Plus haut M. Devaux a déjà dit : « Le public qui
« traite avec le gérant de la commandite, contracte en
« considération 1° de la confiance personnelle qu'ins-
« pirent la moralité, la fortune, le talent administratif
« du gérant, et 2° des capitaux dont il peut disposer et
« qui forment le fonds social.

« Le public a deux responsabilités à exercer, deux
« garanties à faire valoir : 1° la responsabilité qui pèse
« sur les gérans d'une manière indéfinie, et qui engage
« non pas seulement leur mise sociale, mais encore
« leur fortune individuelle. 2° La responsabilité qui ab-
« sorbe tout le capital social composé de toutes les ac-
« tions prises par les capitalistes.

« Tout capitaliste qui souscrit pour une action s'en-
« gage personnellement pour toute la somme promise
« au paiement de cette action. De là il résulte qu'il y a
« une obligation de l'actionnaire envers le public de
« payer le prix de son action. Mais c'est la seule obli-
« gation positive que contracte le bailleur de fonds. »

On ne saurait définir avec plus de lucidité, de vérité et de raison, la nature et les effets de la société en commandite. On ne saurait rien ajouter à ces paroles pour prouver l'existence de l'action directe qu'elles établissent avec un rare discernement.

M. Dalloz, avant de rédiger la consultation pour la banque de France, avait déjà énoncé dans sa *Jurisprudence générale,* l'opinion qu'il développe avec tant de force dans cette consultation.

« Les associés commanditaires, avait-il dit (1), dans « les négociations qui intéressent la société, sont cen- « sés s'obliger envers les tiers jusqu'à concurrence de « leur mise, par le ministère des commandités, et peu- « vent, en conséquence, être directement actionnés par « les créanciers de la société, s'ils ne justifient pas de « l'entière réalisation de leur apport. »

En résultat, l'action directe a été reconnue dans le conseil d'État, par MM. Cambacérès, Regnaud, Begouen, Cretet, Merlin lui-même, sans qu'aucune contradiction se soit élevée. Parmi les auteurs, cette action a été tour-à-tour enseignée par Merlin, Pardessus, Émile Vincens, Malepeyre et Jourdain, Dalloz, Persil fils. Pourrait-on dès-lors hésiter à embrasser une opinion qu'éclaire un pareil faisceau de lumières ? Craindrait-on de s'égarer en marchant sur les traces de tant et de si grands maîtres ?

L'opinion contraire est, il est vrai, enseignée par MM. Delvincourt et Rogron, ce dernier, éditeur des cinq Codes qu'il a revêtus d'annotations bien souvent superficielles ; quant à M. Delvincourt, il n'est pas difficile de

(1) Tom. 12, v° Société, chap. 2, sect. 2, art. 2.

se convaincre qu'il n'est pas lui-même très sûr du principe qu'il n'admet qu'en quelque sorte.

Nous ne parlons pas de M. Favard de Langlade, car nous pourrions, à notre tour, l'invoquer à l'appui de notre opinion ; voici, en effet, ce qu'il enseigne relativement à la commandite (1).

« Il y a entre les engagemens de ces deux espèces « d'associés une différence extrèmement importante, « puisque les associés responsables et solidaires sont « tenus indéfiniment de tous les engagemens contractés « par la société, tandis qu'au contraire le commandi- « taire n'en est tenu que jusqu'à concurrence des fonds « qu'il a versés ou dû verser dans la société (art. 26) ; « cette disposition est conforme à l'ancien droit qui « était fondé sur l'article 8, titre 4 de l'ordonnance de « 1673.

« L'associé commanditaire est donc quitte envers les « créanciers, en leur abandonnant sa mise. »

S'il est une opinion incontestable, c'est évidemment celle qui ne voit dans l'article 26 du Code de commerce, qu'une disposition identique avec celle de l'ordonnance; tous les auteurs sont d'accord sur ce point ; on peut voir que M. Favard l'admet sans difficulté aucune.

M. Favard reconnaît encore l'obligation du commanditaire vis-à-vis les tiers ; il le déclare tenu des engagemens sociaux. Il ajoute qu'il n'est quitte envers les créanciers qu'en leur abandonnant sa mise.

Conçoit-on que M. Favard de Langlade ait pu vouloir dire, dans une des sections qui suivent, que ce même commanditaire n'est tenu de rien envers les cré-

_____

(1) *Répertoire de nouvelle Législation,* v° Société, chap. 3, sect. 1, § 2, n. 5.

anciers? Mais quel besoin a-t-il dans ce cas de leur abandonner sa mise? S'il ne doit rien, il n'a nullement à
s'acquitter envers eux. M. Favard serait donc tombé
dans la plus étrange, la plus incroyable contradiction.

Ainsi des deux professeurs qui enseignent l'action
indirecte, l'un hésite, l'autre se contredit. On ne saurait
donc préférer leur opinion à cette masse imposante d'autorités qui soutiennent l'opinion contraire.

Ajoutons que cette dernière doit d'autant plus être
adoptée, qu'elle est celle pratiquée de nos jours en Italie. Azuni nous l'atteste dans son dictionnaire qu'il édi-
tait en 1822. A ce témoignage, nous pouvons joindre
celui non moins important d'un célèbre professeur de
l'académie de Pise (1). Pourrait-on hésiter à proclamer
vrai, ce que les héritiers des Casaregis, des Ansaldus,
nous enseignent être tel?

Concluons donc que l'esprit de la loi, que la doctrine
s'unissent formellent dans l'admission de ce principe,
que la commandite produit contre tous les associés des
effets spéciaux. Chacun de ces associés est obligé envers
les créanciers dans les limites adoptées par la loi : l'associé solidaire, en vertu de cette même solidarité, l'associé commanditaire, en force du mandat qu'il est
censé donner au complimentaire, de l'engager pour
le montant de sa commandite. L'action contre les uns
et contre les autres participe donc de la même nature,
reconnaît la même origine, se justifie par les mêmes motifs. Si le tiers qui contracte avec la société a confiance
dans la moralité, la fortune du gérant, il n'en accorde
pas moins à la mise qu'il connaît, qu'il sait devoir for-

(1) Lorenzo Quartieri, *Instituzioni di Giurisprudenza romana e francese comparata*, tom. 2, pag. 254, n. 638.

mer le capital social ; il traite avec celui-ci autant qu'a-
vec le gérant ; il doit pouvoir exercer contre tous les
deux, les actions qui naissent de sa qualité de créancier.

Nous sommes loin de méconnaître les considérations
que l'on fait valoir ; sans doute on a reconnu l'excel-
lence, l'utilité des sociétés en commandite, sans doute
on a voulu encourager cette combinaison utile et ingénieuse, pour associer aux entreprises les capitaux de
ceux que leurs chances éloignent, et c'est pour cela ,
comme nous le disait M. Cretet, que les choses ne sont
pas égales entre les associés ; que le commanditaire partage dans tous les bénéfices, tandis qu'il ne s'expose
qu'à des pertes limitées. Si on lui refusait ces conditions, ses capitaux ne tourneraient pas au profit du commerce (1).

Voilà tout ce que la loi a fait en faveur des commanditaires ; voilà donc tout ce que les magistrats peuvent faire à leur tour. Perte limitée, c'est ce que nous
demandons, c'est ce que notre action a pour but d'obtenir.

Pourrait-on nous refuser cette action, sans se mettre
en contradiction avec la loi, avec les principes ? Mais
a-t-on bien mesuré les conséquences de l'action indirecte à laquelle on veut nous restreindre ? C'est au nom
de la commandite, dans son intérêt qu'on la demande !
Mais c'est sa ruine complète qu'on sollicite. Qui désormais aura confiance dans une société pareille, lorsqu'il
sera permis au gérant de faire disparaître, par sa collusion avec ses associés, le gage qu'on aura offert au pu-

_____

(1) Procès-verbal du conseil d'état ; Locré, *loco citato*, pag. 186,
tom. 17.

blic ? Il suffira au gérant de donner une déclaration,
de consentir une contre-lettre, et, lorsque après sa ruine
complète, on demandera compte aux associés de leur
mise, on sera froidement éconduit au moyen de ces dé-
clarations, de ces contre-lettres ! Pourrait-on donner aux
spéculateurs de l'époque une arme plus terrible contre
la fortune publique ?

C'est ce résultat que l'on réclame cependant , c'est
à ce but que l'on doit nécessairement atteindre, si ,
dans les créanciers, il ne faut voir que le gérant lui-
même.

Sans doute les commanditaires ont pu être trompés ;
mais pourquoi ont-ils été imprudens ? Ils étaient maîtres
de s'associer, d'accepter ou de refuser le gérant. Que
n'ont-ils, dans l'origine, exigé toutes les sûretés qui
devaient les garantir ? Leur intérêt leur en faisait une
loi impérieuse. Que si trop de confiance les a entraînés,
faudra-t-il rendre responsables de cette faute, ceux-là
même que cette faute a précipités dans l'abîme ? Il y a
entre les créanciers et les commanditaires cette énorme
différence que ceux-ci pouvaient , avec plus de prudence, se soustraire au danger ; tandis que les premiers
devaient nécessairement succomber. Comment auraient-
ils pu douter d'un crédit assuré par un acte d'association
revêtu des formes voulues par la loi ?

On ne saurait donc leur refuser la seule réparation
qu'ils puissent obtenir, et dont l'insuffisance démontrée
ne pourra que diminuer, sans la combler, la perte que
leur a occasionnée l'imprudence des signataires de la
commandite. Cette réparation, ils la trouveront dans

l'action directe , que leur assurent l'esprit, le texte de la loi, la plus incontestable doctrine.

C'est dans le même sens que s'est prononcée la jurisprudence des tribunaux et Cours du royaume.

Plusieurs décisions du tribunal de commerce de Marseille ont consacré l'action directe ; la plupart d'entre elles n'ont pas même été frappées d'appel, ce qui prouve que juges ou parties, les négociants de cette ville, qui occupe en Europe un si haut rang commercial, ne regardent pas cette opinion comme douteuse (1).

Le tribunal de commerce de Montpellier a adopté cette jurisprudence ; il a , il y a peu de temps, rendu un jugement qui n'a pas même été déféré à la Cour.

La Cour royale d'Aix a, le 10 mars 1820, rendu un arrêt conforme sur la plaidoirie du savant et si regrettable Chansaud.

La Cour royale de Nîmes s'est expliquée dans le même sens dans l'affaire de MM. Barneaud et Saunier, de Gap, commanditaires de la maison Brousse.

Toutes ces décisions ont jugé la question *in terminis*. Toutes ont décidé que le commanditaire qui n'avait pas versé pouvait être contraint par les créanciers non payés par le gérant.

Le système de ne voir dans les créanciers que les ayants-cause du gérant a encore été renversé par la Cour de cassation.

Ainsi, le 14 juillet 1838, cette Cour a décidé : qu'un associé commanditaire ne s'étant libéré qu'au moyen d'un transport de créances, et le débiteur ayant compensé la dette avec une créance qu'il avait lui-même

---

(1) Clarion, tom. 1, pag. 253 ; tom. 4, pag. 15.

sur l'associé responsable personnellement, le transport
opéré par le commanditaire n'a pu équivaloir au versement effectif de fonds, auquel il était tenu vis-à-vis
des tiers, par l'acte de société. Si ces tiers n'étaient jamais que les ayants-cause du gérant, cette décision se
fût, sans aucun doute, prononcée en sens contraire; vis-
à-vis de celui-ci, le transport était sans contredit valablement fait.

Enfin la Cour de cassation vient, par un arrêt du 27
mai 1839, de consacrer en termes formels ce qui n'était
qu'une induction dans l'arrêt qui précède. Elle a décidé que : « Lorsqu'un acte de société a été publié con-
« formément à l'art. 42 du Code de commerce, comme
« acte de société en commandite, les associés ne sont
« plus recevables à contester son caractère à l'égard des
« tiers qui ont contracté de bonne foi avec le gérant.
« Ils ne peuvent pas, par exemple, à l'aide de clauses
« particulières, soustraites à la connaissance des tiers,
« faire considérer l'acte publiquement qualifié de so-
« ciété en commandite, comme un simple prêt par
« actions (1). »

Comment conciliera-t-on les termes si précis de cet
arrêt avec la prétention de ne voir dans les commanditaires que de simples prêteurs, de capitalistes, et pas
autre chose? Comment les conciliera-t-on avec l'allégation que les créanciers ne sont que les ayants-cause,
ne peuvent qu'exercer les droits du gérant ? Est-ce
que celui-ci n'est pas lié par les conventions qu'il a
souscrites avec ses coassociés ? Si donc ces conventions
ne sont pas obligatoires pour ces tiers, si, d'après la

(1) *Gazette des Tribunaux*, 23 juin 1839. n. 4301.

cour de cassation, on ne peut pas même les leur opposer, il s'ensuit nécessairement qu'on ne saurait refuser
à ces tiers le droit de venir, en leur nom, réclamer
l'exécution des clauses qui leur sont acquises par la
publicité qu'elles reçoivent, et sous la foi desquelles
ils ont traité avec la société.

Enfin, la Cour royale de Paris a eu deux fois dans la
même année à s'expliquer sur la question. La première fois, le 23 février, et la seconde, le 24 août
1833 (1).

On s'évertue à créer entre ces deux décisions une
contradiction qui n'existe pas. Le même principe, en
effet, a dicté l'une et l'autre. Il n'y a pour s'en convaincre qu'à les rappeler.

L'arrêt du 23 février admet l'action directe. En voici
les motifs :

« Considérant que si, pendant l'existence de la société,
« les tiers ne peuvent diriger leur action que contre
« l'associé gérant, c'est que lui seul alors représente la
« société tout entière, et que les créanciers n'ont au-
« cun intérêt à agir contre les commanditaires tant que
« la société exécute ses engagemens à leur égard. Qu'il
« suit de là qu'après la dissolution de la société par
« suite de la faillite, les créanciers de la société peuvent
« exercer leurs droits contre chacun des associés gé-
« rans ou commanditaires, dans la limite des obligations
« auxquelles chacun d'eux est soumis. Qu'en pareil cas,
« l'action des créanciers contre les commanditaires est
« directe et personnelle. »

Il y avait faillite dans l'espèce de cet arrêt, et en con-

(1) Dalloz 1833, 2—119—244.

séquence des motifs visés par la cour, l'action directe, ainsi que nous l'avons déjà énoncé, fut admise.

Dans l'arrêt rendu le 24 août, cette circonstance décisive ne se rencontrait pas. La banque de France poursuivait M. Perregaux, commanditaire de la maison Laffitte. Cette maison n'étant pas en faillite, l'action de la banque fut déclarée non recevable.

Ce résultat, l'arrêt du 23 février lui-même le faisait assez pressentir. Ne dit-il pas que tant qu'existe la société, les tiers ne peuvent actionner que le gérant? N'admet-il pas l'action directe et personnelle qu'après la dissolution de la société par suite de faillite? Le fait est donc, dans les affaires de ce genre, le guide le plus absolu du droit. Or, nous le répétons, la maison Laffitte était seulement en liquidation. L'arrêt du 24 août qui refuse l'action directe ne fait donc qu'une juste application de l'arrêt du 23 février.

Loin donc de revenir sur sa jurisprudence, la Cour royale de Paris l'a au contraire explicitement confirmée. Elle a jugé en août ce qu'elle avait jugé en février. C'est toujours un principe identique qui la guide. Cela ressort clairement des termes même de ses arrêts.

Mais, nous dit-on, qu'importe qu'il y ait ou non faillite? comment l'événement postérieur de celle-ci peut-il influer sur l'action? Ou les créanciers ont acquis cette action en traitant, et la faillite ne peut rien ajouter, n rien ôter à leurs droits; ou ils n'ont alors acquis aucune action de ce genre; et nous ne voyons pas comment la faillite, en survenant, aurait pu leur donner l'action qu'ils n'avaient pas dans l'origine (1).

(1) Consultation pour les commanditaires, pag. 101.

On confond l'exercice d'un droit avec le droit lui-
même.

Nous l'avons prouvé, les créanciers, en traitant avec
le gérant, traitent avec le commanditaire, ils ont donc
l'un et l'autre pour obligés directs dans les proportions
requises. L'action contre tous est dès ce moment certaine.

Mais les lois sociales sont exécutoires pour les tiers,
comme pour les associés. Dès l'instant qu'on contracte
avec une société, on est obligé de se conformer aux
prescriptions de l'acte social, de suivre dans l'exécution
les conditions tracées par la loi. Or, la loi et l'acte social
veulent que la commandite soit exclusivement régie par
le gérant ; les associés ne peuvent s'immiscer, c'est donc
contre le premier seul que doivent être dirigées toutes
les actions sociales.

D'ailleurs, ici, comme en tout, l'intérêt est la mesure
de l'action ; quel est celui des créanciers à recourir contre le commanditaire, si le paiement qu'ils réclameraient
de celui-ci pouvait leur être fait par le gérant ?

Ainsi, le droit des créanciers existe pendant toute la
durée de la société. L'action directe naît de l'engagement, et avec cet engagement lui-même ; mais son exercice est suspendu, parce qu'il est inutile ; tant que le
gérant paie, les créanciers n'ont pas besoin d'autres recours.

C'est ainsi que l'admet l'arrêt de la cour de Paris ;
c'est ainsi que le comprend un jurisconsulte éminent,
M. Odilon Barrot, dans l'adhésion qu'il a donnée à la
consultation de MM. Dalloz et Crémieux (1).

(1) Dalloz, 1833, 2—144.

On comprend dès lors que la suspension de cet exercice soit levée au moment où disparaissent les causes qui
l'ont motivée. La faillite modifie d'une manière profonde la société, enlève toute possibilité de paiement,
proclame l'insolvabilité notoire du gérant. Qui pourrait
donc s'opposer encore à ce que les créanciers fissent
valoir tous leurs droits ?

Ainsi, le point de savoir si les créanciers peuvent ou
non agir directement contre les commanditaires, dépend uniquement de la faillite du commandité ; c'est
ainsi que le consacre la cour royale de Paris, dans les
arrêts que nous examinons. Loin de se contredire, ces
deux arrêts ne proclament qu'une seule et même chose ;
celui du 24 août n'est qu'une conséquence immédiate
et directe de celui du 13 février.

Mais, ajoute-t-on, la cour de Paris, dans l'arrêt du
24 août, ne s'est décidée par aucun argument tiré de
l'absence de l'état de faillite (1).

L'argument le plus puissant à cet égard, était la
position des parties ; c'est à cette position convenue,
que se rapporte l'arrêt. Ce n'était pas une thèse de
droit qu'avait à démontrer la cour ; elle ne pouvait
qu'appliquer le droit à l'espèce, et ce qui dominait celle-ci
était, sans contredit, l'absence de toute faillite.

On peut se faire à cet égard d'autant moins de doute,
que les défenseurs de M. Perregaux, M. Vatismenil
lui-même, interprêtant comme nous l'arrêt du 13 février, ne manquaient pas de faire remarquer que la différence de position devait amener une différence dans
les résultats, en vertu même du principe consacré par
cet arrêt.

(1) Consultation pour les commanditaires, pag. 101.

« Cet arrêt, en le prenant tel qu'il est, décide la
« question en faveur de M. Perregaux ; car s'il admet
« l'action directe contre le commanditaire, c'est seule-
« ment dans le cas de faillite. Or, nous n'avons pas be-
« soin de dire que la maison Laffitte n'est ni en faillite,
« ni dans un état analogue ; elle est en liquidation. Or,
« qu'est-ce qu'une maison en liquidation ? C'est celle qui,
« ayant cessé ses affaires, s'occupe de solder son passif,
« de recouvrer son actif. L'état de liquidation, loin de
« faire présumer l'insolvabilité, fait, au contraire, pré-
« sumer la solvabilité. En matière commerciale, la dé-
« claration de faillite peut seule établir l'insolvabilité,
« puisque tout commerçant qui cesse ses paiemens est
« en état de faillite. Le commerçant dont personne ne
« poursuit la déclaration de faillite est donc censé con-
« tinuer ses paiemens, et par conséquent être solvable.
« Cette vérité certaine, en thèse générale, est d'autant
« plus incontestable dans l'espèce, que par acte du 4
« décembre 1830, et d'autres actes postérieurs, la banque
« a reconnu la solvabilité de la maison Laffitte. Il n'y a
« donc rien de commun entre la situation actuelle, et
« celle sur laquelle la cour royale a prononcé. »

Voilà les inspirations de fait qui présidèrent à l'arrêt
du 24 août. Les défenseurs de M. Perregaux, loin de répudier celui du 23 février, l'invoquaient en leur faveur.
Ils sollicitaient la cour d'être conséquente avec elle-
même, d'appliquer encore le principe déjà admis : « Que
tant que la société existe, c'est le gérant qui peut seul
être attaqué. » Aurait-on parlé ainsi, si dans l'espèce,
il y avait eu faillite ? La cour elle-même serait-elle revenue de sa jurisprudence ?

Concluons donc que le fait doit nécessairement influer

d'une manière puissante sur le droit, et que l'action directe, si elle peut être contestée lorsqu'il n'y a pas faillite, ne saurait l'être, lorsque celle-ci est venue démontrer l'insolvabilité du gérant.

Vainement, dit-on que cette distinction serait contraire à toutes les notions du droit et des choses. Qu'importe, pour l'existence du droit, que son exercice reste
plus ou moins longtemps suspendu ? si, d'ailleurs, cette
suspension est le résultat de la volonté du législateur, si
elle est la conséquence forcée de la nature des choses?
Oui, le commanditaire contracte avec les tiers, par le
ministère du gérant, personnellement et directement
jusqu'à concurrence de sa mise. Et ce qui fait que l'existence de la société empêche ces mêmes tiers de s'adresser
au commanditaire, c'est qu'ils ne sont pas maîtres, pendant cette existence, de choisir entre les débiteurs de la
même dette. La loi le leur défend (1) ; la nature de la
société s'y oppose. Le tiers doit connaître l'association
avec laquelle il contracte ; il doit savoir que la commandite ne peut être administrée que par le gérant ; que
celui-ci, pendant toute la durée de la société, peut seul
recevoir et payer pour tous. Il se soumet à ces conditions,
en traitant avec une commandite. Pourquoi voudrait-il
attaquer le commanditaire, si le gérant est en mesure de
le payer ? Cela ne suffit-il pas à ses intérêts ?

La faillite fait évanouir toute possibilité de ce paiement. Alors s'ouvre l'intérêt des tiers, et c'est aussi à ce
moment que la loi a dû leur rendre, et leur rend, en
effet, la plénitude de leurs droits qu'elle avait jusqu'ici
suspendus. Alors, en effet, il n'existe plus de société,

(1) Voir l'opinion de M. Cretet ci-dessus citée. — Procès-verbal de
la discussion au conseil d'état.

plus d'administration ; il n'y a et ne peut y avoir que des créanciers et des débiteurs.

L'état de faillite pèse donc d'un grand poids dans l'appréciation des droits des créanciers. La modification qu'il apporte à la société est puissante et décisive. L'absence de cet état, dans l'espèce du dernier arrêt de la cour de Paris, a seule pu le déterminer. Seule, sans doute, elle a aussi motivé l'adhésion de M. Merlin. Il est permis de croire que sans cette circonstance, le plus profond de nos jurisconsultes ne serait pas venu donner un démenti aux principes qu'il avait toujours professés.

La jurisprudence est donc unanime, comme la doctrine, comme la législation elle-même. Sous toutes les périodes que nous avons parcourues, nous avons vu chacune d'elles atteindre le même but, consacrer le même résultat. La cause des créanciers est donc invincible à l'abri de ce trible rempart.

Sur cette discussion, la cour royale de Grenoble d'abord, celle d'Aix ensuite, ont consacré le système que nous avions développé, et accordé aux syndics l'action directe qu'ils réclamaient (1).

Depuis ces arrêts, deux magitrats éminens se sont occupés de la question et l'ont résolue en sens inverse.

M. Troplong (2) pense que sous l'ordonnance de 1673, l'associé commanditaire n'était pas, en général, directement tenu ; mais que dans le nombre infini d'espèces diverses que révélait la commandite à cette époque, il y avait des sociétés formellement qualifiées de sociétés

(1) Vid. ces arrêts, l'un du 18 mars 1840, l'autre du 22 juillet suivant, dans le *Recueil* de MM. Tavernier et Castellan, tome 1, pages 386 et 400.

(2) Des *Sociétés civiles et commerciales*, n°s 829 et suiv.

en commandite , qui comportaient l'action directe des tiers.

Au reste, ajoute M. Troplong, on ne doit pas trop argumenter des autorités et des idées qui se rencontraient dans l'ancienne jurisprudence; le Code de commerce, en organisant la commandite, a tout à la fois abandonné certains erremens de la commandite italienne, et transformé la commandite française ; et c'est ainsi qu'il est arrivé à consacrer l'action directe.

M. Delangle (1) professe une opinion diamétralement contraire. Ainsi, il admet que l'action directe était autorisée par le droit ancien, mais qu'elle ne peut plus l'être sous l'empire du Code de commerce.

Pour justifier cette dernière proposition , cet auteur examine la commandite à deux époques. Tant que la société est *in bonis*, dit-il , il n'y a pas d'action de la part des créanciers contre les commanditaires ; après la faillite , cette action ne saurait exister que si elle était créée par la faillite elle-même. Or , celle - ci rend les droits exigibles, dessaisit le débiteur, mais ne donne jamais à personne un droit plus ample que celui qui existait avant.

M. Delangle a raison dans la première partie de son argument. Tant que la société est *in bonis*, on ne saurait admettre l'action directe contre les commanditaires. Cela n'est plus contestable. Ainsi, M. Troplong enseigne lui-même que tant que le gérant est debout, c'est lui seul qui doit être actionné (2). Mais les conséquences que le premier tire de ce principe ne nous paraissent ni justes, ni logiques.

(1) Des *Sociétés commerciales*, n° 270.
(2) *Loco citato*, n° 841.

Nous avons déjà dit qu'on ne doit jamais confondre l'action , c'est-à-dire la mise en mouvement du droit avec le droit lui-même. Celui-ci est nécessairement préexistant à l'autre , puisque seul il peut la créer et l'autoriser.

Ainsi le droit est acquis au moment où l'obligation est régulièrement contractée. Le créancier puise dans cette obligation la faculté de contraindre la société ; or, tout le temps que celle-ci fonctionne, elle se personnifie dans le gérant que la loi elle-même constitue son seul et unique représentant.

On comprend dès lors que seul il ait qualité pour répondre aux actions qui la concernent ; nul autre que lui ne saurait donc être attaqué, bien moins encore le commanditaire, à qui il est interdit de s'immiscer dans l'administration.

La faillite se réalisant, la société est dissoute , la solvabilité du gérant s'évanouit ; il ne reste plus que des droits personnels à exercer, qu'un actif à réaliser. Dès lors s'ouvre aussi, non pas le droit, mais l'action contre tous les détenteurs de cet actif.

Si parmi ceux-ci figurent des commanditaires, pourquoi les excepterait-on de la règle commune? personne ne les représente plus. Aucun intermédiaire obligé ne s'offre aux yeux des créanciers, et en conséquence l'exercice des droits qui leur appartiennent ne peut et ne doit rencontrer aucun obstacle.

Ce n'est pas un droit qui naît de la faillite, mais seulement un fait qui rend possible ce qui ne l'était pas avant. Les créanciers doivent dans tous les temps être payés. Avant la faillite, ils ne pouvaient l'être que par le gérant ; depuis, celui-ci étant manifestement impuissant, c'est à chaque membre de la société qu'ils peuvent demander ce paiement.

La faillite ne crée pas le droit ; il en ouvre seulement l'exercice. L'objection de M. Delangle tombe par cela seul.

Il est vrai cependant que l'on pourrait arriver au même but par l'action oblique. Mais ce qui doit faire proscrire celle-ci, c'est qu'elle soumettrait les créanciers à des chances qu'on ne saurait leur infliger sans injustice; ainsi les actes émanés du gérant leur seront opposables, alors même que ces actes entraîneraient la libération des commanditaires. Des contre-lettres mêmes, obligatoires contre le gérant, le deviendraient contre les créanciers !

Ces conséquences seraient tellement monstrueuses , renverseraient à tel point les principes les plus formellement consacrés par la loi, que M. Delangle lui-même n'hésite pas à les repousser. Ainsi il enseigne qu'une quittance du gérant, qu'un arrangement fait avec lui , qu'une compensation admise par lui ne sauraient être utilement opposés aux créanciers ; mais c'est là précisément répudier les principaux effets de l'action oblique.

Un système se juge par ses conséquences. En condamnant celles de l'opinion qu'il soutient, M. Delangle condamne son opinion elle-même et la rend inacceptable.

ARTICLE 486.

Le juge-commissaire pourra, le failli entendu ou dûment appelé, autoriser les syndics à procéder à la vente des effets mobiliers ou marchandises.

Il décidera si la vente se fera soit à l'amiable, soit

aux enchères publiques, par l'entreprise de courtiers ou de tous autres officiers publics préposés à cet effet.

Les syndics choisiront dans la classe d'officiers publics déterminée par le juge-commissaire celui dont ils voudront employer le ministère.

SOMMAIRE.

373. Caractère de la disposition de l'article 486.
374. La vente du mobilier peut être autorisée, comme celle de la marchandise.
375. Conditions exigées pour la réalisation de l'une et de l'autre.
376. L'article 486 ne confère qu'une faculté. La décision du juge est en dernier ressort.
377. Distinction jugée nécessaire entre les effets mobiliers et les marchandises.
378. Avantages et inconvéniens de la vente aux enchères.
379. C'est au juge à décider si la vente se fera soit à l'amiable, soit aux enchères, et à choisir la classe d'officiers publics qui devront y présider.
380. Malgré le silence de l'article 486, le juge-commissaire peut ordonner que les marchandises seront vendues à la bourse par l'entremise des courtiers.

373. On ne doit point se méprendre sur le véritable caractère de la disposition de l'article 486. La faculté de vendre les marchandises et effets mobiliers n'est qu'une exception autorisée pour un cas extraordinaire et non une règle générale que l'on doive suivre dans toutes les faillites. Il est, en effet, dans la pensée du législateur de maintenir autant que possible les choses dans un tel état, que le failli, s'il obtient un concordat, puisse se remettre sur le champ à la tête de son commerce, sans autre interruption que celle qui résulte des formalités nécessaires pour parvenir à cette solution.

Or, la vente préalable des marchandises et meubles rendrait non seulement ce fait impossible, mais serait encore dans bien des cas un obstacle invincible à tout concordat. Le failli, obligé de se procurer des marchandises, pourrait n'avoir ni les ressources, ni le crédit indispensables pour une pareille acquisition, il se verrait ainsi dans l'impossibilité d'exploiter son industrie et conséquemment d'offrir à ses créanciers autre chose que le produit des ventes réalisées par les syndics.

La loi n'a donc admis la vente du mobilier et des marchandises, à cette période de la faillite, que comme une nécessité à laquelle l'intérêt des créanciers pourra commander d'avoir recours, si ces marchandises et mobilier sont dans le cas de souffrir une forte dépréciation d'un ajournement quelconque dans leur réalisation.

374. Cette pensée avait été celle du législateur de 1807. Sous l'empire du Code de commerce, les syndics provisoires ne pouvaient vendre que les marchandises, et encore fallait-il qu'elles fussent susceptibles de dépérissement, ou que leur aliénation fût commandée par la nécessité de pourvoir aux frais de gestion (1). Cette restriction, que la doctrine avait admise sans difficultés, n'a pas été consacrée par la loi actuelle. L'article 486 permet la vente du mobilier comme celle des marchandises. Mais l'exercice de ce droit nous paraît devoir être régi par les considérations consacrées par la législation précédente, avec d'autant plus de raison, qu'aujourd'hui, les délais pour arriver au concordat sont beaucoup moins longs qu'ils ne l'étaient alors.

375. Le caractère de l'article 486 rend parfaitement raison des conditions exigées pour la réalisation de la vente, à savoir : l'autorisation du juge-commissaire d'abord, ensuite l'appel du failli.

(1) Pardessus, n. 1180.

Le juge-commissaire ne doit autoriser la vente qu'en se pénétrant des considérations qui précèdent, et qui doivent constamment régir l'application du pouvoir que la loi lui confère. Le failli doit être entendu, ou dûment appelé ; l'intérêt incontestable qu'il a à la mesure qu'il s'agit d'ordonner, justifie, en ce qui le concerne, la prescription de la loi. On peut encore ajouter que ses connaissances spéciales sont de nature à éclairer la religion du juge sur l'opportunité d'une vente actuelle. Si les créanciers sont intéressés à retirer de l'actif le prix le plus élevé, le failli ne l'est pas moins qu'eux-mêmes. Plus la vente sera productive, et plus il y gagnera personnellement par l'extinction proportionnelle de ses dettes. Il a donc le droit de s'opposer à ce qu'on la réalise, s'il croit le moment défavorable et inopportun.

376. C'est sur les explications du failli et celle des syndics que le juge refuse ou donne son autorisation. La loi s'en rapporte entièrement à son appréciation. Cette autorisation peut être générale ou partielle ; elle peut être accordée pour les marchandises, refusée pour le mobilier ; en un mot, chargé de concilier tous les intérêts, le juge use, ou n'use pas de la faculté que lui laisse la loi. Quelle qu'elle soit, sa décision n'est jamais susceptible d'aucun recours.

377. Nous venons de dire que l'article 486 place sur la même ligne les effets mobiliers et les marchandises. Nous croyons cependant que, dans l'application de la faculté qui lui appartient, le juge-commissaire ne doit pas hésiter à faire une distinction entre les uns et les autres. On comprend, en effet, qu'il devienne nécessaire de vendre les marchandises ; la crainte d'une dépréciation, une occasion de s'en défaire avantageuse-

ment, peuvent légitimer le parti pris par les syndics et autorisé par le juge. Mais aucune de ces circonstances ne saurait être invoquée pour la vente des effets mobiliers. Il est évident qu'un retard de quelques mois ne leur fera rien perdre de leur valeur, tandis que leur aliénation avant le concordat aurait, si celui-ci venait à être réalisé, les plus fâcheuses conséquences pour le failli. Elle ne doit donc être autorisée que s'il y a certitude sur l'issue de la faillite. Tant que tout espoir d'arrangement n'est pas perdu, il y aurait de la cruauté à disposer du mobilier du failli.

378. Le mode le plus avantageux pour la vente des marchandises est sans contredit celui des enchères. La publicité qu'elles reçoivent, le concours d'acquéreurs qu'elles déterminent, sont autant d'élémens qui augmentent les chances d'un bon résultat. D'ailleurs, le procès-verbal de l'officier public qui prête son ministère, est une sauvegarde contre toute dilapidation ; il empêche surtout toute dissimulation dans le prix.

Mais ce mode n'est pas sans inconvéniens. Le plus grave qui puisse en naître est le préjudice qu'il peut occasionner aux marchands de la localité, en inondant la place d'une quantité considérable de marchandises vendues nécessairement au dessous du cours. Cette circonstance peut amener une mévente temporaire qui, en temps de crise commerciale, surtout, pourrait déterminer de nouveaux sinistres. L'intérêt général faisait donc un devoir de prendre toutes les précautions que commandait une pareille éventualité.

379. En conséquence, la loi laisse au juge-commissaire, mieux instruit de la position commerciale de la place que les syndics, le droit de prescrire le mode qui

25

doit être employé. C'est donc à lui seul à décider si la
vente se fera, soit à l'amiable, soit aux enchères publiques. Sa décision n'est susceptible d'aucun recours.

C'est aussi au juge-commissaire qu'appartient le droit
de désigner les officiers publics qui seront chargés de la
vente. C'est là une innovation à ce qui se pratiquait sous
le Code de commerce. Alors, en effet, les syndics qui
décidaient seuls du mode de vente, choisissaient aussi
les officiers par l'entremise desquels ils la faisaient effectuer ; mais il arrivait souvent que ce choix était querellé. Les courtiers, les commissaires-priseurs réclamaient contre la décision qui les avait exclus, et retardaient ainsi par un procès le moment de la vente.

La disposition de notre article fait cesser tous les effets de cette rivalité entre les officiers préposés aux
ventes publiques. Les syndics n'ont plus à choisir que la
personne qu'ils veulent employer, et qu'ils doivent nécessairement prendre dans la classe déterminée par le
juge, dont la décision, à cet égard, est également insus-
ceptible de recours (1).

380. Indépendamment de la vente à l'amiable et de
celle aux enchères, le Code de commerce autorisait expressément la vente à la bourse et par lots. Malgré le
silence de l'article 486 sur cette dernière, nous n'hésitons pas à penser qu'il est dans le droit du juge-commissaire de l'ordonner. Cette vente a l'avantage d'offrir,
quoique dans des limites plus restreintes, la publicité et
la concurrence de la vente aux enchères, sans présenter l'inconvénient que nous signalions tout-à-l'heure.
Les lots ne sont pas à la portée de tout le monde, et ne

(1) Vid. art. 455.

peuvent guères convenir qu'aux commerçans eux–mêmes. Bien entendu que les marchandises seules peuvent faire l'objet d'une vente de ce genre. Dans ce cas encore, le juge-commissaire ne pourrait désigner d'autres officiers publics que les courtiers qui ont seuls qualité pour présider à ces ventes.

ARTICLE 487.

Les syndics pourront, avec l'autorisation du juge-commissaire, et le failli dûment appelé, transiger sur toutes contestations qui intéressent la masse , même sur celles qui sont relatives à des droits et actions immobiliers.

Si l'objet de la transaction est d'une valeur indéterminée ou qui excède trois cents francs, la transaction ne sera obligatoire qu'après avoir été homologuée, savoir : par le tribunal de commerce pour les transactions relatives à des droits mobiliers, et par le tribunal civil pour les transactions relatives à des droits immobiliers.

Le failli sera appelé à l'homologation ; il aura, dans tous les cas, la faculté de s'y opposer. Son opposition suffira pour empêcher la transaction , si elle a pour objet des biens immobiliers.

SOMMAIRE.

381. Motifs qui ont fait admettre pour les syndics, la faculté de transiger.
382. La loi actuelle permet la transaction dès l'ouverture de la faillite.
383. Avantages de cette disposition. 1° Économie de temps et de frais.
384. 2° Lumières qui en naissent pour la délibération sur le concordat.
385. 3° Facilité de terminer les difficultés nombreuses que les traités souscrits par le failli peuvent amener.

386. Comment se règlent les obligations de faire, et les promesses de marchandises à livrer ?

387. Conditions de la transaction. 1° autorisation du juge-commissaire.

388. 2° Appel et mise en demeure du failli.

389. Quels seraient les effets du refus du failli de consentir à la transaction?

390. 3° Homologation de la justice. Dans quels cas est-elle nécessaire ?

391. C'est sur la valeur intégrale du titre contesté qu'il convient de décider s'il y a lieu ou non à homologation.

392. Quel est le tribunal qui doit homologuer ?

393. Le failli doit être appelé à l'homologation. Effets de son opposition.

394. Dans quel cas pourra-t-on appeler du jugement du tribunal civil?

395. Les syndics ne peuvent compromettre, hors le cas d'arbitrage forcé en vertu de la loi, ou de la convention légalement souscrite avant la faillite.

381. La faculté de transiger n'appartient, d'après la loi civile, qu'à ceux qui peuvent disposer de l'objet qui fait la matière de la transaction (1). Il résulterait de ce principe que les syndics, incapables d'aliéner, seraient dans l'impossibilité de transiger.

Mais l'exercice de cette faculté peut devenir d'une utilité immense dans une faillite. Cela est d'une évidence telle que personne ne l'a jamais contesté. Aussi, malgré le silence que le Code de commerce avait gardé à cet égard, le droit de transiger avait été universellement reconnu aux syndics, à la charge par eux d'obtenir l'homologation du tribunal de commerce (2).

382. La loi actuelle a formellement consacré cette opinion. Frappée des avantages que la transaction entraîne, elle n'a pas hésité à en admettre la possibilité à

_____

(1) Art. 2045. Cod. civ.

(2) Pardessus, n° 1181.

toutes les phases de la faillite, dès l'ouverture de celle-ci, et avant toute vérification. On peut trouver dans les motifs de l'article 450 un exemple pratique de cette volonté de la loi.

383. Au reste, cette détermination n'était qu'une déduction logique de l'esprit qui a présidé à la législation qui nous régit. On a voulu économiser le temps, réduire les frais. Ce double but n'est-il pas atteint par la transaction ?

Obliger les syndics à plaider dans tous les cas, c'était non seulement s'exposer à des lenteurs inévitables, mais encore compromettre bien souvent les intérêts de la masse. Il est des débiteurs envers lesquels la prudence commande d'agir avec les plus grands ménagemens ; il est des créances qu'il faut savoir réduire pour ne pas les perdre en totalité. C'est précisément à quoi l'on arrive par une sage transaction.

384. Un autre avantage d'une transaction, dès le début de la faillite, était signalé en ces termes par le rapporteur de la loi, dans la session de 1838 : « l'autorisation de transiger avant qu'on soit arrivé à la délibération du concordat aura, pour éclairer et faciliter cette délibération une utilité toute spéciale, puisqu'elle pourra servir à constater les élémens incertains et litigieux de l'actif et du passif de la faillite. »

385. N'est-ce pas d'ailleurs à l'instant de l'ouverture de la faillite que naissent les difficultés les plus sérieuses, les contestations les plus nombreuses et les plus graves? On se trouve alors en présence des recouvremens à opérer, des actes présumés frauduleux à poursuivre, des engagemens et traités souscrits par le failli à liquider.

386. On sait, quant aux obligations de faire qui pour-

raient résulter de ces engagemens, qu'elles ne pourraient être exigées de la masse, si elle croyait devoir s'y
soustraire. Tout se résoudrait alors en une condamnation
pécuniaire, à titre de dommages-intérêts. Mais celui qui
a reçu l'engagement du failli ne pourrait se soustraire à
son exécution, si la masse la requérait. Par rapport à lui,
la faillite n'est point une cause de résiliation ou de nullité
du contrat. Il suffit que les obligations prises par le failli
soient remplies par les créanciers pour qu'il soit tenu
d'exécuter celles qu'il s'est imposées lui-même.

Quant aux traités qui auraient pour but une vente de
marchandises, il faudrait distinguer s'il s'est agi de la vente
d'un objet déterminé, d'un corps certain, la propriété en
a été transférée à l'acheteur, au moment même du contrat. Dès lors, la masse ne saurait en refuser la livraison,
s'il existe dans l'actif. L'acheteur aurait même le droit
d'empêcher qu'il fût placé sous les scellés, à la charge
d'en payer le prix convenu aux époques déterminées.

S'il s'agit, au contraire, d'un objet non spécialement
déterminé, si, par exemple, le failli s'était engagé à livrer telle quantité de marchandises, l'acquéreur serait
considéré comme le créancier d'une obligation de faire,
c'est-à-dire que la masse pourrait le contraindre à accepter la livraison aux époques convenues, et qu'en cas
où elle se refuserait elle-même à faire cette livraison,
l'acquéreur n'aurait qu'une action en dommages-intérêts
dont la liquidation le constituerait jusqu'à concurrence
créancier du failli.

Il est donc certain que l'existence de ces engagemens
peut faire surgir à l'ouverture de la faillite une foule de
contestations qu'il sera souvent avantageux de transiger.
Le législateur a donc consacré une mesure excellente
en admettant une exception à l'article 2045 du Code ci-

vil, et en n'apportant aucune entrave à son absolue application, quelle que soit l'époque à laquelle il sera utile d'y recourir.

387. La consécration formelle de cette exception a déterminé la nécessité de fixer les conditions et les règles qui doivent en diriger l'exercice.

La première condition pour que les syndics puissent transiger est que la transaction soit autorisée par le juge-commissaire. Rien de ce qui intéresse les droits des créanciers ne peut s'effectuer sans le concours et l'adhésion du surveillant que la loi leur a choisi. Le juge-commissaire est l'appréciateur impartial des besoins de la faillite. Lui demander d'autoriser une mesure, c'est l'amener à en examiner mûrement l'utilité et l'opportunité ; et cet examen est le plus efficace contrôle des opérations projetées par les syndics.

Le refus du juge-commissaire de donner son autorisation serait un obstacle invincible à toute transaction.

388. La seconde condition est que le failli soit mis à même de s'expliquer sur la transaction. L'abandon qui peut en résulter, la remise d'une partie de la dette qui peut en être la conséquence intéressent le failli à un très haut point. Quoique dessaisi de l'administration, le failli n'est pas moins resté propriétaire de ses biens. Le sacrifice plus ou moins considérable qu'on en consentirait resterait à sa charge en laissant subsister une partie équivalente de ses dettes ; il est donc juste qu'il puisse l'empêcher, s'il croit que rien de sérieux ne le commande.

389. Quel serait le résultat du refus que ferait le failli, de consentir la transaction ? La loi distingue entre les droits mobiliers et ceux immobiliers. Pour les pre-

miers, la transaction peut être réalisée nonobstant l'opposition du failli ; pour les seconds, au contraire, cette
opposition ne permet plus de passer outre.

Cette conséquence est absolue. Ce n'est même qu'à
cette expresse condition que la faculté de transiger a
été étendue aux biens et droits immobiliers. On avait,
en effet, formellement proposé de l'exclure pour ce qui
les concerne. Pour le mobilier, disait-on, les syndics
pouvant en disposer avec l'autorisation du juge-commissaire, il n'y a rien que de simple dans la permission
de transiger à la même condition ; pour les immeubles,
au contraire, cette autorisation ne suffisant plus, le droit
de transiger ne doit pas être reconnu. Mais l'utilité de
la transaction, même lorsqu'il s'agit d'immeubles, fit
rejeter cette proposition, en subordonnant toutefois
l'existence du droit à l'adhésion du failli.

390. La troisième condition est que la transaction
soit homologuée par la justice. Nous avons vu tout-à-
l'heure que sous l'empire du Code, la doctrine, qui avait
admis le droit de transiger, soumettait, dans tous les
cas, la transaction à l'homologation du tribunal de commerce. L'article 487 consacre une double dérogation à
cette doctrine.

D'abord, l'homologation n'est obligatoire que lorsque
l'objet de la transaction excède trois cents francs, ou
qu'il est d'une valeur indéterminée. Conséquemment,
s'il ne s'agit que d'une valeur de trois cents francs ou
au dessous de cette somme, la transaction n'est pas soumise à être homologuée.

391. C'est donc le chiffre de l'objet transigé qui règle
s'il faut ou non recourir à l'autorité judiciaire. Mais ce
chiffre doit être déterminé, non pas sur le résultat que

la transaction amène, mais par le titre sur lequel le litige s'est élevé. Par exemple, si le débiteur d'une somme de mille francs offre de transiger en en payant sept cents, il y a lieu de faire homologuer la transaction. Dans cette hypothèse, la masse, il est vrai, ne perdra que trois cents francs ; mais, en réalité, l'objet de la transaction est une créance supérieure en valeur ; or, la loi a bien voulu autoriser les syndics à agir sans le concours de la justice pour ce qui concerne des droits peu importans. C'est là une exception qu'il convient de restreindre, parce qu'il a été dans la pensée du législateur de la limiter ; ce qui est prouvé par le texte : *Si l'objet de la transaction*..... et non pas : *Si l'effet de la transaction.* Ces termes, indépendamment de la discussion que la loi a subie et qui en fixe le sens, nous paraissent justifier la solution que nous indiquons.

392. A cette dérogation au principe de l'homologation, la loi en ajoute une quant à la juridiction appelée à la prononcer. Le tribunal de commerce n'est investi , que s'il s'agit d'un droit ou d'un objet mobilier. Ce qui concerne les biens et droits immobiliers est déféré aux tribunaux ordinaires. Ainsi le chiffre de l'objet transigé règle s'il y a ou non lieu à homologation ; sa nature détermine l'autorité à laquelle cette homologation sera réclamée.

393. Devant l'une et l'autre juridiction, la demande en homologation est faite par requête, le failli dûment appelé. Cette obligation d'appeler le failli est la conséquence du droit qui lui est réservé de former opposition à l'homologation, alors même qu'il aurait refusé de comparaître sur la dénonciation qui lui a été faite du projet de transaction.

L'opposition du failli à l'homologation produit des effets analogues à ceux qui résulteraient de son refus de transiger. Ainsi, le tribunal de commerce, qui ne connaît que des transactions mobilières, a la faculté de passer outre, nonobstant cette opposition, sauf au failli la faculté d'émettre appel de la décision.

Le tribunal civil, au contraire, ne peut jamais homologuer la transaction à laquelle le failli aurait formé opposition, soit qu'on suppose qu'il se fût réavisé, après avoir d'abord consenti, soit que ne s'étant pas expliqué lors du projet, il le fasse sur la demande en homologation.

Il importe, au reste, de remarquer les termes de l'article 487 : *L'opposition du failli suffira pour empêcher la transaction*. Il faut donc que le failli ait réalisé cette opposition ; d'où la conséquence que si le failli, sur la citation à se présenter à l'homologation, se borne à ne pas comparaître, son absence ne saurait être un obstacle à ce que cette homologation soit accordée par le tribunal civil.

394. Dans quel cas pourra-t-on appeler du jugement rendu par le tribunal ? Le texte même de notre article établit une distinction fort naturelle. Le tribunal peut refuser l'homologation, alors même que le failli déclarerait y consentir. Il est évident, en effet, que ce consentement n'a pas pour résultat de lier le juge. Quoiqu'il arrive, les magistrats doivent toujours apprécier la transaction. S'ils ne sont pas convaincus de son utilité, s'ils la trouvent onéreuse pour les créanciers, il est rationnel qu'ils se refusent à la sanctionner. Dans ce cas, les syndics peuvent émettre appel de leur décision, selon que la matière est ou non appellable.

Mais si le jugement est uniquement basé sur le refus du failli de consentir à la transaction, ce jugement est en dernier ressort. Nous venons de voir que le droit du failli est absolu, et que son *veto* suffit pour rendre toute transaction impossible. L'autorité supérieure, devant laquelle on porterait l'appel, ne saurait donc réformer un jugement qui aurait fait une application exacte d'une disposition impérieuse. Ce jugement est donc inattaquable.

395. **Les syndics qui peuvent transiger pourront-ils compromettre ?** La négative se justifie par cette considération de fait que notre article 487, qui autorise la transaction, se tait sur le compromis. Ce silence doit être pris pour un refus formel. On connaît la maxime : *qui dicit de uno, de altero negat.*

En droit, l'exclusion du compromis ne saurait être contestée par cela seul que la faculté de transiger est autorisée. En thèse, le pouvoir de transiger ne renferme pas celui de compromettre (1). L'admission du premier ne préjuge donc rien sur le second. Sans doute, l'un et l'autre tendent à prévenir ou terminer un procès, mais il y a entre eux une différence essentielle.

« Le premier, disait M. Tarrible, donne au mandataire la faculté de terminer lui-même le procès aux conditions qu'il juge convenables ; le second lui donne celle de soumettre le procès au jugement d'arbitres. Terminer par son propre jugement, ou par le jugement d'autrui sont deux choses différentes (2).

Or, c'est précisément parce que le compromis n'est qu'un déplacement de juridiction qu'il n'a pu être dans

(1) Art. 1989, Cod. civ.
(2) Rapport au tribunat.

l'esprit de la loi de permettre aux syndics de le consentir. Le législateur tient essentiellement à ce que toutes les fois qu'il s'agit de faillite, les contestations soient jugées autant que possible avec le concours et sur le rapport du juge-commissaire. Cette intention, pour ce qui concerne la loi de 1838, est invinciblement démontrée par la modification qu'elle a fait subir à l'article 635 du Code de commerce. Or, le compromis ne tend qu'à éloigner ou même à annuler ce concours, enlevant ainsi à la justice elle-même la garantie de bonne administration qu'elle est assurée d'y puiser. N'est-il pas évident, dès lors, que si la loi s'est tue sur la faculté de compromettre, c'est parce qu'elle ne l'a pas admise, ni voulu admettre ?

Les syndics ne peuvent donc compromettre ; toutes les contestations non transigées devront être soumises aux tribunaux, à moins toutefois qu'elles ne fussent, par leur nature, indépendantes de leur compétence. Telles seraient, par exemple, les difficultés qui se rattacheraient à la liquidation d'une société dont le failli serait membre, ou à l'exécution d'un traité renfermant la clause compromissoire, légalement souscrit avant la faillite.

Dans ce cas, l'arbitrage devenant forcé en vertu de la loi ou de la convention, les syndics seraient contraints à y recourir comme l'aurait été le failli lui-même.

ARTICLE 488.

Si le failli a été affranchi du dépôt, ou s'il a obtenu un sauf-conduit, les syndics pourront l'employer pour faciliter et éclairer leur gestion ; le juge-commissaire fixera les conditions de son travail.

SOMMAIRE.

396. Intérêt commun du failli et des créanciers à la liquidation de l'actif. Avantage du concours du premier.

397. Ce concours ne peut être exigé que si le failli est libre de sa personne.

398. Les conditions en sont réglées par le juge-commissaire.

399. Les syndics, demeurant seuls responsables, ne peuvent être contraints à employer le failli.

400. Le failli peut-il refuser la mission que les syndics voudraient lui conférer? Quelles seraient les conséquences de ce refus?

396. Dans la liquidation de l'actif de la faillite, l'intérêt du failli est si intimément lié avec celui des créanciers qu'on n'a jamais hésité à permettre qu'il fût employé par les syndics dans les actes de cette liquidation.

En effet, si les créanciers doivent recevoir une plus forte somme de la réalisation des ressources de la faillite, ce qui amènera ce résultat tournera au profit du failli dont la libération s'acquerra dans les mêmes proportions. Cette conséquence doit enlever toute crainte d'abus de la part de celui-ci, s'il est appelé, en vertu de notre article, à aider et éclairer la gestion des syndics.

D'autre part, l'efficacité du concours du failli n'a pas besoin d'être justifiée. Il est évident que, mieux que personne, le débiteur peut diriger les opérations qu'il avait lui-même entreprises, et fixer d'une manière précise sa position vis-à-vis des tiers.

397. Ce concours du failli ne peut être donné que s'il est libre de sa personne. Cette liberté, il l'aura acquise, soit par l'application de l'article 456, soit par l'obtention d'un sauf-conduit. L'article 488 est donc un nouvel encouragement à l'exécution littérale des obligations que la loi impose au débiteur au moment de la cessation de paiemens, puisque les conséquences de cette exécution

permettront au failli de jouir du bénéfice de notre disposition actuelle.

Il n'est pas douteux, en effet, que l'emploi dans la gestion ne soit, sous un double rapport, très favorable pour le failli. Il fournit, en premier lieu, l'occasion de prouver la bonne foi avec laquelle il a toujours agi ; il dispose les créanciers à reconnaître le zèle qu'il mettra à leur devenir utile, et dont il sera, sans doute, récompensé, lorsqu'il s'agira de lui témoigner de l'indulgence.

398. En second lieu, cet emploi donne au débiteur l'occasion de gagner par son travail ce qui est nécessaire à ses besoins personnels et à ceux de sa famille. Il ne serait pas juste, en effet, que le failli fût condamné à ne recevoir aucun salaire des peines qu'il pourra se donner. Le législateur qui l'a ainsi pensé laisse au juge-commissaire le droit de régler les conditions de son travail.

Au reste, quel que soit le salaire alloué, il est certain que son paiement ne saurait occasionner aux créanciers aucun grief raisonnable. Ce salaire, en effet, diminuerait en proportion les secours qui auraient été alloués aux termes de l'article 474 ; ils recevraient donc d'un côté ce qu'ils donneraient de l'autre. Ils gagneront même à cette position nouvelle du failli qui leur prêtera son industrie, en échange d'un argent qu'il lui serait plus humiliant, sans doute, mais beaucoup moins pénible de recevoir sans rien faire pour eux.

399. Les syndics sont appréciateurs souverains de l'utilité et de l'opportunité de l'emploi qu'ils doivent faire du failli. Ils ne peuvent être contraints à le réaliser, s'ils ne jugent pas convenable de le faire. La raison en est simple. Ils ne cessent pas de rester solidairement

responsables de la gestion et des actes qu'ils auraient laissé
faire par le failli. En conséquence, s'ils se méfient de sa
probité, s'ils suspectent sa bonne foi, ils auront, non
seulement le droit de ne pas l'admettre, mais encore
celui de le congédier après l'avoir admis. Par rapport à
eux, le failli n'est jamais qu'un commis ordinaire qu'ils
peuvent prendre et renvoyer à leur gré.

400. Le failli est-il, de son côté, maître de refuser
la mission que les syndics voudraient lui conférer? Nous
ne le pensons pas, si, d'ailleurs, des motifs graves, approuvés par le juge - commissaire, ne lui faisaient un
devoir d'agir ainsi. Le failli doit à ses créanciers tous les
soins que ceux-ci exigeront de lui, dans le but de liquider
son actif. C'est là un faible équivalent de la perte qu'il
leur cause. En conséquence, si, libre de sa personne, il
refusait de se rendre à l'appel des mandataires légaux
de ces créanciers, ceux-ci, de leur côté, pourraient se
croire déliés de l'obligation de lui fournir des secours,
que les syndics pourraient faire rétracter, si déjà ils
avaient été concédés.

ARTICLE 489.

Les deniers provenant des ventes et des recouvremens seront, sous la déduction des sommes arbitrées
par le juge-commissaire, pour le montant des dépenses
et frais, versés immédiatement à la caisse des dépôts et
consignations. Dans les trois jours des recettes, il sera
justifié au juge-commissaire desdits versemens; en cas
de retard, les syndics devront les intérêts des sommes
qu'ils n'auront point versées.

Les deniers versés par les syndics, et tous autres
consignés par des tiers, pour compte de la faillite, ne

pourront être retirés qu'en vertu d'une ordonnance du juge-commissaire. S'il existe des oppositions, les syndics devront préalablement en obtenir la main-levée.

Le juge-commissaire pourra ordonner que le versement sera fait par la caisse directement entre les mains des créanciers de la faillite, sur un état de répartition dressé par les syndics et ordonnancé par lui.

SOMMAIRE.

401. Système du Code de commerce sur les recouvremens opérés par les syndics.
402. Le défaut de sanction en laissait les formalités sans exécution. Inconvéniens qui en naissaient.
403. Obligation actuelle des syndics de verser les deniers reçus à la caisse des dépôts et consignations, et de justifier de ce versement dans les trois jours de la recette.
404. Peine que la violation de cette obligation fait encourir; sa nature, son efficacité.
405. Exception pour les sommes nécessaires aux dépenses, aux frais et aux autres besoins de la faillite.
406. Toutes les sommes consignées sont retirées sans frais, sur ordonnance du juge-commissaire.
407. Innovation consacrée quant au mode de paiement.
408. Obligation pour les syndics d'obtenir la main-levée des oppositions. Quels créanciers peuvent s'opposer à la délivrance.

401. Le Code de commerce voulait que les deniers provenant des recouvremens et ventes fussent versés, déduction faite des dépenses et frais, dans une caisse à double serrure. Une des clés devait être remise au plus âgé des agens ou des syndics, l'autre à celui des créanciers que le juge-commissaire désignait.

Le bordereau de la caisse devait être, chaque semaine, remis au juge-commissaire, qui pouvait, sur la demande des syndics, ordonner le dépôt des fonds à la caisse d'amortissement. Le retirement de ces fonds était

ensuite opéré en vertu d'une ordonnance de ce magistrat. Jusque-là ils produisaient, au profit de la masse,
l'intérêt accoutumé.

402. Malheureusement, ces prescriptions manquaient
de sanction. Aussi rien n'était moins exécuté que les
obligations qu'elles imposaient. La caisse à double serrure n'existait dans aucune faillite. Les syndics n'usaient
que rarement de la faculté de faire ordonner le dépôt des
fonds. Ils préféraient, en général, en conserver exclusivement la manipulation, ce qui n'exerçait pas une minime influence sur les longueurs de la liquidation si souvent interminable.

Il arrivait bien souvent, en effet, que les syndics
n'hésitaient pas à faire valoir à leur profit les deniers
appartenant à la faillite. Ces fonds, qui étaient censés
rester improductifs dans la caisse de la faillite, et dont
il n'était dû aucun intérêt, étaient placés par eux chez
des banquiers qui leur en supportaient l'intérêt qu'ils
s'appliquaient, en attendant une répartition, qu'à cause
de cela même, ils retardaient le plus possible.

403. Le législateur nouveau, vivement préoccupé des
réclamations vives que cet abus avait excitées, s'est appliqué à en empêcher la reproduction, et à enlever ainsi
aux syndics tout intérêt à voir la faillite se prolonger indéfiniment. Déjà, et dans ce but, il les autorise à réclamer le salaire de leur gestion, qu'ils soient ou non créanciers, pour les détourner de chercher ce salaire par
des moyens détournés. Il fait plus encore dans l'article
489; il les prive de la disposition des fonds, en les
obligeant à les verser, dans les trois jours de leur réception, à la caisse des dépôts et consignations.

Ce devoir, de facultatif qu'il était, est devenu obligatoire. Non seulement les syndics doivent opérer ce versement ; mais ils doivent encore en justifier dans le même délai, en remettant au juge-commissaire une note exacte des recettes et des sommes déposées. Ce magistrat doit en vérifier l'exactitude, pour se conformer à la mission de surveillance active que la loi lui confère spécialement sur cette partie de la gestion.

404. Une clause pénale garantit l'exécution de cette obligation. Les syndics doivent les intérêts de toutes les sommes qui n'auraient pas été déposées, à partir de l'expiration du délai de trois jours. La loi assimile les syndics retardataires au débiteur d'une somme d'argent en demeure de payer. Elle leur applique donc, comme à celui-ci, la disposition de l'article 1153 du Code civil. Mais elle n'exige pas pour eux la sommation qui, seule, aux termes de cet article, fait courir les intérêts. Il suffit pour que les syndics en soient tenus, qu'ils n'aient pas fait le dépôt qui leur est ordonné. Pour eux, les intérêts sont dus de plein droit par la seule expiration du délai de trois jours.

Il était, ce semble, difficile d'aller au delà de cette exigence, surtout en présence de l'article 1153. Cependant, on a, dans la discussion de la loi, reproché à cette clause pénale d'être beaucoup trop indulgente. Ce n'est pas assez, disait-on, d'assimiler dans ce cas les syndics aux débiteurs en retard. L'absence de dépôt peut constituer une négligence grave ; on la prolongerait volontairement dans certains cas ; enfin un syndic consentirait à supporter les intérêts, s'il pouvait ainsi acheter la faculté de disposer à son profit de sommes appartenant à la faillite.

Il fut répondu que le sens que cette objection suppo-
sait à la disposition de l'article 489, n'était pas celui qu'il
avait réellement, que le paiement des intérêts n'était la
peine que du simple retard ; mais que ce retard pouvait de plus, selon les circonstances, constituer une
prévarication ; que dans ces cas, indépendamment des
intérêts, on pourrait, non seulement prononcer la destitution, mais encore appliquer la peine corporelle prononcée contre les syndics qui ont malversé, sans préjudice des dommages-intérêts pour la réparation du préjudice résultant de la malversation.

Ainsi fixée, la disposition de l'article 489 permet
d'atteindre le but qu'elle s'est proposé. Ses termes
se justifient par ce principe : que la loi doit se préoccuper des cas généraux et disposer pour ce qui a lieu
le plus souvent, *de eo quod plerùmque fit*, et non pour
les exceptions qui peuvent se réaliser. Or, en thèse ordinaire, il ne s'agira le plus souvent que d'un simple retard. En effet, les syndics ne seront plus tentés de disposer des fonds de la faillite, de courir les chances d'un
placement, lorsqu'ils ne pourraient se procurer qu'un
intérêt tout au plus égal à celui qu'ils seront obligés de
supporter eux-mêmes en faveur des créanciers. Dès lors,
l'obligation de servir de plein droit ce dernier fait disparaître tout motif de prolonger la liquidation qu'il est
dans l'esprit de la loi de voir terminer au plutôt.

Sans doute, il peut se trouver quelques syndics qui
seront tentés d'abuser de leurs fonctions, et bien aises
de contracter ce qu'ils considèreront comme un emprunt à la faillite. La loi a prévu cette exception, lorsqu'elle a appelé toute la surveillance du juge-commissaire sur les recouvremens, lorsqu'elle a ordonné qu'on

lui justifiât, dans les trois jours, du versement à la caisse
des dépôts. Contre cette exception, la loi s'en repose
d'abord sur le juge-commissaire, qui doit tenir la main
à l'exécution littérale de cette justification, et sur les peines que les syndics peuvent encourir. Ainsi le juge-commissaire avertira une première fois les syndics négligens. En cas de nouveau retard, il en recherchera les
motifs, et selon leur gravité, proposera ou la destitution
seulement, ou concurremment, cette même destitution
et la poursuite autorisée par l'article 596. Ainsi, le mal
prévu trouvera une sûre et prompte répression, grâce
au développement donné par la loi nouvelle au germe
de protection que renferme l'institution des juges-commissaires, et que la précédente législation n'avait pas assez fécondé.

Les syndics n'ont donc plus d'intérêt réel à retenir
en leurs mains les deniers de la faillite. Ne fût-ce même
que par la crainte des poursuites que cet acte pourrait
motiver, ils s'empresseront de réaliser le dépôt qui leur
est ordonné. Ainsi consignées, toutes les sommes provenant de la vente du mobilier et des recouvremens, produiront en faveur de la masse les intérêts que la caisse
des dépôts supporte en pareil cas. Il en serait de même
des sommes que des tiers auraient consignées pour le
compte de la faillite.

405. Le législateur a cependant admis et dû admettre une exception à l'obligation absolue de déposer.
Cette exception se rapporte aux sommes présumées nécessaires pour faire face aux dépenses, aux frais que la
faillite entraîne et à tous les autres besoins actuels de la
liquidation.

Ainsi nous avons vu que dans l'actif de la faillite peu-

vent se trouver des valeurs payables sur une autre place
et qu'il faudra négocier. Or, les syndics peuvent être
obligés de restituer les fonds qu'ils ont ainsi touchés si
l'effet retourne impayé. Il était peu rationnel d'ordonner dès lors le dépôt de ces fonds avant d'avoir acquis
la certitude qu'il ne faudra pas les rembourser.

Les sommes nécessaires à ces remboursemens éventuels, ainsi que celles pour faire face aux dépenses et
frais, seront donc laissées entre les mains des syndics :
leur quotité en sera déterminée sur leur demande par
le juge–commissaire.

406. Le législateur, pour suivre un ordre logique, a
été amené à traiter sous cet article du mode de restitution des sommes déposées pour le compte de la faillite, soit par les syndics, soit par des tiers. Cette restitution s'opère sans frais et sur le vu de l'ordonnance du
juge–commissaire qui la prescrit.

407. C'est aussi ce qui se réalisait sous l'empire de
la législation précédente. Mais l'article 489 consacre une
innovation importante quant au mode de paiement, en
permettant au juge-commissaire d'ordonner que ce paiement sera fait directement par la caisse, entre les mains
des créanciers.

La décision à cet égard est livrée à la seule appréciation du juge. Elle ne peut être attaquée ni par les syndics, ni par aucun des créanciers. Pour son exécution,
un état de répartition est dressé par les syndics, ordonnancé par le juge – commissaire, et remis au directeur
de la caisse qui y fait consigner la quittance des sommes
payées. Cependant chaque créancier est obligé de présenter aux syndics le titre affirmé, pour que la mention
prescrite par l'art. 569 y soit portée.

408. Ce paiement direct, ou la délivrance des sommes totales aux syndics, est subordonnée à la mainlevée des oppositions qui auraient été faites à la caisse des dépôts et consignations. La faculté de former opposition n'appartient jamais aux créanciers ordinaires. Elle serait par rapport à eux sans objet, puisqu'elle ne saurait leur donner plus de droits que ceux que leur qualité leur assure.

Mais il n'en est pas de même des créanciers privilégiés ou se prétendant tels. Ceux-ci devant être payés intégralement, peuvent s'opposer à la délivrance des fonds jusqu'après leur paiement. C'est dans la prévision d'une opposition de ce genre que l'art. 489 oblige les syndics à en obtenir préalablement la main-levée.

SECTION IV.

Des Actes conservatoires.

—

ARTICLE 490.

A compter de leur entrée en fonctions, les syndics seront tenus de faire tous actes pour la conservation des droits du failli contre ses débiteurs.

Ils seront aussi tenus de requérir l'inscription aux hypothèques sur les immeubles des débiteurs du failli, si elle n'a pas été requise par lui; l'inscription sera prise au nom de la masse par les syndics, qui joindront à leurs bordereaux un certificat constatant leur nomination.

Ils seront tenus aussi de prendre inscription, au nom de la masse des créanciers, sur les immeubles du failli dont ils connaîtront l'existence. L'inscription sera reçue sur un simple bordereau énonçant qu'il y a faillite, et re-

latant la date du jugement par lequel ils auront été
nommés.

SOMMAIRE.

409. Le résultat immédiat de l'acceptation des fonctions de syndics, est l'obligation de veiller à la conservation des biens et droits de la faillite, par conséquent le devoir de prendre dans ce but, et le plus tôt possible, toutes les mesures nécessaires.

Ce devoir était imposé par le Code de commerce aux agens qui précédaient nécessairement les syndics provisoires et succédaient immédiatement au failli. On comprend en effet que l'efficacité des actes conservatoires est souvent attachée à leur prompte réalisation, et que le besoin s'en fait plus particulièrement sentir à l'ouverture de la faillite. Les syndics provisoires, remplaçant aujourd'hui les agens dans l'administration première, sont naturellement appelés à pourvoir à tout ce que l'intérêt de cette administration peut exiger.

410. Les mesures conservatoires ont pour objet non seulement les droits et biens immobiliers, mais encore et essentiellement les créances mobilières et les garanties qui y sont attachées. Nous avons déjà vu, en parlant des billets à courte échéance, que les syndics doivent les faire protester à défaut d'acceptation ou de paiement, et exercer ensuite le recours contre les endosseurs. Il en est de même pour tous ceux trouvés en la possession du failli et qui écherront par la suite.

411. Si des valeurs commerciales avaient été transmises en compte courant par des correspondants du failli, ceux-ci pourraient-ils, en cas de non paiement, en exiger le retour pur et simple sous l'obligation d'en créditer le failli? C'est ainsi qu'on en use en pareille matière. Il n'est pas douteux que le commerçant qui aurait reçu de valeurs pareilles, et qui en aurait crédité l'envoyeur, se serait borné à les retourner si elles n'avaient pas été payées, en les portant cette fois à son propre crédit. Mais cette opération n'est possible qu'autant que le commerçant a la plénitude de ses droits. Les syndics ne pourraient donc plus la réaliser après la faillite. Cette décision nous paraît commandée par un double motif.

D'abord, parce que les livres doivent être arrêtés et les comptes réglés au jour même de l'ouverture. Cette mesure imprime dès lors aux écritures un caractère de fixité qui exclut toute modification ultérieure. Or, le renvoi d'effets par la passation en compte atteindrait un résultat contraire; il constituerait une continuation d'opérations de banque, une véritable disposition d'une partie de l'actif, qui excéderait les fonctions confiées aux syndics.

De plus, le failli est devenu propriétaire définitif des billets qui lui sont transmis en compte courant. Ainsi, il serait déchu de tout recours contre son correspondant, s'il ne les avait pas fait protester en temps utile. Les syndics succèdent au nom des créanciers à cette propriété. Ils doivent faire pour ce qui la concerne ce qu'ils sont obligés de faire pour tous les autres droits; en conséquence, exiger du correspondant lui-même le paiement que le souscripteur ou l'accepteur refuserait d'opérer. Le failli pouvait, il est vrai, compenser avec son correspondant ; les syndics ne le peuvent plus. Aptes à recevoir intégralement tout ce qui est dû à la faillite, ils n'ont qu'une capacité éloignée et restreinte pour le paiement de ce qui est dû par elle. Ils ne peuvent jamais l'opérer en dehors des répartitions lorsqu'il s'agit de créances ordinaires.

La prétention du correspondant d'obtenir le retour des effets par lui transmis est donc condamnée. Elle serait la violation des principes qui précèdent. Elle exigerait d'une part une rectification du compte. Elle constituerait de plus une véritable compensation.

Cette prétention violerait en outre la disposition de l'art. 574 de la loi. Elle créerait en effet un droit de revendication en dehors des conditions rigoureuses que cet article exige. Elle est donc, sous tous ces rapports, inadmissible.

412. Ainsi, les effets transmis en compte courant doivent être encaissés par les syndics. Peu importe qu'il y ait ou non la clause *retour sans frais*. Les inconvéniens que nous avons signalés, l'absence de qualité des syndics, n'en existent pas moins. Ou ces effets seront dans le cas d'être revendiqués, ou non. Or, on sait que la clause de retour sans frais est indifférente dans

l'application des règles tracées pour cette revendication (1). Si celle-ci n'est pas autorisée, l'envoyeur sera solidairement tenu du paiement avec le souscripteur, l'accepteur et les autres endosseurs des effets.

413. Les syndics étant obligés de prendre toutes les mesures nécessaires pour assurer le paiement des créances actives, il en résulte qu'ils sont recevables à faire toutes saisies-arrêts contre tous débiteurs ;

A poursuivre, par toutes les voies de droit, l'exécution des jugemens et actes ;

A interrompre, par des citations en justice, toutes les prescriptions qui ont commencé à courir, et dont on pourrait plus tard exciper.

Toute négligence dans ce dernier cas engagerait fortement leur responsabilité, et les rendrait personnellement garans des sommes qu'elle aurait fait perdre aux créanciers.

414. Parmi les actes conservatoires, tout ce qui concerne les hypothèques acquises au failli, se recommande d'une manière spéciale à la vigilance des syndics. Ainsi, ils doivent, non seulement entretenir et conserver les inscriptions existantes, mais encore requérir celles que le failli aurait négligé de prendre. L'inscription ou le renouvellement se fait au nom de la masse, sur le vu des titres qui en confèrent le droit, accompagnés d'un certificat constatant la nomination des syndics. Ce certificat est délivré par le greffier du tribunal de commerce et reste joint au bordereau.

L'inscription, pour être valable, doit réunir les conditions exigées par l'article 2148. La seule exception créée par la faillite, n'est relative qu'au nom des créanciers

_____
(1) Vid. infrà, art. 574.

qu'il n'est pas nécessaire d'indiquer autrement que par la mention que cette inscription est requise en faveur de la masse des créanciers du failli.

415. Le profit de ces inscriptions est acquis au failli, si, obtenant un concordat, il est remis à la tête de ses affaires. Dans ce cas, les syndics ont été des administrateurs judiciaires dont tous les actes peuvent être valablement invoqués par l'ancien failli. Il n'a pas même besoin pour cela de faire émarger les inscriptions. Il est par le concordat subrogé dans tous les droits des créanciers qui avaient inscrit.

Cependant, la prudence conseillerait au failli concordataire de rectifier ou même de renouveler en son nom les inscriptions prises par les syndics, afin de n'être pas exposé à ignorer la vente des biens affectés à sa créance. Sans cette précaution, en effet, il pourrait arriver que les notifications faites au domicile élu par les syndics ne lui fussent pas transmises, et qu'il perdît par ignorance soit la faculté de surenchérir, soit le droit de se présenter utilement dans l'ordre.

Cette rectification ou renouvellement serait fait par le conservateur, sur le vu du jugement qui homologue le concordat, et sur la justification que ce jugement a acquis l'autorité de la chose jugée

416. L'article 490 charge, en outre, les syndics de prendre inscription, en faveur de la masse, sur les immeubles du failli. Cette disposition n'est qu'une répétition littérale de celle de l'ancien article 500.

Nous ne pouvons nous rendre un compte exact de l'utilité de cette prescription. Le Code de 1807 l'avait consacrée dans l'unique but d'empêcher que la masse

des créanciers ne fût pas avertie des expropriations (1).
Nous ne saurions admettre la possibilité du danger qu'on
aurait ainsi voulu prévenir ; car l'ignorance qu'elle suppose est difficile à prévoir. La publicité que l'expropriation reçoit, son insertion dans les journaux, l'affiche qui
doit être apposée au domicile de l'exproprié, tout garantit
contre une crainte qui ne peut être que chimérique.

Il est encore une raison plus décisive de le penser
ainsi. Depuis la faillite, aucun créancier ne peut poursuivre l'expropriation des biens du failli que contre les
syndics. C'est contre eux encore que la poursuite intentée avant la faillite devrait être continuée. Il est donc
matériellement impossible que l'expropriation soit jamais consommée, sans que les syndics en soient instruits.

On a prétendu encore que l'inscription sur les immeubles du failli donnait à la faillite une plus grande publicité. Mais cette considération ne nous touche que
médiocrement. Il est vrai que les registres hypothécaires
sont publics. Mais les moyens ordonnés par la loi pour
rendre la faillite notoire, sont bien autrement énergiques, et s'ils ne suffisaient pas pour amener une entière
publicité, nous ne voyons pas ce que pourrait faire une
inscription qui ne se manifeste que par la transcription
sur un registre que les commerçans surtout vont rarement consulter.

Sous tous ces rapports, l'inscription, prescrite par
l'article 490, serait donc superflue. Que sera-ce, si,
recherchant quels peuvent en être les effets, on arrive
à ce résultat qu'elle ne saurait en produire aucun. Or,
sous l'empire du Code, ce résultat était incontestable.
Il était, en effet, admis en doctrine et en jurisprudence

(1) Locré, *Esprit du Code de commerce*, art. 500.

que l'inscription ordonnée par l'article 500 ne créait
aucun droit hypothécaire en faveur des créanciers,
parce que la masse se composant principalement de
créanciers chirographaires, dont les titres ne conféraient
point hypothèque, leur réunion ne pouvait dénaturer
leurs droits ni leur accorder un privilége que chacun
d'eux pris isolément n'aurait pu réclamer ; parce que
la faillite ne transforme pas les créances, qu'elle ne fait
que les égaliser entre elles, en en déterminant irrévocablement la nature, le caractère et le mode uniforme
de paiement ; parce qu'enfin l'inscription est destinée à
constater un droit préexistant et non à créer celui qui
n'existerait pas.

Ces principes avaient déjà reçu plusieurs fois la sanction de la Cour suprême, lorsqu'une nouvelle occasion
s'est présentée de les appliquer. La Cour royale de Nîmes avait jugé que l'inscription prise par les syndics
n'établissait pas en faveur des créanciers, sur les biens
advenus par succession à leur débiteur, un droit de préférence sur les créanciers du défunt, alors que ceux-ci
n'avaient inscrit leur hypothèque ni du vivant de leur
débiteur, ni dans les six mois du décès, mais seulement
après la faillite de l'héritier et à une date postérieure à
l'inscription des syndics.

Les syndics, à l'appui de leur pourvoi, soutenaient
que leur inscription devait primer celle des créanciers
du défunt. Pour empêcher cette préférence, disaient-ils,
ceux-ci auraient dû au moins inscrire dans les six mois
du décès ; alors, ils auraient pu obtenir le privilége de
la séparation des patrimoines, et être payés avant les
créanciers de l'héritier, sur les immeubles de la succession. Cette séparation ne pouvant plus se faire, la

loi confond les uns et les autres, et range tous les créanciers à la date de leur inscription. Conséquemment, celle des syndics, étant antérieure à celle des créanciers du défunt, doit être payée avant celle-ci.

Mais, par arrêt du 22 juin 1841, la Cour de cassation a rejeté le pourvoi par les motifs suivans :

« Attendu qu'une inscription n'a pour but et pour effet que de conserver une hypothèque, quand elle existe en vertu d'actes préalables : de lui faire obtenir une préférence de rang sur les hypothèques à l'égard desquelles cette formalité n'a pas été observée, mais non de créer, par elle-même, cette hypothèque qui ne peut être le résultat que d'une convention, d'une loi expresse ou d'un jugement ayant acquis l'autorité de la chose jugée ;

« Attendu que, dans l'espèce, la masse des créanciers de Deleutre fils n'avait en sa faveur aucun de ces moyens de prendre droit sur les immeubles de son débiteur, de préférence surtout aux hypothèques qui, long-temps avant la faillite, avaient été légalement concédées sur les biens du sieur Deleutre père, lesquels n'avaient pu passer, à titre de succession, dans les mains de Deleutre fils, que chargés des hypothèques qui les grevaient avant l'ouverture de cette succession ;

« Attendu que si l'article 500 du Code de commerce enjoint aux syndics de prendre inscription au profit de la masse des créanciers, rien ne prouve que ce même article ait nécessairement attaché à cette inscription, la vertu, non de consever une hypothèque qui n'existait pas, mais de la créer hors des cas qui, dans le droit commun, peuvent la faire acquérir (1). »

(1) Dalloz, P. 41, 1, 261.

Les principes consacrés par cet arrêt sont également enseignés par la doctrine. MM. Pardessus (1) et Troplong (2) notamment rappellent les paroles de M. Locré, et en concluent que l'art. 500 ne confère aucuns droits d'hypothèque. Ainsi, ajoute ce dernier, le créancier porteur d'un titre hypothécaire qui ne l'aurait pas fait inscrire, ou qui, ayant requis l'inscription, ne l'aurait pas renouvelée, ne pourrait se prévaloir de l'inscription prise par les syndics pour suppléer à l'omission de ces formalités en ce qui le concerne.

C'est aussi pour cette raison que plusieurs cours et tribunaux du royaume avaient demandé la suppression de l'inscription comme inutile. Cette opinion eut de l'écho dans le sein du conseil d'état, qui la maintint cependant. Nous avons vu dans quel objet (3).

La loi nouvelle a-t-elle dérogé à l'article 500 du Code ? A-t-elle accordé l'hypothèque que celui-ci n'avait pas concédée ? Le doute peut s'élever de l'article 517 qui dispose que le concordat conserve aux créanciers l'hypothèque inscrite en vertu de l'article 490. Mais nous ne croyons pas cette énonciation suffisante pour qu'on puisse résoudre ces questions par l'affirmative.

Il nous paraît, en effet, que l'article 490 laisse les choses dans le même état où elles étaient sous le Code de commerce. La faillite est aujourd'hui ce qu'elle était autrefois. On doit donc raisonner sous l'empire de notre législation actuelle, comme on le faisait sous le Code.

Or, l'hypothèque, dit la Cour de cassation, ne peut

(1) Tom. 4, n. 1157.
(2) Sur l'art. 2146, n. 655 bis.
(3) Vid. Locré, *loco citato.*

résulter que de la convention, d'un jugement définitif ou d'une loi expresse.

De conventions ! il n'en existe aucune, entre le failli et ses créanciers chirographaires, qui ait changé la nature du titre. Conséquemment aucune hypothèque n'étant originairement due, il n'en existe aucune après la faillite.

De jugement ! il en est un que la masse pourrait invoquer : celui qui prononce l'ouverture de la faillite. Mais ce jugement se borne à constater un fait : il ne prononce aucune condamnation ; il ne s'occupe des créances que pour les liquider, que pour en déterminer le caractère et l'importance au moment où il intervient. Il est, dès lors, évident qu'il ne renferme aucun élément d'un droit hypothécaire.

A défaut de convention et de jugement, existe-t-il une loi qui ait expressément conféré hypothèque ? On ne pourrait invoquer que l'article 490. Mais celui-ci n'ordonne qu'une inscription, et ne parle point d'hypothèque. Il ne saurait donc suffire pour établir un droit qui ne peut être reconnu, que s'il était formellement consacré.

Mais, dira-t-on, à quoi bon inscrire, s'il n'y a aucuns droits à conserver ? Cette question, on pouvait la faire sous le Code qui répondait que le but de cette inscription était d'empêcher que les créanciers ignorassent les expropriations, et de donner à la faillite une plus grande publicité. Or, la preuve que le nouveau législateur n'a pas voulu autre chose, c'est que l'article 490 n'est que la reproduction littérale de l'ancien article 500, et que rien dans les discussions que la loi actuelle a subies depuis 1834 jusqu'en 1838, ne fait supposer une innovation quelconque dans les conséquences de la formalité qui y est prescrite.

L'article 490 n'est donc aujourd'hui que ce qu'était l'article 500, et si celui-ci n'accordait aucune hypothèque, le premier n'en confère pas davantage. Les expressions de l'article 517 sont le résultat de la préoccupation dont nos lois ne portent que trop souvent les déplorables traces. L'article 517 (1) crée et ne conserve rien. Il introduit un droit nouveau, à savoir : que le jugement d'homologation confère hypothèque à la condition d'être inscrit. Si une inscription nouvelle est indispensable, celle prise en vertu de l'article 490 est donc insuffisante, et si elle est insuffisante, comment aurait-elle conféré hypothèque ?

Le système consacré sous le Code par la doctrine et la jurisprudence est donc encore vrai aujourd'hui. L'inscription ordonnée par l'article 490 ne saurait créer des droits qui n'ont jamais existé, qui sont même proscrits par l'article 446, et c'est sans doute à cause de ce résultat que, contrairement à la disposition de l'art. 2148 du Code civil, cette inscription est reçue sur un simple bordereau énonçant qu'il y a faillite, et relatant la date du jugement qui a nommé les syndics.

SECTION V.

De la vérification des créances.

ARTICLE 491.

A partir du jugement déclaratif de la faillite, les créanciers pourront remettre au greffier leurs titres, avec

(1) Vid. nos observations sous cet article.

un bordereau indicatif des sommes par eux réclamées. Le greffier devra en tenir état et en donner récépissé.

Il ne sera responsable des titres que pendant cinq années, à partir du jour de l'ouverture du procès-verbal de vérification.

ARTICLE 492.

Les créanciers qui, à l'époque du maintien ou du remplacement des syndics, en exécution du troisième paragraphe de l'article 462, n'auront pas remis leurs titres, seront immédiatement avertis, par des insertions dans les journaux et par lettres du greffier, qu'ils doivent se présenter en personne ou par fondés de pouvoirs, dans le délai de vingt jours, à partir desdites insertions, aux syndics de la faillite, et leur remettre leurs titres accompagnés d'un bordereau indicatif des sommes par eux réclamées, si mieux ils n'aiment en faire le dépôt au greffe du tribunal de commerce ; il leur en sera donné récépissé.

A l'égard des créanciers domiciliés en France, hors du lieu où siège le tribunal saisi de l'instruction de la faillite, ce délai sera augmenté d'un jour par cinq myriamètres de distance entre le lieu où siège le tribunal et le domicile du créancier.

A l'égard des créanciers domiciliés hors du territoire continental de la France, ce délai sera augmenté conformément aux règles de l'article 73 du Code de procédure civile.

SOMMAIRE.

417. Approbation générale que les formes prescrites à la vérification avaient reçue. Objet de celle-ci.

418. Le législateur nouveau a voulu les améliorer et non les affaiblir.

417. Les formes que le législateur de 1807 avait imposées à la vérification des créances avaient été consacrées par l'approbation de toutes les chambres de commerce ; et la surveillance du juge-commissaire, qu'il a eu soin d'ajouter, donnait sur cet objet important une complète sécurité : les enquêtes autorisées, l'apport des registres ordonné dans certains cas devaient rassurer tout créancier légitime, et dissiper toute crainte d'erreur ou de fraude à cet égard (1).

Tel doit être, en effet, le but de la vérification : faire participer à la répartition de l'actif les créanciers sé-

(1) De Ségur, Exposé des motifs.

rieux et en écarter ceux qui n'auraient aucun titre réel ;
et comme en définitive un pareil résultat est autant dans
l'intérêt de la masse que dans celui du failli, s'il est de
bonne foi, l'une et l'autre doivent imprimer à cette opération un caractère tel qu'elle ne se réduise pas à un
contrôle passif de toutes les prétentions qui viendront
à se produire.

418. Ce qui était vrai sous le Code de commerce, n'a
pas cessé de l'être aujourd'hui. Aussi, le législateur nouveau s'est-il bien gardé de porter aucune atteinte aux
formes de la vérification. Mais l'expérience avait signalé
des améliorations dans le but de les perfectionner ; et
ce sont ces améliorations qu'on s'est hâté de consacrer.

419. La plus importante est celle qui concerne les
délais dans lesquels il doit être procédé à la vérification.
Celle-ci, on le sait, est le principe de la liquidation de
la faillite. Ce n'est, en effet, qu'après avoir fixé l'état des
créanciers et le chiffre des créances, qu'on appelle les
intéressés à délibérer sur le concordat ou l'union. L'urgence d'une détermination quelconque réjaillit donc sur
l'opération qui doit l'amener. Aussi, de tous les temps,
les législations qui la prescrivaient ont–elles manifesté
l'intention qu'il y fût procédé dans le plus court délai.

Cependant, il faut reconnaître que tout en procla-
mant l'urgence de la vérification, le Code de commerce
renvoyait cette opération à un délai fort éloigné. Les
agens ne pouvant y procéder, le temps pendant lequel
ils administraient et qui était presque toujours d'un mois,
était complètement perdu. Les syndics qui les rempla-
çaient avaient d'abord à s'occuper de la levée des scellés,
de l'inventaire et quelquefois de la vente des marchan-

dises. Les démarches pour la vérification ne venaient qu'après tous ces préliminaires.

A cette cause de retard, venaient se joindre les délais énormes accordés par les articles 502, 503 et 511. C'était d'abord quarante jours pour opérer le dépôt des titres qui n'étaient vérifiés que quinze jours après l'expiration de ce premier délai. C'était ensuite un nouveau délai pour les créanciers retardataires, calculé sur leur éloignement, de manière qu'ils eussent au moins un jour par chaque distance de trois myriamètres, avec obligation d'observer, pour les créanciers résidant hors de France, les délais prescrits par l'art. 73 C. pr. civ.

Convaincue de la nécessité de fixer le plutôt possible le sort de la faillite, la loi nouvelle a sagement précisé son intention à cet égard. La suppression de l'agence a fait disparaître les longueurs que son existence entraînait ; mais là ne s'est pas bornée sa prévision. Nous allons voir combien elle a réduit les divers délais qu'elle a accordés aux créanciers.

420. Un préalable indispensable à toute vérification est le dépôt des titres et l'énonciation des prétentions individuelles des créanciers. Ces premières démarches facilitent le travail de vérification confié aux syndics. Ils peuvent ainsi, par le rapprochement du bordereau, avec les écritures du failli, se convaincre du plus ou moins de sincérité des créances prétendues.

La loi règle ce dépôt à une double époque : 1° depuis le jugement déclaratif de la faillite, jusqu'au maintien ou au remplacement des syndics ; 2° depuis le jugement qui prononce l'un ou l'autre, jusqu'à la clôture du procès-verbal de vérification.

421. Dans le premier cas, le dépôt est facultatif :

ainsi chaque créancier peut, dès l'ouverture de la faillite, remettre ses titres avec un bordereau indicatif des sommes réclamées au greffier du tribunal de commerce, qui doit en tenir un état et en donner récépissé.

422. On comprend pourquoi l'art. 491 nomme exclusivement le greffier comme devant recevoir ce dépôt. A cette période de la faillite, on ne sait encore si les syndics en exercice seront ou non maintenus. Dans cette incertitude, la loi a compris que les créanciers pourraient avoir de la répugnance à confier leurs titres en des mains qui, peut-être, resteront étrangères à l'opération que ce dépôt prépare ; elle a considéré d'autre part que les syndics eux-mêmes ne se livreront à aucune recherche tant qu'ils ne seront pas certains d'être maintenus, et que partant il était inutile de les constituer dépositaires.

Mais dès que le jugement qui maintient ou remplace les syndics est rendu, le greffier doit livrer à ceux-ci les titres dont il est dépositaire. Il est évident, en effet, que le dépôt n'en est pas ordonné pour qu'il les conserve entre les mains, mais bien dans l'objet que nous indiquions tout à l'heure : il doit donc mettre les syndics à même de le remplir.

Il est vrai que les récépissés qu'il a délivrés engagent sa responsabilité, mais il a pour s'en dégager une double voie : ou reprendre des mains des syndics les titres que ceux-ci ont examinés, ou exiger des créanciers la restitution de ces récépissés au moment de la vérification contradictoire. A défaut de cette restitution, le greffier pourrait retenir les titres même vérifiés pour en faire plus tard l'échange, ou ne les délivrer que sur valable décharge.

423. Sous l'empire du Code de commerce, la res-

ponsabilité des greffiers relativement aux titres qui leur sont confiés était indéterminée. Cet état de choses avait depuis longtemps excité des réclamations. Ces fonctionnaires trouvaient injuste l'obligation de répondre sans mesure de la négligence des créanciers.

Ces réclamations ont été entendues et les effets de la responsabilité restreints à une durée de cinq ans. Ce délai commence à courir du jour de l'ouverture du procès-verbal de vérification. La logique indiquait ce point de départ ; car, puisque le dépôt n'a lieu que pour parvenir à la vérification, il n'était pas probable que le créancier retirât ses titres avant ; mais comme dès que celle-ci a commencé, chacun doit se présenter pour faire admettre sa créance, on a supposé que les titres ont dû faire retour à leurs propriétaires. Alors commence d'ailleurs la négligence, le dépôt a produit tous ses effets, le déposant a pu le faire cesser, et s'il reste cinq ans sans en réclamer la restitution, le greffier est complètement libéré de toutes ses conséquences.

424. Dans le second cas, le dépôt est forcé. En conséquence les créanciers qui n'ont pas usé de la faculté de l'art. 491, doivent être mis en demeure de produire leurs titres, soit aux syndics définitifs, soit au greffier du tribunal.

Cette mise en demeure se réalise par l'insertion dans les journaux et par lettres du greffier. L'envoi de celles-ci pourrait paraître suffisant pour avertir les créanciers. Mais comme le greffier ne peut écrire qu'à ceux dont le nom est connu ou porté dans le bilan, et qu'indépendamment de ceux-là il peut en exister d'autres, la loi a prescrit la publicité de la convocation pour garantir tous les intérêts et répondre à toutes les éventualités.

Remarquons encore que la loi impose au greffier le devoir d'écrire aux créanciers, que le Code de commerce avait attribué aux syndics. On a voulu ainsi prévenir les réclamations qui s'étaient quelquefois engagées sur la manière dont les syndics avaient accompli cette mission. On leur avait reproché dans plus d'une circonstance de n'avoir prévenu que certains créanciers dont les dispositions favorables à l'intérêt qu'ils s'étaient formé leur étaient connues. La substitution dans ce mandat d'un officier ministériel, dégagé de tout intérêt dans la faillite, a paru un moyen péremptoire pour déjouer tout calcul de ce genre et pour empêcher la mauvaise foi d'élever des plaintes injustes ou mal fondées.

425. L'article 492 a remplacé le délai uniforme de 40 jours par un de 20 jours seulement, mais augmenté d'un jour, par chaque 5 myriamètres de distance entre le lieu où siège le tribunal et le domicile du créancier. Ce délai court à partir de l'insertion dans les journaux. Il est de rigueur pour tous les créanciers ; il est dans tous les cas, unique. L'article 511 du Code de commerce relatif aux créanciers retardataires est complètement abrogé. Il a été considéré comme dangereux et inutile. Accorder deux délais, a-t-on dit, c'est rendre le premier purement comminatoire ; c'est le second seul auquel on se met en mesure d'obéir.

La suppression de celui-ci a, d'ailleurs, cet avantage, qu'en même temps qu'elle rend la liquidation plus expéditive, elle économise les frais du jugement et des formalités prescrites par les articles 511 et 512 du Code de commerce ancien.

Les créanciers doivent donc profiter des vingt jours francs qui leur sont accordés, pour opérer le dépôt de leurs titres. Nous verrons, sous les articles suivants, les conséquences de la violation de cette obligation. La réalisation du dépôt est constatée par un récepissé, soit des syndics, soit du greffier, selon qu'il a été effectué entre les mains des uns ou de l'autre.

426. Les lettres que le greffier est chargé d'écrire doivent être envoyées à tous les créanciers indistinctement, aux hypothécaires, aux privilégiés, comme aux chirographaires. Nul ne peut participer aux répartitions de l'actif mobilier, s'il n'a été admis au passif après due vérification. Or, les créanciers privilégiés et hypothécaires sont admis à ces répartitions, si elles ont lieu avant la liquidation des objets affectés à leur privilége et hypothèque, ou si cette liquidation préalable ne les a pas soldés en entier. Ils sont donc, dans cette double prévision, soumis à la vérification sans laquelle ils ne pourraient exercer leur droit ; ils doivent dès lors être mis en demeure de se présenter.

Cela est surtout vrai pour les créanciers privilégiés sur les meubles. Leur créance ne peut être payée que si elle a subi l'épreuve de la vérification. Cela a été notamment jugé par la cour royale de Bordeaux, le 10 décembre 1839, contre un médecin qui réclamait les honoraires de ses visites pendant la dernière maladie du failli. Cet arrêt décide que le tribunal civil, compétent pour juger la question de privilége, était incompétent pour ordonner le paiement de la créance non vérifiée, et que la demande de ce paiement était non recevable jusqu'après vérification (1).

427. Les titres déposés en vertu des articles 491 et

(1) Dalloz, P. 40, 2. 127.

492, ne sont pas soumis à enregistrement préalable (1). ils peuvent être sur papier libre, et leur enregistrement exposerait les porteurs à des frais considérables avant même qu'il fût certain, s'ils retireront quelque chose de la faillite.

428. Il en est de même des récépissés délivrés, soit par les syndics, soit par le greffier. Ils ne sont soumis, ni à l'enregistrement, ni au timbre. Le dépôt, alors même qu'il est reçu par le greffier, ne constitue pas un acte de ses fonctions; c'est une simple remise officieuse, et le récépissé n'a pas d'autre objet que de prouver que les titres sont en la possession de son auteur.

429. L'article 492 accorde aux créanciers résidant hors de France les délais precrits par l'article 73 du Code de procédure civile. Mais cette prescription n'est pas obligatoire pour la masse, en ce sens, qu'en attendant l'expiration de ce délai, il lui est permis de passer outre à la vérification et à toutes autres opérations ultérieures, et même à la répartition de l'actif, comme nous le verrons plus bas.

ARTICLE 493.

La vérification des créances commencera dans les trois jours de l'expiration des délais déterminés par les premier et deuxième paragraphes de l'article 492. Elle sera continuée sans interruption. Elle se fera aux lieu, jour et heure indiqués par le juge-commissaire. L'avertissement aux créanciers ordonné par l'article précédent contiendra mention de cette indication. Néanmoins les créanciers seront de nouveau convoqués à cet effet.

(1) Décision ministérielle du 28 juin 1808.

tant par lettres du greffier que par insertions dans les journaux.

Les créances des syndics seront vérifiées par le juge-commissaire ; les autres le seront contradictoirement entre le créancier ou son fondé de pouvoirs et les syndics, en présence du juge-commissaire , qui en dressera procès-verbal.

ARTICLE 494.

Tout créancier vérifié ou porté au bilan pourra assister à la vérification des créances, et fournir des contredits aux vérifications faites et à faire. Le failli aura le même droit.

SOMMAIRE.

445. Le droit de contester appartient au failli, mais il ne peut l'exercer que par le ministère des syndics.

446. Les créanciers peuvent personnellement s'approprier et poursuivre les contestations faites par le failli.

447. A défaut de poursuites des uns et des autres, le failli fait insérer ses protestations au procès-verbal ; il peut ensuite les réaliser lors de la distribution de l'actif.

448. La clôture du procès-verbal de vérifications rend les créanciers non recevables à contester les créances.

430. L'article 493 renferme une nouvelle modification aux dispositions du Code de commerce, relativement à l'ouverture du procès verbal de vérification. Nous avons dit que l'article 503 prescrivait cette ouverture quinzaine après l'expiration des quarante jours fixés par l'article 502. La loi actuelle l'exige dans les trois jours, à dater de l'expiration des vingt qu'elle accorde aux créanciers domiciliés en France.

Mais nous venons de voir que ces vingt jours sont susceptibles d'être augmentés des délais de distance à raison d'un jour par chaque cinq myriamètres. De là plusieurs conséquences importantes.

431. La première, c'est que le délai de trois jours ne commence à courir que de l'expiration des délais accordés au créancier le plus éloigné. C'est ce qu'on doit forcément induire des termes de notre art. 493: *la vérification commencera après l'expiration des délais déterminés par le premier et deuxième paragraphes de l'art.* 492. La loi a donc entendu accorder non seulement le délai de 20 jours , mais encore celui des distances. On ne peut, en conséquence, procéder à la vérification, tant que l'un et l'autre ne sont pas épuisés. Or, le dernier ne l'est que lorsque le créancier le plus éloigné a joui dans son entier de celui auquel il a droit.

432. La seconde, c'est qu'une nouvelle convocation apprenne à tous les créanciers les jour, lieu et heure précis auxquels la vérification commencera. S'il est facile aux syndics qui ont sous les yeux l'état général des créanciers, de calculer d'avance les délais et leur expiration, les créanciers, isolément, ne peuvent le faire. Il est donc juste qu'ils en soient officiellement avertis, pour qu'ils puissent se présenter à l'assemblée dans laquelle il sera procédé à cette importante opération.

Aussi, et, malgré que l'avertissement donné aux créanciers, en vertu de l'article précédent, doive indiquer le moment de la vérification, l'article 493 exige-t-il une convocation spéciale.

433. Cette convocation doit nécessairement être réalisée avant l'expiration des délais de l'article 492. Il est évident, en effet, que si l'on attendait, pour la faire, cette expiration, elle deviendrait entièrement illusoire, puisque la vérification doit nécessairement s'ouvrir trois jours après, ce qui ne permettrait pas à la convocation d'arriver utilement aux divers créanciers.

C'est encore par lettres du greffier, et par insertion dans les journaux, que les créanciers doivent être avertis. Ici, comme dans tous les cas où elle est prescrite, cette seconde formalité est commandée non seulement dans l'intérêt des créanciers inconnus, mais encore dans celui des créanciers que le greffier pourrait oublier de convoquer. Il est dès lors certain que l'allégation de n'avoir point reçu de lettres du greffier ne saurait, dans aucun cas, relever les créanciers non comparants des effets de leur absence (1).

(1) Vid. art. 503.

434. A cette innovation quant aux délais, la loi en ajoute une tout aussi importante relativement au mode dans lequel il doit être procédé à la vérification. L'article 501 du Code de commerce prescrivait de la réaliser au fur et à mesure que les créanciers se présentaient. L'opération se passait donc uniquement entre le créancier produisant et les syndics, sauf, pour tous les autres, le droit de contester plus tard.

Aujourd'hui, la vérification a lieu en assemblée générale. Ce mode a l'avantage d'appeler sur les créances un examen plus sévère et plus utile, en les soumettant à l'appréciation des membres présens. Il rend, par conséquent, beaucoup plus difficile l'introduction de faux créanciers.

Sans doute, le Code de commerce appelait aussi un semblable résultat, en permettant aux créanciers vérifiés d'assister aux vérifications ultérieures, et de contester même les créances précédemment admises. Mais, dans l'exécution, cette faculté rencontrait des obstacles forcés qui en rendaient l'exercice difficile. Le premier de tous était l'ignorance de ce qui avait été fait avant. Le créancier ne pouvait connaître même le nom des créanciers déjà admis, qu'en prenant connaissance des procès-verbaux dressés par le greffier, et l'admission prononcée par les syndics, sanctionnée par le juge-commissaire, ne créait-elle pas d'avance un préjugé défavorable à toute contestation ultérieure ? Ce n'était donc qu'après des recherches peu usitées chez les commerçants, qu'en présence d'une présomption fâcheuse, qu'une attaque pouvait être dirigée contre un créancier précédemment admis, et cette double circonstance a toujours rendu ces attaques extrêmement rares.

Le système de la loi nouvelle est donc préférable. Les créanciers trouvent, dans leur réunion même, les moyens de faire subir à chaque créance un examen sérieux, d'empêcher toute fraude. Chacun d'eux peut, en déclarant les circonstances qui sont à sa connaissance, en révéler qui soient de nature à être utilisées soit par les syndics, soit par les créanciers.

435. La conséquence du nouveau mode de vérification était l'abrogation de la condition que l'article 504 du Code de commerce avait mise au droit des créanciers d'assister à la vérification. Il est évident que la loi nouvelle prescrivant qu'il fût procédé à cette opération en assemblée générale, ne pouvait exiger qu'une seule condition chez ceux qu'elle appelait à cette assemblée, à savoir, d'être porté au bilan comme créancier.

Sans doute cette inscription n'établit qu'une présomption ; mais on ne doit pas oublier que le bilan a été soumis aux observations des créanciers réunis pour délibérer sur le maintien ou le remplacement des syndics ; que s'il a été rédigé par ceux-ci, il a été précédé d'un examen attentif des écritures. Cette double circonstance est de nature à donner à la présomption un caractère de gravité qui le rapproche beaucoup de la certitude.

Qu'importait d'ailleurs que plus tard il soit reconnu que celui qui figurait d'abord sur le bilan n'est pas réellement créancier ? Quel inconvénient pouvait-il résulter de son concours à la vérification ? Si ce concours a été purement passif, personne ne saurait s'en plaindre. S'il a eu pour résultat d'éclairer les créanciers sur le plus ou moins de fondement de telle ou telle créance, c'est un service rendu à la masse, qu'il aura mise ainsi à même, soit d'éviter un procès injuste, soit d'obtenir le retranchement ou la réduction de la créance prétendue.

436. En conséquence, le droit d'assister à la vérification appartient à tous ceux que le bilan qualifie de créanciers ; ils doivent être appelés à y concourir, et ce n'est qu'après les avoir mis en demeure de s'y présenter, que l'on peut, dès l'expiration des délais qui leur sont accordés, passer outre à cette vérification.

437. Il est cependant une exception pour les créanciers domiciliés et résidant hors de France ; mais cette exception était commandée par la force des choses. Il est certain que, comme tous les autres, ces créanciers ont le droit d'assister à toutes les opérations de la faillite. Cependant, on a dû passer outre, malgré que les délais qui leur sont accordés ne soient pas expirés. Le système contraire rendait la liquidation interminable, en retardant quelquefois, pendant des années entières, le moment de la vérification. On eut ainsi sacrifié les intérêts des créanciers domiciliés en France qui seront toujours les plus nombreux, et que leur qualité de nationaux recommande plus particulièrement à toute la protection du législateur.

D'ailleurs, le retard qui leur aurait singulièrement nui, ne pouvait être d'une grande utilité pour ceux en faveur desquels on l'eut admis. Il est, en effet, certain que par leur éloignement même, les créanciers résidant hors France, n'auront jamais à exercer qu'une très-médiocre influence sur la vérification.

On a donc sagement fait de prescrire la vérification, malgré que les délais de l'article 73 du Code de procédure civile, ne soient pas encore expirés. Il est vrai que, par ce moyen, les créanciers résidant hors France sont privés du droit de contester les créances produites dans la faillite : mais, à cet égard, l'intérêt commun des autres créanciers à écarter de la masse ceux qui n'auraient aucun titre pour en faire partie, est une sauvegarde suffisante pour tous.

438. Au jour indiqué dans la convocation, les créanciers se réunissent sous la présidence du juge – commissaire ; ils présentent en personne, ou par un fondé de pouvoirs, leurs titres à la vérification, qui doit être continuée sans interruption jusqu'à épuisement. Il est du tout dressé procès-verbal par le juge-commissaire. Ce procès – verbal reste déposé au greffe du tribunal de commerce. Des expéditions partielles pourront en être prises par les parties intéressées (1).

439. Le créancier qui aurait perdu son titre serait admis à y suppléer par tous les moyens à sa disposition et à réclamer son admission au passif. Il pourrait obtenir et produire un extrait des livres du failli. Il peut, par cela même, assister à la réunion et concourir avec les autres créanciers à toutes les opérations.

440. Enfin, et par une dérogation expresse à la législation précédente, la loi permet au failli d'assister à la vérification. Le Code de commerce avait repoussé cette faculté, pour éviter de jeter dans la discussion de l'aigreur et de la passion. On avait aussi craint que la présence du failli ne fît que compliquer, embarrasser et ralentir inutilement l'opération.

La loi nouvelle n'a pas cru devoir sacrifier à cette double considération l'utilité que peut offrir, pour les créanciers, la présence du failli ; le droit qu'il peut, à juste titre, revendiquer lui même . d'être partie dans une mesure aussi importante.

(1) Vid. art. 569.

28

Que le failli ait, à l'admission des créances à son passif, un intérêt direct et majeur, c'est ce qui ne sera contesté par personne ; c'est de sa chose qu'il va être
disposé; c'est son avenir qui va demeurer grevé de toute
la partie du passif qui restera impayée. Il lui importe
donc de repousser toutes les prétentions injustes et mal
fondées. Plus il y aura de créances réduites ou rejetées,
et plus fortes seront les proportions dans lesquelles sa
dette s'éteindra. Il était donc de toute justice de lui permettre d'assister à la vérification.

Cela était plus équitable encore, lorsque, par des motifs quelconques, le failli n'a pas lui-même rédigé son
bilan. Dans ce cas, en effet, les syndics n'ont pu agir
que par approximation, non seulement quant au chiffre
de la créance, mais encore quant au nom et à la personne des créanciers. Les écritures peuvent, d'ailleurs,
ne pas être le miroir fidèle de la position du failli, et
quel autre que lui pourra signaler, avec plus de certitude, les erreurs échappées aux syndics?

Remarquons que, dans cette circonstance, le failli a
un intérêt qui lui est commun avec les créanciers. S'il
importe au premier de réduire sa dette, il n'importe pas
moins à ceux-ci de diminuer le nombre des ayants-
droit. Moins il y aura de parties prenantes, et plus les
véritables créanciers verront augmenter la part qui leur
sera déférée dans les répartitions.

Sous un autre point de vue, le concours du failli n'est
pas moins avantageux pour les créanciers. Dans la vérification, les syndics agissent plutôt comme représentans
de la masse, qu'au nom du failli. Aussi, tout en obligeant
irrévocablement celle-ci, ils ne lient point celui-là. Il
est, en effet, certain que la vérification est, pour le failli

qui n'y a pas concouru *res inter alios acta*, et qu'il a
le droit de contester les créances admises, même après
le concordat ou l'union. Sa présence à cette opération,
sans protestations ni réserves, lui enlèverait l'exercice
de ce droit ; elle produirait donc un bien réel pour les
créanciers dont le sort resterait ainsi définitivement fixé.

On ne peut donc qu'applaudir à la disposition nouvelle qui permet au failli d'assister à la vérification ;
d'autant que le législateur a agi avec prudence, en n'accordant au failli qu'une faculté qu'il dépend de lui
d'exercer. Ainsi, les syndics ne sont pas obligés de l'appeler. Son absence n'est jamais un obstacle : seulement
s'il use de son droit, il ne peut être exclu de la réunion.

441. La vérification s'ouvre par l'examen des créances dues aux syndics. Cet examen est confié par la loi
au juge-commissaire. Dans la crainte que ce magistrat
ne pût se livrer utilement aux recherches que cette vérification exige, on avait proposé d'en livrer le soin à
tel créancier qu'il désignerait lui-même. Mais cette proposition fut rejetée pour exclure toute idée d'une complaisance réciproque que la position respective du créancier et des syndics pouvait inspirer. D'ailleurs, il importait, surtout pour la créance des syndics, de s'assurer
d'une vérification sérieuse et sincère, et c'est pour l'obtenir qu'on en a chargé le juge-commissaire.

La créance des syndics peut être contestée. Il est,
dans ce cas, procédé aux formes de l'article 498 et suivants. Mais cette contestation ne porte aucune atteinte
aux fonctions qu'ils ont à remplir et n'empêche nullement qu'il soit passé outre à la vérification des titres des
autres créanciers.

442. Cette vérification se fait contradictoirement entre les créanciers produisants et les syndics. Ceux-ci ont donc le droit d'admettre la créance ou de la contester en tout ou en partie.

443. Mais ce droit ne leur appartient pas exclusivement. Il est vrai qu'ils sont dans tous les cas les représentants de la masse, et que c'est en cette qualité que la loi les commet pour recevoir contradictoirement les vérifications. En conséquence la masse ne peut agir que par eux ; ils ont seuls qualité pour la protéger et la défendre.

Il est vrai encore que cette masse comprend l'universalité des créanciers. Mais, à côté des droits qui appartiennent en général à l'être moral, il convient de placer ceux qui peuvent être réclamés personnellement par tous les membres de cet être moral. Or, chacun d'eux, dans la sphère de ces droits, peut avoir intérêt à contester l'admission des créances qu'il a lieu de croire fausses ou éteintes. On devait donc lui reconnaître la faculté de s'opposer à cette admission.

Ainsi, si chaque créancier n'est pas partie nécessaire dans la vérification, en ce sens que son absence n'empêche pas de passer outre, il peut y intervenir activement en contestant les créances, même celles déjà admises.

444. Les syndics seront-ils obligés de suivre les contestations soulevées par les créanciers et de combattre au nom de la masse les créances attaquées? Non, sans doute. Le droit des uns est indépendant de celui des autres ; il peut donc être exercé séparément. En conséquence les syndics ne peuvent être contraints de prendre qualité, que s'ils croient la contestation sérieuse

et fondée. S'ils s'abstiennent, c'est aux créanciers contestants à poursuivre à leurs péril et risques les prétentions qu'ils ont relevées.

445. Le failli a, comme les créanciers, le droit de
fournir tous contredits aux vérifications faites et à faire.
C'est là la conséquence directe de la faculté que la loi
lui donne d'assister à la vérification.

Mais pourrait-il poursuivre isolément des syndics les
contestations que ceux – ci refuseraient de soutenir ?
Nous ne le pensons pas. La loi, en appelant le failli à la
vérification, n'a pas voulu lui donner directement ou
indirectement le moyen d'embarrasser et de ralentir la
marche de la faillite. Or, il lui serait facile de pousser
jusqu'à l'abus la faculté de contester, pour peu qu'il le
crût utile à ses intérêts. De plus, il pourrait ainsi grever
la masse de frais considérables, puisque les condamna-
tions aux dépens prononcées contre lui viendraient, au
grand détriment des créanciers, augmenter le passif de
la faillite.

En outre, le failli est désinvesti de ses actions. Nous
avons déjà dit que s'il peut ester en justice pour les
droits exclusivement attachés à sa personne, il ne peut,
quant à ses biens, agir que par le ministère des syndics.

C'est donc à eux à apprécier les contestations soulevées par le failli, à en rechercher la nature et la portée;
à se les approprier s'ils les croient fondées, et à passer
outre à la vérification, dans le cas contraire.

446. Chaque créancier pourrait, à défaut des syndics, relever en son nom et poursuivre les contestations
faites par le failli. De leur part, en effet, on n'a pas à
craindre des procès dont les bases uniques seraient la

morosité ou le caprice. Leur propre intérêt est à cet égard une garantie suffisante. Plaidant en leur nom, ils auraient personnellement à supporter les conséquences d'une condamnation ; et cette perspective doit les rendre circonspects dans l'exercice du droit que la loi leur confère.

447. Quant au failli, dont la contestation ne serait relevée ni par les syndics, ni par les créanciers, ses droits sont sauvegardés par les protestations qu'il peut faire insérer dans le procès-verbal. Ces protestations lui conservent le droit de les faire juger lui-même, lorsqu'après concordat ou union, il s'agira de distribuer l'actif aux créanciers. A cette époque, les craintes qui ont déterminé le législateur à lui refuser ce droit, au moment de la vérification, n'ont plus aucun objet ; il n'y a dès lors plus d'inconvéniens à lui permettre de réaliser une action utile à ses intérêts. Il pourrait demander la restitution de ce qui aurait été indûment payé, à plus forte raison doit-on l'autoriser à empêcher que celui à qui il n'est rien dû touche quelque chose (1).

448. Il n'en est pas de même pour les créanciers. Le droit qu'ils ont de contester les créances doit être exercé pendant la durée de la vérification. La clôture du procès-verbal les rendrait non recevables à contester ultérieurement les créances admises, sauf les cas de fraude dont la preuve serait à la charge du contestant (2).

Cette différence entre le failli et les créanciers, pour la durée du pouvoir de contester, explique celle que nous signalions tout à l'heure dans l'exercice de ce pouvoir. Les créanciers étant contraints, sous peine de dé-

(1) V. art. 516, n°s 593, 594.
(2) Vid. infra art. 503, n. 504.

chéance, de le réaliser avant la clôture du procès-verbal, il eut été irrationnel de prétendre les en empêcher. Le failli, au contraire, n'ayant à craindre aucune fin de non recevoir de ce genre, ne saurait se plaindre de l'interdiction dans laquelle on l'a maintenu pendant la durée de la vérification.

ARTICLE. 495.

Le procès-verbal de vérification indiquera le domicile des créanciers et de leurs fondés de pouvoirs.

Il contiendra la description sommaire des titres, mentionnera les surcharges, ratures et interlignes, et exprimera si la créance est admise ou contestée.

SOMMAIRE.

449. Importance du procès-verbal. Énonciations qu'il doit renfermer.
450. 1° Le domicile des créanciers et de leurs fondés de pouvoirs.
451. 2° La description sommaire des titres et la mention des surcharges, ratures, et interlignes.
452. 3° Si la créance est rejetée ou admise avec ou sans réserves.
453. Ces réserves peuvent être faites par les créanciers présens.
454. Par le failli qui y a intérêt.
455. Par le porteur de la créance lui-même. Nécessité de ces réserves pour les créanciers privilégiés sur les meubles.
456. Indépendamment des procès-verbaux de vérification, on doit constater la composition de l'assemblée. Fin de non recevoir contre les créanciers et le failli, présens, qui n'auraient pas contesté.

449. Nous venons de voir que l'article 493 charge le juge-commissaire de dresser procès-verbal des vérifications. Il semblerait résulter de ces termes que la rédaction de ce procès-verbal appartienne à ce magistrat;

mais il est évident qu'il faut appliquer dans cette circonstance l'article 1040 du Code de procédure civile.
Ce procès-verbal est destiné à constater la qualité des
ayants droit, le chiffre de leur créance ; à remplacer le
titre qui aurait été égaré après l'admission. Sous tous
ces rapports, il a une importance réelle, et il n'est pas
étonnant que la loi en ait tracé expressément les formes.

Ce procès-verbal doit contenir :

450. 1° L'indication du domicile des créanciers et
de leurs fondés de pouvoirs.

Nous avons vu que pour tout ce qui concerne la vérification, il n'est pas indispensable que les créanciers
comparaissent en personne. Chacun d'eux peut se faire
représenter par un mandataire. Le domicile dont la mention est requise est le domicile réel, tant du créancier
que du mandataire. Or, la loi n'exige pas que ceux-ci
soient résidants dans le lieu où siége le tribunal saisi de
l'instruction ; elle laisse les créanciers entièrement libres
dans leur choix.

On avait proposé dans la discussion d'obliger les créanciers à élire domicile au chef-lieu ; mais cette proposition fut rejetée pour ne pas introduire dans la loi
des formalités de procédure obligatoires et dont la violation pouvait devenir la source de nombreuses contestations, ou le prétexte d'une déchéance incompatible
avec la nature des droits des créanciers.

Le mandataire peut donc être pris ailleurs que dans la
localité ; mais, quel que soit son domicile, il en est fait
mention dans le procès-verbal concurremment avec
celui du créancier qui l'a délégué.

451. 2° La description sommaire des titres, et la mention des surcharges, ratures et interlignes.

Cette prescription a pour objet, en constatant la matérialité des titres, d'assurer aux créanciers l'exercice
du droit de contester les créances admises en leur absence. Le porteur intéressé à déguiser cette matérialité
pourrait, après l'admission, prétendre avoir égaré son
titre et le remplacer par l'extrait du procès-verbal. Cette
ruse devient impossible, dès que celui-ci n'est que le
miroir fidèle du titre lui-même, et qu'il constate les
vices dont celui-ci peut être entaché.

452. 3° Si la créance est admise ou rejetée.

L'admission peut n'être prononcée qu'avec réserves,
soit de la part d'un créancier, soit de la part du failli,
soit enfin de la part du porteur de la créance lui-même.

453. Les créanciers présens à la vérification peuvent
suspecter la sincérité de la créance dont on demande
l'admission, sans être actuellement à même d'en démontrer la fausseté ou l'exagération. Ce cas se réalisant,
ils ont le droit de faire telles réserves qu'ils jugeront
utiles, pour empêcher qu'on ne leur oppose plus tard
leur silence comme une fin de non recevoir. Il doit en
être fait mention dans le procès-verbal d'admission.

454. Il en serait de même de celle que le failli aurait
intérêt à faire insérer pour pouvoir plus tard être admis
à contester la créance. Nous avons déja dit (1) que sa
présence à la vérification lui enlèverait le droit de quereller les créances admises, s'il ne s'est pas opposé à
leur admission. Il a donc, pour conserver ce droit, à
faire constater son opposition par l'insertion de ses
réserves au procès-verbal.

455. Enfin le créancier vérifié et admis, peut avoir

(1) Vid. suprà, art. 493, n° 440.

intérêt à n'accepter cette admission qu'avec réserves. Dans le cas notamment où, étant débiteur de la faillite, il aurait à prétendre une compensation entre sa créance et sa dette. Mais c'est surtout pour les créanciers privilégiés sur les meubles que ces réserves sont indispensables ; car, en faisant procéder purement et simplement à la vérification de leurs créances, ils sont censés avoir fait novation, et avoir accepté le rang de créancier simple chirographaire (1).

456.   Toutes ces formalités sont relatives aux procès-verbaux particuliers à chaque créance vérifiée. Mais nous croyons que le mode de vérification admis par la loi actuelle exige que ces procès-verbaux soient précédés d'un protocole dans lequel le juge–commissaire doit énoncer le nom de tous les créanciers qui ont comparu sur la convocation. La vérification en assemblée a pour but de simplifier cette opération, en mettant les créanciers en demeure de contester les créances qui vont être vérifiées. Et nous n'hésitons pas à croire que celui qui, ayant assisté à cette vérification, n'aurait pas contesté, ne serait plus recevable à le faire ultérieurement.

Il est vrai que l'article 494 place sur la même ligne les vérifications faites et à faire ; mais nous croyons que la faculté de contredire ces dernières n'est réservée qu'aux créanciers qui n'y ont pas assisté, et qui n'ont pu, par conséquent, manifester leur opposition au moment même de la présentation. Ceux-là donc qui ont été à même de s'expliquer, qui ont laissé s'accomplir la vérification sans protestations ni réserves, ne sauraient prétendre revenir sur la reconnaissance au moins tacite

(1) Cass. 29 juillet 1841. D. P 41, 1, 294.

qu'ils ont faite des droits du créancier, sauf le cas où il serait prouvé que la découverte du fait qui motive la contestation est postérieure au procès-verbal.

Il faut donc, dans l'intérêt même de la stabilité des vérifications, que l'on connaisse les personnes qui y ont assisté. Cette connaissance résultera de la mention faite en tête des procès-verbaux de vérification, du nom des créanciers qui formaient l'assemblée.

Ce que nous disons des créanciers est surtout vrai pour le failli. La présence de celui-ci à la vérification ne se décèlera dans les procès verbaux particuliers, que dans le cas où il croira devoir contester. D'où la conséquence que, pour les créances non contestées, il n'y aurait aucun moyen de constater son assistance, et d'en tirer une fin de non recevoir contre ses prétentions ultérieures.

Il importe donc, pour la sauvegarde des droits acquis, que la preuve de la présence du failli ressorte de l'opération elle-même, et cette preuve doit être donnée par l'indication de la composition de l'assemblée, non seulement au commencement de la vérification, mais encore à toutes reprises de séances, après suspension ou renvoi.

ARTICLE 496.

Dans tous les cas, le juge-commissaire pourra, même d'office, ordonner la représentation des livres du créancier, ou demander, en vertu d'un compulsoire, qu'il en soit rapporté un extrait fait par les juges du lieu.

SOMMAIRE.

437. Toutes les créances, excepté celles résultant d'un jugement régulier et passé en force de chose jugée, peuvent être contestées.

458. Il appartient au juge-commissaire d'ordonner la communication de tous documens et même l'apport des livres.

459. Si le domicile du créancier était trop éloigné, le juge peut ordonner, par un compulsoire, la production d'un extrait de
ses livres. Quelle est l'autorité qui peut être chargée de ce
compulsoire ?

460. La décision du juge peut être provoquée ou rendue d'office.
Différence dans les effets.

461. Si les énonciations des livres sont insuffisantes ou contradictoires, le juge doit, s'il y a contestation, renvoyer au tribunal de commerce qui défère, s'il y a lieu, le serment, au
créancier contesté.

457. Toutes les créances produites dans une faillite
peuvent devenir l'objet de contestations de la part des
parties intéressées. Ce principe reçoit une seule exception, lorsque la créance résulte d'un jugement régulièrement obtenu, soit contre le failli, avant sa faillite, soit
depuis contre les syndics, et ayant acquis l'autorité de
la chose jugée. Il est vrai de dire dans ce cas que la créance a été d'avance contestée, les droits du porteur contradictoirement établis. Toute recherche ultérieure est
donc impossible. *Res judicata pro veritate habetur.*

458. Il est cependant des cas où la créance, sans
être précisément contestée encore, peut présenter quelques doutes qui, s'ils n'étaient levés, occasionneraient un
procès. L'appréciation des mesures nécessaires pour les
éclaircir est laissée par la loi à la prudence du juge-
commissaire. Ce magistrat peut donc ordonner la communication de tous titres et documens utiles à consulter,
et même la représentation des livres du créancier.

459. L'apport des livres pourrait devenir onéreux et
gênant, si le créancier était domicilié dans un lieu éloigné
du siége de la faillite. Cette considération, relevée lors
de la discussion du Code de commerce, avait fait admet-

tre la faculté pour le juge d'ordonner qu'il en serait produit un extrait qui devait être fait par les juges de commerce du domicile.

Notre article autorise aussi ce compulsoire, mais en modifiant la disposition de la législation précédente, quant à la désignation de l'autorité chargée d'y procéder. Il peut se faire, en effet, que le tribunal de commerce de l'arrondissement du créancier obligé de produire ses livres, soit éloigné du domicile de celui-ci. Dans ce cas, on n'évitait pas le déplacement des écritures, quoiqu'on abrégeât de beaucoup les distances.

C'est pour éviter même ce déplacement restreint, que la loi actuelle permet de confier le compulsoire aux juges du lieu. Ce qui signifie qu'à défaut de magistrats consulaires, on pourra recourir aux magistrats civils, et qu'à défaut des uns et des autres, le juge de paix sera compétent. Il est certain qu'on atteint ainsi sûrement le but que le législateur s'est proposé, à savoir : de ne pas soumettre les créanciers à faire voyager leurs livres. Il y en aura, en effet, bien peu d'entre eux qui n'habiteront pas au moins un chef-lieu de justice de paix.

460. L'exercice du pouvoir confié au juge-commissaire peut être provoqué par les syndics ou par les créanciers. Il peut aussi être le résultat spontané de la volonté du juge. Mais si, dans chacun de ces cas, il y a identité dans le but, les effets peuvent être, et sont très différens. Ainsi, l'apport ordonné d'office ne préjuge rien à l'encontre des syndics ou des créanciers qui contesteront plus tard ; tandis que si cet apport est réclamé par eux, on pourra en induire l'intention de soumettre le sort de la créance aux énonciations qui se rencontreront dans les livres.

461. Si les écritures du créancier ne contiennent rien de relatif à l'opération qu'il s'agit de vérifier, et que celles du failli soient explicites contre lui; ou bien si les énonciations des unes et des autres sont contradictoires, et se détruisent réciproquement, le juge–commissaire, s'il y a contestation, doit renvoyer au tribunal de commerce. C'est alors aux juges investis à se décider par les présomptions respectivement invoquées. Ils pourront même déférer le serment, mais au créancier contesté. Le failli, en effet, n'est plus en position de le prêter; et le fait n'étant pas personnel aux syndics, il n'y a que le créancier qui soit en état de remplir cette solennelle formalité.

ARTICLE 497.

Si la créance est admise, les syndics signeront, sur chacun des titres, la déclaration suivante :

Admis au passif de la faillite de . . . . *pour la somme de* . . . . *le* . . . .

Le juge–commissaire visera la déclaration.

Chaque créancier, dans la huitaine, au plus tard, après que sa créance aura été vérifiée, sera tenu d'affirmer, entre les mains du juge–commissaire, que ladite créance est sincère et véritable.

SOMMAIRE.

462. La créance soumise à la vérification, si elle n'est contestée par personne, doit être admise au passif de la faillite. Quelles sont les conditions de cette admission, sa forme et ses conséquences ?

Nous avons énoncé déjà la condition la plus efficace, la plus essentielle, à savoir l'absence de toute contestation.

Cette condition serait-elle remplie, s'il y avait divergence dans l'opinion des syndics sur la sincérité de la créance ? En d'autres termes, faut-il que les syndics soient unanimes en faveur de l'admission ?

Il ne saurait, à notre avis, s'élever aucune difficulté, s'il n'y avait que deux syndics. L'un votant pour et l'autre contre, il n'y a pas plus de probabilité pour l'opinion de l'un que pour celle de l'autre. Il n'y a qu'un doute qu'il convient de faire lever par la justice. L'admission devrait donc être ajournée jusqu'après jugement.

Si les syndics sont au nombre de trois, la majorité devra-t-elle décider de l'admission ou du rejet ?

Les termes généraux de la loi nous paraissent repousser la solution affirmative. La vérification doit se faire, dit l'article 493, entre le créancier et les syndics. Chacun de ceux-ci est donc partie essentielle dans cette opération et s'ils ne sont pas tous convaincus de la certitude des droits du réclamant, il n'y a pas de vérification efficace.

De plus, l'article 497 veut que la déclaration d'admission soit signée par les syndics. Cette prescription resterait inexécutée si tous les syndics ne pouvaient donner et ne donnaient pas leur signature.

Si du texte de la loi on passe à l'esprit qui y a présidé, on arrive à des conséquences identiques: le législateur s'est appliqué à entourer la vérification des créances de toutes les conditions qui doivent en assurer la sincérité; ainsi et malgré que dans cette opération, les syndics soient les représentants de la masse, leur opinion unanime ne saurait déterminer l'admission si celle-ci est contestée par un seul créancier. Or, comment refuserait-on à un syndic le droit qu'un simple créancier peut revendiquer ?

De deux choses l'une : ou le syndic qui refuse l'admission est créancier, et dans ce cas sa qualité lui conférerait le droit d'empêcher cette admission jusqu'après jugement; ou il n'est pas personnellement créancier, et sa qualité de mandataire de justice donnerait un poids plus fort à son opposition, dans laquelle on ne pourrait supposer aucune idée d'intérêt personnel.

D'ailleurs il est , après tout , possible que le syndic contestant ait raison contre les deux autres. Des recherches plus exactes peuvent lui avoir fait connaître des circonstances que ses collègues n'ont pu apprécier. N'y eût-il que ce doute, que l'intérêt de la masse commanderait un examen ultérieur, et partant le renvoi devant la justice.

Nous pensons donc , avec M. Locré (1) , qu'il y a

(1) Tom. 6, pag. 263, art. 503.

créance contestée toutes les fois que les syndics ne sont pas unanimes pour l'admission. Ce cas se réalisant, et quel que soit le nombre de ceux qui ont voté pour celle-ci, il y a lieu de faire prononcer sur les observations des syndics dissidens.

462. Au reste, ce n'est pas seulement pour l'admission que l'unanimité des syndics est requise ; il doit en être de même pour tous les actes d'administration. Nous avons vu que l'art. 465 déclare que les syndics ne peuvent agir que collectivement, et qu'ils sont tous solidairement responsables de l'administration. Or, comment cette responsabilité pourrait-elle être infligée au syndic qui se refuserait à l'encourir ?

Celui-ci pourrait donc, si l'acte auquel il ne voudrait pas consentir, lui paraît dangereux ou inutile, en appeler d'abord au juge-commissaire et ensuite au tribunal; et en attendant qu'il eût été prononcé entre ses collègues et lui, son opposition suffirait pour empêcher ceux-ci de passer outre à l'opération qu'ils sont d'avis de tenter.

463. Dans la forme, la déclaration d'admission se borne à l'énonciation qui en est insérée dans le procès verbal, conformément à l'article 495. Cette énonciation doit contenir le chiffre de la créance. Elle est répétée sur les titres produits, signée par les syndics et visée par le juge-commissaire.

La mention de l'admission devrait être inscrite sur chaque titre de créance. Dans la pratique cependant elle est faite sur le bordereau qui accompagne ces titres. L'intérêt des créanciers a dû faire adopter de préférence cette marche qui est et plus simple et plus économique pour eux. En effet si les titres déposés sont

dispensés d'un enregistrement préalable, cet enregistrement devient forcé au moment de la vérification. Or,
plusieurs de ces titres sont quelquefois sur papier libre,
ce qui, indépendamment des droits d'enregistrement,
soumettrait les créanciers à des amendes considérables.
On évite cette fâcheuse nécessité en portant l'admission
sur le bordereau qui résume la position du créancier et
qui, destiné à l'enregistrement, est toujours fait sur papier timbré. Tel est au moins l'usage suivi, si nous ne
nous trompons, devant le tribunal de commerce de Paris;
tel est celui que nous avons toujours vu pratiquer au
tribunal de commerce d'Aix.

Les créanciers par comptes-courants n'ont à produire
que l'extrait de leurs livres. C'est sur cet extrait que
l'admission est inscrite. Il doit donc être sur papier timbré et enregistré.

464. La vérification est complète par l'accomplissement de la formalité qui précède et dès que la mention
a été signée par les syndics et visée par le juge-commissaire. Mais elle n'est pas encore efficace. Le créancier
n'a le droit de prendre part aux répartitions que si, dans
la huitaine du procès-verbal, il a affirmé entre les mains
du juge-commissaire que sa créance est sincère et véritable.

Toutefois, par une dérogation aux principes ordinaires, il n'est pas indispensable que cette affirmation émane
personnellement du créancier. Nous avons vu que la
vérification peut être requise par un mandataire dont
le pouvoir enregistré reste annexé au procès-verbal.
Ce même mandataire est admis à affirmer la créance ;
car, a-t-on dit, ce n'est point ici un serment déci-
soire, déféré sur un litige, mais bien un acte que le

droit commun permet de remplir par mandataire (1).

465. C'est principalement sur ce caractère de l'affirmation que la commission de la chambre des députés s'appuyait pour demander la suppression de cette formalité ; car , disait-elle , si elle pouvait avoir quelque efficacité, elle la perdrait dès qu'elle peut être faite par mandataire. En réalité, ajoutait la commission, elle n'en a aucune ; elle n'est qu'un jeu pour les hommes de mauvaise foi, et une formalité superflue pour les honnêtes gens.

La chambre ne crut pas devoir adopter la suppression qui lui était proposée, non qu'elle se fît illusion sur la force des motifs sur lesquels la demande était fondée , mais dans l'espérance que la crainte du parjure, même simplement autorisé, préviendrait peut-être certaines manœuvres ; car, si l'affirmation n'empêche pas toujours celui qui est engagé d'aller en avant, la nécessité de l'accomplir peut détourner ceux qui ne le sont pas encore, en l'état surtout de l'art. 593, qui appelle sur le parjure les peines de la banqueroute frauduleuse.

D'ailleurs, la remise de titres non sincères, et la vérification, peuvent n'avoir été dans les premiers momens de la faillite que le résultat d'un entraînement irréfléchi. Faire dépendre la complicité de banqueroute frauduleuse de ce fait seul, c'eût été agir avec une sévérité par trop rigoureuse ; on a donc maintenu l'affirmation qui emporte avec elle une telle idée de persistance et de calcul, que la conduite de celui qui, n'ayant aucuns droits réels, y aurait procédé ou fait procéder, serait sans excuse. C'est donc comme dernier terme ac-

(1) Discussion à la chambre des députés.

cordé à la bonne foi et au repentir, qu'elle a été adoptée. Ainsi, la loi obéit à la dignité et à la noblesse du
mandat qui lui est dévolu. *Moneat priùsquàm feriat.*

456. L'affirmation est donc le complément nécessaire
de la vérification. En conséquence elle doit être comme
celle-ci constatée par écrit. Quoique la loi soit muette
sur ce point, il est certain qu'il doit en être dressé procès
verbal à la suite de celui de la vérification. Ce procès
verbal doit être signé par le créancier affirmant, le juge-
commissaire et le greffier.

457. L'affirmation doit être faite , avons-nous dit ,
dans les huit jours de la vérification ; mais ce délai est
essentiellement facultatif. Rien ne s'oppose à ce que le
créancier y fasse procéder avant son expiration et même
immédiatement après la vérification. La fixation de huitaine n'a eu d'autre objet que celui de déterminer le
point de départ de l'obligation pour les syndics, de convoquer les créanciers pour la délibération sur le concordat et l'union.

A défaut d'affirmation dans le délai de huitaine , le
créancier est-il déchu du droit de la faire plus tard ?
Non ; mais il est censé n'être pas réellement créancier,
et il est, par rapport à lui, procédé conformément à ce
qui est prescrit par l'art. 503. Ainsi, il ne fait point
partie de la réunion qui vote sur le concordat ; il ne participe à aucune des répartitions de l'actif. Une loi sur les
faillites ne pouvait admettre des déchéances rigoureuses.
Elle devait se borner, et celle qui nous régit s'est bornée
en effet, à imposer à chacun l'obligation de supporter
les risques résultant de sa négligence.

458. L'affirmation suivie de vérification fixe irrévocablement la position du créancier , par rapport à la

masse, à partir de la clôture du procès-verbal. La déclaration d'admission le lie lui-même d'une manière absolue. Ainsi, s'il l'avait acceptée sans protestations ni réserves, il serait à jamais non recevable à prétendre faire rétablir dans son entier le chiffre réduit par les syndics, ni réclamer aucun privilége sur les autres créanciers, s'il ne lui en a été concédé aucun.

469. Quant au failli, il faut distinguer: s'il a lui-même dressé son bilan, et si, présent à la vérification, il n'a élevé aucune difficulté ni fait des réserves, il serait non recevable à contester plus tard. Mais s'il n'a pas assisté à la vérification, nous avons déjà dit qu'il n'était pas personnellement lié par ce qui a été fait pendant son absence. Il pourra donc, même après le concordat ou l'union, faire réduire la créance en prouvant qu'elle est exagérée, ou la faire supprimer en justifiant qu'elle n'était pas due. Mais ce pouvoir n'existerait plus si la créance déjà contestée par les syndics avait été consacrée par un jugement ayant acquis l'autorité de la chose jugée, sauf la voie de la requête civile dans les cas autorisés par la loi.

Mais, même contre le failli, l'admission ferait pleine foi de la qualité de créancier. Il ne serait donc pas recevable à prouver, par témoins, contre cette qualité, ni à exiger la représentation du titre primitif qui peut avoir été perdu. La preuve de l'admission couvre le créancier d'une présomption *juris*, qui ne le céderait qu'à la preuve du contraire, résultant des écritures ou de tout autre titre émané de celui qui serait attaqué. Rien, pas même le serment, ne pourrait suppléer cette preuve littérale.

470. La faillite d'une société en nom collectif, ou en

commandite. établit forcément deux passifs : l'un de la
société ; l'autre particulier à chacun des associés ou au
gérant. Dans le premier , se rangent tous les créanciers
sociaux ; dans le second, ceux personnels aux associés
ou au gérant. Les syndics doivent donc, lors de l'admission des diverses créances, indiquer le passif auquel elles
appartiennent. Cette indication est indispensable, parce
que l'avoir social , c'est-à-dire tout ce qui est possédé
par l'être moral, y compris les mises de fonds des associés, devient le partage exclusif des créanciers de la société. Le concours des créances indistinctement ne s'é-
tablit que sur l'actif personnel du débiteur particulier.
et qui se compose de tout ce que celui - ci possède en
dehors de la société.

471. Enfin, il peut exister dans les faillites une catégorie de créanciers dont les droits ne seront définitifs
que par la réalisation d'une condition. Telles seraient les
créances garanties par un cautionnement résultant d'une
convention ou de la nature du titre. Or, la faillite est libérée, si le débiteur principal paye. Mais l'incertitude
de ce paiement autorise les porteurs de ces engagemens à se présenter à la faillite, au passif de laquelle ils
doivent être admis (1). Il importe, dans ce cas , pour la
conservation des droits de la masse, qu'il soit fait mention que l'admission n'est qu'éventuelle. Les syndics
doivent donc l'énoncer dans la déclaration insérée au
procès-verbal et inscrite sur les titres.

ARTICLE 498.

Si la créance est contestée, le juge-commissaire pourra, sans qu'il soit besoin de citation , renvoyer à bref

(1) Vid. art. 542 et suiv.

délai devant le tribunal de commerce, qui jugera sur son rapport.

Le tribunal de commerce pourra ordonner qu'il soit fait, devant le juge-commissaire, enquête sur les faits, et que les personnes qui pourront fournir des renseignemens soient, à cet effet, citées par- devant lui.

ARTICLE 499.

Lorsque la contestation sur l'admission d'une créance aura été portée devant le tribunal de commerce, ce tribunal, si la cause n'est point en état de recevoir jugement définitif avant l'expiration des délais fixés, à l'égard des personnes domiciliées en France, par les articles 492 et 497, ordonnera, selon les circonstances, qu'il sera sursis ou passé outre à la convocation de l'assemblée pour la formation du concordat.

Si le tribunal ordonne qu'il sera passé outre, il pourra décider par provision que le créancier contesté sera admis dans les délibérations pour une somme que le même jugement déterminera.

ARTICLE 500.

Lorsque la contestation sera portée devant un tribunal civil, le tribunal de commerce décidera s'il sera sursis ou passé outre ; dans ce dernier cas , le tribunal civil saisi de la contestation jugera , à bref délai, sur requête des syndics , signifiée au créancier contesté , et sans autre procédure, si la créance sera admise par provision , et pour quelle somme.

Dans le cas où une créance serait l'objet d'une instruction criminelle ou correctionnelle, le tribunal de commerce pourra également prononcer le sursis ; s'il ordonne de passer outre, il ne pourra accorder l'ad-

mission par provision, et le créancier contesté ne pourra
prendre part aux opérations de la faillite tant que les
tribunaux compétens n'auront pas statué.

SOMMAIRE.

472. Nous avons vu sous les articles précédens, par
qui les créances peuvent être contestées. Les articles actuels tracent les obligations que le litige survenu sur l'une
ou plusieurs de ces créances, impose au juge-commissaire, et le mode de jugement par le tribunal investi de
la connaissance de la contestation.

473. Le juge-commissaire n'a reçu de la loi aucune attribution sur les difficultés que la vérification fait naître, soit qu'il s'agisse de l'existence entière de la créance, soit que tout se borne à une simple réduction, soit, enfin, que l'on ne conteste que les priviléges et hypothèques qu'on voudrait en faire résulter. Il doit, dans chacun de ces cas, renvoyer les parties à se pourvoir devant qui de droit.

Il est vrai que les termes de l'article 498 semblent établir que ce renvoi n'est que facultatif; mais ce serait mal en saisir l'intention, que de l'admettre ainsi. D'abord, il répugne à la raison, que le mandat de surveillance confié à ce magistrat puisse s'étendre jusqu'à l'autoriser à connaître si un créancier a ou non cette qualité. Partout où la loi a voulu rendre ce mandat plus ample, elle s'en est formellement expliquée. Son silence, dans l'article qui nous occupe, ne permet donc pas d'admettre pour lui le pouvoir de juger.

Mais les termes mêmes de cet article s'expliquent par eux-mêmes. La faculté laissée au juge de renvoyer à l'audience, ne se rapporte qu'à la forme et non au fond même. Ainsi, ou le juge usera de la faculté qui lui est accordée, et l'instance se trouvera liée *sans citation*. Dans le cas contraire, le contestant sera obligé d'investir le tribunal par un ajournement régulier.

Au reste, pour qu'il y ait lieu aujourd'hui à renvoi, il faut que la créance soit contestée. Ainsi se trouve abrogé le pouvoir conféré au commissaire de renvoyer d'office au tribunal les créances qui lui paraissaient suspectes.

Le Code de 1807 avait admis ce pouvoir, afin d'armer le juge-commissaire du moyen le plus efficace pour déjouer toute collusion entre les syndics et les créanciers de mauvaise foi (1). Mais le danger de cette collusion est moins à craindre aujourd'hui. La vérification à jour fixe, en réunion des créanciers, en présence du failli, suffit seule pour en éviter la possibilité, par la facilité qu'elle offre à tous les intéressés de surveiller leur propre droit, et conséquemment celui de la masse.

Ainsi, des principes consacrés par l'article 505 du Code de commerce, la loi actuelle n'a maintenu que celui qui refuse au commissaire le droit de statuer personnellement sur la qualité de créancier, ou sur la quotité de la créance. On n'a pas cru qu'il fût prudent *d'abandonner au jugement d'un seul homme une opération de laquelle, lorsque la créance est considérable, peut dépendre la fortune du créancier ou le sort de la masse* (2). Mais quelle que soit l'opinion personnelle du juge-commissaire, il ne peut empêcher l'admission toutes les fois que les syndics, les créanciers et le failli ne contestent point.

474. Le tribunal investi, soit par le renvoi prononcé par le juge, soit par la citation du contestant, doit prononcer dans le plus bref délai possible. La loi imprime à toutes les contestations relatives à la vérification un tel caractère d'urgence, que la solution qui détermine la position de chacun ne saurait trop tôt intervenir.

C'est dans ce but que l'on a permis au tribunal d'ordonner qu'il sera fait, si les besoins de la cause l'exigent, enquête par le juge-commissaire. Cette faculté emporte pour ce magistrat celle d'entendre toutes les personnes dont il croira le témoignage utile à la manifestation de la vérité. Les syndics ou les créanciers contestants seraient tenus de les citer à comparaître.

(1) Locré, *Esprit du Code de commerce*, art. 505.
(2) *Id. ibid.*

475. Doit-il être tenu note des dépositions ? L'article 498 est muet sur ce point. Mais l'affirmative nous paraît être dans l'esprit de la loi. Elle est d'ailleurs conforme aux véritables principes.

Nous venons de voir, en effet, que le juge-commissaire ne peut décider seul les contestations relatives aux vérifications. Ne serait-ce pas cependant lui en accorder le pouvoir que de le laisser appréciateur exclusif de l'enquête ?

Or, comment en serait-il autrement, si le tribunal ne doit connaître les dépositions des témoins que par le rapport que le commissaire est obligé de faire ? Ce rapport sera-t-il assez fidèle ? Rappellera-t-il, dans tous les cas, avec assez d'exactitude toutes les circonstances ? N'est-il pas à craindre que, par une préoccupation bien naturelle et surtout très facile à concevoir, le juge dominé par l'opinion qu'il se sera formée, n'appuye pas avec la même insistance sur les dépositions que l'opinion contraire aurait à invoquer ? Et dans le cas d'une erreur involontaire, quels moyens aura-t-on pour la rectifier ?

Il nous semble donc que la dignité de la justice, que l'équité, que les droits sacrés de la défense exigent que les dépositions recueillies par le juge soient fidèlement retenues par écrit ; qu'elles soient ensuite soumises au tribunal. L'opinion de la majorité des juges n'est pas liée par celle du commissaire ; il faut donc lui fournir les élémens nécessaires pour qu'elle puisse se former avec cette indépendance et cette liberté sans lesquelles il n'y a plus de bonne justice.

Ces considérations, vraies dans tous les cas, reçoivent une application bien plus incontestable encore, lorsque

l'objet du litige excède le taux du dernier ressort. Or,
comment l'appelant pourrait-il espérer convaincre la
Cour de la nécessité de réformer s'il n'a d'autre élément
d'appréciation à lui soumettre que ses propres alléga-
tions, repoussées déjà par le premier juge ? Les magistrats supérieurs n'auront pas même la ressource d'entendre le rapport du juge-commissaire. Ils ne pourraient
donc qu'ordonner une nouvelle enquête pour éclairer
leur religion sur les faits énoncés.

Or, cette nouvelle enquête retarderait la solution du
procès. Évidemment donc le législateur qui a tout fait
pour rendre cette solution plus prompte, n'a pu, de
près ni de loin, autoriser un pareil résultat.

Ainsi, si en principe l'enquête peut être ordonnée
d'office, sans que les parties l'aient demandée, sans que
les faits aient été côtés, l'exécution de cette enquête
demeure pour la relation des témoignages soumise à
la règle ordinaire, c'est-à-dire à une constatation par
écrit.

476. L'art. 508 du Code de commerce permettait au
juge d'ordonner le dépôt au greffe du titre contesté. La
loi nouvelle se tait sur cette faculté ; mais ce silence
ne nous paraît pas devoir être considéré comme une
prohibition. Le dépôt au greffe ne sera le plus souvent
nécessaire que lorsque la matérialité des titres inspirera
des soupçons de faux. Or, la mission du juge étant essentiellement de veiller à tout ce qui intéresse l'ordre
public, et à la répression de toutes les fraudes, elle
comprend virtuellement le pouvoir de faire tout ce qui
tend à garantir l'un et à assurer l'autre. A ce double
titre, le dépôt au greffe peut être ordonné, sans qu'il
fût besoin d'une autorisation expresse de la loi.

477. Quel est le tribunal compétent pour statuer sur les difficultés soulevées par la vérification? Incontestablement, celui devant lequel la faillite est elle-même pendante. Nous avons déjà dit que, quant à la compétence territoriale, toutes les contestations dans lesquelles la faillite est défenderesse principale doivent être portées au siége de cette faillite (1). Or, dans la vérification, chaque créancier est demandeur en admission. Dès lors, toutes les difficultés qui se rattachent à cette demande sont de droit déférées au tribunal auprès duquel cette vérification se poursuit.

Mais si, pour la compétence territoriale, la faillite est attributive de juridiction, il n'en est pas de même pour celle d'attribution. Les matières sur lesquelles le tribunal de commerce n'aurait pu statuer avant la faillite, restent après celle-ci de la compétence exclusive des juges ordinaires. Si donc, la contestation née dans la vérification porte sur celles-ci, c'est le tribunal civil qui doit être investi.

Ainsi, s'agit-il d'une lettre de change, d'un billet à ordre, d'un acte ou d'une opération de commerce, d'une transaction entre négociants, d'un gage ou d'un nantissement commercial, en un mot d'un engagement ou d'une obligation ayant son origine dans les relations d'affaires du failli, le tribunal consulaire sera appelé à juger le différend. S'agit-il, au contraire, d'un emprunt contracté civilement, de la nullité d'un acte authentique, de la constitution d'une hypothèque ou d'un privilége sur les immeubles du failli, la contestation sera exclusivement dévolue au tribunal civil.

(1) Vid. suprà, art. 452, n° 155.

Mais, dans l'un et l'autre cas, c'est le tribunal du lieu de la faillite qui est seul compétent, pour l'un comme pour l'autre. Le pouvoir de saisir le tribunal par un simple renvoi appartient au juge-commissaire.

478. Les dispositions des articles 499 et 500 ont introduit un droit nouveau quant aux formes de la procédure sur les contestations. Elles ont pour but de prévenir un abus contre lequel la législation précédente était désarmée. On sait que le concordat qui ne pouvait être voté que par les créanciers admis, était obligatoire pour ceux qui n'y avaient pas concouru, alors même que leur absence n'avait eu pour cause que les contestations soulevées contre leurs créances. Le failli trouvait dans cet état de choses un excellent moyen pour écarter de la délibération un créancier dont il redoutait la position, les renseignemens ou l'influence. Il n'avait qu'à se concerter avec un autre créancier qui contestait l'admission du premier, et le plaçait ainsi en dehors de toutes les opérations subséquentes.

Ou bien les syndics attendaient pour faire délibérer sur le concordat, l'issue de la contestation, et un temps souvent fort long s'écoulait au grand préjudice de tous.

La loi nouvelle a pris contre l'une ou l'autre de ces éventualités une précaution efficace. Il doit être rendu compte au tribunal de commerce des contestations que les vérifications ont fait naître. Le tribunal avise au moyen de concilier l'urgence de la délibération sur le concordat, avec le droit appartenant au créancier, qui s'est mis en mesure de faire vérifier sa créance, de faire partie de la réunion appelée à prendre cette délibération.

479. Il peut, en conséquence, si la cause n'est pas en état de recevoir jugement définitif dans les délais fixés

par les articles 492 et 497, ordonner qu'il sera sursis
à la convocation des créanciers jusqu'après ce jugement. On ne comprendrait pas en effet que le tribunal eût à s'occuper s'il y a lieu ou non à surseoir, si la
contestation étant réglée avant l'expiration des délais,
tout était terminé avant l'époque où la convocation doit
être effectuée.

Mais ce qui étonne dans la condition prescrite par l'article 499, c'est le rappel de l'article 492 et l'admission
seulement hypothétique d'un fait dont la réalisation est
inévitable.

Nous avons vu, en effet, que l'article 493 n'ordonne
la convocation pour la vérification que lorsqu'il s'est
écoulé trois jours de l'expiration non seulement du délai
de vingt jours, mais encore de celui accordé aux créanciers domiciliés en France, pour la distance de leur domicile au chef-lieu de la faillite. Or, comment pourrait-il
se faire qu'une contestation élevée dans le cours de la
vérification, fût en état d'être jugée avant l'expiration
de délais qui doivent être échus, pour que la vérification elle même puisse s'ouvrir?

Le législateur s'est donc laissé dominer par une préoccupation d'autant plus fâcheuse, que des termes de
l'article 499, on pourrait induire des conséquences re-
prouvées par l'article 493, sur le moment où la vérification doit commencer. Il y a en effet une contradiction
évidente entre ces deux articles; l'un, fixant l'ouverture
de la vérification, après tous les délais accordés par l'article 492, l'autre supposant qu'une contestation née après
cette ouverture sera en état d'être définitivement jugée
avant l'expiration de ces mêmes délais.

Mais si cette contradiction existe dans les termes, elle

n'est ni dans l'esprit, ni dans l'intention du législateur. Ce qu'il a voulu dire dans l'article 499, c'est : si la contestation est de nature a être jugée définitivement pendant le cours de la vérification. Telle est la véritable pensée qu'il a voulu exprimer. C'est donc à elle qu'il faut recourir, sans se préoccuper autrement des termes impropres dans lesquels elle a été rendue.

Cette même pensée nous est divulguée par le rappel de l'article 497. Celui-ci donne à chaque créancier vérifié huit jours pour affirmer sa créance. Or, il est fort possible qu'une contestation, née au commencement ou au milieu de la vérification, soit en état d'être jugée définitivement avant l'expiration de cette huitaine dont le créancier, dernier vérifié, à droit de profiter, puisqu'elle est accordée individuellement à chaque créancier.

Mais cela ne pourra guères se réaliser, lorsque la contestation sera de nature à subir les deux degrés de juridiction. Il appartiendra donc, dans ce cas, au tribunal de commerce de statuer s'il y a lieu, ou non, de surseoir à la convocation des créanciers.

480. Or, sur ce point le tribunal de commerce a un pouvoir éminemment discrétionnaire. C'est là la conséquence de la mission réglementaire que la loi lui confie sur la faillite. Il peut donc admettre ou rejeter le sursis, sans que sa décision puisse être attaquée ni critiquée.

Il est un seul cas où le sursis est forcé, à savoir : lorsque la contestation aurait pour résultat de constituer le failli en état de banqueroute frauduleuse. Comme si, par exemple, on soutenait qu'une créance est le produit d'un concert frauduleux entre le failli et le prétendu créancier. La preuve de cette fraude placerait le failli sous le coup de l'article 591, et rendrait tout concordat impossible. Il serait donc nécessaire, avant de s'occuper de celui-ci, d'attendre que la justice eût prononcé sur la contestation.

Mais, hors ce cas exceptionnel, et toutes les fois qu'il s'agit d'une contestation ordinaire, soit sur l'existence, soit sur le chiffre de la créance, la question du sursis est entièrement livrée à l'appréciation souveraine du tribunal. La loi ne trace aucune règle à cette appréciation. Mais ce que les tribunaux ne doivent jamais perdre de vue, c'est que le sursis n'est pas dans l'intention du législateur, et qu'ils se conformeront à sa véritable pensée en ne l'admettant que très rarement, et seulement dans des circonstances impérieuses et urgentes.

On sait en effet combien la loi nouvelle s'est efforcée, par la réduction des divers délais, d'arriver promptement à la délibération du concordat. Or, tout ce qui contrarierait ce résultat important s'éloignerait d'une manière sensible de son esprit ; et ce qui le prouve sans réplique, c'est la seconde disposition de l'article 499.

481. En effet, le jugement qui rejette le sursis n'aura pas pour objet d'empêcher le créancier contesté de prendre part à la délibération. Le tribunal peut, en ordonnant de passer outre, décider que ce créancier sera admis à cette délibération pour une somme déterminée.

Le tribunal aura donc toujours la faculté de concilier l'urgence que l'opération commande, avec le droit des créanciers, d'y participer ; et l'on comprend que l'admission provisoire ne sera refusée que lorsque les présomptions les plus graves viendront d'avance démontrer la justice de la contestation, et l'inanité absolue des droits prétendus par le créancier.

482. Mais le refus est forcé, lorsque la créance con-

30

testée est l'objet d'une instruction correctionnelle ou criminelle. Quelque prudent qu'il fût, dans ce cas, de surseoir, le tribunal peut ordonner qu'il sera passé outre, mais sans pouvoir admettre provisoirement le créancier.

La présomption de fraude qui résulte de la poursuite légitime cette exception à la faculté laissée au tribunal. Mais, précisément à cause de sa nature exceptionnelle, cette mesure doit être restreinte au seul cas prévu par la loi. Ainsi, il faut qu'il y ait instruction commencée, et non pas seulement plainte ou projet de poursuite. Il faut, en outre, que cette instruction se renferme rigoureusement dans la personne du créancier. Car, si le fait était de nature à compromettre le failli, et à constituer contre lui une présomption de banqueroute frauduleuse, le sursis, comme nous le disions plus haut, deviendrait de rigueur pour la validité même du concordat à intervenir.

Mais, la poursuite correctionnelle pourrait être commune au failli, sans qu'il en résultât la nécessité de surseoir. Le failli, même condamné pour banqueroute simple, peut concorder ; à plus forte raison, le pourrait-il s'il n'était encore que sous le poids du soupçon. Il y aurait donc lieu dans ce cas à l'application littérale de l'article 500. L'admission provisoire ne pourrait être prononcée.

483. Si la contestation est déférée au tribunal civil, il est procédé, quant au sursis et à l'admission provisoire, de la même manière que devant le tribunal de commerce, avec cette différence que le premier est prononcé ou rejeté par le tribunal de commerce, tandis qu'il est statué sur la seconde par le tribunal civil.

La raison de cette prescription est facile à saisir. Le tribunal de commerce est investi dès l'origine de la poursuite de la faillite ; il l'a vue se dérouler toute entière sous ses yeux ; il en connaît toutes les circonstances, et c'est par cette connaissance générale qu'il peut sainement apprécier s'il convient de surseoir ou de passer outre.

Le tribunal civil, au contraire, n'est saisi qu'accidentellement d'un épisode qui se rattache à la faillite, mais dont les débats se concentrent dans un intérêt particulier. Il ne pourrait donc juger la question de sursis que relativement à cet intérêt, n'ayant pas auprès de lui le juge-commissaire dont le rapport est d'un si puissant secours pour l'exposition des besoins généraux de la faillite.

Il était donc rationnel de laisser la solution de la question du sursis au juge le mieux en position da la résoudre. C'est à ce titre que le tribunal de commerce a été choisi.

L'admission provisoire n'exige pas une connaissance approfondie de la faillite. Elle ne peut être que le résultat de l'opinion que le juge peut immédiatement se former du caractère de la contestation et de la nature de la créance contestée. C'est donc au juge saisi de l'appréciation de l'une et de l'autre qu'appartient naturellement le droit de la prononcer.

484. Il en est, au reste, pour le tribunal civil comme pour le tribunal de commerce, l'admission provisoire n'est que facultative. Elle peut donc être refusée malgré que le sursis ait été rejeté.

Mais le tribunal doit toujours être consulté. La loi n'admet, pour le faire expliquer, d'autres procédures qu'une requête expositive des contestations existantes, et communiquée par les syndics aux créanciers contestés. Sur le vu de cette requête, le tribunal statue dans le plus bref délai.

485. C'est au créancier qui a intérêt à l'admission provisoire, à veiller à ce que les syndics présentent cette requête. S'ils négligent ce devoir, il doit les sommer de s'en acquitter au plus vite, sous peine de dommages-intérêts auxquels les syndics pourraient être personnellement condamnés.

Il pourrait de plus s'opposer à toute réunion, avant qu'il eût été statué sur son admission, sauf la voie de plainte au juge-commissaire, autorisée par l'article 466, et selon les circonstances, le droit de poursuivre la révocation des syndics.

486. Les jugemens qui ordonnent de surseoir ou de passer outre, ceux rendus par les tribunaux civils ou de commerce, sur l'admission provisoire, ne sont susceptibles d'aucuns recours, aux termes de l'article 583, § 4.

ARTICLE 501.

Le créancier dont le privilége ou l'hypothèque seulement serait contesté sera admis dans les délibérations de la faillite comme créancier ordinaire.

SOMMAIRE.

487. La disposition de cet article ne peut, par elle-même donner matière à des difficultés sérieuses. Mais il en est autrement, lorsqu'on la rapproche de celle de l'article 508. Celui–ci, en effet, exclut les créanciers hypothécaires, privilégiés ou nantis de gages de tout concours au vote sur le concordat, sous peine d'être privés des effets attachés à l'hypothèque, au privilége et au nantissement.

Le droit conféré par l'article 501 doit donc dans l'exécution être combiné avec l'article 508. Il importe surtout aux créanciers hypothécaires, privilégiés ou gagistes, d'en bien saisir la portée et la nature, pour ne pas être exposés à se voir ravir malgré eux des avantages qu'il n'aurait jamais été dans leur pensée de répudier.

Il faut en conséquence distinguer la faculté d'assister à la délibération du concordat, de celle de voter sur les propositions qui en font la base.

488. La première appartient à tous les créanciers sans distinction des titres qui leur confèrent cette qualité. Ce principe se justifie par l'utilité que la masse peut puiser dans leur concours individuel. Un créancier privilégié ou hypothécaire peut être à même comme le simple chirographaire de fournir des renseignemens précieux, d'éclairer la discussion par des documens qui seront en sa possession et de contribuer ainsi à l'appréciation exacte de la conduite et des propositions du failli.

C'est ce droit d'assistance que l'article 501 garantit aux créanciers dont on conteste l'hypothèque ou le pri-

vilége. Ils peuvent le revendiquer, comme ils le pourraient, si aucune contestation ne s'était élevée. La loi,
en effet, n'a exclu, nulle part, les créanciers hypothécaires ou chirographaires de la réunion appelée à voter
le concordat. Elle n'a pas dû le faire 1o parce que l'interdiction de voter est toute dans leur intérêt exclusif,
qu'il leur est loisible de s'y soustraire, en se soumettant
aux conséquences du vote. Ils doivent donc être présens, pour être à même d'épuiser l'option qui leur est
laissée.

2o Parce que le créancier hypothécaire, notamment,
peut n'avoir dans son hypothèque qu'un titre illusoire ,
soit qu'il n'existe pas d'immeubles, soit que le rang
de son inscription lui enlève toute espérance de paiement. Il est donc alors dans la position d'un créancier
ordinaire, quant à la remise stipulée dans le concordat;
et il est permis de croire qu'il n'hésitera pas à prendre
part au vote.

3° Enfin le concordat peut être rejeté, et l'union dans
ce cas ayant lieu de plein droit séance tenante, les créanciers hypothécaires et privilégiés ont intérêt à être
présens pour prendre part au vote des mesures que
l'union commande.

Ainsi le créancier hypothécaire ou privilégié a droit
d'assister comme tel à la réunion. Il y assiste comme
créancier ordinaire si son hypothèque ou son privilége
est contesté.

489. Mais le droit de voter ne lui appartient dans
aucune de ces hypothèses, et il ne saurait l'exercer sans
être atteint par la pénalité de l'article 508. Il deviendrait
trop facile d'éluder celle-ci, s'il suffisait d'une attaque
contre le privilége ou l'hypothèque , pour donner au

créancier la faculté que cet article lui refuse, lorsque ces privilége et hypothèque sont admis sans difficultés.

Vainement le créancier prétendrait-il que son hypothèque étant mise en question, il n'a fait en votant que ce que la possibilité de n'être que simple chirographaire lui commandait de faire ; et qu'il ne peut être censé avoir renoncé à un droit dont il poursuivait judiciairement le maintien. On lui répondrait avec raison que si ce droit pouvait être douteux pour celui qui le contestait, il ne devait pas l'être à ses propres yeux, puisqu'il en soutenait la sincérité. Qu'il devait donc se considérer toujours comme créancier hypothécaire ou privilégié, et agir comme tel ; qu'il s'est condamné lui-même, en prenant part à un vote qui lui était prohibé, et qu'il ne saurait se plaindre de son propre fait dont il a pu d'avance connaître et calculer toutes les suites.

490. Doit-on induire des termes de l'article 501 que les créanciers hypothécaires ou privilégiés ne pourraient être provisoirement admis, si la contestation portait sur la créance elle-même ? Évidemment non. L'article 501 crée une hypothèse spéciale qu'il régit sans dérogation aux articles précédens. C'est donc à ceux-ci qu'il faudrait recourir, si la créance était contestée.

491. Il y a, en outre, entre l'hypothèse de cet article et celles de l'art. 499 cette différence que dans celles-ci l'admission est provisoire, qu'elle doit être prononcée par justice, tandis que dans la première, l'admission est définitive ; qu'elle a lieu de plein droit, sans qu'il soit besoin de recourir aux tribunaux. Quel que soit, en effet, le sort de la contestation, la qualité de créancier ne sera nullement altérée. La quotité de la créance ne variera pas. La perte des accessoires réclamés réduira

le créancier à la qualité de simple chirographaire, et c'est dans ce sens que l'article 501 prescrit de l'admettre comme créancier ordinaire.

ARTICLE 502.

A l'expiration des délais déterminés par les articles 492 et 497, à l'égard des personnes domiciliées en France, il sera passé outre à la formation du concordat et à toutes les opérations de la faillite, sous l'exception portée aux articles 567 et 568, en faveur des créanciers domiciliés hors du territoire continental de la France.

ARTICLE 503.

A défaut de comparution et affirmation dans les délais qui leur sont applicables, les défaillants connus ou inconnus ne seront pas compris dans les répartitions à faire : toutefois la voie de l'opposition leur sera ouverte jusqu'à la distribution des deniers inclusivement ; les frais de l'opposition demeureront toujours à leur charge.

Leur opposition ne pourra suspendre l'exécution des répartitions ordonnancées par le juge commissaire; mais s'il est procédé à des répartitions nouvelles avant qu'il ait été statué sur leur opposition, ils seront compris pour la somme qui sera provisoirement déterminée par le tribunal, et qui sera tenue en réserve jusqu'au jugement de leur opposition.

S'ils se font ultérieurement reconnaître créanciers, ils ne pourront rien réclamer sur les répartitions ordonnancées par le juge-commissaire; mais ils auront le droit de prélever, sur l'actif non encore réparti, les dividendes afférents à leurs créances dans les premières répartitions.

SOMMAIRE.

492. Le législateur de 1838 a simplifié puissamment la marche de la faillite en abrogeant les art. 510, 511 et 512 du Code de commerce. On sait que ces articles accordaient un second délai aux créanciers qui ne s'étaient pas présentés à la vérification ; et que ce n'était qu'après qu'il était expiré que l'on passait outre à la convocation des créanciers, à l'effet de délibérer sur le concordat.

493. De cette abrogation, il résulte : 1° pour les créanciers domiciliés en France, qu'ils n'ont plus que le délai prescrit par les paragraphes 1 et 2 de l'article 492 ; et qu'à l'expiration de ce délai, il est passé outre à la formation du concordat et à toutes les opérations de la faillite, quel que soit le nombre des créances vérifiées et admises.

Il est donc, pour eux, de la plus haute importance de faire leur diligence dans ce délai. Leur négligence pourrait leur nuire, d'abord en les privant de participer au vote sur le concordat ; en second lieu, en rendant obligatoire un concordat lésif que leur présence aurait fait repousser, en déplaçant la majorité. On sait, en effet, que cette majorité ne peut être calculée que sur le nombre des créanciers et sur le chiffre des créances admises. Il est donc certain que si tous les ayants-droit avaient accompli cette formalité, les adhésions au concordat auraient dû, par cela même, être plus nombreuses.

Il est bon, d'ailleurs, que le traité avec le failli soit l'expression vraie des besoins et de l'intention de la majorité. L'inaction que s'imposeraient certains créanciers ne leur nuirait donc pas seulement à eux-mêmes ; elle pourrait encore léser ceux qui, s'étant opposés à l'admission des propositions déraisonnables du failli, auraient trouvé dans leur concours les moyens de les faire rejeter.

L'intérêt général s'unit donc à l'intérêt privé, pour faire un devoir à tous ceux qui sont créanciers d'une faillite de se présenter à la vérification dans le délai requis.

494. 2° Pour les créanciers domiciliés en France, la

conséquence de l'esprit de la loi était de les laisser complètement à l'écart, et en dehors de toutes les opérations de la faillite, quoique les délais qui leur sont accordés pour la vérification ne fussent pas expirés. On ne pouvait parvenir à une prompte solution, qu'en leur imposant le sacrifice d'un droit que leur qualité leur assurait, qu'en les condamnant ainsi à subir la loi tracée par les autres créanciers.

Cette disposition pourrait paraître injuste, si de puissantes considérations ne venaient la légitimer. Quant au droit du législateur, il est incontestable. Le règlement des faillites intéresse l'ordre public. L'autorité chargée de veiller à celui-ci, trouvait donc dans la mission qui lui était confiée, le pouvoir d'intervenir d'une manière efficace dans ce règlement, et d'ordonner toutes les mesures propres à le favoriser. On reconnaîtra sans peine que la prompte expédition dans les formalités indispensables est, sous tous les rapports, un avantage trop considérable, pour qu'on dût la subordonner à des scrupules pour un droit, sans utilité réelle, même pour ceux qui peuvent le revendiquer, et dont le nombre sera tel, en général, que leur concours aurait été sans influence sur la solution adoptée par les créanciers présens.

De plus, le législateur devait d'abord toute sa protection aux créanciers nombreux domiciliés en France ; et en leur laissant la direction exclusive de la faillite, il obéissait au principe qui, en matière d'assemblées, subordonne le sort de la minorité à la volonté de la majorité.

Enfin, le retard occasionné par l'exécution littérale de l'article 73 du Code de procédure civile, que la justice commandait d'appliquer aux créanciers domiciliés hors France, eut été pour ceux-ci aussi fâcheux que pour les autres. Que serait devenu pendant ce temps l'actif de la faillite ? Ne pouvait-il pas dépérir, même entre les mains de ses administrateurs ?

La disposition qui eut consacré ce retard pouvait donc devenir meurtrière, même pour ceux en faveur desquels il eut été admis. Il y avait, pour sauvegarder leurs intérêts, une mesure beaucoup plus efficace à prendre, et c'est celle que nous trouvons ordonnée par l'article 502. Quoique non vérifiées, les créances des étrangers sont censées exister réellement et aucune répartition ne peut être ordonnancée, sans que ces créances ne soient comprises dans la masse prenante. Or, de deux choses l'une : si la faillite se termine par l'union, les créanciers qui n'ont pu concourir à la délibération sont placés sur la même ligne que tous les autres. Comme eux, ils sont assurés de leur part, puisque, tant que dure le délai de la vérification, cette part doit être prélevée sur les sommes à répartir ; si un concordat est voté, l'intérêt des créanciers présens à obtenir les conditions les plus avantageuses garantit suffisamment les droits des créanciers étrangers auxquels ces conditions seront communes.

C'est cette double considération que, dans la session de 1835, faisait parfaitement ressortir le rapporteur de la loi. « Ce serait souvent, disait M. Raynouard , si on attendait l'expiration des délais de l'article 73 , Cod. proc, nuire aux étrangers eux-mêmes, en laissant l'actif, qui est aussi leur gage , se détériorer par des lenteurs. La réserve de leur dividende les tiendra indemnes de toutes pertes ; et si la force des choses met un obstacle à ce qu'ils figurent dans les opérations du concordat, ils trouveront une garantie dans l'intérêt per-

sonnel des créanciers présens qui, soumis comme eux
à des conditions égales pour tous, auront pesé et dé-
battu ces conditions, avant de les accepter pour eux-mêmes. »

On voit par là les inspirations qui ont présidé à l'a-
doption de la loi. Les articles 567 et 568 corrigent ce
que l'article 502 pourrait avoir de trop rigoureux. L'ensemble de ces dispositions concilie toutes choses.

495. L'article 503 réglant une hypothèse relative
au paiement des créances aurait pu être renvoyé au
chapitre qui traite de la répartition de l'actif. On en fit
même l'observation dans la discussion, mais il fut répondu que l'ordre logique voulait qu'il fût maintenu à la
place qu'il occupait. Cet article, en effet, n'est que la
sanction pénale de la violation des prescriptions relatives à la vérification, et dont il est, par conséquent, le
complément nécessaire.

L'actif, avons-nous dit, n'appartient qu'aux créanciers réels du failli. Il n'y a de créanciers réels que ceux
qui ont fait vérifier et affirmer leurs titres. Il n'y a
de créances certaines que celles qui ont été admises.
Conséquemment, les premiers seuls doivent être appelés à la délibération du concordat ; et si le rejet de celui-ci amène une répartition, les dernières seules ont
droit d'y concourir, quelles que soient les énonciations
du bilan. Voilà le principe consacré par l'article 503.

496. L'intérêt des créanciers à utiliser les délais pour
la vérification, en devient beaucoup plus urgent. L'actif
en effet, peut être d'une nature telle qu'il a pu être tota-
lement réalisé, et qu'une seule répartition en comprenne l'intégralité. Or, cette hypothèse se réalisant,
les créanciers retardaires seraient définitivement déchus

de tous leurs droits. En effet, ce qui s'est réalisé pendant leur absence est définitif. Ils ne pourraient ni rechercher les créanciers qui ont touché, ni les contraindre à rapporter tout ou partie des sommes reçues.

Cette disposition peut d'autant moins être taxée de sévérité, que des mises en demeure réitérées provoquent les créanciers à se présenter à l'affirmation ; que dès lors, leur inaction prend un caractère tel qu'ont peut présumer, qu'ils se reconnaissent sans qualité et sans droits dans la faillite. La loi a dû le supposer ainsi jusqu'à manifestation d'une prétention contraire. Pouvait-elle se montrer plus jalouse des droits des créanciers qu'ils ne le sont eux-mêmes ? Devait-elle conférer un droit qu'ils ne demandent même pas ? Évidemment non. Ce qu'elle devait faire, c'était de laisser à chacun la responsabilité des conséquences que peut entraîner une inconcevable négligence.

497. De ce que le législateur n'a dû ni pu punir que le négligence il suit :

1° Que la disposition de l'article 503 n'est applicable aux créanciers étrangers qu'après l'expiration des délais de l'article 73, Cod. de procédure. C'est précisément parce que tant que les délais courent, ils sont censés n'avoir pu légalement se présenter, que la part leur revenant dans les répartitions doit être mise en réserve. Mais l'échéance des délais, sans qu'ils aient fait leur diligence, les constitue en état de négligence et les range sous le coup de la disposition entière de l'article 503. En conséquence non seulement il n'y a pas lieu de leur réserver une part quelconque dans les répartitions ultérieures, mais celle qui dans les précédentes leur était réservée doit être comprise dans les sommes à distribuer.

2° Que les créanciers dont les titres sont contestés doivent être compris dans les répartitions pour la totalité de leur créance, sauf à ne délivrer le dividende qu'en proportion des droits consacrés par le jugement définitif. On ne pourrait en effet rendre des créanciers sérieux victimes d'une contestation qui s'est opposée à l'admission par eux réclamée, ni les exposer à perdre une partie de ce qu'ils doivent légitimement toucher, même après qu'ils auront fait rejeter la contestation, car ce rejet pourrait ne se réaliser qu'après plusieurs répartitions. Il est donc juste que dans chacune d'elles on mette en réserve le dividende afférent à la créance totale. Si celle-ci est en définitive réduite, une part proportionnelle de ce dividende sera retenu pour le compte de la masse

498. Dans tous autres cas, le créancier en retard de se présenter est déchu de toute participation à la répartition de l'actif. Cette déchéance est encourue de plein droit, sans qu'il soit besoin de la faire prononcer par justice (1). Mais elle n'est pas absolue en ce sens qu'elle n'enlève pas le droit de se faire admettre plus tard. Elle ne s'applique qu'aux répartitions consommées ou simplement ordonnancées au moment où l'admission est poursuivie. Il n'était pas, en effet, de l'essence d'une loi sur les faillites de créer des forclusions générales et définitives. Ainsi les retardataires peuvent se présenter à toute époque et former opposition à la répartition jusqu'à la délivrance des deniers inclusivement. L'effet de cette opposition se détermine par l'époque qui la voit se réaliser.

(1) Pardessus, tom. 4. n. 1188.

499. 1° L'opposition est faite avant toute répartition. L'opposant est de plein droit admis à concourir à tout ce qui sera réalisé plus tard. Si une distribution était ordonnancée avant que son opposition fût jugée, il serait procédé à son égard de la manière que nous venons d'établir pour les créanciers contestés.

500. 2° L'opposition est postérieure à l'ordonnance du juge qui détermine une répartition. Dans ce cas, l'opposition n'arrête pas l'exécution de l'ordonnance. Les décisions rendues par le juge-commissaire sur cette matière sont insusceptibles de recours. Elles doivent en outre fixer la quotité du dividende. Or, pour établir cette quotité, le juge a nécessairement pris pour base le chiffre de la somme à distribuer et celui des créances admises. Il faudrait donc, si ce dernier s'augmentait après coup, diminuer proportionnellement le dividende primitivement fixé, et conséquemment annuler l'ordonnance rendue, ou tout au moins lui en substituer une nouvelle.

Il n'y aurait donc jamais rien de certain même en matière de répartitions, s'il fallait sans cesse, au gré de créanciers coupables de négligence, modifier ce qui a été fait par le juge. Que d'embarras surgiraient dans la liquidation! Que d'entraves sans cesse renaissantes! Aussi la loi n'a-t-elle pas hésité entre les droits en souffrance et ceux qui ont eu le tort de se manifester bien tard. La répartition ordonnancée se continuera sur les bases déterminées. Le tort qui pourra en résulter pour les retardataires, n'étant qu'une conséquence de leur négligence, il était rationnel de leur en laisser subir la chance, plutôt que de rendre les créanciers diligens, victimes d'un fait qui leur est étranger.

Les créanciers opposants n'ont donc aucuns droits aux répartitions ordonnancées avant leur opposition : mais ils doivent de plein droit compter dans celles qui pourront se réaliser plus tard.

Si au moment où elles s'ouvrent il n'avait pas encore été statué sur l'opposition, le tribunal arbitrera la somme qui doit être prélevée sur celles à distribuer. Cette somme sera tenue en réserve jusqu'au jugement. Elle doit, pour se conformer à l'esprit de la loi, représenter non seulement le dividende qu'il s'agit de délivrer actuellement, mais encore celui que l'opposant aurait pris dans la précédente répartition (1).

501. 3° Enfin l'opposition ne vient qu'après plusieurs répartitions consommées. Les opposants n'ont, dans ce cas, rien à réclamer des autres créanciers, alors même que l'actif aurait été intégralement épuisé. La négligence est une faute, et plus elle se prolonge, plus les conséquences s'en aggravent. Quelles qu'elles soient, c'est à celui qui n'a pas voulu les prévenir, à les subir. Si l'actif n'a pas été épuisé, les créanciers opposants sont admis à la répartition de ce qui reste à distribuer.

502. Dans les deux dernières hypothèses, les opposants sont autorisés à prendre, dans les distributions auxquelles ils participent, non seulement un dividende égal à celui des autres créanciers, mais encore à prélever sur les sommes à partager une part représentant celle déjà reçue par ces derniers.

Cette prescription est une innovation à ce qui se pratiquait sous l'empire du Code précédent. L'article 513 de celui-ci déclarait les créanciers en retard définitivement déchus du dividende qu'ils auraient pris dans les

(1) Vide infrà n° 502.

31

distributions réalisées pendant leur absence. De telle sorte
qu'on arrivait à ce résultat : que, dans une faillite, des
créanciers pouvaient toucher 40 ou 50 pour cent, tandis que d'autres n'en recevaient que cinq ou dix. Aussi,
ne doit-on pas être étonné de l'opposition que cette disposition souleva, soit auprès des cours et tribunaux du
royaume, soit dans le conseil d'état.

La plupart des opinions recueillies admettaient la
déchéance vis-à-vis des créanciers payés avant l'opposition, en ce sens que ceux-ci ne pourraient, dans aucun
cas, être tenus à rapporter ce qu'ils avaient reçu. La négligence des autres sera assez punie, disait-on, par la
chance qu'ils courent de ne rien recevoir, si, au moment de leur opposition, il ne reste plus rien à distribuer, ou si ce qui reste est insuffisant pour leur faire
obtenir un dividende égal à celui que les autres ont retiré. Vouloir davantage, c'est vouloir consacrer une injustice, c'est blesser l'égalité avec d'autant moins de raison, que les causes qui ont empêché le créancier de se
présenter plus tôt, peuvent ne provenir que d'une impossibilité réelle ; et, dans ce cas, l'équité exige que
tout en respectant ce qui a été fait en son absence, on
l'assimile aux autres créanciers, en lui permettant de
prélever, sur ce qui reste, une part égale à celle que les
autres ont déjà reçue (1).

Ces observations donnèrent naissance à un amendement en ce sens. Mais il fut rejeté sous le prétexte que
son admission était la suppression de l'article 513.
Cet article, disait-on, tend à stimuler les créanciers en
retard ; cependant, loin d'opérer cet effet, il donnerait,
au contraire, aux créanciers négligens, l'avantage de

(1) *Observations des cours et tribunaux*, Locré, tom. 6, p. 297 et
suiv.

recevoir leur créance en un seul paiement ; il pourrait
même en résulter qu'ils absorberaient en entier le reste
de l'actif, et que, par là, les créanciers qui se sont em-
pressés à conserver le gage commun, se trouveraient déchus (1).

Mais, ces motifs ne présentent au fond rien de solide.
La déchéance prononcée par l'article 513 pouvait fort
bien se concilier avec l'amendement, et les inconvéniens
signalés n'en sont pas, a vrai dire. Aussi, doit-on applaudir le nouveau législateur d'être revenu sur la résolution consacrée par ses prédécesseurs ; et l'on ne peut
ne pas reconnaître que sa disposition a gagné en justice
ce qu'elle a perdu sous le rapport de la sévérité.

Ainsi à l'avenir, si un créancier ne se présente qu'a-
près l'épuisement de la masse, il n'aura rien à recevoir.
Mais si, au moment de son opposition, il reste une partie quelconque de l'actif, il sera admis, dût-il l'absor-
ber, à prélever, avant toute distribution nouvelle , une
part égale à celle déjà reçue par les autres ; l'insuffisance,
s'il y en a, restant toujours à sa charge.

503. L'opposition n'a pas besoin d'être introduite et
jugée comme une action ordinaire. Il suffit que le créancier dénonce sa qualité au juge-commissaire et aux
syndics , et qu'il requière la vérification de sa créance (2). Cette vérification a lieu en la forme ordinaire.
Les frais de l'opposition et du procès-verbal de vérification et d'affirmation restent à la charge de l'opposant. Mais les dépens auxquels pourrait donner lieu la
contestation qui serait faite continueraient à être sup-
portés par la partie qui succomberait.

504. Nous avons déjà dit que la faculté de contester

(1) Procès-verbaux du conseil d'état, 52me séance, n° 58.
(2). Pardessus, n. 1188.

les créances même admises ne peut être exercée que
jusqu'à la clôture du procès-verbal. Ce principe reçoit
son application à l'encontre des créanciers opposants.
Il en résulte que cette opposition étant nécessairement
postérieure à la clôture, les créanciers qui l'ont formée
sont privés du droit de contester les autres créances.
C'est là une nouvelle conséquence de leur négligence.

505. La déchéance prononcée par l'article 503 ne
peut être encourue que lorsque la faillite s'est terminée
par union. Le concordat n'a d'autre effet en faveur du
failli que d'obliger tous les créanciers à supporter la remise consacrée par la majorité; à quelque époque donc
que chacun d'eux se présente, aucun doute ne pourrait
s'élever sur leur droit. Ils ne peuvent demander plus
que le dividende stipulé, ils ne peuvent jamais recevoir
moins.

CHAPITRE IV.

DU CONCORDAT ET DE L'UNION.

—

SECTION PREMIÈRE.

De la Convocation et de l'assemblée des créanciers.

ARTICLE 504.

Dans les trois jours qui suivront les délais prescrits
pour l'affirmation, le juge-commissaire fera convoquer,
par le greffier, à l'effet de délibérer sur la formation du
concordat, les créanciers dont les créances auront été
vérifiées et affirmées, ou admises par provision. Les
insertions dans les journaux et les lettres de convocation
indiqueront l'objet de l'assemblée.

ARTICLE 505.

Aux lieu, jour et heure qui seront fixés par le juge-commissaire, l'assemblée se formera sous sa présidence; les créanciers vérifiés et affirmés, ou admis par provision, s'y présenteront en personne ou par fondés de pouvoirs.

Le failli sera appelé à cette assemblée; il devra s'y présenter en personne, s'il a été dispensé de la mise en dépôt, ou s'il a obtenu un sauf-conduit, et il ne pourra s'y faire représenter que pour des motifs valables et approuvés par le juge-commissaire.

ARTICLE 506.

Les syndics feront à l'assemblée un rapport sur l'état de la faillite, sur les formalités qui auront été remplies et les opérations qui auront eu lieu ; le failli sera entendu.

Le rapport des syndics sera remis, signé d'eux, au juge-commissaire, qui dressera procés-verbal de ce qui aura été dit et décidé dans l'assemblée.

SOMMAIRE.

506. La période dans laquelle nous entrons est, sans contredit, de toutes celles de la faillite la plus importante. La conduite du failli va être, enfin, souverainement appréciée par ses créanciers ; le mode de liquidation définitivement fixé ; l'intérêt qui s'attache à cette double décision, se fait plus particulièrement sentir, en ce qui concerne le failli dont l'avenir entier est puissamment engagé à l'issue qu'elle va recevoir.

L'union, en effet, le dépouille de toutes ses ressources, l'exproprie de tous ses biens. Il ne peut désormais se livrer avec sécurité à une industrie quelconque; car tout ce qu'il acquerra par la suite deviendra immédiatement le gage de ses créanciers. Ainsi, privé de tous moyens, pour toujours plié sous le poids de ses dettes, comment pourra-t-il atteindre à cette mesure si désirable, qui doit le relever de toutes les incapacités, la réhabilitation ?

Le concordat, au contraire, comme on l'a si bien dit, est un premier pas vers celle-ci. Son acceptation entraîne, en effet, avec elle, l'idée de la bonne foi du failli, la présomption que sa conduite a été exempte de fraude. De plus, en le replaçant à la tête de ses affaires, elle le met à même de continuer son commerce, et de trouver, dans des chances plus heureuses, l'occasion de désintéresser tous ses créanciers. Enfin, et dans tous les cas, elle assure sa tranquillité future, puisque, payé que soit le dividende qu'il a promis, il n'y a plus pour lui, à l'égard des créanciers, d'autres liens que ceux que sa conscience lui impose.

507. Pour les créanciers eux-mêmes, le concordat présente cet avantage qu'ils sont dispensés de courir les chances d'une liquidation, le plus souvent sans résultats heureux, et de retirer à des époques rapprochées, une partie plus ou moins considérable de leur créance. Mais il produit cet effet remarquable que la majorité impose sa volonté à tous les intéressés, même à ceux qui ont refusé un vote favorable. Ainsi, un créancier légitime se voit contraint, malgré lui, à abandonner une partie des droits, que ses titres et le droit commun lui conféraient.

508. Sous ce dernier rapport surtout, il importait de prendre toutes les précautions nécessaires, pour que la volonté exprimée fût sérieuse, sincère, dégagée de toutes idées d'intérêt personnel et exclusif. Il fallait empêcher que cet acte ne devînt un instrument de spoliation, un encouragement à la fraude. La solennité des formes pouvait conduire à ce résultat, et c'est dans cet objet, que notre législation a si soigneusement prescrit les conditions, au prix desquelles elle rend le concordat obligatoire.

509. Le concordat doit être voté par l'assemblée générale des créanciers, de la composition de laquelle la loi s'occupe d'abord. A cet effet, et dans les trois jours

qui suivent les délais de l'affirmation, tous les créanciers qui ont subi cette épreuve et qui ont affirmé leurs créances, doivent être convoqués.

Le délai dont parle notre article doit être calculé à partir de l'expiration de la huitaine accordée au créancier dernier vérifié pour l'affirmation de sa créance. Ce n'est qu'après l'expiration de cette huitaine, que les délais de la vérification sont réellement consommés, et que celui de trois jours accordés pour la convocation commence à courir.

510. C'est le juge-commissaire que la loi charge de cette convocation. Le Code précédent en avait remis le soin aux syndics. L'abrogation de cette disposition a eu pour objet de garantir à tous le droit d'être nominativement appelés. L'impartialité du magistrat est un gage certain qu'il n'y aura aucune omission volontaire ; et les syndics, ne pouvant plus, selon leurs dispositions personnelles, laisser à l'écart ceux dont ils craindraient l'opposition, n'exerceront sur la délibération d'autre influence que celle qu'ils puisent dans leur position et dans la parfaite connaissance des affaires qui en est la conséquence.

511. La loi prescrit pour cette convocation le même mode que pour les précédentes, c'est-à-dire lettres individuelles par le greffier et insertion dans les journaux. Mais celle-ci n'a pas, dans la circonstance actuelle, le même objet que dans les autres, c'est-à-dire celui d'appeler les créanciers inconnus. Il est évident, en effet, qu'en supposant qu'il en existe encore, il serait inutile de les mettre en demeure, puisqu'ils ne pourraient assister à la réunion, alors même qu'ils s'y présenteraient. Le concordat ne peut être délibéré que par les créanciers admis après vérification. Eux seuls doivent être

convoqués. L'insertion de l'avis dans les journaux ne peut avoir qu'un seul but, à savoir: réparer les omissions involontaires que le greffier pourrait commettre à l'encontre d'un ou de plusieurs créanciers.

L'insertion dans les journaux, comme les lettres de convocation, doit annoncer l'objet de la réunion. Le jour de celle-ci est fixé par le juge - commissaire. Ce magistrat doit, dans cette fixation, avoir égard à la volonté de la loi, qui est de terminer le plus promptement possible. Or, il est à peu près certain que les créanciers éloignés du siége de la faillite auront choisi un mandataire sur la localité, et que conséquemment rien ne s'opposera à ce que le jour de la réunion suive de près celui de la convocation. Cependant, comme les pouvoirs donnés pour la vérification peuvent être insuffisans, comme des créanciers domiciliés dans les communes plus ou moins voisines peuvent avoir procédé en personne, il convient d'accorder le temps moral, pour que chacun d'eux puisse se présenter, ou pour que de nouveaux pouvoirs soient transmis.

Au reste, sur ce point, le juge a pour guide certain le procès-verbal de vérification qui énonce, non seulement le domicile réel du créancier, mais encore celui du mandataire, s'il en existe. Dans ce cas encore, la procuration se trouvant annexée, il est facile de calculer les exigences qui peuvent en naître.

512. Aux jour, lieu et heure indiqués, l'assemblée se forme sous la présidence du juge-commissaire. Elle se compose en général de tous les créanciers vérifiés et admis sauf la disposition de l'art. 508, en ce qui concerne les hypothécaires ou privilégiés.

Les créanciers contestés, mais provisoirement admis pour une quotité quelconque, sont, jusqu'à due concurrence, à l'instar des créanciers définitivement admis. Comme eux, ils ont le droit d'assister à la réunion et de prendre part au vote.

513. La présence du failli est indispensable, puisque c'est sur ses propositions qu'il doit être statué, et que les modifications votées par les créanciers ne sont valables qu'autant qu'elles seraient régulièrement acceptées par lui. Les syndics doivent donc judiciairement l'appeler à la réunion.

Sur cet appel, le failli est tenu de comparaître, et il doit s'empresser de le faire. Le concordat est une véritable conciliation que la présence du failli et ses explications peuvent plus facilement déterminer. Il est donc du plus haut intérêt pour lui de profiter du droit que la loi lui accorde et de venir en personne convaincre les créanciers de sa bonne foi et de la sincérité des malheurs qui ont déterminé sa faillite. Mais l'exercice de ce droit est purement facultatif, et l'absence du failli n'est, dans aucun cas, un obstacle à ce qu'il soit immédiatement passé outre à la délibération.

Seulement cette absence peut avoir pour le failli les plus graves conséquences. Elle jette sur sa conduite un vernis de mauvaise foi; elle fait présumer la fraude (1). Le simple bon sens lui fait donc un devoir impérieux de prévenir par sa présence une éventualité de cette nature.

514. Chaque créancier a le droit de se faire représenter à l'assemblée par un fondé de pouvoirs. Mais cette faculté n'est accordée au failli que, si les motifs qui l'empêchent de comparaître, sont déclarés valables et approuvés par le juge-commissaire (2). A défaut, son mandataire ne serait pas admis à la réunion.

(1) Vid. art. 586.
(2) Vid. *supra*, art. 475.

515. L'assemblée ainsi constituée, la délibération s'ouvre par le rapport des syndics sur l'état de la faillite. Le vote des créanciers doit être l'expression exacte de la connaissance que chacun d'eux a des circonstances et des causes de la faillite. Ce vote est un véritable jugement sur la conduite du failli ; il était donc indispensable de le faire précéder d'un exposé sincère des formalités remplies, des opérations qui ont eu lieu ; enfin, de tout ce qui peut être utile à l'appréciation de la nature de la faillite.

C'est ce caractère de jugement imprimé à la délibération, qui a motivé la disposition de l'article 506, portant que le failli sera entendu. C'est surtout dans cette circonstance que se manifeste l'intérêt qu'a celui – ci à assister à la délibération. Il est incontestable que le rapport des syndics exercera la plus grande influence sur la détermination des créanciers. Or, ce rapport pourrait être inexact, exagéré, contraire à la vérité. Il resterait cependant sans contradiction, si le failli ne se mettait pas à même d'éclairer la religion des créanciers et de rétablir les faits sciemment ou involontairement dénaturés.

La disposition de la loi qui appelle le failli, est donc pour lui toute de protection. Il ne doit pas être condamné, sans avoir été défendu. C'est donc à lui à profiter de cette protection que l'équité commandait et que l'humanité avoue.

516. Après avoir veillé ainsi à ce que la position du failli exige, la loi s'occupe des créanciers. On a vu quelquefois des syndics, par une collusion coupable avec le failli, tromper les créanciers par un faux exposé, et les amener à consentir un concordat dont l'obtention leur était payée par des traités particuliers, s'ils étaient créanciers ; par d'autres faveurs, s'ils ne l'étaient pas.

Sous le Code de commerce, cet abus était fort difficile à réprimer. Le rapport des syndics ne laissant aucune trace, il était impossible de le convaincre d'inexactitude, alors même que celle-ci se manifestait plus tard aux parties intéressées.

La loi nouvelle rend cet abus moins à craindre. Elle en prépare, dans tous les cas, la répression, par le devoir qu'elle impose aux syndics de rédiger leur rapport par écrit, et de le remettre signé entre les mains du juge-commissaire. Comme tous les autres actes d'administration, ce rapport engage la responsabilité des syndics; et si, après le concordat, il était prouvé que les syndics ont sciemment altéré la vérité en faveur du failli, les créanciers auraient le droit d'obtenir contre eux personnellement la réparation du préjudice que cette forfaiture a pu leur causer, sauf au ministère public à poursuivre lui-même en vertu des articles 596 et 597, dans l'intérêt de la vindicte publique.

517. Les créanciers seraient-ils en droit d'obtenir, en outre, la nullité du concordat? Oui, s'il était prouvé que le failli a directement concouru aux moyens à l'aide desquels les créanciers ont été induits en erreur, comme si, par exemple, les termes du rapport ont été préparés entre lui et les syndics.

Mais si le failli s'est borné, sur la promesse de ceux-ci de le faire concorder, à signer un traité dans lequel il s'est engagé à leur payer le montant intégral de leur créance, ou telle autre somme convenue, le concordat, fruit du faux rapport, continuerait à être exécuté.

Cette opinion peut paraître spécieuse, et la distinction sur laquelle elle repose, subtile. On pourrait, en effet, soutenir que, dans l'un et l'autre cas, le failli s'est associé a la fraude des syndics, qu'il en a assumé la complicité, et que s'il ne doit pas en partager la peine matérielle, il serait au moins immoral de lui en accorder le bénéfice. Mais cette objection nous paraît repoussée par l'esprit de la loi.

Ainsi, l'article 597 punit d'une peine corporelle le créancier dont l'adhésion au concordat a été la conséquence d'un traité particulier. Or, le concours du failli à ce traité est indispensable, et il est certain qu'en le signant, il ne peut en ignorer le but. Cependant l'article 597 affranchit le failli de toute peine.

L'acceptation du traité par celui-ci ne constitue donc ni délit, ni contravention. Pour l'admettre ainsi, la loi ne s'est préoccupée que de la question intentionnelle ; elle a pensé que la position du failli, le mettant en quelque sorte à la discrétion de ses créanciers, ne lui permettait pas de se soustraire aux exigences dont ils peuvent l'assaillir, et de résister d'une manière absolue à leurs prétentions.

Or si, dans ce cas, la présomption d'une contrainte morale affranchit de tout reproche le failli qui a connu les conséquences de son fait, les moyens qui devaient servir à la fraude, comment déciderait-on autrement, lorsque la contrainte étant exercée par les syndics, il en a subi l'influence, sans connaître même le mode que ceux-ci emploieraient pour lui faire obtenir le concordat promis?

Le fait en lui-même n'est donc pour le failli d'aucune conséquence. La faute en reste tout entière aux syndics qui ont abusé de leur position, des fonctions qui leur avaient été confiées. Ayant calculé seuls les moyens de consommer la fraude, ils doivent seuls en supporter toute la responsabilité.

Nous avons donc raison de dire que le failli qui n'a

cédé qu'à une promesse vague de concordat ne saurait être puni d'une manière quelconque d'un fait innocent aux yeux de la loi ; qu'on ne saurait donc faire annuler le traité intervenu sur un faux rapport, que s'il s'est activement associé à la fraude, que s'il a participé à sa consommation. Mais si, pour lui, tout s'est réduit à l'acceptation d'un traité particulier, les créanciers n'auront recours que contre les syndics qui seront personnellement tenus des dommages intérêts qu'ils ont le droit de réclamer.

518. Le rapport des syndics, après avoir été lu aux créanciers, doit être, séance tenante, remis au juge-commissaire. La loi n'indique pas d'une manière formelle la destination que ce magistrat doit lui donner. Mais, il est évident par ce qui précède qu'il doit le déposer au greffe du tribunal. Le but que le législateur s'est proposé, en exigeant un rapport écrit et signé, serait complètement manqué, si ce rapport n'était pas conservé à la disposition des créanciers. Comment espèrerait-on convaincre les syndics, si l'écrit qui les condamne était susceptible de se perdre dans le domicile du juge-commissaire ?

Ce magistrat doit donc annexer le rapport des syndics au procès-verbal de la séance qu'il est tenu de rédiger. Le tout est ensuite déposé dans les archives du greffe, où les créanciers pourront en prendre expédition, le cas échéant.

519. Immédiatement après le rapport, il est procédé à l'appréciation des propositions faites par le failli. Si celui-ci est absent, et non représenté par un fondé de pouvoirs, pourrait-il intervenir un concordat ?

L'affirmative nous paraît inadmissible. Le concordat est une convention synallagmatique qui exige pour sa perfection le consentement réciproque de tous les intéressés. L'absence absolue du failli rend l'accomplissement de cette condition impossible. En cet état, le concordat signé par les créanciers serait illusoire, car il dépendrait du failli de l'exécuter ou non, selon qu'il le jugerait convenable.

De plus, le concordat doit, à peine de nullité, être signé, séance tenante. L'impossibilité d'obtenir la signature du failli frapperait donc d'une impuissance absolue tout traité intervenu en son absence, et sans sa participation.

L'absence du failli rendrait donc l'union des créanciers inévitable, avec d'autant plus de raisons que le concordat est une faveur qui mérite d'être recherchée, et qu'on ne doit jamais conférer à celui qui, par sa conduite, paraît vouloir la répudier.

520. En serait-il autrement, si le failli non comparaissant avait fait des propositions ? Non, si ces propositions étaient purement verbales; car il n'existerait aucun lien de droit contre le failli. Il lui suffirait, pour annuler le concordat, de dénier les engagemens qui n'auraient pas d'autres bases que sa parole.

521. Mais si les propositions avaient été écrites et signées par le failli, rien ne s'opposerait à ce qu'elles fussent adoptées. L'acceptation des créanciers rendrait l'engagement proposé définitif et obligatoire.

Cette opinion était professée par M. Locré, sous l'empire du Code (1). Mais nous croyons qu'à cette époque, M. Locré se trompait. Cette opinion n'est devenue vraie que depuis la loi nouvelle. Il était, en effet, reconnu par la législation de 1807 que le banqueroutier simple ne

_____

(1) Esprit du Code de commerce, art. 516.

pouvait concorder. Or, l'absence du failli à la délibération constituait la banqueroute simple. Elle était donc
un obstacle invincible à tout traité.

Aujourd'hui, cette absence produirait encore, il est
vrai, le même résultat, mais il est à remarquer que le
failli, même condamné pour banqueroute simple, n'est
pas privé de la faculté de concorder. A plus forte raison,
ne pourrait-il l'être, tant qu'il ne serait que présumé
banqueroutier simple.

Il pourrait donc faire, quoique absent, des propositions par écrit, et celles-ci pourraient être sanctionnées
par les créanciers. Mais on comprend que cette sanction
devrait être pure et simple. La moindre modification ne
serait obligatoire qu'après avoir été formellement adoptée par le failli.

522. Si le failli a obtenu le pouvoir de se faire représenter, il est essentiel que la procuration donnée à son
mandataire soit de nature à autoriser celui-ci à traiter,
sans être obligé, à chaque modification, d'en référer à
son mandant. Cette nécessité serait de nature à rendre
le concordat impossible, en empêchant qu'il fût signé
séance tenante, comme le veut la loi.

FIN DU PREMIER VOLUME.

TABLE DES CHAPITRES.

FIN DE LA TABLE DU PREMIER VOLUME.

32